더 많은 매출과 순위를 올리는
완벽한 전략

아마존
셀러의 비밀

더 많은 매출과 순위를 올리는 완벽한 전략

아마존 셀러의 비밀

펴낸날 2019년 6월 10일 1판 1쇄
        2020년 5월 20일 1판 2쇄

지은이 정영훈
펴낸이 정병철
펴낸곳 도서출판 휴먼하우스

등록 2004년 12월 17일(제313-2004-000289호)
주소 서울시 마포구 토정로 222 한국출판콘텐츠센터 420호
전화 02)324-4578
팩스 02)324-4560
이메일 humanpub@hanmail.net
블로그 blog.naver.com/humanhouse

ISBN 979-11-85455-16-7 13000

이 도서의 국립중앙도서관 출판시도서목록(CIP)은 서지정보유통지원시스템 홈페
이지(http://seoji.nl.go.kr)와 국가자료공동목록시스템(http://www.nl.go.
kr/kolisnet)에서 이용하실 수 있습니다. (CIP 제어번호. CIP2019017751)

더 많은 매출과 순위를 올리는
완벽한 전략

아마존 @
셀러의 비밀

정영훈 지음

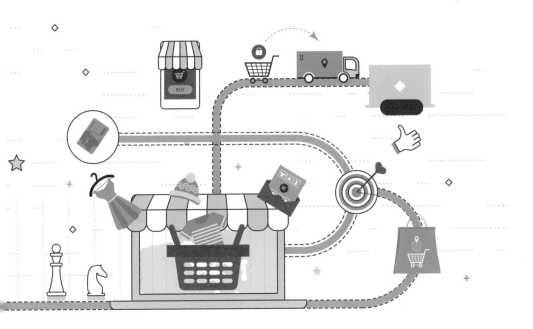

휴먼하우스

프롤로그 Prologue

시장은 계속 변한다.

필자가 인터넷을 이용해서 처음으로 제품을 구매하던 시기인 2001년에는 인터파크에서 신규 가입자를 모집하기 위해 온라인 회원 가입만 하면 당시 가장 인기 있었던 고급 퀵보드나 도브 비누 세트, 상품권 등을 주었다. TV 프로그램 중에는 호텔 방에서 인터넷이 연결된 컴퓨터와 유선 전화만을 가지고 미션을 수행하는 프로그램이 있었다. 참가자들은 오로지 컴퓨터와 유선 전화만을 이용해 음식을 배달시켜 먹고 제품을 구매하였다. 이 프로그램은 주어진 미션을 가장 빨리 끝내는 사람에게 상금을 주었다. 지금 고급 호텔에서 무료로 숙박하며 무제한으로 온라인 쇼핑을 할 수 있는 기회를 준다면 사람들은 무슨 수를 써서라도 그 기회를 잡으려고 할 것이다.

이 일은 그래봤자 고작 17년 전의 일이다.

온라인 마켓의 속도는 이제 필자가 따라 가기도 힘들 정도로 빠르게 변하고 있다. 아마존(Amazon) 시장 역시 과거와 상당히 많이 바뀌었으며 앞으로도 적지 않은 부분이 계속 바뀔 것이다. 특히 수수료율이나 미국 관세청의 규정 등은 자주 바뀌는 항목이다. 이렇게 급변하는 환경 속에서 살아남기란 쉽지 않다.

'知彼知己(지피지기)면 百戰不殆(백전불태)'라는 손자병법의 유명한 말이 있다. 상대를 알고 나를 알면 백 번 싸워도 위태롭지 않다는 뜻이다. 흔히들 '百戰百勝(백전백승)'이라 알고 있지만 이 말은 본래 없는 말이다.

여기서 주목할 점은 '百戰百勝(백전백승)'이 아니라 '百戰不殆(백전불태)'라는 것이다. '이기는 것'이 아니라 '위태롭지 않은 것'이 더 중요하다는 것이다.

하루에도 수많은 기업들이 밤하늘의 별처럼 반짝하고 사라진다. 지금의 세상은 '강한 것이 살아남는 것'이 아니라, '살아남은 것이 강한 것'이다.

오늘날 온라인 시장에서 살아남기 위해서는 내가 접근하려는 시장에 대한 정확한 원론적 이해가 필요하다. 원칙은 부수적인 내용들이 끊임없이 바뀐다 해도 변치 않는다.

필자는 오프라인에서 강의를 진행하면서 많은 해외 온라인 셀러들의 안타까운 사연들을 들었다. '영어를 몰라도 된다', '컴퓨터를 몰라도 가능하다'는 내용에 홀려 교육을 받은 건 애교였다. '단기간에 수억을 벌 수 있다', '초기 자본금이 없어도 가능하다' 등의 내용으로 과대 포장된 교육들을 듣고 시간과 돈을 날린 사람들의 이야기를 들으면서 안타까움을 금치 못했다.

그래서 아마존 시장에 발을 들였거나 들일 이들을 위해 잘못된 내용이 아닌 제대로 된 이야기를 할 필요성을 느끼게 되었고, 그 생각의 끝에 이 책을 집필하게 되었다.

물론 주변에 해외 온라인 셀링을 하면서 단기간에 성공한 사람도 있다. 하지만 그런 사람은 극소수이다. 많은 사람들이 매주 1등을 꿈꾸며 '로또'를 사지만, 1등에 당첨될 확률은 마른하늘에 날벼락 맞기보다 적다. 그리고 단기간의 성공은 '운'으로 이뤄지는 경우도 있지만 해외 온라인 셀링에 최적화된 그들만의 '특화된 Skill'로 빚어지는 경우가 많다. 그 '특화된 Skill'이 해외 온라인 셀링과 완벽한 접점을 이루어 시너지 효과를 발생시킨 것이지, 단지 '운'만으로 성공한 케이스는 로또 1등 당첨 확률과 비슷할 것이다.

필자가 이 책에서 꼭 하고 싶은 이야기가 있다.

"몸에 맞는 옷을 착용하라."

직업도 적성에 맞아야 좋은 성과를 낼 수 있다. 적성에도 맞지 않고 능력도 되지 않는 사람이 쉽게 돈을 벌 수 있다는 이야기에 혹해 이 사업에 진출하는 경우를 많이 봐왔다. 이는 몸에 맞지 않는 옷을 걸치는 것과 같다.

필자는 국내와 해외 온라인 셀링을 15년 가까이 해왔으며, 해외 온라인 셀링에 대한 강의도 오랫동안 하고 있다. 이 사업에 대해 나름 알만큼 안다고 할 수 있는데, 절대로 와이프나 대학생인 딸아이에게 이쪽 사업을 같이 하자는 이야기를 하지 않는다. 그들에게 해외 온라인 사업은 맞지 않는 옷이라는 것을 잘 알기 때문이다.

말이 좋아 해외 온라인 셀링이지 이는 곧 외국인을 상대로 하는 장사이다. 장사의 기본(손해 보며 판매하는 장사꾼은 없다)도 모르면서 이 사업에 발을 들이는 것은 시간적 금전적 손해일 뿐만 아니라 이 사업에 이미 종사하고 있는 이들에게도 피해를 끼친다. 그렇기에 자신의 적성이 해외 온라인 셀링과 적합한가를 우선적으로 판단해야 한다.

스스로에 대한 냉철한 분석을 마친 후 자신에게 진정 장사꾼의 옷이 어울린다는 판단이 선다면 그때 이 사업에 진입하기를 바란다.

피나는 노력은 당연한 것이며, 성공을 위한 기본요건이다. 성공을 원한다면 노력하라. 하지만 결코 그 노력은 자신을 합리화하기 위한 것이 되어선 안된다. '최선을 다했다'는 것은 자신이 판단하는 것이 아니라 외부에서 객관적인 수치로 평가해주는 것이다.

필자도 한때 셀링 계정에 문제가 생겨서 그것을 해결하기 위해 거의 두 달 동안 2~3시간만 자면서 일을 한 적이 있다. 남들이 보면 미쳤다고 할 수도 있지만, 그때는 정말 그렇게 하지 않으면 지금까지 쌓아온 모든 것이 무너질 것 같았다. 그때의 노력이 있었기에 지금의 나는 더욱 단단해졌다. 어떤 일이건 노력이라는 자양분이 없으면 성공이라는 결과는 없다.

이 책은 '온라인 시장의 특징' 등과 같은 아주 기초적인 부분부터 시작한다. 왜냐하면 온라인 시장의 특징도 제대로 모르면서 무턱대고 아마존 시장에 뛰어들어 갈팡질팡하는 사람들이 많기 때문이다. 그런 분들을 위해 책의 앞부분에선 온라인 시장의 특징과 오프라인 시장과의 차이점, 그리고 왜 국내가 아닌 해외 온라인 시장에 접근해야 되는지를 설명한다.

이 책의 최종 목표는 아마존 시장에 대해 전혀 모르는 초보자라도 아마존에 원만하게 안착하게끔 하는 것인데, 그 바탕이자 기초가 되는 부분이 전반부(1장~6장)의 내용이고, 후반부(7장~15장)에서는 초보자에서 중고급자로 가는 데 필요한 실력을 기르기 위한 내용들을 다루었다.

물론 개개인의 능력과 노력의 투입량에 따라 결과물은 상이할 테지만, 이 책을 통해 여러분은 잘못된 지식으로 인한 시간과 돈의 피해를 줄이고, 아마존에서 안정적으로 꾸준히 판매하여 수익을 올릴 수 있을 것이다.

아마존은 처음부터 제대로 알고 시작해야 성공할 수 있다. 시작할 때 무심코 한 잘못된 행동이 사업이 궤도에 올라설 때 발목을 잡는다면 심각한 결과를 초래할 수 있다.

부디 이 책이 아마존 셀링을 준비하거나 하고 있는 분들에게 많은 도움이 되기를 기원하며, 항상 건강하고 행복한 온라인 유목민이 되기를 진심으로 바란다.

코프로세서 정영훈

차례 Contents

06 Chapter
아마존에 판매상품 등록하기   153

온라인 시장과 오프라인 시장에 대한 이해

국내 온라인 시장의 역사 01

우리는 불과 15년도 되지 않는 기간 동안 많이 달라졌다.

국내 온라인 시장의 역사는 그렇게 길지 않다. 필자의 경험으로 보건대, 길어야 15년 정도밖에 되지 않는다. 더 길게 볼 수도 있겠지만 온라인 시장이 형성되기 시작할 때에는 '물건은 현물을 직접 눈으로 확인하고 구매해야 된다'는 인식이 강해서 크게 활성화되지 않았다. 하지만 그 후 시간이 지나면서 급격하게 시장이 확대되어 지금에 이르게 되었다.

필자는 군 전역 후 2004년 입사한 회사에서 당시 현대백화점에서 신규로 만든 온라인 쇼핑몰인 H-mall의 운영관리를 맡게 되었다. 필자는 이때 온라인 쇼핑몰의 운영관리를 제대로 접하게 되었으며, 그 후 온라인 마케팅을 직업 삼아 오늘날까지 계속 하고 있다.

당시 H-mall이 생길 때만 해도 쇼핑몰에 입점하는 업체는 거의 없었다. 입점하더라도 온라인몰에 제품을 등록한 업체는 거의 없었고, 그곳에서의 판매수량은 굉장히 미비하여 담당 MD들이 제품을 등록해달라고 입점업체에 사정을 하곤 했다.

하지만 위와 같았던 과거와 달리 2017년에는 국내 옥션(Auction) 사이트의 회원수가 1,500만 명을 넘었고 등록된 상품수도 3,000만 개를 넘어섰다. 불과 15년도 되지 않는 기간 동안 이렇게 변한 것이다.

올바른 접근을 위한 온라인 시장의 특징 분석 02

온라인 시장과 오프라인 시장의 차이점에 대해서 필자의 경험을 바탕으로 주관적인 설명을 해보고자 한다. 시장별 특징의 직관적 비교를 위해 아래의 표와 같이 대응되는 내용으로 구분하여 설명하였다.

온라인(Online)	오프라인(Offline)

• 초기 투자비가 저렴
   – 1인 소호 사업도 가능
   – 초기에 사업의 지속을 위한 비용이 적음
   – 향후 사업비용이 상당히 많이 소요되는 경우가 있음
	• 초기 투자비가 높음
	   – 인테리어 등 기초 설비투자에 소요되는 비용이 상당함
	   – 사업의 지속을 위한 비용이 거의 변동이 없음

• 사업 시작 후 매출이 바로 이어지는 경우는 거의 없음
   – 일정 기간의 시간이 필요: 사업의 불확실한 미래
	• 사업 시작 후 즉각적인 매출을 경험할 수 있음
	   – 사업의 결과를 예측하기 쉬움

• 최초 시작 시 자본만 갖고 되지 않음
   – 오너가 Online-System에 대한 지식 필요
   – 지속적인 교육과 공부가 필요
	• 최초 시작 시 자본만 갖고 되는 경우가 있음

• 아이템의 전환이 용이	• 기존 사업에서 타 업종으로 전환이 어려움
• 매출의 Max-Point가 정해져 있지 않음	• 매출의 Max-Point가 정해져 있음

• 마진 분석을 잘못하면 손해를 보는 경우도 많음
   – 수수료 계산/반품률 등의 위험요소가 큼
   – 향후 발생되는 악성재고의 처리 문제 등
	• 마진 분석이 온라인보다 쉬움
	   – 재고관리, 고정비용 등의 계산: 온라인보다 쉬움

• 광고의 필요성이 상대적으로 큼	• 광고의 필요성이 상대적으로 적음

1. 온라인 시장의 특징

① 최초 접근 시 초기 투자비가 저렴하다.

▶ 온라인 시장에 최초 접근 시에는 1인 소호 사업도 가능하기 때문에 사업 초기에 준비를 위한 비용이 다른 사업에 비해 적게 발생한다.

- 필자도 온라인 자영업을 시작할 때 노트북 1대를 갖고 사무실이 아닌 집에서 시작했는데, 사업 초기에는 큰 문제가 없었다.

▶ 그러나 향후 매출이 증가하면 상당한 비용이 지출될 수 있는데, 유형적인 비용(사무실, 창고, 설비 등)보다 무형적인 비용(시스템 전산화 및 ERP 운용, 인건비 증가 등)이 상대적으로 많이 발생할 수 있는 사업이 온라인 사업이다.

② 사업 시작 후 매출이 바로 이루어지는 경우는 거의 없다.

▶ 온라인 사업은 거의 대부분 최초 매출 발생까지 일정 기간의 시간이 필요하다. 즉 초기 창업비는 적게 들지만, 매출이 제대로 발생하기까지 사업을 지속하기 위해서는 상당한 유지비가 필요하다.

- 사업 성패를 조기에 판단할 수 없는 불확실한 미래가 오랜 기간 지속되는 경우가 많은 곳이 온라인 시장이다.

③ 최초 시작 시 자본만 갖고 되지 않는 시장이다.

▶ 오너가 온라인 비즈니스에 대한 기본적인 지식이 필요한 시장이다.

- 컴퓨터, 사진, 언어, 정보 수집 및 업데이트 등

▶ 지속적인 교육과 공부가 필요하며, 모든 것을 다 할 수 있는 능력은 되지 않더라도 업무 전반의 부분적인 컨트롤은 가능해야 한다.

④ 아이템 전환이 용이하다.

▶ 판매하려는 제품의 변환이 상당히 용이하다. 이때 오너가 제조업체라면 변환에 어려움을 겪을 수는 있을지라도 주변 상품의 판매대행 방식으로 아이템의 확장과 변환이 용이한 시장이 온라인 시장이다.

⑤ **매출의 Max-Point가 정해져 있지 않다.**

▶ 필자의 주관적인 생각으로 온라인 시장의 가장 큰 장점이 일일 매출의 Max-Point가 무한한 시장이라는 것이다. 판매하는 제품의 재고가 떨어지지 않는 한 매출의 Max-Point가 거의 무한하다.

⑥ **마진 분석이 상당히 어렵다.**

▶ 수수료 계산, 반품률 등의 추가적인 비용 발생 부분을 제대로 계산하지 못하면 손해를 보는 경우도 상당히 많으며, 최근 '블랙컨슈머'의 등장으로 상품성을 잃는 제품들(제품 개봉, 부분 사용 후 반품 등)이 상당히 발생하고 있는 문제점을 갖고 있다.

▶ 대부분의 사람들이 온라인 시장의 마진 분석이 오프라인보다 쉬울 것이라 생각하고 있는데, 이는 잘못된 생각이다. 온라인 시장은 모든 거래가 가상적으로 이루어지기 때문에 훨씬 추상적인 손실이 많이 발생한다는 것을 주지해야 한다.

⑦ **광고의 필요성이 상당히 높은 시장이다.**

▶ 네이버에서 '강남성형'이라는 단어를 CPC(Cost Per Click)로 등록하고 광고하려면 클릭당 약 만 원 이상의 광고 비용이 발생할 정도로 온라인 시장의 광고 비용은 상상을 초월한다.

▶ 특히 한국의 온라인 시장은 광고를 하지 않으면 아무리 제품이 좋고 저렴해도 판매가 저조하며, 이는 최근 SNS 마케팅 시장도 마찬가지이다. 광고와 온라인 시장의 연관성을 점점 더 강화되고 있음을 알아야 한다.

⑧ **기타**

▶ 제품 판매방식이 손님과 '비대면 거래'이기 때문에 오프라인에 비해 정신적 스트레스가 덜 발생하는 장점을 갖고 있다.

▶ 정산은 대부분 판매 후 일정 기간이 지난 뒤 진행되기 때문에 운용자금의 부분적 정체가 발생한다.

▶ 구매자에게 제품이 전달되기 위해서는 '배송'이라는 중간 과정이 필요한데 이때 본인의 의사와 관계없는 문제가 발생하는 경우가 흔히 있다.

• 파손, 분실, 오·배송 등

▶ 판매자의 활동 유무와 상관없이 제품이 판매된다는 엄청난 장점이 있다.

• 상가의 개점 유무와 상관없이 24시간 제품이 판매되는 시장이 온라인이다.

• "잠자는 동안에도 돈이 들어오는 방법을 찾아내지 못한다면 당신은 죽을 때까지 일을 해야만 할 것이다"라는 말을 한 워런 버핏(Warren Buffett)의 명언에 가장 부합하는 업종 중의 하나가 온라인 시장이다.

2. 오프라인 시장의 특징

① 개업 초기에 기초 설비투자로 소요되는 비용이 상당히 많다.

▶ 기본적으로 평당 200~500만 원 정도의 인테리어 비용이 발생하며 상가 보증금, 권리금 등이 추가되면 초기 세팅 비용에 상당히 많은 금액이 든다.

▶ 그러나 사업의 지속을 위한 비용이 거의 변동이 없다.

• 건물 임대료, 재료 구매비용, 인건비, 각종 공과금 등의 운영비용의 변화가 작아 향후 발생될 비용을 예측할 수 있는 장점이 있으며, 이로 인해 익월/익년의 예상 운영비용을 산정하기가 용이하다.

② 사업 시작 후 즉각적인 매출을 경험할 수도 있다.

▶ 소위 말하는 '개업빨'과 주변 시장상권 분석으로 1~3개월 정도 운영하면 사업의 장기적 운영 시 발생할 수 있는 손익 결과를 예측하기 쉽다.

③ 최초 시작 시 자본만 갖고 되는 경우도 있다.

▶ 체인 가맹점 같은 경우 상권분석, 인테리어, 상품진열, 매장운영 방법까지 통합화된 프로그램으로 제공한다. 그러므로 최초 매장 오픈과 운영에 대한 부담을 덜 받을 수 있다. 다만 이로 인해 추가적인 비용의 발생은 불가피하며 향

후 발생할 수익도 감소할 수 있다.

④ 기존 사업에서 타 업종으로 전환이 어렵다.

▶ 오프라인에서의 사업은 기본적으로 인테리어와 구성요소의 동질성이 있어 타 업종으로의 전환이 상당히 어렵다. 예를 들어 PC방 사업을 하다 당구장으로 업종을 변경하는 데는 상당한 비용과 시간이 든다.

⑤ 매출의 Max-Point가 정해져 있다.

▶ 일정 공간을 갖고 있는 오프라인 시장 매출의 Max-Point는 일정 수준을 넘을 수 없다. 예를 들어 5개 테이블을 갖고 있는 식당의 1일 최대 매출은 그 한계점이 정해져 있으며, 만일 한계점을 넘는 매출이 발생한다고 해도 이는 일시적이고 서비스 품질 저하로 향후 매출에 악영향을 미칠 수 있다.

⑥ 마진 분석이 온라인보다는 쉽다.

▶ 오프라인 시장에서는 제품 판매과정과 그 이후에 발생될 수 있는 변수가 온라인 마켓보다는 상당히 적다. 그리고 대부분 현장 직접거래이기 때문에 자금의 유동성도 온라인 시장에 비해 상당이 보수적이며, 재고 파악도 가시적으로 확인되기 때문에 마진 분석과 재고 파악이 온라인 시장 대비 용이하다.

⑦ 광고의 필요성이 상대적으로 적다.

▶ 오프라인 시장에서의 광고는 그 방법이 상당히 제한적이다. 개업 시 도우미의 활용, 전단지 배포, 문자 메시지 발송 등 오프라인에서 할 수 있는 광고의 방식은 상당히 제한적이며, 그 비용도 온라인 시장의 광고비에 비해 매우 저렴한 편이다.

- 그러나 최근에는 온라인 SNS 광고, 키워드 광고 등을 병행해서 활용하는 방향으로 변환되어 가고 있다. 온라인 광고의 병행이 더욱 효과적이라는 것은 두말할 필요도 없다.

⑧ 기타

▶ 제품 판매방식이 대부분 손님과의 '대면 거래'이기 때문에 종업원의 대응 방식에 따라 매출 차이가 상당하며, 대면 거래로 인해 온라인에 비해 정신적 스트레스가 많이 발생한다.

▶ 매장을 오픈했을 때만 매출이 발생하며, 동일 상권 내 경쟁사의 입점 시 매출의 급격한 하락과 마진 감소가 발생한다. 또한 점포의 임대비 상승, 인테리어의 노후화 등에 있어 많은 추가 비용이 발생할 수 있으며, 종업원 고용 문제 등과 같은 인적 자원과 관련된 문제들은 온라인 시장과 달리 오프라인 시장이 가지고 있는 단점들이다.

3. 온라인 시장의 확장

서두에서도 말했듯이 온라인 시장이 활성화되기 시작한 것은 채 20년이 되지 않았을 만큼 역사가 짧다. 그러나 오늘날엔 온라인과 관련되지 않는 부분은 몇몇 업종을 제외하고는 거의 없다. 우리나라에서는 이제 주민등록등본, 토지대장 등과 같은 공공서류도 '정부24(www.gov.kr)'에서 인터넷으로 발급받을 수 있을 정도로 인터넷망이 촘촘하게 구성되어 있다.

인터넷의 발전은 온라인 시장 활성화의 주된 원인이자 결과물이 되었으며, 지금은 더욱 발전하여 컴퓨터가 아닌 스마트폰으로 출퇴근 시간에 간편하게 물건을 구매하는 수준에 이르렀다. 이처럼 일상에 자연스레 자리 잡은 온라인 시장의 확장성을 부정하는 사람은 아무도 없을 것이다.

여성들이 매일 이용하는 색조 화장품을 예로 들면, "하늘 아래 같은 색상의 빨강은 없다"라고 하는 광고 문구를 인용하지 않더라도 정말 다양한 색상의 제품들이 있다. 그래서 색조 화장품은 꼭 매장에 들러 샘플을 보고 테스트해 본 뒤 자신이 원하는 색상의 제품을 구매하는 것이 일반적이다. 그러나 자신이 원하는 색상의 제품명과 모델명을 알게 된다면, 향후에는 매장을 방문하는 식의 오프라인 구매보다 시간과 장소에 구애받지 않고 더 저렴하게 살 수 있는 온라인 시장을 이용하게 된다 .

이는 부정할 수 없는 현실이며, 온라인 시장이 점점 더 확대될 수밖에 없는 상황을 보여주는 단편적인 예라고 하겠다.

시간이 지나면 지날수록 오프라인 시장은 점점 더 그 입지가 좁아질 것이다. 이에 대한 예시로 옷을 리폼해주는 의류 수선이나 기성품이 아닌 맞춤옷을 제작해서 판매하는 양복점, 머리를 손질하는 미용실 등을 들 수 있다. 오로지 오프라인에서만 판매 가능하리라 여겨졌던 서비스들은 이제 온라인에서 쿠폰화된 상품으로 팔리고 있다.

인터넷 의류 수선점

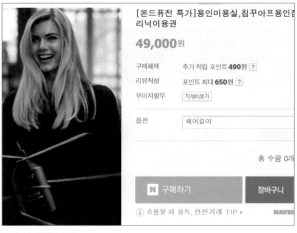

온라인 맞춤정장 판매점

　더 나아가 편의점에서 판매하는 즉석식품들까지 온라인에서 자주 구매하는 'Must Have' 아이템이 된지 오래이다.

　이것은 온라인에서 취급하는 제품들이 유형의 상품을 지나 무형의 상품까지 확산되었음을 보여주는 지표이다. 더불어 미용실 같은 오프라인 서비스업도 더 이상 온라인 시장과 무관하지 않으며, 온라인 시장에 들어서지 않는 이상 살아남기 어렵다는 것을 보여주고 있다.

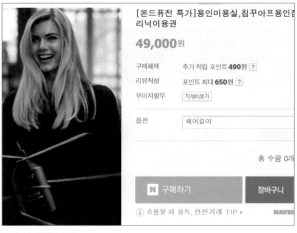

미용실 이용 쿠폰

인터넷 즉석식품

　또한 최근에는 모바일 앱을 이용한 인터넷 부동산과 음식배달 전문점이 성
황리에 운영되고 있다. 이런 것을 생각해보면 차후 우리가 지향해야 하는 시
장의 방향성은 이미 명확하게 잡혀 있다고 할 수 있다.

오늘날 온라인과 오프라인으로 상품을 구분짓는 것은 무의미해졌다.

4. 죽어도 오프라인이어야 되는 상품들

필자는 5년 전 건축을 배우고 싶어 건축업을 하는 선배님을 찾아가 건물의 철거부터 준공검사까지 건축의 모든 과정을 눈으로 직접 보고 몸으로 체험하며 배운 적이 있다. 그때에도 퇴근하면 집에서 이베이(eBay)를 했었는데, 이때 건축 파트별 사장님이 사용하는 전문 공구(Tools)를 알게 되었다. 그리고 필자가 현재 해외에 판매하는 주력 제품들이 그때 알게 된 각종 전문공구들이다.

지금 그때의 이야기를 하는 것은 '죽어도 오프라인이어야 되는 상품들'이 있을 것이라는 생각으로 건축이라는 사업을 생각했었는데, 이젠 그것도 아니라는 듯한 정보들이 최근에 나타나고 있기 때문이다.

건축 영역에서도 최근에 3D-Printing 기술이 도입되면서 온라인에서 완전히 자유롭지 않은 분야가 되었다. 개인이 집이나 사무실에서 지으려 하는 건물의 3차원 설계를 마친 후 그 데이터를 건축 현장의 3D-Printer에 전송하면 단기간에 뚝딱하고 집이 완성되는 세상이 벌써 우리 앞에 다가왔기 때문이다.

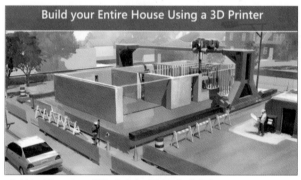

더이상 건축도 오프라인 시장의 점유물이 아니다.

이런 정보들을 보면 머지않은 미래에 인터넷을 근간으로 한 온라인 시장이 기존 오프라인 시장을 지속적으로 잠식해 나갈 것이라는 주장에 반론을 제기하는 사람은 없을 것이다. 지금까지의 온라인 시장의 확장성으로 미루어 보건대 오프라인 시장의 규모는 아주 기초적인 부분을 제외하고는 그 시기가 언제쯤인지가 문제일 뿐 대부분 온라인 시장으로 병합될 것이다.

왜
해외 온라인
시장인가

국내 온라인 시장은 안 되는가

앞에서 이야기했듯이 대세는 온라인 시장이다. 그러면 여기서 가장 기초적인 질문을 던져볼 수 있다. 어째서 전 세계가 인정하는 IT 강국인 대한민국의 온라인 마켓을 버리고 하필 언어의 장벽이 존재하고 정보도 생소한 해외 온라인 시장에 접근해야 하는가?

필자는 지금은 판매하지 않는 삼성 카메라를 국내 온라인 시장에서 가장 많이 판매했던 경력이 있다.

이 사진의 제품은 2006년 삼성에서 최초로 출시한 DSLR 카메라였는데 온라인 쇼핑몰에서 예약판매 1위를 기록했다. 그 당시 한꺼번에 많은 구매자가 동시에 몰려서 웹호스팅 서버가 다운될 정도로 많이 판매하였다. 하지만 그럼에도 불구하고 판매마진은 판매금액의 5%를 넘지 못했다. 국내 온라인 시장에서 IT 가전제품의 마진율은 극히 저조하다.

필자가 국내 온라인 시장에서 활동했던 시기에도 치열한 가격경쟁이 있었다. 여기서 주목해야 할 점은 가격경쟁은 업체의 수익 하락과 직결되는 치명적인 문제를 갖고 있다는 것이다. 동일한 스펙의 같은 제품을 비싸게 주고 구매하는 소비자는 그 당시에도 당연히 없었기 때문에 판매자는 단 1원이라도 저렴하게 판매해야만 경쟁력을 가질 수 있었다. 그리고 판매자가 온라인 최저가를 유지하기 위한 방법은 업체의 마진을 줄이는 것밖에 없었다.

같은 제품을 판매하는 판매자가 많다면 경쟁이 심화되고, 이 경쟁에서 승리하기 위해 판매자가 택할 수 있는 전략은 판매자의 마진 감소이다. 이에 더하여 경쟁심리가 강한 한국인의 특성으로 인해 국내 온라인 시장의 가격경쟁은 마치 살얼음판을 걷는 것처럼 살벌하다.

'너 죽고 나죽자' 식의 무모한 가격경쟁으로 최소한의 마진을 포기하면서 무한경쟁을 하는 곳이 국내 온라인 시장임을 알아야 한다.

하지만 해외 온라인 시장으로 눈을 돌리면 가격경쟁에서 좀 더 자유로울 수 있다. 시장의 규모가 국내보다 매우 크고 아직 한국의 판매자들이 많이 접근하지 않았기에 제품의 경쟁력도 국내 온라인 시장보다 여유가 있다. 그렇다고 가격경쟁이 아예 없는 것은 아니다. 그나마 숨 쉴 정도는 된다는 이야기다.

단편적인 예로 위의 그림처럼, 국내의 네이버쇼핑에서 '농심 신라면'을 검색하면 판매되는 제품의 숫자가 11,154건이 검색된다. 이는 개별, 벌크, 박스 단위의 모든 제품이 포함된 수치이지만 여기서 더 주목할 점은 상당히 많은 판매자가 하나의 제품을 경쟁하면서 판매하고 있다는 것이다.

이와 달리 미국의 아마존(Amazon)에서 'NongShim Shin Ramyun Noodle'이라는 영문명으로 검색하면 66건의 제품밖에 검색되지 않는다. 단순히 판매제품의 숫자만 볼 경우 약 1/170의 수준밖에 되지 않는다.

그런데 이보다 더 흥미로운 것이 있다. 아무리 판매자가 적어 판매경쟁력이 좋다고 해도 구매자가 적은 시장이라면, 그리고 인구는 많지만 그 인구수가 허수(한국보다 경제 수준이 낮다든가, 인터넷의 일상화를 구축할 정도의 기본 인프라가 구비되어 있지 않다든가 등)의 인구라면 굳이 문화와 언어가 생소한 해외 온라인 시장에 접근할 이유가 없다.

구글(Google)에서 세계 인구를 검색하면(www.worldometers.info/world-population) 아래의 데이터를 볼 수 있다.

World Population by Region

#	Region	Population (2018)	Yearly Change	Net Change	Density (P/Km²)
1	Asia	4,545,133,094	0.9 %	40,704,721	146
2	Africa	1,287,920,518	2.52 %	31,652,493	43
3	Europe	742,648,010	0.08 %	574,157	34
4	Latin America and the Caribbean	652,012,001	0.99 %	6,418,748	32
5	Northern America	363,844,490	0.73 %	2,636,679	20
6	Oceania	41,261,212	1.4 %	570,426	5

이것은 주요 대륙별 인구수이다. 상당한 인구수를 지닌 중국과 인도 때문에 아시아가 가장 인구수가 많음을 알 수 있다. 그 다음은 가장 큰 대륙인 아프리카이며, 유럽, 남미, 북미, 오세아니아 순이다.

이 자료를 좀 더 세분화해서 분석해 보면 인상적인 부분을 확인할 수 있다. 2018년 현재 대한민국의 인구는 약 5천1백만 명 정도이다. 이에 비해 미국의 인구는 3억 2천만 명으로 한국 인구의 약 6.2배에 달하며, 3개의 국가가 있는 북미지역 인구의 95% 이상이 미국에 거주하고 있음을 볼 수 있다. 그러나 아무리 인구가 많아도 구매력(Money & infrastructure)이 없다면 그 시장은 무의미하다. 필자가 6년 가까이 전 세계의 국가를 상대로 한국 제품을 판매해본 결과 인구보다도 더 중요한 것이 구매력이다.

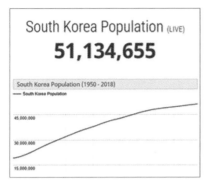

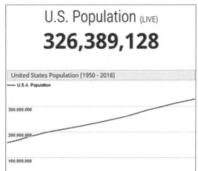

통상적으로 한 나라의 경제력(구매력)을 이야기할 때 가장 객관적인 지표로 삼는 것이 국내총생산(GDP, Gross Domestic Product)이다. 그리고 해당 국가의 국민들이 얼마나 잘살고 있는지(구매력이 강한지)를 알아보기 위한 자료로는 GDP를 인구수로 나눈 '일인당 구매력 평가'를 주로 든다.

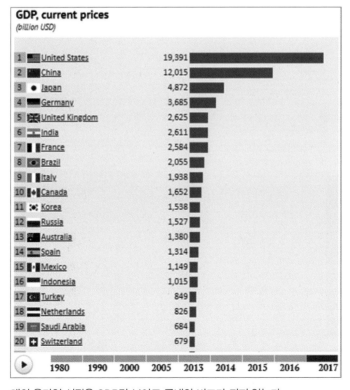

해외 온라인 시장은 GDP만 보아도 국내와 비교가 되지 않는다.

이런 자료들을 갖고 분석하면 왜 미국이 '천조국(숫자 단위로서 '0'이 15개 붙어야 천조라는 숫자가 될 수 있다.)'이라고 불리는지 알 수 있다. GDP로만 놓고 보면 중국은 미국과 그렇게 많은 차이를 보이지 않지만, 인구수로 나눈 일인당 구매력 평가 수치로 계산하면 상황은 완전히 다르다.

이렇게 미국이라는 해외 온라인 시장만 놓고 보더라도 해외의 온라인 시장은 국내와는 비교가 되지 않는 어마어마한 규모의 시장이라는 것을 알 수 있다. 중국 인구 전체에게 나무젓가락을 1개씩 판매하는 것은 불가능할지 몰라도 미국 인구 전체에 나무젓가락을 1개씩 판매하는 것은 결코 불가능한 일이라고 단정 지을 수 없는 이유가 이것이다.

우리나라와 비교해서 많은 인구와 강력한 구매력을 갖고 있으며, 현재 상황에서 판매경쟁이 심하지 않은 시장, 이것이 해외 온라인 마켓이다.

해외 온라인 마케팅과 국내 마케팅의 차이점

세상의 모든 일엔 '흑과 백'이 있다. 낮이 있으면 밤이 있고, 장점이 있으면 단점이 있다. 장점만 있는 시장이 있다면, 그것은 99.99% 사기일 확률이 높다. 왜냐하면 그렇게 좋은 시장은 아직까지 남아 있을 수 없기 때문이다. 진작 누군가가 먼저 선점했을 것이다. 위에서 이야기한 해외 온라인 시장은 접근이 어렵다는 분명한 단점이 있기 때문에 아직까지 시장이 남아 있는 것이다.

그러면 이제부터 국내와 해외 온라인 시장의 특징을 필자의 경험을 토대로 분석해보겠다.

국내	해외
• 최초 접근이 용이함 　– 언어의 장벽 없음 　– 신용 적립기간 없음	• 최초 접근이 어려움 　– 언어의 장벽 　– 신용 적립기간 필요(eBay＝Selling Linit/ 　　Amazon＝FBA Storage capacity)
• 유리지갑: 매출 수익에 대한 완전한 오픈 　– 세금에 대한 Risk: 종합소득세(법인세) 폭탄	• 매출 수익에 대한 부분적 오픈 　– 환율 변동에 따른 Risk 　– 영세율의 적용(수출)으로 부가가치세의 환급
• 광고가 아니면 살아남기 힘든 구조 　– 오너가 Online-System에 대한 지식 필요 　– 지속적인 교육과 공부가 필요	• 광고가 아니어도 판매가 이루어지는 구조 　– 'SEO'라는 추가적 개념의 이해 필요
• 높은 CS(Customer Support, 고객응대) 　– Black Consumer Risk	• 국내 대비 낮은 CS 　– CS의 부분적 대행 서비스: Amazon FBA 　　System
• 낮은 배송비로 인한 Back-Margin 구현	• 높은 배송비로 인한 판매의 애로점: 부피무게 　의 적용
• 판매관리 프로그램의 활용 가능으로 멀티 채널 　관리 용이	• 판매관리 프로그램의 부재로 채널별 관리의 　어려움
• 최저가 Sorting 구매에 대한 노출	• 보편재의 경우 손쉬운 가격경쟁이 가능 　– Amazon: SellYours System

1. 국내 온라인 시장의 특징

① 최초 접근이 용이하다.

▶ 언어의 장벽이 없고, 일정 수준의 컴퓨터 활용 능력만 있으면 진입이 가능하다.

- 최근에 G마켓, 옥션에서는 자체적으로 무료교육까지 진행하고 있으며, 국내 온라인 카페, 블로그에서도 쉽게 정보를 얻을 수 있다.
- 또한 국내의 온라인 마케팅 시장은 특별한 결격 사유가 없다면, 처음부터 무제한의 상품등록(리스팅)이 가능하며 등록상품의 관리만 가능하다면 판매도 무한적으로 가능하다.

② 매출의 완전한 오픈

▶ 국내의 온라인 구매는 대부분 신용카드 결제방식으로 한다. 이렇게 결제된 금액은 바로 국세청에서 모니터링되며, 매년 신고해야 되는 부가가치세(일반과세자: 반기당 1회/법인사업자: 분기당 1회)와 종합소득세(법인사업자: 법인세)의 증빙자료로 활용되기 때문에 세금을 줄이기 위한 편법 사용이 원천적으로 불가능하다. 때문에 제품 판매 시 추후 납부하게 될 세금에 대한 구체적인 계산이 되어 있지 않으면, 앞으로 남고 뒤로 손해 보는 장사를 할 수도 있다.

③ 광고가 아니면 판매 숫자는 상당히 저조하다.

▶ 국내 온라인 시장은 광고를 하지 않으면 성공할 수 없는 시스템이다. 키워드 마케팅, SNS 마케팅, 블로그 마케팅 등 수많은 종류의 온라인 마케팅이 존재하지만, 대부분 광고의 힘을 빌리지 않으면 효과는 미미하다. 국내 온라인 사업에서 확실한 매출확장을 원한다면 그만큼 광고는 절실하게 필요하다.

④ 많은 CS(Customer Service)로 인한 업무 스트레스

▶ 필자가 국내 온라인 시장에서 활동을 할 때(약 10년 전)에는 고객들의 컴플레인이 그렇게 많은 이슈가 되지 않았다. 그러나 현재는 이를 악용하는 판매

자도 있고, 구매자가 판매자를 속여 이익을 편취하는 경우도 상당히 많다. '한국소비자보호원'에서 전자상거래에 대한 규정을 점점 더 강화할 정도로 최근 블랙 컨슈머(Black Consumer)에 대한 문제는 쉽지 않은 부분이다.

⑤ 낮은 배송비로 인한 배송비 Back-Margin 구현이 가능함

▶ 중국을 제외하고 전 세계에서 대한민국만큼 배송비가 저렴한 국가는 찾아보기 힘들다. 온라인 시장도 '규모의 경제 논리'가 적용되는 곳이다.

택배비도 많이 발송하는 업체는 배송사로부터 높은 할인율을 제공받는다. 이것은 우리가 통상적으로 알고 있는 국내 인터넷 쇼핑몰에서 기본적으로 건당 지불하는 2,500원이라는 택배비보다 저렴하다.

- 필자가 알고 있는 업체 중에는 국내 택배비를 건당 1,600원에 발송하는 곳도 있다. 이 업체의 택배물류비는 월평균 1,000만 원 이상인데, 이렇게 많은 양을 택배사에 지속적으로 공급하기 때문에 높은 할인율을 제공받고 있다. 결론적으로 이 업체는 건당 900원이라는 추가 수익이 발생하고 있는 것이며, 부가 수익은 판매가 더욱 많이 발생할수록 커지는 것이다.

⑥ 판매관리 프로그램의 활용 가능으로 멀티 채널 관리 용이

▶ 현재 국내 온라인 쇼핑몰은 상당히 많다. G마켓, 옥션, 11번가, 인터파크, CJ-mall, GS-eShop, 롯데닷컴, 쿠팡, 티켓몬스터, 위메프, 네이버 스마트스토어 등 수많은 쇼핑몰이 영업 중이며, 그 수는 점점 더 증가하고 있다.

▶ 그리고 국내에는 상기의 온라인 쇼핑몰들을 통합적으로 운영할 수 있게 해주는 '오픈마켓 통합 판매관리 솔루션'(Play-Auto, 사방넷, 이셀러스, 메가셀러 등)이 다수 존재한다. 이런 프로그램은 유료이기는 하지만 간편하게 운용할 수 있어서 다수의 온라인 쇼핑몰 운영이 가능하다.

⑦ 최저가 가격 정렬(Sorting) 구매에 대한 노출

▶ 국내 온라인 구매자가 제품을 구매할 때 중점적으로 고려하는 부분은 바로 제품의 가격이다. 물론 판매자의 신용도, 소비자들의 구매후기, 향후 AS 등이

물건을 구매할 때 영향을 미치기는 하지만, 동일한 제품일 경우 판매가격은 구매력을 증가시키는 가장 큰 요소이다.

- 필자는 국내에서 인터넷으로 제품을 구매할 때 대부분 네이버 지식쇼핑을 이용하는데, 여기에서 동일한 제품을 낮은 가격 순으로 정렬(Sorting) 해주는 기능을 주로 사용한다. 이것은 구매자에게는 쇼핑 시간을 절약하게 해주는 고마운 것이지만, 가격경쟁력이 없는 판매자에게는 시장에서 오래 버티지 못하게 하는 아주 '취약' 같은 무기이다.

⑧ 기타

▶ 독과점이 아닌 제품이라면, 가격의 무한 경쟁이라는 늪에 빠질 수밖에 없는 구조이다.

주변에서 쉽게 구할 수 있는 제품을 국내 온라인 시장에서 판매한다면 가격경쟁력이 필수인데, 독점적 판매권을 갖고 있지 않다면 박리다매 또는 대량매입으로 매입단가가 저렴한 판매자를 결코 이길 수 없다.

- 또한 메이저급 제조사는 대부분 본사가 독점적 판매권을 갖고 있거나 다수의 총판권을 분할해서 운영하며, 온라인 판매가격을 일정 수준 이하로 판매하지 못하게 제재한다. 그러므로 독점판매권을 갖고 있지 않거나 자금력이 없어 대량매입이 어려운 신규 판매자는 성공이 거의 불가능한 구조이다.

2. 해외 온라인 시장의 특징

① 최초 접근이 어렵다.

▶ 해외 온라인 시장을 이야기할 때 첫 번째 문제가 언어적인 부분이다. 해외 온라인 시장에서 주로 사용하는 언어는 해당 국가에서 사용하는 언어를 기반으로 하고 있다. 즉 미국시장이라면 당연히 영어를 사용해야 하고, 중국시장이라면 중국어, 일본시장이라면 일어를 사용해야 하는 것이다. 이처럼 해외 온라인 마켓은 해당 국가의 언어를 사용하여 운영되고 있다.

▶ 만약 접근하는 시장이 미국이라면 영어를 기반으로 하는 시장인데, 혹자는 영어를 전혀 못해도 해외 온라인 시장에 접근이 가능하다는 이야기를 한다. 그들은 구글(Google)에서 지원하는 '구글 번역기'나 네이버의 영어번역기 '파파고'를 이용하면 큰 문제가 없다고 말한다. 그런데 이는 말이 되지 않는 이야기다. 온라인이든 오프라인이든 기본적으로 제품 판매에 따른 CS(Customer Service, 고객응대)의 발생은 필연적이다.

▶ 제품 구매 시, 구매 후 사용 시, 기타의 상황(배송 문의, 관부가세 문의, 반품/교환 문의) 발생 시 고객과의 대화는 모두 영어로 진행된다.

이렇게 대부분 e-Mail로 받게 되는 질문들 중에는 우리가 처음 보는 단어들과 그들만의 문화권에서 사용되는 이상한 단어들(BNWB, BNWT, A U, Ship 2, NWB 등)이 많이 섞여서 들어오는데, 이런 단어들을 제대로 해석해주는 번역기는 아직 없다. 문장의 잘못된 이해로 잘못된 답변을 보낸다면 그 결과는 최악으로 변할 수 있다.

▶ 그러므로 영어를 국내 중학생 수준도 못하면서 미국시장에 접근하려고 하는 것은 정말 무모한 발상으로밖에 생각되지 않는다.

- 한 가지 재미있는 현실을 이야기해보면 최근 국내에서 해외 온라인 시장(Amazon, eBay 등)을 유튜브나 오프라인 강의를 통해 강의하는 사람들 중 영어를 몰라도 해외시장에 접근이 가능하다고 이야기하는 사람들의 대부분은 해외에서 교육을 받았던 사람들이다.

- 필자도 솔직히 영어를 썩 잘하지는 않지만, 그래도 부분적인 문장 해석과 미숙한 전화 통화 정도는 가능하다. 부족한 수준이지만 이 정도도 하지 못했다면 해외 온라인 시장의 접근은 꿈도 꾸지 못했을 것이다.

▶ 해외 온라인 시장의 가장 큰 특징은 '신용의 적립기간이 필요하다'는 것이다. 이는 국내 온라인 시장에는 존재하지 않는 시스템으로서, 간단히 설명하면 해외시장에 최초 접근 시 시장이 판매자가 판매할 수 있는 권한(수량 등)을 제한한다는 이야기다. 이것은 판매자의 자국에서의 규모와 상관없이 일률적으로 적용되며, 적용방법은 각 사이트마다 상이하다.

- 이런 규정이 생긴 이유를 이베이(eBay)를 예를 들어 설명해보겠다. 이베이는

'Selling-Limit'이라는 독특한 규정이 있다. 만약 현재 이베이에 신규 셀러로 등록하고 판매를 한다면 처음에는 10개의 셀링리밋을 제공받는다. 이 10개의 셀링리밋이 의미하는 것은 한 달 동안 10개의 제품만을 등록할 수 있다는 뜻이다(최대 10개의 제품밖에 판매할 수 없다. 만약 1개 제품에 10개의 재고를 등록하면 등록할 수 있는 제품은 1개밖에 되지 않는다).

• 이 규정은 이베이 셀러라면 전 세계 공통으로 적용되는 것이며, 이 셀링리밋을 증액하기 위해서는 매월 할당된 셀링리밋을 모두 소진하고 미국 이베이 본사에 직접 전화하여 증액 요청을 해야 한다.

• 현재는 이베이코리아에서 많은 도움을 주는 것으로 알고 있으나, 위에 설명한 것이 원칙이며 필자는 그렇게 해서 매월 셀링리밋을 증액했다.

※ 이 셀링리밋이 생긴 이유가 꽤나 재미있다. 이베이가 처음 생겼을 때만 해도 셀링리밋이라는 규정은 없었다. 그런데 이베이의 독특한 결제방법을 악용한 중국 셀러들이 결제금을 먼저 받고 물건을 배송하지 않는 국제 사기사건이 많이 발생했다. 그래서 이베이에서 피해 방지를 위해 부랴부랴 만들었다고 한다. 신용이 적립되는 일정 기간을 확보해서 불량 셀러들을 필터링하는 독특한 규정인 셀링리밋을 이베이는 지금도 계속해서 유지하고 있다.

• 아마존은 이베이와는 조금 다른 방식으로 신용적립기간을 요구한다. 이는 FBA라는 독특한 아마존의 물류 시스템을 이용한 방법으로, 처음에는 아마존의 물류창고의 공간 제공을 최소로 제공하다가 판매 숫자가 늘어날수록 그 공간을 점점 더 넓혀주는 식으로 신용적립기간을 운용한다.

• 이는 아마존과 이베이의 판매대금 결제방식의 차이 때문인 부분도 있지만, 아마존의 핵심 시스템인 FBA의 이용 공간 통제가 판매자의 입장에서는 훨씬 치명적이기 때문이다.

② 매출 수익의 부분적인 오픈과 환율 변동에 따른 리스크

▶ 해외 온라인 시장의 특징 중 하나는 구매자 국가의 현지 통화로 결제된다는 것이다. 즉 미국에 판매하면 미국 현지 통화인 US달러로 결제되어 한국의 통장에 직접 입금되는 것이 아니라 해외의 PG사(paymentgateway, 전자지불대

행 서비스업체)를 통해서 판매대금을 받게 된다. 이 판매대금은 PG사에서 발급해준 직불카드(Debit Card)로 한국에 있는 은행 ATM을 통해서 환전하여 찾거나, 연동된 한국 은행의 금융계좌로 이체하여 찾을 수 있다.

▶ 이처럼 조금 복잡한 방식의 결제 시스템 때문에 기존에 우리가 알고 있는 B2B 방식의 무역 수출과는 달리 매출의 부분적인 오픈이 가능하기도 하다.

예를 들면, 한국에 있는 은행에서 발급받은 신용카드 또는 직불카드는 결제금액 모두가 국내 국세청에서 감독이 가능하지만, 해외 PG사에서 발급받은 직불카드를 해외에서 사용한다면 사용 금액을 찾을 방법은 현재의 국제 금융 시스템에서는 어려운 부분이다.

- 이 부분도 언젠가 국제간 금융거래가 더욱 오픈된다면 아주 불가능한 것은 아니지만 현재 운용되고 있는 시스템으로는 완벽하게 검증하기가 어렵다.
- 이 외에 세무와 관련된 몇 가지 추가적인 팁들이 있는데, 여기에서 이 부분을 자세히 설명하기가 곤란하다. 이유는 그런 시스템을 악용하려고 하는 사람들이 있을 것 같기 때문이다.

▶ 해외 온라인 시장에는 환율 변동이라는 아주 무서운 리스크가 있다. 이 리스크는 필자의 경험으로 미루어 봤을 때 국내의 은행금리보다 단기간 변동 폭이 훨씬 크고, 매출 이익률보다도 큰 경우도 많았다.

필자가 최근 몇 년간의 이베이 판매대금을 한국 계좌로 이체한 시점의 페이팔(PAYPAL) 환율을 보니 환율이 가장 높을 때와 낮을 때의 차이가 $1당 ₩187.51이나 되었다.(PG사는 환전 시 일정 비율의 환차익을 자사의 수익으로 챙기기 때문에 기준환율보다 3~6원 정도 낮게 책정한다.)

환전 금액이 소액일 때는 크게 문제가 안 될 수도 있지만 만약 판매량이 많아서 매월 환전하는 금액이 $10,000가 넘는다면, 국내의 은행금리는 우스운 수준이 된다.

- 여기에서 더 중요한 점은 환율 변동이 국내의 내부 요인에 의한 경우(이는 예측이 가능하다)보다도 외부 요인, 즉 국제적 요인에 의해서 변동하는 경우가 더 많다는 것이며, 이 때문에 환율에 대한 예측은 상당히 어렵다.
- 그래서 필자는 국내에서 자금이 꼭 필요한 경우가 아니라면 일정 부분 적립

해놓고 환율이 높을 때 국내로 환전이체 하는 것을 추천한다.
- 상황이 이러하다 보니 필자는 환율의 변동을 기민하게 살피게 되고 더불어 본의 아니게 '환치기'까지 하게 된다.

③ 광고가 아니어도 판매가 이루어지는 구조가 남아 있다.

▶ 국내 온라인 시장과 해외 온라인 시장의 가장 큰 차이점 중 하나는 바로 SEO(Search Engine Optimization 검색엔진 최적화) 부분이다. 앞에서도 이야기 했듯이 국내의 온라인 시장은 광고를 하지 않으면 제품의 판매가 거의 이루어 질 수 없는 구조로 변하였다. 이는 국내 포털 사이트의 거대 공룡인 '네이버' 의 영향 때문으로 네이버의 검색에서 상위에 노출되지 않으면 판매가 불가능 하다는 이야기로 바꿔 말할 수 있다.

하지만 해외 온라인 시장에서 국내 네이버와 유사한 검색포털 사이트인 '구글 (Google)'은 온라인 마케팅에서 광고의 비중이 네이버만큼 우선시되지 않는 다. 그 대신 SEO라는 논리가 더 우선시된다. 그렇기에 웹에서 검색 시 SEO의 논리에 따라 노출의 우선순위를 매겨서 결괏값을 보여준다.

▶ 또한 각각의 해외 쇼핑몰 사이트들은 독립적인 검색엔진을 갖고 있지만 (eBay: Cassini / Amazon: A9) 이런 검색엔진도 SEO의 원천적인 로직은 구글의 개념과 거의 동일하며, 일부 항목에서만 약간의 차별성을 가지고 있는 정도 이다.
- 이는 해당 사이트에서 요구하는 SEO에 최적화되어 제품이 등록되면 판매가 이루어진다는 이야기이다. 물론 Amazon에서는 광고 비중이 적지 않지만, 광고를 하지 않아도 제품이 SEO에 최적화만 된다면 어느 정도 판매가 이루 어진다는 것은 필자의 경험으로 증명할 수 있다.
- eBay는 공식적인 광고가 없는 대신 GTC(Good-Till-Cancelled)라는 흥미로운 구조를 가지고 있다. GTC는 매달 최소 1번은 아무런 광고 없이도 판매 화면 의 첫 번째 페이지, 최상단에 노출을 보장하고 있다.
- 하지만 대부분의 해외 온라인 소핑몰들은 최근에 가장 많이 판매가 이루어 진 제품을 가장 상위에 노출시켜준다,

- 특별한 문제없이 최근에 가장 많이 판매된 제품이 더 많이 팔리는 시장, 많이 판매되면 더 많은 판매가 이루어지는, 소위 말하는 '매출이 깡패'인 시장. 이것이 해외 온라인 마켓의 특징이다.

④ 국내 온라인 시장 대비 상당히 낮은 비율의 CS(Customer Service)

▶ 필자가 해외 온라인 셀링을 하면서 가장 마음에 들었던 부분 중의 하나는 국내 대비 상당히 낮은 비율의 CS였다.

지금까지 해외 온라인 셀링을 6년 가까이 진행하면서 해외 바이어로부터 전화를 받은 적이 딱 2번 있을 정도로 전화상담은 없다. 대부분의 CS는 구매 전에는 제품의 특징이나 배송기간 등을, 구매 후에는 제품의 도착 지연에 따른 문의 및 운송 중 파손에 대한 클레임 등의 문제로 발생한다. 이마저도 주로 e-Mail로 질문이 들어오면 거기에 답변하는 정도이다.

- 그리고 해외에도 블랙컨슈머(악성구매자)는 존재하지만 한국과 비교 시 비율이 상당히 낮은 편이다.

※ 단, 이는 필자가 판매하는 아이템에 한정한다. 아이템에 따라서 CS 발생 비율은 상당히 많이 변동됨을 주지해야 한다.

▶ 그리고 해외로 제품이 배송되는 만큼 배송사고는 한국보다 많은 편이지만 (러시아, 남미 쪽은 항공배송도 최장 45일 이상 소요되는 경우도 있다), 그래도 해외의 구매자들은 한국인들보다 배송시간에 대한 참을성이 훨씬 강하다.

- 하지만 최근 들어서는 해외배송을 대행하는 저렴하고 빠른 상품들이 생겨서 그런지 예정된 배송일보다 늦으면 클레임을 제기하는 구매자들이 점점 더 증가하고 있다. 그래도 그 비율은 한국과는 비교가 되지 않는다.

▶ 특히 이 책에서 주로 다룰 아마존의 FBA-System은 일정 부분의 CS(배송, 반품 및 환불 등)도 아마존에서 위임받아 진행하기 때문에 실질적으로 발생되는 CS의 비율은 상당히 적은 편이다.

⑤ 높은 배송비로 인한 판매제품의 경쟁력 확보의 애로점

▶ 해외 온라인 시장에서 가장 큰 문제는 높은 배송비이다.

- 필자의 개인적인 견해는 '배송비와 관부가세 등의 세금은 구매자가 지불하는 것이다. 다만 이는 무료배송이라는 단어로 포장될 뿐, 제품의 판매가격에 모든 비용이 포함되어야 한다는 것'이다.

- 세상에 공짜를 싫어하는 사람은 없다. 하지만 공짜가 없다는 것을 다들 알고는 있지만 그럼에도 '공짜'는 마케팅에서 상당히 많이 이용된다. 대표적인 것이 '무료배송'이다.

- 이는 해외 온라인 시장에서도 예외는 없으며 오히려 무료배송이라는 단어를 사용하면 매출이 좀 더 증가하기도 한다.

▶ 해외배송비는 일반적으로 한국 내에서의 배송비보다 많은 비용이 발생하기 때문(우체국 K-Packet을 기준으로 미국 배송 시 500g 이하의 제품은 ₩10,540이 발생됨)에 배(상품 매입비)보다 배꼽(배송비)가 더 큰 경우가 흔하다.

- 물론 해외에 상품을 배송될 때 사용되는 비용도 '규모의 경제'의 시스템이 적용되기 때문에 많이 배송할수록 그 비용은 상당히 절감되고(500g을 미국으로 배송할 때 발생되는 비용은 ₩10,540이지만 5kg을 우체국 CP를 이용해서 미국으로 배송할 때에는 ₩71,000이다), 최근 많이 생기고 있는 해외배송 대행사를 이용하면 그 비용을 더 절감할 수도 있다.

▶ 우체국을 제외한 해외배송대행사들은 대부분 부피무게[가로×세로×높이(센티미터)의 합을 5000, 또는 6000으로 나눈 값으로 계산한 무게(킬로그램)]를 적용하는 경우도 있기 때문에 그래도 만만치 않은 비용이 발생되는 것은 사실이다.

이는 배송비를 포함한 판매가격에 직접적인 영향을 미치고 판매가격이 비싸진다면 매출은 당연히 감소하게 될 것이다.

- 이 부분은 오히려 배송비 Back-Margin을 챙길 수도 있는 국내 온라인 시장과의 큰 차이점이며, 해외 온라인 시장이 국내보다 '규모의 경제'가 더 강화된 시스템임을 경험하게 될 것이다.

⑥ 판매관리 프로그램의 부재로 채널별 관리의 어려움

▶ 현재 국내에서 개발된 해외 온라인 시장을 관리해주는 프로그램은 필자가 알기로는 없다. 일부의 사이트(ex. 이베이)는 해외에서 개발된 프로그램(Push Auction 등)이 있지만 해외에서 개발되었기에 한글이 지원되지 않으며, 다른 사이트(ex. 아마존)와의 연동화도 지원되지 않는다.

- 아마존도 국가별로 별도의 채널로 운영되기 때문에 판매 채널을 추가하기 위해서는 상당한 시간과 노력이 투입되어야 한다. 이는 한 개의 채널에만 상품을 등록하고 거기에 등록되어 있는 데이터를 이용하여 타 채널 접근을 지원하는 판매관리 프로그램이 있는 한국의 온라인 시장보다 상당히 열악한 환경이다.

- 그나마 다행인 것은 한국의 판매관리 프로그램 개발회사 중 하나인 '플레이오토(PLAYAUTO)'에서 해외 글로벌셀링을 지원하는 판매관리 프로그램을 개발하고 있다는 것이다. 그러니 그 프로그램이 빠른 시간에 제대로 개발되어 출시되기를 진심으로 기원하고 있다.

⑦ 보편재의 경우 손쉬운 가격경쟁이 가능하다

▶ 대부분의 해외 온라인 시장과 다르게 아마존은 'Sell-Yours'라는 독특한 상품등록 방식이 있는데, 이 셀유어스라는 상품등록 판매방식은 자본주의 시장의 '정점'에 올라와 있는 방법이라는 생각이 들 만큼 온라인 시장의 가격경쟁력을 부추기는 방식이다.

- 셀유어스에 대해서는 추후에 자세히 설명하겠지만, 간단히 설명해보자면 본인이 판매하려고 하는 제품이 타인에 의해 아마존에 사전 등록되어 있을 경우 그 등록된 제품을 그대로 이용하여 손쉽게 상품등록을 할 수 있는 방식이다. 그렇기에 셀유어스를 하는 판매자는 판매가격과 재고수량만 입력하면 상품등록을 바로 할 수 있다.

- 이렇게 간편히 타인이 판매하고 있는 제품을 본인이 그보다 저렴한 가격, 또는 낮은 마진으로 판매가 가능하다면 즉각적인 판매가격 경쟁력으로 기존의 판매자를 앞서는 매출을 단기간에 올릴 수 있는 특징을 갖고 있는 것이다.

- 이런 판매방식은 특히 사람들이 보편적으로 사용하는 소비재들에서 더욱 경쟁적으로 신행뇌고 있으며, 셀유어스로 전환되는 아이템은 꾸준하게 증가하고 있다.
- 그리고 아마존은 더욱더 '규모의 경제'가 가능한 업체들과의 거래에 치중하고 있으며, 이들 업체에 유리한 방향으로 시스템을 변경하고 있는 추세이다.

⑧ 기타

▶ 해외 온라인 시장은 국내와는 다르게 시장별로 그 특징들이 명확하게 구분된다. 예를 들어 이베이는 그 태생이 중고시장(Flea Market/Garage Market)이어서인지 다수의 판매자가 다수의 제품을 펼쳐놓고 판매하는 방식이며, 아마존은 독점적인 가격경쟁력을 갖고 있는 셀러가 그 제품을 집중적으로 판매하는 형식이고, 엣시(Etsy.com)는 Hand-Made 제품을 선호하는 시장이다.

- 동남아 온라인 시장에 최적화된 라자다(Lazada.com)와 국내 온라인 오픈마켓의 시스템과 거의 같은 큐텐(Q10.com), 도매를 위주로 판매가 이루어지는 알리바바(Alibaba.com) 등 온라인 마켓별로 특징이 명확하다.
- 그러므로 무조건적으로 아마존이라는 시장만을 맹신할 것이 아니라 현재 본인이 판매 가능한 제품에 최적화된 특징을 갖고 있는 시장에 접근하는 것이 유리하다.

B2B와 B2C에 대한 이해 **03**

많은 사람들이 기존에 진행되어 오던 해외 무역 형식의 B2B와 최근에 급격하게 증가하고 있는 B2C에 대한 명확한 이해가 부족하다.

거래총액으로는 기존 B2B 방식의 해외 무역이 분명히 크다. 하지만 인터넷이라는 새로운 문명의 발달로 세상이 점점 '단일생활권화'되어 가고 있는 지금, 매년 10월 미국에서 진행되는 '블랙 프라이데이'에서 어떤 제품을 얼마나 할인해서 판매하고 있는지에 관심을 갖는 사람들이 증가하고 있고, 해외 온라인을 통해 직접 구매해 사용하는 고객들도 점점 더 증가하고 있다.

이는 그만큼 B2C의 시장이 무서울 정도로 확장되고 있다는 증거이다. 때문에 우리는 B2B와 B2C에 대한 명확한 이해가 필요하다.

B2B(Business-to-Business)	B2C(Business-to-Consumer)

• 기업과 기업 간의 거래를 기본으로 한 비즈니스 모델
   – 일반적으로 대규모 시스템의 무역 형태
	• 기업과 고객 간의 직접적인 거래를 기본으로 한 비즈니스 모델
	   – 현재 이베이, 아마존 등에서 제품을 팔고 사는 시스템

• 소비지국의 각종 안전검사를 받은 후 통관이 진행됨
   – 수출입 절차 상당 기간/금액 소요
   – 국내: 전파사용인증, 식약처 안전인증 등
   – 국외: FDA 승인 등
   – 구입처에서 각종 AS 진행
	• 구매자가 직접 구매하는 방식으로 대부분의 귀책 사유 소비자에게 전가됨
	   – 각종 안정인증 절차 대부분 무시
	   – 관부가세도 부분적 무시(Under-Value)
	   – 수출입 절차가 간편하여 단기간 배송 가능
	   – 판매처에서 각종 AS 진행

• 대량 운송으로 인한 저렴한 배송비	• 소량 건별 배송으로 인한 높은 배송비 발생

• 소비지국에 판권 확보 후 판매를 진행함	• 소비지국 판권 확보 어려움으로 인한 문제
	   – 제조사가 현지에 판권을 판매하는 경우 판매 불가
	   – 경쟁 셀러 차단의 어려움: 무한 가격경쟁

• 수출/수입에 대한 정부지원 혜택 가능	• 수출/수입에 대한 부분적 세금 혜택 가능

1. B2B(Business-to-Business)

① 기업과 기업 간의 거래를 기본으로 하는 비즈니스모델로서, 일반적인 대규모 시스템 무역의 형태를 말한다.

② 소비지국의 각종 안전검사를 받은 후 통관이 진행되며, 이에 따라 수출입 절차에 상당 기간 및 많은 비용이 필요하다(국내: 전파사용인증, 식약처 안전인증 등/ 국외: FDA 승인 등). 수입을 진행하여 판매한 업체는 AS를 처리할 수 있어야 한다.

③ 대량 운송(컨테이너)으로 배송비가 저렴하다. 소비지국에 판권 확보 후 판매를 진행함으로써 독점 판매가 가능하여 경쟁 셀러 차단이 가능하다.

④ 무역의 기본 프로세스로 진행되기 때문에 신고금액 전액을 수출실적으로 인정받으며, 이에 따른 각종 정부지원 혜택을 받을 수 있다

2. B2C(Business-to-Consumer)

① 국내의 사업자가 해외 고객과 직접 거래하는 방식으로 현재 이베이 및 아마존 등의 시장에서 제품을 팔고 사는 방식을 말한다. 그리고 사업자가 아닌 일반인이 해외 고객을 대상으로 직접 제품을 판매하는 C2C(Customer to Customer)는 '마이크로비즈니스(Micro Business)'의 확장된 사업 모델로 볼 수 있다.

② 구매자가 자국이 아닌 해외에서 직접 구매하는 방식으로, 제품 사용 시 문제가 발생하면 대부분의 귀책 사유가 구매자에게 전가된다.

▶ 수입통관 절차에서 큰 문제가 발생되지 않는다면(이 부분도 목록통관으로 진행되기 때문에 대부분 큰 문제가 발생되지 않음) 구매자 국가의 각종 안정인증 절차를 대부분 무시하며, Under-Value(매매가격보다 더 낮은 가격으로 수출신고서를 작성하는 편법)를 이용하여 부분적인 관세 및 특별소비세를 감면받기도 한다.

▶ 수출입 절차가 간편하여 단기간 배송이 가능(해외 특송 사용 시 미국까지 5일 안에 배송됨)하며, 판매 후 문제 발생 시 대부분 판매자가 AS를 진행한다.

③ 일반적으로 판매가 이루어진 상품 건별로 소량 다수의 배송건수가 발생함으로

높은 배송비가 발생한다.

④ 판매국가의 독점적인 판매권한을 확보하기가 어려우며(판매국가에 상표권등록이 되어 있어야 하며, 등록된 상표권은 해당 국가에만 효력이 있기 때문에 타 국가 판매 시 판매국가 모두에 각각의 상표권 등록이 되어 있어야 한다), 제조사가 현지에 독점적 판권을 현지 밴더에게 위임 또는 매매하는 경우 기존에 판매하던 셀러는 해당 국가에 판매가 불가능하다. 이로 인해 경쟁 셀러의 원천적 차단이 어려우므로 무한 가격경쟁이 발생할 수 있다.

⑤ B2C 방식의 수출은 각각의 판매 건에 대해 개별의 수출신고를 해야 한다. 수출신고한 판매제품에 대해서는 반드시 등기번호가 있는 배송방법을 이용하여야 수출실적으로 인정받게 된다(대부분의 특송사는 등기번호를 부여하지만, 우체국 배송일 경우 무등기가 아닌 K-Packet, CP, EMS 등 등기번호가 부여되는 상품을 이용해서 배송해야 함).

▶ 만약 등기번호가 부여되지 않는 방법(우체국의 무등기 소형포장물로 배송하는 경우)으로 해외배송을 진행하면 수출신고된 제품의 수출내역을 증빙할 수 있는 방법이 없기 때문에 수출실적을 인정받을 수 없다.

▶ 이렇게 합법적으로 수출신고 된 제품이 배송 도중 또는 현지에서의 문제 발생 등으로 자국으로 반품되는 경우에는 수출신고내역서를 이용해서 반품으로 인해 자국에서 발생할 수 있는 관세 및 부가가치세를 환급받을 수 있다.

▶ 또한 수출 장려국인 우리나라는 많은 수출실적을 쌓으면 정부의 각종 수출지원 및 금융권의 지원과 세무조사의 감면 혜택 등을 누릴 수 있다.

▶ 2016년까지만 해도 관세청 전자통관시스템인 UniPass를 통한 B2C 수출통관 절차가 상당히 복잡하여 수출신고가 거의 불가능에 가까웠다. 하지만 2017년 한국무역정보통신(KTNET.com)에서 전자상거래 수출지원플랫폼인 goGlobal을 개발하여 B2C를 통한 수출도 쉽게 처리할 수 있는 길을 마련해주었다.

해외 온라인 시장을 바라보는 또 다른 관점 04

　지금까지 오프라인과 온라인 시장의 특징, 해외 온라인 시장의 특징에 대해서 알아보았다. 최대한 객관적인 자료들을 갖고 설명하려고 노력했지만 현재 국내에서 해외로 B2C 방식으로 판매되는 정확한 수량과 총액을 알고 있는 이는 없기 때문에 본인의 경험과 동종 업계에서 일하고 있는 지인들의 자료들을 최대한 취합해서 작성하였다. 때문에 일부 잘못된 정보가 있을 수도 있다.

　통계청과 관세청도 정확한 자료를 모르고 있다. 해외에서 국내로 수입되는 자료는 관세청의 통관물량을 보면 알 수 있지만, 국내에서 해외로 B2C 방식으로 수출되는 물량은 합법적인 수출신고 물량이 아주 적은 관계로 정확한 데이터의 수집이 불가능하기 때문이다.

　하지만 한 가지 분명한 것은 그 수량과 금액이 어마어마하다는 것이다.

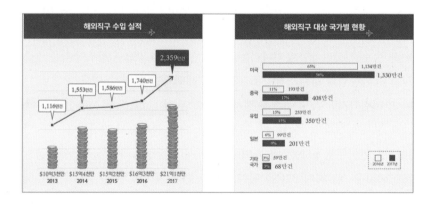

　위의 자료는 2018년 관세청에서 발표한 것으로 국내에서 해외 온라인 시장을 통해 B2C 방식으로 구매하여 국내로 수입된 수량과 금액이다.

　이 자료를 근거로 역산해서 계산해보면 어느 정도 감이 생길 것이다. 쉽게 설명하자면 국내에서 해외의 화장품을 구매하는 것과 해외에서 한국의 화장품을 구매하는 것을 비교했을 때 단순 계산으로도 최소 5배 이상 수출물량이 많다는 걸 확인할 수 있다. 또한 의류 쪽은 말할 필요가 없으며, 기타 공산품들도 해외로의 판매수량은 한국으로의 수입물량보다 기본적으로 작게는 몇 배, 많게는 수십 배가 많이 B2C 방식으로 수출되고 있다.

현재 B2C 방식으로 국내에서 해외로 수출되는 물량의 상당 부분(약 95% 이상으로 추측한다)은 eBay, Amazon, Etsy, Lazada, Q10 등 해외 온라인 쇼핑몰에서 판매가 이루어지고 있다. 위의 사이트들을 이용해 판매하려는 셀러의 수는 점점 더 증가하고 있지만, 해외시장의 그 규모에 비해서 아직 상당히 미미한 수준이다.

아래의 자료는 현재 eBay.com의 전체 시장이 아닌 미국시장에서의 셀러 랭킹을 보여주는 자료이다.

The World's Top eBay Sellers 2018

# (1)	Location	Username	Total (2)	12 mo	6 mo	1 mo	Pos % (3)	# (1)	Location	Username	Total (2)	12 mo	6 mo	1 mo	Pos % (3)
1 –		musicmagpie	9,777	1,585	746	134	99.1	358		qesoloparts1	204	63	35	6	97.5
2 ▲		worldofbooks08	5,635	1,303	624	111	98.9	359 ▲		sshht	217	63	28	3	96.8
3 ▼		medimops	4,914	1,127	569	99	99.5	360 ▲		cyberport	396	63	24	3	99.3
4 ▲		thrift.books	1,566	792	405	61	99.0	361 ▼		jalousiescout	765	63	34	5	99.5
5 ▼		decluttr_store	2,403	736	356	71	98.5	362		phonakingdom786	237	63	28	6	96.8
6 ▲		rebuy-shop	1,449	685	335	55	98.5	363 ▼		artofdeals	574	63	22	4	98.7
7 ▼		atp-autoteile	4,719	490	220	26	97.4	364		myparto	178	63	33	4	99.7
8 ▼		get_importcds	2,907	449	218	32	99.3	365		limxisoyu2011	137	63	24	2	94.2
9 ▲		discover-books	951	427	197	24	98.5	366 ▲		parts_giant	309	63	33	4	99.5
10 ▲		ppretail	1,564	338	175	29	99.7	367		east2eden	519	63	30	4	99.1
11 ▲		jewelryfindingshop	1,862	330	153	24	97.4	368		homesale_estore	779	63	27	3	95.8
12 ▼		blowitoutahere	2,532	328	151	23	99.0	369 ▼		bessky_star	435	63	23	3	97.3
13 ▲		thehoneyroastedpeanut	1,622	300	103	6	99.1	370 ▲		■■■■■■■	296	63	30	5	99.8
14 ▼		am-autoparts	2,781	296	141	24	98.3	371 ▼		zs_zweiradteile	531	63	39	6	99.2
15 ▼		betterworldbooks	2,591	293	150	26	99.2	372 ▼		zydistro	2,380	63	22	3	96.5
16 ▲		wordery	1,465	283	117	20	99.5	373		carpartsinmotion	116	62	37	6	99.2
17 ▲		mediamarkt	940	282	136	24	99.5	374 ▼		6season-gift	872	62	28	4	96.3
18 ▼		bhfo	3,043	272	108	17	99.1	375 ▼		rainway87	263	62	30	5	97.1
19 ▲		kayfast1	1,258	270	145	23	100.0	376 ▼		utopialive87	712	62	27	4	97.5
20 ▼		no.1outlet	2,633	266	129	19	99.7	377		beauty-jewelry86	209	62	21	4	97.1

이 자료를 보면 eBay.com의 미국시장에서 가장 많이 판매하는 한국 셀러의 랭킹이 몇 번째인지도 확인되지 않을 만큼 하위에 위치한다는 것을 알 수 있다. 그래도 여기에 랭크된 한국 셀러의 연매출은 기본적으로 100억 이상 되는 것으로 알고 있는데(자세한 매출은 필자도 추측만 할 뿐 알 수 없다, 해외 온라인 사업자들은 매출 공개가 워낙 폐쇄적이다), 이렇게 하위에 랭크된 업체(삼성이나 LG 같은 대기업이 아니다. 중소기업도 아닌 보편적인 해외 온라인 셀러이다)의 매출이 저

정도인 것이다.

데이터를 살펴보면 중국 셀러들이 상당히 높은 랭킹에 포진되어 있음을 알 수 있다. '세계의 공장'이라는 중국의 특수성 때문인 것 같다. 그런데 말레이시아(Malaysia), 인도(India), 싱가포르(Singapore), 태국(Thailand) 등의 셀러들이 한국 셀러들보다 상위에 있다는 것은 솔직히 필자도 이해가 안 가는 부분이다. IT 강국이며, 전 세계에서 가장 높은 인터넷 보급률을 갖춘 국가에서 가장 많은 시간을 일하는 한국의 셀러보다도 기반 인프라가 한국보다 빈약한 국가의 셀러들이 한국 셀러보다 상위에 랭크되어 있는 것이 현실이다.

이는 해외에서 인정하는 우수한 한국의 제품들이 많음에도 불구하고 그런 제품들을 제대로 해외에 판매하지 못하고 있다는 반증이다.

해외 온라인 시장은 한국의 온라인 시장보다 규모/잠재성/확장성/지속성 등의 요인이 비교되지 않을 만큼 크다. 그러므로 우리는 지금 진출해도 늦지 않다.

아마존과
해외 온라인 마켓의
특징

여기서는 해외 온라인 마켓들 중에 규모도 크고, 한국 셀러들이 가장 관심을 많이 보이고 있는 사이트들의 마켓별 특징에 대해서 알아보고자 한다.

이베이(eBay)는 1995년에 미국에서 컴퓨터 프로그래머 피에르 오미디야르에 의하여 최초 설립되었다. 이베이는 2008년 전 세계로 규모를 확장하여 현재는 20여 개가 넘는 국가에서 웹사이트를 운영하고 있다.

이베이는 판매자가 상품에 대한 리스팅을 올리는 경우에 발생하는 리스팅 수수료(insertion fee), 그리고 물건이 팔렸을 때 물건 가격에 따른 최종 가치 수수료(final value fee) 등 서비스에 대한 수수료를 부과하는 시스템으로 수익을 발생시킨다.

수수료는 물건의 최종 가격, 리스팅의 형식 그리고 물건을 올릴 때 선택한 제품 분류, 즉 카테고리에 따라서 달라진다. 또한 리스팅을 올릴 때 별도의 추가 업그레이드 옵션을 선택한 경우 혹은 이베이가 정한 판매자 성과 기준에 부합되는지 여부에 따라서도 달라진다.

2018년 6월을 기준으로 eBay.com의 일반셀러인 경우 매달 50개까지의 무료 리스팅을 올릴 수 있으며, 이 숫자를 초과하였을 시 리스팅을 올릴 때마다 별도의 $0.35 수수료가 있다.

리스팅 시작 수수료는 '경매' 판매의 경우 물건이 팔리면 그 수수료를 다시 크레딧 형태로 돌려받을 수 있으나 '고정 가격' 판매의 경우에는 다시 돌려받을 수 없다. 물건이 팔린 후 최종 가치 수수료는 물건가격에 배송료를 더한 총

판매 가격의 10%이고, 최종 가치 수수료의 상한선은 하나의 물건당 최대 $750 까지이다.

별도의 수수료를 내고 eBay-Store를 여는 경우(Basic/Premium/Ancher 세 가지로 나뉜다) 최종 가치 수수료는 할인받을 수 있으며, 스토어 이용료는 등급별로 다르며 스토어마다 지원되는 항목도 다르다.

필자 생각엔 이베이는 해외 e-Business 사이트 중 가장 보편적인 사이트인 것 같다. 그 이유는 비교적 편리한 GUI(Graphic User Interface)를 제공하여 기초적인 Html 코딩과 500픽셀 이상의 사진만 있으면 상품등록이 쉽게 가능하기 때문이다.

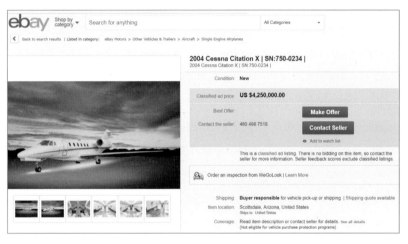

eBay에선 비행기도 판다

또한 이베이는 객체적으로 운용되고 있는 전 세계의 이베이 사이트를 운영하기에 다 국가에 동시등록도 쉽게 진행할 수 있어서 사업 초기 본인 제품의 해외 판매 가능 유무 또는 어느 국가에서 많은 판매가 이루어지는지를 판단할 수 있는 기초 정보를 제공받을 수 있는 유용한 사이트라 할 수 있다.

즉 이베이는 '이베이에서 판매가 되면 다른 몰에서도 판매가 이루어진다'는 말이 나올 정도로 해외 온라인 사업을 진행하려는 사람이면 필수적으로 거쳐야 되는 사이트라고 할 수 있다.

이베이의 특징 중 재미있는 점은 태생이 중고 상품 판매로 시작해서인지, 아직도 고가의 중고장비 및 유니크한 제품들이 많이 등록되고 판매된다는 것이다. 또한 경매 방식의 입찰 시스템도 이베이만의 특징이라 할 수 있다.

현재의 이베이는 '셀링리밋(Selling-Limit)'이라는 초기 판매자 판매제한 방식을 갖고 있다. 이는 불량 판매자를 필터링하기 위한 이베이만의 방식으로서, 판매자는 신용을 쌓은 후 매월 셀링리밋 증액 요청을 통해 판매가능 수량과 금액을 증액시킬 수 있다. 이렇게 증액된 셀링리밋도 판매자의 셀러퍼포먼스(Seller-Performance: 판매자 실적)가 일정 수준 이하(Below Standard)로 떨어지면 다시 감액된다.

이베이의 결제방식은 페이팔(PayPal)이라는 PG사(paymentgateway, 전자지불대행서비스업체)를 2002년 인수하여 독자적인 결제방식을 운영하였으나, 2014년 페이팔이 이베이에서 분사되어 이제는 다양한 PG사(Payoneer, Apple Pay 등)를 이용할 수 있다. 하지만 해외 영문쇼핑몰의 대금결제 PG사로는 페이팔만큼 편리한 곳이 없기에 대부분의 이베이 셀러들은 페이팔을 운용한다.

페이팔은 손쉬운 계좌관리 및 편리한 Invoicing 이용 기능도 매력적이고, 이베이와 페이팔을 이용한 판매수수료가 14% 정도이기 때문에 다른 쇼핑몰 대비 높지 않은 수수료도 상당한 장점이다.

이베이는 아주 특별한 제품이 아닌 한 판매하는 제품의 1SKU(Stock Keeping Unit: 상품·재고 관리를 위한 최소 분류 단위)당 1일 최대 판매수량이 많아야 20~30건 정도밖에 되지 않을 정도로 SKU당 판매 숫자가 많지는 않다. 하지만 독자적인 판매가 가능한 제품이라면 높은 판매마진의 구현이 가능하며, 꾸준하게 판매가 이루어지는 이베이의 특성 덕에 이베이라는 해외 온라인 시장만 갖고도 상당한 매출을 보장받을 수 있다.

이베이는 자체적인 물류 시스템이 없어 판매자가 판매된 제품을 매 건별 배송해야 되는 문제점이 있으며, 이로 인해 해외배송 중 발생되는 각종 문제들(통관, 배송시간, 수신자 주소 오류 등)로 본의 아니게 손해가 발생되기도 한다.

이베이 시장은 셀링리밋 증액 문제로 인해 사업 활성화를 위해서는 일정 기간(최소 6개월)의 시간이 필요하며, 이 문제 때문에 최초 접근 시 초기 매출을 확보할 수 없는 문제점이 있다.

이베의 가장 큰 특징 중 하나는 광고를 하지 않아도, 한 달에 한 번은 본인의 상품이 첫 화면에 노출되는 기회를 주는 시스템(GTC:Good Till Cancelled)과 경매 방식으로 제품을 판매하는 Auction Listing이다. 여기에도 이베이의 검색엔진인 'Cassini'에 최적화된 SEO(Search Engine Optimization)와 판매자의 신용도(Sellers Performance)가 영향을 미치기 때문에 SEO에 대한 연구와 셀러 퍼포먼스에 대한 관리는 필수적이다.

하지만 이베이도 자본주의 국가인 미국에서 만들어지고 운영되고 있기에 '가장 최근에, 가장 많이 판매된 제품'이 제품 검색 시 일반적으로 최상위에 노출되며, 이베이의 메인 페이지는 광고제품이 노출됨을 알아야 한다.

엣시
Etsy.com

02

엣시(Etsy)는 Hand-Made 제품(수공예품)에 특화된 사이트로서 2005년 로버트 칼린(Robert Kalin)에 의해 미국에서 만들어졌다.

엣시의 상품군은 가죽제품, 보석류, 취미용품, 유니크한 디자인의 소품 등을 주요 다루고 있으며 경쟁사인 Amazon Handmade, Craigslist 및 eBay와는 차별화된 독립적인 제품들을 주로 다루고 있어 다른 사이트 대비 높은 마진과 적지 않은 판매수량을 보여주고 있다.

엣시는 핸드메이드 물건과 사진, 그림, 빈티지 제품뿐만 아니라, 독창적인 공장 제조 품목에 초점을 둔 웹사이트로서 예술, 사진, 의류, 보석, 음식, 목욕 및 미용제품, 퀼트, 장식용 완구 등 광범위한 제품이 판매되고 있다. 약 150여 개 국가에서 300만 명 이상의 유저들이 이용하고 있다.

엣시는 판매제품의 특수성 때문에 제조사 위주의 접근이 필요하며 유통사일 경우 접근을 부분적으로 제한하고 있다. 엣시의 규정에 'Reselling is not allowed on Etsy'라고 명시되어 있을 만큼 유통사가 아닌 수공예 제조사를 환영한다.

수제 명품이라는 제품의 가치를 인정하는 사이트이지만 2015년 나스닥(Nasdaq)에 상장될 정도로 상당히 규모가 큰 사이트이며, 다른 해외 전자상거래 사이트 대비 상당히 낮은 수수료율(국내 전자상거래 사이트보다도 낮은 편이다)을 자랑한다.

엣시도 자체적인 물류 시스템이 없어서 이베이와 동일하게 판매자가 판매된 제품을 매 건별 배송해야 되는 문제점이 있으며 이로 인해 해외배송 중 발생되는 각종 문제들에서 자유로울 수 없다.

그러나 외국인들의 선호도에 맞춘 특화된 상품으로 접근 시 수제명품이라는 제품의 가치를 인정받아 고부가가치의 창출이 가능하며, 상당히 높은 수익을 올릴 수 있다. 한국 셀러 중에도 조용히 높은 매출을 보이는 업체가 다수 있음에도 불구하고 워낙 조용히 매출을 발생시키고 있어서 일반인들은 거의 알지 못하고 있는 사이트이다.

LAZADA

라자다(Lazada)는 지금까지 이야기한 두 곳의 해외 전자상거래 사이트와는 달리 동남아 지역에 특화된 사이트로서, 2012년 싱가포르의 Rocket Internet에 의해 설립 되어 2016년 중국의 알리바바 그룹(Alibaba Group)에 인수되었다.

라자다는 동남아시아에서 Amazon.com 비즈니스 모델을 확립하려는 취지로 설립되어 현재 인도네시아, 말레이시아, 필리핀, 싱가포르, 태국, 베트남에 지사를 운영하고 있다. 자체 창고에서 고객에게 재고를 판매하는 비즈니스 모델로 출시되었는데 2013년에는 타사 소매 업체가 라자다의 사이트를 통해 제품을 판매할 수 있는 마켓플레이스 모델을 추가하게 되었다.

라자다는 'Clone-System'이라는 독특한 Listing 체계를 갖고 있어서, lazada.ma(말레이시아)에만 상품등록을 하면 자체적으로 운용하고 있는 복제 시스템을 이용해서 판매자가 요청할 시 타국[sg(싱가포르)/id(인도네시아)/th(태국)/ph(필리핀) 등] 사이트에 해당 국가 통화로 변환된 가격과 재고 숫자만 입력해도 상품등록이 가능하다.

이는 판매자가 해당 국가에 별도로 상품등록을 해야 하는 이베이와 아마존과는 차별화된 서비스로 판매자에게 상당히 유리한 장점을 제공하는 것이다.

라자다는 페이오니아(Payoneer) PG사와 연동되어 대금결제를 받을 수 있으며, 페이오니아에서 제공하는 Invoicing 서비스 및 회원 간 결제 시 수수료를 받지 않는 장점도 갖고 있다.

또한 LGS(Lazada Global Shipping solution)라는 자체 물류 시스템을 갖고 있어서 판매자는 제품의 배송을 'LGS-김포 물류센터'까지만 배송하면 되는 편리성을 갖고 있다.

최근 많은 인기를 갖고 있는 '한류'에 특화된 제품의 판매처로서, 그리고 동남아 국가 대비 질 높은 국내 제조 상품의 판매처로서 많은 관심을 받으며 급속한 성장세를 보이고 있다. 2016년 3월 Lazada는 아시아 6개 시장에서 총 13억 6천만 달러의 매출을 기록하여 동남아 최대 전자상거래 업체로 성장하였다.

하지만 라자다는 2016년 중국의 아리바바에 인수된 이후부터 Alibaba.com 제품들의 출현이 급격하게 증가해서 가격경쟁력에서 우위를 보이고 있는 중국제품들과의 경쟁이 심화되고 있다. 또 교역량의 증가에 따른 CS(Customer Service)의 강화로 인해 점점 더 반품률이 증가하고 있다. 무엇보다도 결제방식이 제품 배송 완료 후 1개월에 2회씩 묶어 진행하기 때문에 다른 사이트 대비 결제 기간이 오래 걸리는 단점이 있다.

그 외 동남아 지역의
전자상거래 업체들

04

라자다 이외 아시아 지역에서 운용되고 있는 전자상거래 업체로는 2015년 싱가포르에서 설립된 P2P(People to People, 개인과 개인을 연결해주는 전자상거래) 기반의 이커머스 업체인 쇼피(Shopee.sg)와 2009년 설립된 C2C(Consumer to Consumer, 소비자와 소비자 간의 전자상거래) 기반의 인도네시아 1위 업체인 Tokopedia.com, 그리고 2010년 설립된 B2C 기반의 인도네시아 업체인 elevenia.co.id와 2011년 설립된 C2C 기반의 인도네시아 업체인 Bukalapak.com 등이 있다.

이 중에서 한국 셀러들이 눈여겨 볼 사이트는 쇼피로, 쇼피는 현재 인도네시아(shopee.co.id), 말레이시아(shopee.com.my), 필리핀(shopee.ph), 싱가포르(shopee.sg), 태국(shopee.co.th), 베트남(shopee.vn)과 대만(shopee.tw)에 현지 플랫폼을 두고 있다. 쇼피는 현재 한국 셀러의 진출을 돕기 위해 쇼피 한국팀이 국내에 상주하고 있으며, 무료 수수료, 배송비 지원 프로모션을 운영하고 있다.

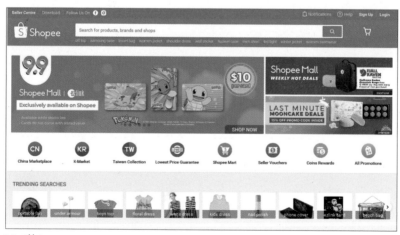

http://shopee.sg

동남아시아 국가들의 스마트폰 보급률이 높아지면서 소비주도층인 20~30대 젊은이들로부터 폭발적인 인기를 끌게 되면서 쇼피는 현재 동남아시아 지역에서 라자다와 1, 2위를 다투고 있다.

그 외의 사이트들은 동남아시아 전체를 운영하는 것이 아니라 대부분 내수 위주의 전자상거래 업체이기 때문에 규모가 그리 크지는 않은 편이다.

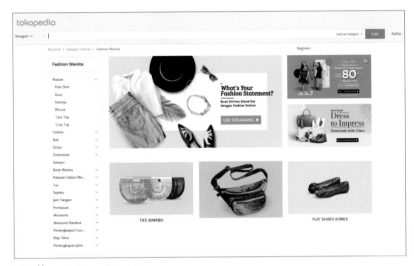

http://www.tokopedia.com

http://www.elevenia.co.id

중국은 아시아권 국가 중 전자상거래 분야에서 가장 빠른 발전을 보이는
국가이다. 중국은 내수를 담당하는 C2C(Customer-to-Customer) 기반의
Taobao.com과, B2C 기반의 Tmall.com, JD.com이 있으며, B2B 기반의
alibaba.com, B2C 기반이지만 해외를 담당하는 aliexpress.com 등이 있다.

2017년 중국의 B2C 온라인 소매 시장은 1조 1,893억 5천만 위안(US $1,787억
4000만 달러)로 상당히 높은 규모인데, 이중 내수를 담당하는 티몰(Tmall)이
중국 B2C 시장의 60.9%를 차지했고 JD는 25.6%를 차지했으며 Suning과
Vipshop이 뒤를 이었다.

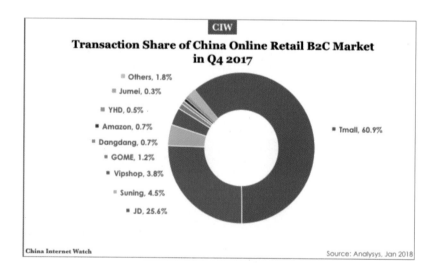

1. 타오바오(Taobao.com)

① 타오바오는 일정의 보증금과 알리페이만 있으면 누구나 입점하고 물건을 판매할 수 있다. 별도의 연회비나 거래수수료 없이 상품을 판매하고 싶은 판매자라면 누구나 입점이 가능하며, 진입 장벽이 낮아서 중국에 막 진출하기 시작한 업체가 브랜드의 인지도 확산과 테스트 마켓으로 하기에 적합한 곳으로서 국내의 11번가, G마켓과 같은 개념으로 운영된다고 생각하면 된다. 해외배송이 거의 되지 않는, 즉 중국 내수를 위한 C2C 온라인몰이다.

▶ 타오바오는 개인이 직접 시장에 참여해 물건을 팔 수 있기 때문에 S~A 등급의 가품(짝퉁)을 가져다 파는 곳도 많고 돈 주고 후기를 사는 것은 기본이며 점포의 팔로워 수도 판매하는 업체가 많다. 인기 키워드를 검색해보면 똑같은 제품에 가격만 다른 상품들이 한 페이지 가득 나올 정도로 가품과 허수(허구매, 허후기)가 많다.

▶ 타오바오 셀러의 수는 2천만이 넘기 때문에 통제가 힘든 것도 사실이다. 때문에 타오바오에서 물건을 구매하는 중국인들 중 70% 이상이 구매 전 제품에 대한 문의가 많으며, 상품 문의에 답변 없이 물건만 올려놓으면 구매 전환율이 상당히 떨어져서 상담만 전담할 인력이 필요하다. 그래서 판매마진의 일정 부분을 받고 중국현지에서 대행해주는 업체들도 많다.

▶ 또한 벤더들의 가격경쟁 및 재고 처리 등의 이유로 가격이 천차만별로 형성되어 있기에 본사 치원에서 가격 정책, 벤더 관리가 되지 않으면 타오바오에서 기준 판매가의 구축은 불가능하다.

2. 티몰(Tmall.com)

① 티몰(Tmall)은 기업이 운영하는 B2C 플랫폼으로서 소비자들의 신뢰도가 타오바오보다는 높은 편이며 대부분의 중국인은 저렴한 물건들은 타오바오에서 구매하고 고가의 전자기기나 명품 브랜드 등의 물건은 티몰에서 구매하는 경향이 있다. 중국 이커머스계의 백화점이라고 생각하면 이해가 쉽다.
② 티몰은 국내와 국제로 나누어져 있는데, '티몰 국내'는 티몰차이나(Tmall China)라고 하며 '티몰 국제'는 티몰글로벌(Tmall global)/티몰홍콩/티몰역직구 등이 있으며, 여기서 말하는 국내와 국제는 중국을 기준으로 한다.

▶ 티몰 국내는 중국 내수시장을 타깃으로 하며 티몰 국내에 입점하려면 위생허가(CFDA)가 있어야 하고 정식 통관 절차를 거쳐야 한다. 중국 내에서 브랜드 인지도와 평균 매출액도 일정 이상 있고 브랜드가 어느 정도 성숙해야 입점이 가능하기 때문에 입점조건이 상당히 까다롭다.

▶ 티몰 국내에 입점하기 위해서는 중국사업자등록증, 중화인민공화국 조직기구 코드 증서, 위생허가증, 정품인정 제품 경로확인증 등 10여 종이 넘는 서류가 필요하며, 15만¥의 보증금과 3만¥의 연회비도 필요하다. 수수료는 4~5%이다.

▶ 티몰 국내에 입점 시 중국 내 상표등록이 반드시 필요하다. 까다로운 입점조건 덕분에 티몰 국내에 입점하는 것만으로도 구매자의 신뢰를 주기도 한다.

▶ 티몰 국내는 24시간 내 발송해야 되고 48시간 내 송장번호를 입력해야 되는 배송조건을 갖고 있으며, 중국 소비자보호법 3대 보장정책을 준수해야 된다.

▶ 티몰 국제는 중국인들의 해외직구몰로 생각하면 되며, 한국에서는 제품별로 해외의 직구몰을 직접 찾아다니며 구매하는 것과 다르게 중국에서는 티몰 국제몰 하나로 모든 제품을 직구한다. 티몰 국제몰은 해외 브랜드를 모아놓았으며 나라별 관으로도 볼 수 있다.

티몰 국제의 특징은 위생 허가나 정식적인 통관 절차를 거치지 않아도 입점 및 판매를 할 수 있다는 것이다. 이런 징점 때문에 한국의 신생 브랜드 혹은 신제품이 출시되면 티몰 국제관부터 입점하며, 시간이 지나 인지도가 쌓이고 CFDA가 나오게 되어 중국에서 정식 론칭할 때 티몰 국제관의 비중을 줄이고 티몰 국내관에 입점하는 방식으로 접근한다.

▶ 티몰 국제관은 국내관에 비해 셀러 입장에서 활용할 수 있는 이벤트, 마케팅 데이터 자원 기능들이 부족한 편이다. 그리고 중국 내의 A/S센터 및 warehouse 가 필요하다.

▶ 티몰 국제관에 입점하기 위해서는 한국 내의 사업자등록증과 중국에서 발급하는 해외 판매 무역 허가증이 필요하며, $25,000의 보증금과 $10,000의 연회비도 필요하다. 티몰 국제관의 수수료는 총 판매액의 3~6%이다.

▶ 티몰 국제에서 판매된 제품은 72시간 내에 발송해야 되며 송장번호를 통한 물류 추적 서비스는 필수로 제공되어야 한다. 더불어 중문으로 된 C/S와 중국 내에 반품처를 확보해야 된다.

▶ 티몰의 입점방식은 브랜드형 플래그쉽 스토어, 매장형 플래그쉽 스토어, 전문 판매몰, 전문 영업점으로 분류된다. 가입조건 및 보증금과 연회비, 수수료는 입점방식에 따라 차이가 있다.

• 브랜드형 플래그쉽 스토어는 자체 브랜드 또는 상표권 소유자가 독점적으로 입점하는 방식으로 해당 브랜드의 상품만 판매할 수 있으며 그룹일 경우 해당 그룹에 속한 모든 하위 브랜드의 상품을 취급할 수 있다. 예를 들어 '이랜드 그룹'이라면 스파오(SPAO), 로엠(Roem) 등 모든 하위 브랜드 제품을 판매할 수 있다.

• 매장형 플래그쉽 스토어는 오프라인 슈퍼마켓 체인, 매장 또는 온라인 B2C 사이트의 브랜드 상표권자이거나 상표권자에게 직접 독점판매권을 부여받은 주체가 입점하는 방식으로서, 실제 온/오프라인 판매상황에 근거하여 다양한 산업 분야의 해외 브랜드 상품의 판매가 가능하다.

• 전문 판매몰(프랜차이즈 스토어)은 브랜드 상표권자에게 입점권을 부여하여 개설하는 형태로, 스토어에서 판매되는 상품은 산업 분야를 넘어설 수 없다.

- 전문 영업점(독립 스토어)은 동일한 산업카테고리 내에서 두 개 이상의 브랜드를 판매하는 스토어이다. 다수의 산업카테고리를 취급할 때에는 반드시 '티몰 국제 다수 카테고리 경영 윤허 상품목록'을 준수해야 한다.

③ 티몰은 TP(Tmall Partner) 회사 혹은 티몰 운영 벤더사와 협력이 필수인데, 입점 후 3개월의 운영 심사 기간이 있어서 매출이 저조하면 티몰에서 퇴출당할 수 있기 때문이다.

▶ 티몰에는 전 세계 유명한 브랜드들이 입점하여 있기 때문에 한국에서 이름 있는 브랜드라 하더라도 다른 브랜드를 운영한 경험이나 여러 자원들을 가지고 있는 TP사와 협력하여 진출하지 않는다면 실패할 확률이 상당히 높다.

3. 징동(JD.com)

① 징동(Jingdong)은 중국 최대 SNS 플랫폼인 QQ와 위챗을 서비스하고 있는 텐센트 그룹과 전략적 제휴를 맺고 있는 중국 내 오픈마켓 2위 업체이다.
② 징동닷컴은 초창기에 전자기기를 중점적으로 판매하던 업체로서 현재까지도

중국 내에서 전자기기를 믿고 구매할 수 있는 유일한 오픈마켓으로, 방문자의 비율도 남성이 훨씬 높다. 또한 징동은 중국 온라인 쇼핑몰 업체 중 최대 규모의 물류창고를 보유하고 있다. 현재 중국 전국에 9개의 물류센터를 운용하고 있으며, 355개의 물류 창고 시설을 구축하고 있다.

- 전국적으로 3,539개의 배송 거점을 갖추고 있으면서 2만4천여 명의 전문 택배 배달원을 통해서 1,9671개 현 지역에 익일배송, 야간배송, 3시간 내 배송, 가전제품 배송 설치 등 차별화된 서비스를 제공하고 있다.

③ 징동은 절대 모조품이나 짝퉁을 취급하지 않겠다는 슬로건을 내걸어, 고객들에게 정품 구매에 대한 신뢰를 주고 있으며, 높은 구매전환율을 보이고 있다.

④ 징동은 모바일과 온라인 구매자의 특징을 나눠 매우 디테일한 분석을 하고 있다. 구매자의 월수입, 위쳇 사용자의 쇼핑시간 분포 등에 대한 빅데이터를 확보, 분석하여 개개의 소비자의 구매성향 데이터를 작성한 뒤 입점한 상점들에게 안내하여 쇼핑 검색률을 상승시키는 방법을 활용하고 있다. 이를 통해 징동과 징동 내 입점한 상점의 상생을 도모하고 있다.

⑤ 징동 또한 중국 내수의 www.jd.com과 해외의 제품들을 국가별로 구매할 수 있는 global.jd.com으로 구분되며 사이트별로 입점조건은 차이가 있다.

▶ www.jd.com는 중국사업자등록증과 중화인민공화국 조직기구 코드증서, 세금등록증 등의 서류가 필요하며, $15,000의 보증금과 $1,000의 연회비가 필요하다. 수수료는 6%이다.

▶ 징동 내수몰에 입점을 위해서는 중국법인이어야만 하며, 중국 관련 인허가를 받은 품질보증이 필요하다. 또한 상표권도 중국 내수 상표출원 또는 등록 필증이 있어야 한다.

▶ global.jd.com는 해외법인만이 입점 가능하며, $15,000의 보증금과 $1,000의 연회비가 필요하다. 수수료는 6%이다. 징동 월드 와이드의 배송조건은 24시간 이내에 발송해야 하며, 물류추적 서비스를 제공해야 하고 중국 내 반품처를 보유하고 있어야 한다.

4. 알리바바(alibaba.com)

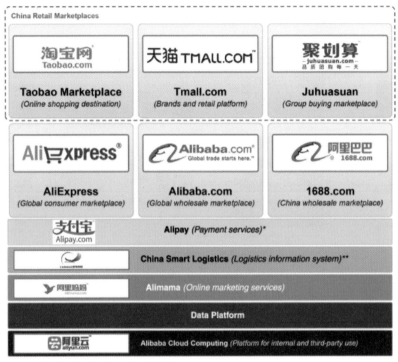

Source: Securities And Exchange Commission

① 알리바바는 1999년 마윈이 설립한 세계 최대 B2B 기반 전자상거래 업체로서 대부분의 B2B 서비스 회사들이 상위 5%의 대형 기업을 타깃으로 한 반면, 알리바바는 95%의 중소기업에 주목해서 설립하였다. 안정적인 수익보다는 불안하지만 작은 개체들이 모여서 만들어내는 '규모의 힘'에 초점을 맞추어 설립되었다.

② 알리바바의 역사는 중국의 전자상거래의 역사라고 할 만큼 중국 전자상거래 플랫폼의 모든 영역에 걸쳐있는데, 그 원조 격이 Alibaba.com이다.

③ 알리바바의 전자상거래 플랫폼은 각각의 역할을 수행하고 서로 연계되어 시너지를 발생하고 있다. B2B 플랫폼인 Alibaba.com은 해외 도매업자가 상품을 구매하는 도매시장(Wholesale Market) 플랫폼이고, 1688.com은 중국의 중소상인이나 브랜드업체들이 구매를 할 수 있는 도매시장 플랫폼이다. 1688.com에서 구매

한 중국의 중소상인은 C2C 플랫폼인 타오바오(Taobao)에서 중국 소비자에게 상품을 판매하고, 알리익스프레스(AliExpress)를 통해 해외 소비자에게 상품을 판매한다.

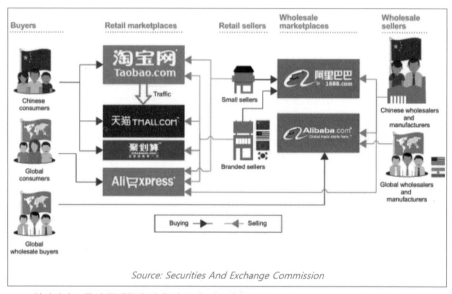

알리바바 그룹의 플랫폼별 판매 및 구매 프로세스

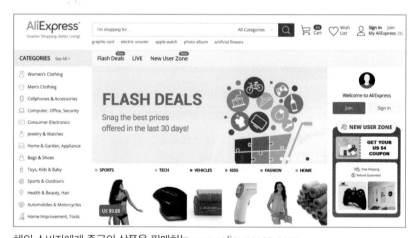

해외 소비자에게 중국의 상품을 판매하는 www.aliexpress.com

또한 1688.com에서 상품을 도매로 구입한 사업자들은 Taobao, Tmall, Juhuasuan, AliExpress를 통해 소매로 상품을 판매하게 된다.

www.alibaba.com

www.1688.com

▶ 이렇듯 알리바바 그룹은 중국과 해외를 포함한 제조사와 도매상, 소매상, 소비자를 아우르는 전자상거래 망을 구축하고 있다.

  • 그중 B2B를 담당하는 알리바바는 중국 내수를 담당하는 알리바바차이나 (1688.com)와 해외의 제품을 담당하는 인터내셔널(alibaba.com)로 구분된다.

④ alibaba.com의 경우 입점비만 지불하면 간단히 입점 가능하며, 한국에서의 입점은 영문과 한국 알리바바만 가능하다. 등록비는 매년 ¥29,800이다.

⑤ 1688.com은 중국 자국민을 위한 알리바바로 한국인이 입점하려면 중국비사, 중국 내 은행의 계좌, 중국 사업자등록증(영업 집조)이 있어야만 가능하며 등록비는 보증금 ¥3,500과 연회비 ¥3,800이 소요된다.

▶ 영문과 중문 두 사이트가 별도의 서버로 운영되며 언어 자체도 다르므로 한 곳에 상품을 등록한다고 두 곳 모두 상품이 등록되지는 않는다.

⑥ 알리바바의 판매자들은 두 가지 유형이 있다. '골드서플라이어(GGS Member)' 회원은 공급업체 회원제도의 최고등급으로, 무제한 상품등록, 상품등록 시 회사의 트러스트패스 아이콘과 골드서플라이 아이콘 제공, 상품진열 시 위치의 최우선 순위를 보장받으며, 실시간 온라인 사업실적 분석이 가능하다. '일반회원(Free Member)'은 50건의 상품의 등록이 가능하다.

▶ 골드서플라이어 회원이 되려면 제3의 인증기관을 통한 검증 및 인증 절차를 거쳐야 하는 등 등록 절차가 까다롭지만 우월한 노출 기회와 높은 신뢰도 확보 등 여러 가지 메리트가 있다. 골드서플라이어 회원은 연간 $2,299의 연회비를 지급해야 되기 때문에 어느 정도 규모와 매출이 있는 회사, 또는 제조사들이 대부분이다.

⑦ 현재 알리바바 그룹의 중국시장 점유율은 B2B: 46.6%, B2C: 57.4%, C2C: 80%로 전자상거래 시장에서 모두 1위 자리를 유지하고 있는데, 이러한 이유는 3가지 정도로 요약해 볼 수 있다.

▶ 2004년 론칭한 제3자 지급결제서비스인 알리페이(Alipay)를 통해 결제의 편의성을 높였다. 알리페이로 구매자가 돈을 입금하면 알리페이는 판매자와 구매자의 중개자로서 결제액을 대기하고 있다가 제품이 문제없이 구매자에게 전달된 경우 판매자에게 결제액을 지급하는 담보 서비스를 제공하고 있다.

▶ 알리페이는 판매수수료를 폐지해 많은 판매자를 유치하는 데 성공하였고 이는 많은 제품의 등록을 유발하였다. 즉 알리페이의 판매수수료 폐지는 알리바바가 다양한 상품을 보유하게끔 하는 원인들 중 하나인 것이다.

▶ 2004년 타오바오에 론칭한 인스턴트 메신저(Instant Messenger) 서비스인

알리왕왕(Aliwangwnag) 메신저를 통해 판매자와 구매자 간에 제품 상담 및 흥정을 할 수 있도록 하고, 채팅 내용을 기록해 분쟁 시 증거로 사용할 수 있도록 하는 등 거래에 대한 신뢰를 높였다.

5. 중국 온라인 시장의 전반적 특징

중국의 전자상거래는 2000년대 이후 인터넷 인프라의 성숙, 인터넷 보급률의 상승 그리고 온라인 쇼핑몰 업체의 태동과 함께 발전하여 2013년 이후 세계 최대 규모로 성장하였다. 더불어 전자상거래 시장 교역 규모는 안정적인 증가 추세를 보이고 있다.

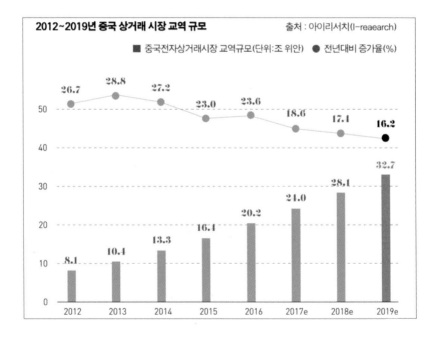

하지만 중국 온라인 시장에서 가장 입점이 쉽다고 알려진 타오바오(Taobao. com)의 입점 진행조차 중국 현지 은행의 계좌를 개설해야 하며, 알리페이로만 결제가 가능하고 일정의 보증금을 예치해야 하기에 쉽지 않다.

또한 대부분의 사이트들이 내수시장과 외수시장을 구분하여 구매력이 강력한 중국 내수시장의 진입을 상당히 힘들게 만들어놨기 때문에, 상품의 제조사라고 할지라도 상당한 자금력과 준비성이 없다면 중국의 주요 내수 온라인 시장의 접근은 꿈도 꾸기 힘든 상태이다.

다시 말하면, 제조사도 입점이 쉽지 않은 시장에 해외 총판권도 없는 일반 유통사들이 중국 내수시장에 입점하는 것은 굉장히 어렵다고 볼 수 있다. 또한 중국 내에서 생산된 제품과의 치열한 경쟁을 해야 된다는 것도 잊어선 안 된다. 더불어 현재 한국에서 중국시장에 대한 '입점 대행 서비스'를 해주는 곳은 많지만 이렇게 진행해주는 곳의 대부분은 그나마 입점이 쉬운 중국 외수시장을 대상으로 한다.

세계 1위의 인구수를 갖고 있는 중국시장이지만, 그 인구수만 믿고 쉽게 생각하고 접근하는 것은 '껍데기를 벗기지 않은 아이스크림을 맛보는 것'과 같다. 힘들게 포장을 벗겼는데 그 안에 있는 아이스크림이 별 볼 일 없든가, 아니면 모두 녹아서 물만 남아 있을 수 있다는 이야기다.

중국 온라인 시장에 접근하기 위해서는 보다 자세한 정보와 치밀한 분석, 그리고 완벽한 준비가 되어 있어야 한다. 그래야만 녹지 않은 시원한 아이스크림을 제대로 먹을 수 있다.

중국시장에 대한 설명은 이 정도로 간략히 마친다.

이보다 더 자세한 설명은 추후에 자료를 보강해서 추가적인 책자를 출판할 예정이다. 중국의 온라인 시장에 대해서는 단순하게 몇 장의 페이지로 요약이 불가하기 때문이다.

<h1>아마존
Amazon.com 06</h1>

이제 이 책의 본론 격인 아마존에 대한 개략적인 소개를 하겠다. 아마존은 미국 최대의 클라우드 서비스 기업 겸 온라인 쇼핑몰로서 1995년 7월 제프 베조스(Jeff Vezos)가 인터넷 서점으로 시작한 것이 오늘날 온라인 쇼핑몰 글로벌 기업으로 성장하였다.

아마존은 현재 미국 온라인 쇼핑몰 매출 1위로서 미국 전체 온라인 소매 시장의 약 절반을 차지하고 있으며 2017년 주가 1,159달러, 시가총액 5,588억 달러를 달성하였다. 참고로 삼성전자의 시가총액이 3,000억 달러에 못 미친다는 걸 감안한다면 엄청난 수치이다.

아마존은 미국을 비롯하여 현재 일본, 캐나다, 멕시코, 영국, 프랑스, 독일, 호주, 중국, 인도, 스페인, 이탈리아, 네덜란드, 브라질 등 총 14개국에 진출해 있다. 이중 오스트리아의 경우 독일 아마존과 사이트를 같이 사용하고 있는 것을 감안한다면 실제로는 총 15개국에 진출해 있다고 볼 수 있다(네덜란드 아마존은 현재 도서 관련 물품만 판매하고 있다).

아마존은 '자본주의의 정점에 있는 시장'이다. 아마존은 등록된 상품의 광고가 가능하며, 규모의 경제가 명확하게 적용되는 각종 시스템이 있다. 더불어 편리한 반품이 가능해 구매자의 이탈을 방지하고 있으며 Amazon-Fresh와 같은 사업의 다각화를 지속적으로 진행하고 있다.

아마존은 많이 판매된 제품이 더욱 많이 판매될 수밖에 없는 시스템의 전형적인 모델이다. 이베이와 달리 판매자의 국가는 무시하고 오로지 판매자의 ID와 제품만 보여주는 시스템으로 운영되며, 판매자들에게 Sell-Yours라는 무한 가격경쟁을 유도한다.

또한 아마존은 중국을 제외한 다른 해외 전자상거래 사이트와 비교했을 때 상품등록에 대한 규제가 심한 편이며, Seller central이라는 운영 시스템의 불안정으로 인한 문제가 종종 발생되기도 한다. 그리고 높은 판매수수료를 요구하고 있다.

이 외에도 잠재된 여러 가지 위험성(Account Health, A-to-Z Guarantee claims, Long-term storage fee 등)을 갖고 있지만, 이런 문제점을 모두 상쇄하고도 남을 만한 장점이 있다.

아마존만큼 '단기간에 상당한 수량을 판매할 가능성이 있는 사이트는 없다'는 것과 배송 및 CS를 부분적으로 위탁할 수 있는 FBA(Fulfillment by Amazon)라는 아마존만의 독특한 물류 시스템을 이용할 수 있다는 것이다.

아마존은 초기 접근이 어렵지가 않다. 뿐만 아니라 2014년 한국에 설립된 아마존코리아(https://services.amazon.co.kr)에서 무료로 입점을 지원해주기 때문에 누구나 쉽게 입점할 수 있다.

현재 아마존 유료 강의를 진행하는 다수의 사설 교육업체들이 있는데, 아마존코리아만큼 원론적이며 체계적인 입점절차를 알려주는 곳은 없는 것 같다. 상식적으로 생각해도 아마존코리아 설명이 가장 타당하고 합리적이라고 할 수 있다. 다만, 아마존코리아에서 진행하는 무료교육도 입점 진행과 전반적인 운영 과정까지만 지원한다는 분명한 한계점이 있다. 제품을 판매하면서 발생하는 각종 문제(신규 아이템 확보, 경쟁 판매자의 출현에 따른 대응, 아이템 홍보, 변경되는 각종 규정 등)들에 대응하는 능력은 판매자(셀러) 개개인이 지속적으로 노력하여야 하고 꾸준히 정보를 수집하고 업그레이드하여야 한다.

아마존코리아(http://services.amazon.co.kr)

아마존 시장의 규모를 보여주는 다양한 수치 중 다음의 예로 아마존 시장의 구매잠재력을 짐작해 볼 수 있다.

2018년 4월 18일 아마존의 최고경영자(CEO) 제프 베조스가 주주들에게 보낸 서한에서 "아마존 프라임 회원이 1억 명을 넘어섰다"고 밝혔다. 이는 2018년 4월 기준 유엔이 추정한 세계 인구 76억 명 중에서 76명 중 1명이 아마존 프라임 서비스를 이용하고 있는 셈이며, 미국 인구의 1/3이 아마존 프라임 회원이라는 이야기이다.

제프 베조스는 주주들에게 아마존 프라임 회원이 1억 명을 넘어섰다고 서한에서 밝혔다. 아마존은 충성도 높은 회원들을 상당수 지니고 있는 것이다.

유료회원 숫자는 마케팅 영역에서 본다면 상당히 의미 있는 숫자이다. 국내에서 유일하세 유료회원으로 운영되고 있는 쇼핑몰들(코스트코, 빅마켓 등)의 특징을 보면 회원 가입 숫자는 많지 않지만, 회원의 충성도는 다른 쇼핑몰들(이마트, 롯데마트, 홈플러스 등)과는 비교가 되지 않을 정도이다.

일례로 전 세계 725개의 점포를 운영하고 있는 코스트코의 경우 한국의 '코스트코 양재점'의 매출이 매년 세계 1위를 하고 있는 것만 봐도 알 수 있다. 광고와 마케팅에 아무리 많은 자금을 투입해도 유료회원의 충성도를 따라가는 것은 쉽지 않다.

그런데 주목해야 할 점이 있다. 아마존은 코스트코의 연회비(₩38,500)보다 훨씬 비싼데도(아마존 유료회원 연회비: $119) 프라임 서비스를 이용하는 고객이 1억 명이 넘는다는 것이다.

물론 아마존 프라임 회원이 되면 빠른 배송과 편리한 반품 및 음악·영상 콘텐츠, 전자책, 클라우드 사진 저장 공간 제공, 워싱턴포스트지 구독 등의 다양한 추가 컨텐츠를 제공받을 수 있다는 장점도 있지만, 아마존의 주요 사업이 온라인 쇼핑몰인 점을 감안한다면 1억 명의 유료회원을 보유하고 있다는 것은 필자의 온라인 마케팅적 관점에서 본다면 눈이 뒤집힐 만한 일이다.

14억의 인구를 갖고 있는 중국에 14억 개의 나무젓가락을 판매하는 것은 현실적으로 불가능하지만, 충성도가 매우 높은 1억 명의 유료회원을 갖고 있는 아마존 시장에서는 1억 개의 제품을 판매하는 것이 결코 불가능하지 않다는 것이다.

아마존,
처음부터 제대로
시작하자

아마존 가입을 위한
준비작업
01

"호랑이를 잡으려면, 호랑이 굴로 들어가라"는 속담이 있다. 여기에 필자는 한 가지 덧붙이고 싶은 말이 있다. 호랑이 굴에 직접 들어가서 그 굴 안에 있는 짐승이 진짜 호랑이인지, 그리고 호랑이라면 잡을 만한 가치가 있는지 직접 확인해야 한다는 것이다.

앞에서 아마존 시장의 특징에 대한 전반적인 이야기들을 다뤘다면, 이제는 아마존이라는 호랑이를 잡기 위해 호랑이 굴로 들어가야 한다. 이 챕터에서는 호랑이 굴에 있는 것이 진짜 호랑이인지 그리고 내가 잡을 만한 가치가 있는 것인지에 대해 자세히 알아보고자 한다.

자! 그렇다면 이제 호랑이 굴로 들어가 보자.

1. PG사에 대한 이해와 가입하기

앞의 '해외 온라인 시장의 특징'에서 간략하게 PG(Payment Gateway)사에 대한 언급이 있었다. 여기에서는 PG사에 대해서 좀 더 자세히 알아보고 가입 절차에 대해 설명할 것이다. 아마존 가입을 진행하기 위해서 필수적으로 선행되어야 하는 것이 해외 PG사의 가입이다.

① 국내의 PG사
PG사는 국내에서 온라인 사업을 하는 업체도 이용한다. 국내 온라인 시장의 관점으로 설명한다면 'PG사'란 인터넷 전자결제지불 대행사로서 전자상거래 업체나 웹호스팅 업체가 카드사와 직접 가맹점 계약을 맺을 수 없거나 자체 가맹점의 불편함으로 인해 업체와 카드사 간의 별도 계약을 체결하지 않고, 전자지불결제대행 서비스를 이용해 전자상거래를 할 수 있도록 지원해주는 서비스 업체이다.

KG이니시스(좌), SimPay(우)는 대표적인 국내 PG사다.

이를 좀 더 구체적으로 설명하면 온라인 상점(인터넷 쇼핑몰 또는 일반 사이트)에서 상품과 서비스의 판매대금을 신용카드, 전자화폐, 가상계좌이체, 휴대폰 결제 등 다양한 결제서비스 수단을 이용하여 편리하게 지불할 수 있도록 서비스를 지원하는 업체를 말한다. 만약 국내에서 인터넷 쇼핑몰을 구축해서 운영한다거나 인터넷 홈페이지에 전자결제 방식(쉽게 말해 신용카드 결제를 가능하게 하는 방식)을 구축하기 위해서는 위의 업체와 같은 국내의 PG사를 이용해야지만 가능하다.

② 해외의 PG사

해외 PG사의 개념도 국내와 비슷한데, 차이점이 있다면 우리가 입점하려고 하는 아마존에서 인증받은 PG사를 이용해야 대금 지불이 가능하다는 것이다. 만약 판매자(셀러)가 미국에 거주하면서 미국은행의 계좌를 갖고 있다면 PG사는 필요 없겠지만 한국에서 한국의 은행계좌만 갖고 있다면 아마존에서 인증받은 PG사를 통해서만 아마존의 판매대금을 받을 수 있다.

때문에 아마존에 입점하기 위해서는 우선 아마존에서 인증하는 PG사에 최소 1개 이상은 가입되어 있어야 하며 가입된 PG사에서 받은 어카운트(Account) 정보를 아마존 가입 시에 정확히 입력해야 아마존 가입도 문제없이 진행된다. 더불어 향후 아마존에서 제품 판매 후 정산된 금액을 PG사를 통해 세내로 받을 수 있다.

안타깝게도 현재 한국의 은행 중에 아마존 PG사로 인증된 은행은 없으며, 때문에 해외의 PG사를 통해서만 아마존의 정산대금을 받을 수 있다.

그럼 국내의 아마존 셀러들이 주로 사용하는 해외 PG사들에 대해서 알아보자.

▶ 페이오니아(Payoneer)

- 페이오니아는 2005년 설립된 온라인 송금 및 디지털 지불 서비스를 제공하는 금융서비스 회사이다.
- 페이오니아는 전 세계 150개 이상의 현지 화폐로 국가 간 거래를 제공하며 전 세계의 은행 네트워크를 활용하여 현지 은행 송금이 가능하다.
- 아마존(Amazon), 구글(Google), 라자다(Lazada), 위시(Wish), 에어비엔비(Airbnb) 및 Upwork 같은 회사와 연동되어서 판매대금을 지급하고 있다.

페이오니아 직불카드

- 현재 국내의 많은 아마존 셀러들이 페이오니아를 PG사로 이용하고 있다. 아마존에서 제품 판매 후 받은 결제금이 페이오니아에 입금되면 가입자는 한국의 은행계좌 또는 페이오니아에서 제공하는 직불카드(신용카드가 아님)를 이용하여 국내 ATM(현금자동입출금기)에서 원화로 인출할 수 있다.
- 페이오니아는 페이오니아코리아(https://www.payoneer.com/ko)가 있어서 한글화 서비스 지원 및 전화상담도 가능한 장점이 있다.
- 페이오니아의 수수료는 아래와 같다.

가격 및 수수료

항목	가격	단위	세부 사항
자금 수령			
US Payment Service	무료	지불 당	매번 결제금 수령 시
카드 계정			
연간 계정 관리	$29.95	연간	사용 가능한 잔액에서 - 매 년
카드 교체	$12.95	카드 당	한 번 - 교체 카드 발행 시
ATM/현금 인출 또는 거래 *			
ATM 인출 또는 현금 지급 (은행 창구 또는 매장 내에서)	$3.15	거래 당	인출 또는 지급을 요청하는 경우 (*ATM/POS 서비스 제공자가 추가 요금을 부과할 수도 있습니다)
ATM 거절 수수료	$1.00	거래 당	인출 요청이 거부되는 경우 (*ATM 서비스 제공자가 추가 요금을 부과할 수도 있습니다)
ATM 잔액 조회 수수료	$1.00	거래 당	ATM으로 잔액을 조회하는 경우 (*ATM 서비스 제공자가 추가 요금을 부과할 수도 있습니다)
자금 인출			
은행 계좌로 이체	총액의 2.00%	송금 당	이체된 자금의 통화가 대상 계좌의 통화와 동일한 경우, 적용
환산 비율	시장평균요율보다 2.00% 높음. 이용량이 많은 고객에게는 보다 저렴한 가격에 제공해 드립니다.	송금 당	이체된 자금의 통화가 대상 계좌의 통화와 다른 경우, 적용

* 발행 국가 이외의 국가에서 발생한 거래에 대해서는 수수료가 부과되는데 이 수수료는 카드에 지정된 통화와 다른 통화를 이용할 경우 MasterCard가 부과하는 모든 다른 수수료 외에 부과되는 수수료입니다.

- 페이오니아의 장점으로는 다른 PG사에서는 제공하지 않는 직불카드(Debit card)를 제공한다는 것이며, 사용자가 많다는 것은 그만큼 안전하다는 의미이기도 하다.

- 하지만 다른 PG사와 비교해서 높은 수수료율을 적용하고 있어서(이 부분은 거래금액별 할인율이 적용되어 차등 적용된다) 수수료율에 민감한 셀러라면 다른 PG사의 이용을 추천한다.

- [가입 절차] 페이오니아 가입은 한글이 지원되기 때문에 특별히 어려울 것이 없다. 대신 가입 시 유의해야 될 부분과 한국에서 잘 사용되지 않아 생소한 부분에 대해서 자세한 설명을 하겠다.

- 가입 시 문의사항이 발생하면 페이오니아 코리아에 전화상담 문의가 가능하기 때문에 어려움 없이 진행할 수 있다.(페이오니아코리아: 070-4784-4047)

- 페이오니아 사이트(https://www.payoneer.com/ko/)에 접속하면 좌측 중앙에 '가입하기' 버튼이 있다. 이 버튼을 클릭하면 가입 절차가 진행된다.

- 가입 절차의 첫 번째 화면인 '시작하기' 입력 시 주의사항은 이메일 주소 입력사항에 있다. 이메일 계정 입력 시 네이버나 다음 이메일과 같은 국내의 계정을 사용하지 않기를 바란다. 국내 이메일 계정으로 가입되지 않는 것은 아니나 향후 스마트폰이나 컴퓨터에서의 구글 크롬브라우저와의 연동성이 전혀 없기 때문에 바람직하지 않다. 따라서 반드시 사용자의 스마트폰과 연동된 구글 계정(Gmail)의 이메일을 사용하길 바란다.

- 전화번호는 본인 명의의 핸드폰 번호를 입력하는 것이 좋다. 입력 시 전화번호의 가장 앞의 '0'은 제외하고 입력해야 한다. (ex. 1012345678)

- 주소는 한글주소가 아닌 영문주소를 입력해야 한다. 네이버의 '영문주소 변환기'를 이용하면 쉽게 변환이 가능하다.

※ 주소 입력 시 주민등록증, 운전면허증 또는 여권(주민등록증보다 운전면허증이 운전면허증보다는 여권이 더 유효하다)의 주소와 동일한 영문명과 동일한 주소를 사용하는 것이 좋다. 모든 정보를 일원화하는 것이 향후 발생 가능한 각종 문제를 줄이는 기본 원칙이다. PG사 가입자와 아마존의 가입자의 각종 정보가 일치하지 않으면 문제가 발생할 수 있기 때문이다. 그러므로 PG사에 가입 시 영문으로 입력한 내용들은 향후 진행할 아마존 가입 시 똑같이 입력할 수 있게 모두 갈무리해 두는 게 좋다.

- '계정정보' 화면에 은행계좌 입력 항목들이 나온다. 여기서도 앞서 입력한 신분증 정보의 내용(주민등록번호, 여권번호 등)을 그대로 입력해야 하며, 계좌 이름도 앞의 화면과 동일한 정보를 입력해야 한다.
- 'SWIFT/BIC'는 한국의 은행 영문명칭(ex. WOORI BANK, Kookmin Bank, SHINHAN BANK 등)을 입력하면 된다.
- '은행코드'는 통장 맨 뒷장에 있는 한국의 은행별 코드를 참고하여 입력하면 된다.

○ 은행별 코드안내 (가나다순)
※ 2009년 7월부터 금융기관 코드가 2자리에서 3자리로 변경되어 운영중이며, 우리 은행 텔레뱅킹 ARS 다른은행송금시 기존 2자리를 입력하셔도 거래가 가능합니다.

은행	코드	은행	코드	은행	코드
경남	039	새마을금고	045	하나	081
광주	034	수협	007	SC제일	023
국민	004	신한	088	도이치	055
기업	003	신협	048	미쓰비시	059
농협	011	씨티	027	미즈호	058
대구	031	외환	005	아메리카	060
부산	032	우체국	071	ABN암로	056
산업	002	전북	037	HSBC	054
상호저축	050	제주	035	JP모간	057
우 리 은 행					020

- 모든 항목을 입력하고 '제출' 버튼을 클릭하면 계정 신청이 접수되어 '검토중'이라는 메시지를 확인할 수 있다. 최종 가입승인 완료 메일을 받기까지는 2~3일이 소요된다.
- 최종 가입승인 완료 메일을 받으면 가입 시 등록한 ID(이메일 계정)와 패스워드를 입력하고 로그인하면 된다.
- 로그인 후에 확인해야 될 부분이 있다. 아마존 가입 시 반드시 입력해야 하는 미국통장의 라우팅(ABA)과 계좌번호, 계좌유형의 정보이다. 이 정보들은 확인 후 갈무리해서 저장하고 있어야 한다.
- 그리고 이 계좌 정보는 향후 아마존에서의 판매대금을 페이오니아로 수취하게 될 경우에 셀러의 입금계좌 정보가 되기 때문에 이 정보들의 보안에 유의해야 한다.
- 추후 아마존 가입 설명 부분에서 여기에서 갈무리한 자료를 어떻게 아마존

에서 입력하여 연동시키는지에 대해 설명하겠다.

붉은 상자 안의 정보들은 향후 아마존 가입 시 사용된다.

▶ 월드퍼스트(WorldFirst)

- 월드퍼스트는 2004년 영국에서 설립된 PG사이며, 현재 아마존을 비롯한 이베이, 라자다, 라쿠텐 등의 해외 마켓플레이스와 연동되어 판매대금을 송금할 수 있다.
- 월드퍼스트는 현재 한국 셀러의 가입과 더불어 직접적인 운영과 신속한 지원을 위해 블로그(https://blog.naver.com/worldfirstfx)를 운영하고 있다.
- 한국 담당 매니저와의 전화(080-808-0636) 통화도 가능하기 때문에 계정 생성 시 문제가 있을 시 직접적인 지원을 받을 수 있다.
- 월드퍼스트의 장점은 현재 타 PG사 대비 낮은 수수료(1%)를 책정하고 있다는 것이다. 또한 이용 금액이 많을수록 수수료는 더 낮아지며 원화로 환전된 금액이 아닌 현지 통화(USD, EUR, GBP, CAD, CNY, AUD & JPY)로 수취가 가능하다. 국내 은행의 외환계좌로 송금할 수도 있기 때문에 환전에 따른 환차손을 막을 수 있다.
- 계정 생성은 블로그 자료(https://blog.naver.com/worldfirstfx/221038043381)를 참고하면 어렵지 않게 가능하며, 주의사항은 위에서 설명한 페이오니아와 별반 차이가 없다. 다른 점이 있다면 계정 생성 시 요청하는 자료가 페이오니아와 약간의 차이가 있다는 점이다. 이 부분만 가입 전에 준비하면 크게 문제없이 계정 생성이 가능하다.

	개인/개인사업자	법인
대표자 여권	○	○ Director(부서장) 서류 대체 가능
거주지 증명서	○	○ Director(부서장) 서류 대체 가능
영문 사업자등록증	×	○
영문 주주명부	×	○

월드퍼스트 가입 시 필요서류

- 월드퍼스트로 수취한 판매대금을 한국의 은행 외환계좌로 이체할 수 있게 은행을 등록하는 방법은 월드퍼스트 블로그에 자세히 나와 있다(https://blog. naver.com/worldfirstfx/221054249008).
- 한 번만 등록해놓으면 향후 한국의 거래 은행을 바꾸지 않는 한 지속적으로 사용할 수 있다.

- 현재 월드퍼스트는 국내의 KEB 하나은행, 그리고 국내 B2C 수출입업무의 전산화를 담당하고 있는 '한국무역정보통신(KT-NET)'과 연계하여 해외 전자상거래수출신고를 효율적으로 진행하는 프로그램을 운영 중이다.
- 월드퍼스트의 장점은 위에서 설명했듯이 다른 PG사 대비 낮은 수수료를 책정하고 있다는 것이다. 특히 기존에 접수서류의 복잡함과 불편함으로 진행이 어려웠던 B2C를 통한 해외 수출신고가 KT-NET의 goGLOBAL 프로그램과 연동되어 전보다 간편화되었고, 이로 인해 원활한 수출신고가 가능하다는 점은 상당한 강점이다.(goGLOBAL 홈페이지: https://www.goglobal.co.kr)

▶ 커런시스 다이렉트(Currencies Direct)

• 커런시스 다이렉트는 1996년 영국에서 설립된 PG사로 글로벌 온라인 판매자에게 여러 국가의 환전 서비스를 제공하고 있다.

• 현재 전 세계 19개 사무소를 운영하고 있으며, 원화로 환전된 금액이 아닌 현지 통화(USD, EUR, GBP, JPY)로 수취, 국내 은행의 외환계좌로 송금할 수 있기 때문에 환전에 따른 환차손을 막을 수 있다.

• 한국 셀러 지원을 위해 커런시스 다이렉트 사이트에서 한국어를 지원하며 전화상담(031-810-8707)도 가능하다.

• 커런시스 다이렉트의 가장 큰 특징은 국내의 기업은행과 연계하여 운영되는 '페이고스(P@yGOS)'라는 프로그램을 사용할 수 있다는 것이다. 페이고스를 사용하면 정산대금의 1%라는 낮은 수수료를 적용받으며, 결제대금을 기업은행의 외환계좌를 통해 현지 통화로 받을 수 있다.

• 가입 절차는 홈페이지(https://www.currenciesdirect.com/)를 통해서 진행할 수 있다. 커런시스 다이렉트 가입 시 필요서류는 다음과 같다.

CurrenciesDirect 제출서류	개인사업자	법인사업자
내표사 여권 사본	○	○
사업자등록증명(영문)	○	○
대표자 주민등록초본 3개월 이내 발급본(영문)	○	○
법인등기사항전부증명서	×	○
주주명부(세무사나 회계사 인증필수)	×	○
아마존 스토어 링크	○	○
(아마존영국인 경우)영국 VAT등록번호	○	○

CurrenciesDirect 가입 시 필요서류

- 커런시스 다이렉트 계좌를 아마존의 API(application programming interface: 운영 체제와 응용프로그램 사이의 통신에 사용되는 언어나 메시지 형식), 아마존 셀러 계정 과 연결하면 기업은행에서 아마존에서 판매한 금액을 추가적인 자료 제출 없이도 '수출로 인한 무역대금'으로 인정받을 수 있다.
- 연결 방법은 페이고스 홈페이지(https://paygos.ibk.co.kr)의 공지사항에 있으 며, 아래의 링크 값을 통해서도 받을 수 있다.

페이고스 홈페이지

- 가입 시 한번만 진행하면 지속적으로 데이터를 기업은행에서 추적 관리하 기 때문에 추후 별다른 고지가 필요 없다.

※ **API 연동방법:** https://paygos.ibk.co.kr/information/noticeDetailView?blbrSrn=7
이는 통상적인 해외 B2B(일반적인 해외무역) 방식으로 거래되는 금액인 '제3자 송수금'과는 다른 것이며, 해외 전자상거래(B2C 방식)로 발생한 금액을 수출금액으로 은행에서 인정해주는 것이다. 이렇게 아마존에서 판매되어 입금된 금액 전액을 수출로 인해 발생한 무역대금으로 인정해주는 시스템은 현재 커런시스 다이렉트와 연계한 페이고스가 유일하다.

기업은행의 페이고스를 이용하여 아마존의 판매대금이 무역대금으로 전액 인정되는 것만으로도 기업은행을 통한 2%대의 여신 대출 서비스를 받을 수 있기 때문에 커런시스 다이렉트와 연계한 페이고스의 운영은 상당한 메리트가 있다. 그러나 기업은행의 페이고스를 이용하여 입금되는 금액은 수출금액으로만 인정 되는 것이지 관세청을 통한 수출실적으로 인정되지는 않는다.

해외 전자상거래(B2C)의 수출실적을 인정받을 수 있는 유일한 방법은 위에서 설명한 '월드 퍼스트'를 이용한 goGLOBAL의 B2C 수출신고 방법밖에 없다.

① 판매대금 정산 　② 아마존에서 Currencies Direct로 입금 시 SMS 통지 　③ Currencies Direct에서 IBK로 송금 시 SMS 통지 　④ IBK로 판매대금 입금 시 SMS 통지

페이고스를 통한 자금흐름도

- 기업은행의 페이고스를 이용하기 위해서는 기업은행 영업점에 방문해서 인터넷뱅킹 가입, 페이고스 외화통장 개설, 외국환거래약정 등을 해야 한다. 필요서류를 사전에 준비하여 영업점을 방문하면 한 번에 업무를 처리할 수 있다. 페이고스 가입 시 문의사항이나 어려운 점이 있다면 전화상담도 가능하다.(전화 문의: 1566-2566)

구분	고객 준비서류
법인	사업자등록증 대표자 신분증 법인인감증명서 1부 법인등기사항전부증명서 1부 법인 임감도장, 명판(있을 경우)
개인사업자	사업자등록증 대표자 신분증 사용인감, 명판(있을 경우)

페이고스 가입을 위한 필요서류

③ 아마존 가입을 위해 필요한 해외 PG사의 선택에 관하여

▶ 이 책에서는 현재 국내의 해외 온라인 사업자들이 대부분 이용하는 3개의 PG사를 개략적으로 설명하였다. 각각의 PG사는 나름대로의 특색을 갖고 있기 때문에 어떤 해외 PG사가 좋다고 단정 지을 수는 없다. 어떤 PG사를 이용할지는 사용자의 몫이며, 선택한 PG사가 마음에 들지 않는다면 향후 변경도 가능하다. 그러므로 PG사의 선택에 큰 고민을 할 필요는 없다.

※ 단, 아마존에서 판매대금의 결제 PG사를 바꾸면 일정 기간 동안 판매대금이 홀딩되어 판매대금의 지불이 연체되는 경우가 있다. 이는 아마존에서 결제금액의 확실한 지급을 위한 안전장치라고 생각하면 될 듯하다. 그러므로 아마존에서 결제 PG사를 바꿀 생각이라면 이 점을 유의해야 한다.

▶ 만약 영문쇼핑몰을 운영하고 있거나 운영할 계획이라면 페이팔(PayPal)을 적극 추천한다. 페이팔은 국내의 '카카오페이'와 같은 개념으로 전 세계에서

가장 많이 사용하는 PG사이며, 페이팔 계정만으로도 대부분의 해외 전자상거래를 문제없이 진행할 수 있다. 현재 eBay의 주요 결제 PG사이기도 하다. 하지만 페이팔은 아마존의 결제시스템을 지원하지 않기 때문에 여기서는 설명하지 않았다.

▶ 각각의 PG사의 가입 절차는 PG사 홈페이지나 블로그에 접속하면 자세한 정보를 얻을 수 있다. 가입 시 주의사항은 페이오니아 가입방법에서 자세히 설명하였으므로 다른 두 개의 PG사도 이를 참고하면 된다.

▶ 무엇보다도 중요한 것은 PG사에 가입 후 부여받는 미국통장의 라우팅(ABA)과 계좌번호, 계좌유형의 정보 등을 확인하고 갈무리해놓는 것이다. 그래야 다음 절에서 설명할 아마존 가입 절차를 원활하게 진행할 수 있다. 다시 한번 강조하지만 계정 가입 시 입력하게 될 이메일 계정은 반드시 스마트폰과 연동되는 gmail 계정으로 입력하기 바란다.

아마존 셀러 계정 등록 절차 **02**

　이제 본격적으로 아마존 계정(판매자 계정)을 등록해보자. 설명하기에 앞서 몇 가지 알고 있어야 하는 사항이 있다. 대부분의 해외 전자상거래 업체들과 이를 지원하는 해외 PG사들의 등록은 한국과 달리 가입하자마자 등록이 되지 않는다. 대부분 2~3일, 많게는 일주일 정도의 시간이 걸리기도 한다.

　한국에서 아마존 가입을 가장 정확하고 쉽게, 그리고 가입 후 일정 기간 동안 많은 도움을 받을 수 있는 곳이 아마존코리아(https://services.amazon.co.kr)이다. 아마존코리아를 통해서 가입하면 가장 안전하고 확실하게 Amazon.com의 판매자 계정을 만들 수 있으며, 추가적인 지원(카테고리 승인, 브랜드 등록, 아마존 유럽 계정 추가 등)도 받을 수 있다는 장점이 있다.

　필자도 아마존코리아가 한국에 설립된 다음해인 2015년에 아마존코리아의 도움을 받아 아마존에 입점하였으며, 입점 시 카테고리 승인과 브랜드 등록 등의 도움도 받았다.

　물리적인 문제(아마존코리아 주소: 서울특별시 중구 을지로 100 파인애비뉴 A동 13층) 또는 신체적인 문제, 시간적인 문제 등이 없다면 아마존코리아를 통해서 아마존에 입점하는 것을 강력 추천한다. 이 책에서도 아마존 가입 절차는 아마존코리아의 '아마존 셀러 계정 등록 가이드'를 이용하여 설명할 것이며, 등록 가이드에서 추가적인 설명이 필요한 부분을 중점으로 설명할 것이다.

1. 아마존 셀러 계정 등록을 위한 사전 준비사항

아마존 셀러 계정을 등록하기 위해서 필요한 준비사항 및 서류들은 다음과 같다. 미리 준비해놓아야만 원만하고 완벽하게 가입을 진행할 수 있다.

① 대표자의 만료되지 않은 여권 사본
▶ 여권에는 여권 소유자의 서명(Signature)이 있어야 한다. 여권을 컬러로 스캔한 이미지 파일도 필요하다.

② 본인 사업장 혹은 거주지 주소
▶ 거주지의 주소는 여권의 주소와 동일해야 하며, 네이버의 '영문주소 변환기'를 이용해서 영문으로 변환한 주소가 필요하다.
  • 여기에서 다시 강조하지만 가능하다면 앞서 설명했던 해외 PG사 가입 시 사용했던 주소를 저장해놓고 동일한 주소를 사용하는 것이 좋다.

③ 해외 결제가 가능한 법인 혹은 본인 명의의 신용카드와 명세서의 수령 주소
▶ 사업자 본인 명의의 MasterCard, VISA, AMERICAN EXPRESS 등과 같이 해외 결제가 가능한 신용카드가 있어야 하며, 카드 사용명세서의 수취 주

소는 거주지 주소와 일치해야 한다.

④ 아마존에서 표시하고자 하는 셀러 이름(Display Name)

▶ 아마존에서 사용할 셀러 이름은 상당히 중요하다. 셀러 이름이 너무 길거나, 암기하기 어렵고, 판매제품과 전혀 상관없는, 저속한 이름일 경우 향후 판매에도 영향을 미친다. 따라서 셀러 이름은 간단하면서도(두 음절이면 최상이다. 가능하다면 4음절이 넘어가지 않도록 하자), 암기가 쉽고, 친근한 이미지를 갖고 있으며, 판매제품과 연관성이 있도록 작명해야 한다.

▶ 셀러 이름은 아마존 가입 후 추후 변경이 가능하지만, 기존 셀러 이름을 기억하고 있는 단골 고객들을 놓치게 될 수 있으므로 추천하지 않는다. 그렇기에 처음 셀러 이름을 지을 때 신중을 기하기 바란다.

⑤ 해외 PG사를 통한 가상은행 계좌 정보, 또는 아마존 통화변환 서비스가 지원되는 미국 현지의 은행계좌

▶ 앞에서 설명한 3개의 해외 PG사 중 최소 한 곳의 PG사에서 발급받은 미국통장의 라우팅(ABA)과 계좌번호, 계좌유형의 정보가 있어야 한다.

▶ 아마존 통화변환 서비스가 지원되는 미국 현지의 은행계좌를 갖고 있다면 그것을 사용해도 된다.

위에서 설명한 모든 자료들이 준비되었다면, 이제 아마존코리아에서 제공하는 링크를 이용해서 Amazon.com에 가입을 진행하도록 한다.

※ 만일 아마존코리아의 링크를 이용하지 않고 직접 아마존(www.amazon.com)에 가입한다면, 아마존코리아에서 가입 여부를 알 수 없기 때문에 아마존코리아의 지원을 받을 수 없다. 해외 거주 등과 같은 문제가 아니라면 반드시 아마존코리아 홈페이지에 있는 '아마존 글로벌셀링 시작하기' 버튼을 눌러서 등록을 진행하기 바란다. 아마존에서 한국 셀러들에게 도움을 주기 위해서 설립된 것이 아마존코리아이다. 셀러 계정 등록 시 많은 문제들(Seller Identity Verification, 카테고리 승인 등)이 발생하는데 아마존코리아는 이 부분을 집중적으로 지원하고 있으며 문제 발생 시 해결방법도 제시해주고 있다. 그러므로 특별한 문제가 없다면 꼭 아마존코리아의 지원을 받는 걸 추천한다. 아마존코리아의 지원은 전액 무료로 진행된다.

2. 아마존 계정 생성하기

아마존의 셀러 계정을 등록하는 절차이다. 아마존코리아에서 제공하는 '아마존 셀러 계정 등록 절차 안내' 자료인 PDF 파일을 기준으로 설명하면서, 안내 자료에서 부족한 부분이나 자세한 설명을 요하는 부분을 중점적으로 서술할 것이다.

① 셀러 계정 등록 절차

▶ 먼저 아마존 글로벌셀링 한국어 웹사이트(https://services.amazon.co.kr)에 방문하여 **아마존 글로벌셀링 시작하기** 셀러 등록 링크를 클릭한다.

▶ 'Your name'의 이름은 여권의 이름과 동일한 스펠링으로 입력하는 게 좋다. 같은 이름이라도 영문 스펠링이 다르면 나중에 문제가 생길 수 있다.

▶ 'Email'에는 현재 사용 중인 스마트폰의 gmail 계정을 입력하는 것이 좋다. 스마트폰과 연동된 gmail 계정을 입력하면 향후 아마존에서 발생되는 모든 정보를 스마트폰에서 확인이 가능하다.

▶ 'Password'는 특수문자(@, # 등)를 추가하여 만드는 것을 추천한다. 혹시 모를 해킹에 대비한 컴퓨터 보안은 아무리 강조해도 지나치지 않다.

- 향후 변경이 가능하지만, 처음부터 제대로 된 비밀번호(Password)를 만들기를 추천하며, 비밀번호는 수첩 등에 꼭 적어놓기를 바란다. 비밀번호를 잊어버려 문제가 발생하는 셀러들을 많이 보았다.

▶ 입력을 완료하고 'Next'를 클릭하면 Seller Agreement를 진행하는 화면이 나오고 이때 'Legal name'을 입력해야 한다.

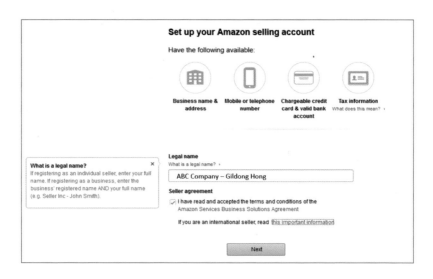

▶ 'Legal Name'은 회사명과 개인명을 "-"를 활용하여 둘 다 기재한다.

- 개인명은 반드시 여권의 이름과 영문 스펠링이 일치하게 입력한다.

- PG사에서 계좌를 개설할 때에도 여권 이름의 영문 스펠링과 일치해야지만 아마존 계정 생성 시 문제가 발생하지 않는다는 것을 명심하자.

▶ Legal Name을 입력한 후 'Next' 버튼을 클릭한다.

▶ 'Seller Information'을 입력하는 화면이 나온다. 'Tell us about your business' 항목에 주소를 입력한다. 이때 PG사에서 계정 생성 시 입력했던 주소를 각각의 위치에 맞게 정확하게 입력한다.

※ 주의할 점은 회사의 주소가 추후에 아마존에서 '셀러 인증 절차'를 진행할 때 아마존이 셀러에게 요청하는 정보 자료[신용카드 영수증, 전기/수도세 고지서(Utility Bill), 사업자등록증 등]에 기재된 주소와 일치해야 한다. 그렇기 때문에 해외 PG사에서 계정 생성 시 상기의 정보 자료와 일치하지 않는 주소로 계정을 생성했다면, 우선적으로 가입한 PG사에 주소 정정을 요청하고 진행해야 한다.

주소도 PG사에 입력한 주소와 동일하게 입력해야 한다. PG사에는 지번 주소, 아마존 가입 시에는 도로명 주소를 입력하는 것도 안 된다. 또 추후 아마존에서 셀러 인증을 위해 요청하는 정보의 주소도 동일한 주소로 된 Utility Bill을 제공해야 문제가 발생하지 않는다. 아마존에서는 한국에 사는 '홍길동'이 실제로 존재하는 사람인지 알지 못한다. 홍길동이라는 사람이 해당 국가에서 경제활동을 하는 실제의 인물이라고 증명하기 위한 절차가 '셀러 인증 절차'이다.

▶ 'Choose your unique business display name'에는 아마존에 리스팅되는 상품에 함께 표기되기를 원하는 회사명을 기재한다.

- 기존의 회사명이 아니어도 되며 소비자가 인식하기 쉽고, 기억하기 용이한, 판매하려는 제품과 연관성이 있는 2~4음절의 단어를 이용하여 회사명을 만들어 입력하는 것을 추천한다.

- 회사명으로 상품을 검색하는 경우도 있기 때문에 너무 길거나 어렵고, 좋지 않은 의미의 단어로 된 회사명은 판매에 악영향을 미칠 수 있다.

- 회사명은 향후 아마존 Seller-Central의 'Account Info'에서 변경할 수 있지만, 판매가 이루어지고 있는 상태에서 회사명을 변경하면 회사명을 기억하는 구매자에게 혼선을 줄 수 있다. 특별한 경우가 아니라면 변경하지 않는다.

▶ 'If you sell your products online, enter your web 사이트 URL'에는 해외의 쇼핑몰이나 회사 홈페이지 URL 주소를 입력하면 된다(없으면 입력하지 않아도 됨).

▶ 'Mobile number'에는 먼저 국가를 설정한 후 한국의 국가 번호(+82)와 스마트폰 전화번호 중 앞의 '0'을 제외한 번호를 입력하면 된다.

- 스마트폰 번호가 010-1234-5678이라면 +82-10-1234-5678을 입력한다.

▶ 입력을 완료하고 'Next'를 클릭하면 등록한 스마트폰으로 PIN-Number가 전송되어 온다. PIN-Number를 입력하면 Seller Information 인증이 완료된다.

▶ 다음으로 'Billing/Deposit'을 입력하는 화면이 나온다.

▶ 여기서는 결제대금(아마존에 지불하는 요금: Professional Seller의 경우 매월 지불하는 계정 이용료 $39.99, 아마존에서 광고 진행 시 광고료, 기타 수수료 등)을 납부할 신용카드의 정보를 입력한다.

• 아마존에 가입한 본인의 카드를 등록하고, 되도록 카드 명세서의 수취 주소도 위에서 아마존에 등록한 주소와 일치하는 것이 좋다. 만약 카드 명세서의 수취 주소가 다르다면 제일 아래의 'Add a new address'를 클릭하여 등록한 카드의 명세서 수취 주소를 입력한다.

▶ 'Cardholder's Name'은 신용카드에 인쇄된 영문이름을 입력한다.

▶ 카드 등록 시 해외에서 결제 가능한 VISA/MASTERCARD 등의 카드를 등록해야 한다.

※ 아마존이 판매자에게 지불해야 할 금액(판매대금)이 있다면 위에 나열한 각종 비용을 차감한 뒤 PG사 계좌로 지불한다. 그러나 아마존에서 판매자에게 지불할 금액이 없다면 위에 등록된 카드로 US달러로 결제해서 강제로 인출한다.

▶ 만약 판매대금 잔고가 없는데 Professional Selling Plan으로 등록되어 있다면 등록된 카드에서 계정 이용료가 매월 결제된다. 그러므로 판매를 중/장

기적으로 진행하지 않을 셀러라면 계정을 'Individual Selling Plan'으로 변경하는 것을 추천한다.

▶ 아마존 가입 시 바로 $39.99의 금액이 등록된 카드로 결제되며, 이 금액은 환불되지 않는다.

▶ Billing/Deposit 입력 화면에서 추가적으로 'Set up your deposit method' 항목을 입력하는 화면이 나온다. 그전에 나오는 화면의 'Bank Location'에서 는 'South Korea'를 선택하면 되고, 'Sign up for Hyperwallet'이라는 클릭 버튼은 Hyperwallet PG사에 가입하지 않았다면 무시하고 넘어가면 된다.

▶ 여기에서는 앞에서 설명한 PG사를 통해서 만든 미국은행의 계좌 정보를 입력하면 된다.

▶ 'Account Holder's Name'은 PG사에 등록된 계좌 등록자 이름(아마존 가입 시 등록한, 여권에 기재된 영문이름의 철자와 동일한 이름)을 입력하면 되고, '9-Digit Routing Number'는 PG사에서 부여받은 라우팅넘버를 입력한다.

▶ 'Bank Account Number'와 'Re-type Bank Account Number'는 PG사에서 부여받은 뱅크어카운트 넘버를 입력한다.

▶ 'Next'를 클릭하면 'Tax Information'을 진행하는 화면이 나온다.

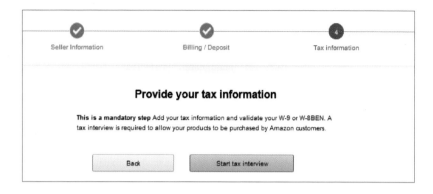

▶ 여기서 세금은 종합소득세(법인은 법인세)를 말한다. 종합소득세(법인세)는 판매자 국가 또는 구매자 국가(여기에서는 한국과 미국)에서 한 번만 부과되며, 이때 세금을 납부할 국가를 설정한다는 의미로 접근하면 된다.

우리는 한국에서 미국으로 판매를 하는 것이므로 세금 부과 국가를 한국으로 설정한다는 전제로 설명하며, 아마존에서도 그 전제하에 설정을 진행한다.

▶ 세금에 관한 추가적인 사항은 아마존코리아 홈페이지에서 '아마존 글로벌 셀링>고려사항>세금 및 규정항목'의 자료를 참고하기 바란다.

▶ 'Start tax interview'를 클릭하고 진행한다.

▶ 'Tax Information interview'를 진행하는 화면이 나온다.

▶ 'Who will receive income from Amazon or its subsidiary?'는 아마존에서 거래하는 회사의 형태를 묻는 항목이다. 개인이라면 'Individual/Sole-Proprietor'를 클릭하고, 법인 또는 개인사업자라면 'Business'를 클릭한다.

▶ 'For U.S tax purposes, are you a U.S person?'은 가입 당사자가 미국인
이며, 미국에서 세금을 납부하겠냐는 질문이다. 한국에서 미국으로 판매할 한
국인이라면 'No'를 클릭한다.

Name of organization
ABC Company

Disregarded entity name (Optional)

Country of organization
Korea, South

Type of beneficial owner
Corporation

▶ 'Name of organization'에는 한국의 사업자명을 입력한다.

▶ 'Disregarded entity name'은 과세 목적으로 인정되지 않는 회사명이 있다
면 입력하는 항목이다. 옵션사항이므로 반드시 입력할 필요는 없다.

▶ 'Type of beneficial owner'는 아마존과 거래하는 실질 소유자의 유형으로,
개인은 'Individual'을, 법인 또는 개인사업자는 'Corporation'을 선택한다.

▶ 'Permanent Address'는 PG사 계정 생성 시 입력했던 주소, 즉 'Tell us
about your business'에 입력했던 주소를 각각의 위치에 맞게 입력한다.

▶ 'Do you consent to provide an electronic signature for your IRS Form
W-88EN-E?'는 아래의 세금 조항에 대하여 동의 여부를 묻는 항목이다.
'Yes'를 클릭해야만 다음 항목으로 넘어갈 수 있으며, 미국 내의 세무에 대하
여 설명하는 내용이므로 읽어보고 어떤 내용인지를 숙지하는 것이 좋다.

▶ 마지막 'Signature(Type your name)'는 위의 세무에 관한 내용에 동의한다
는 것을 전자 서명하는 것으로, 법인은 회사명을 입력하고 개인사업자 또는
개인은 이름을 입력하면 된다. 어린 이름이 스펠링과 동일하게 입력한다.

Permanent address

Korea, South

Street and Number

Apartment, suite, unit, building, floor etc.

City or town

State

ZIP code

[Done]

Mailing address

☑ Same as Permanent Address

Do you consent to provide an electronic signature for your IRS Form W-8BEN-E?

◉ Yes   ○ No

The Internal Revenue Service does not require your consent to any provisions of this document other than your chapter 4 status (if required), and, if applicable, obtain a reduced rate of withholding.

Signature (Type your full name)

By typing my name on the given date, I acknowledge I am signing the tax documentation under penal

▶ 입점 후 판매할 제품에 대한 정보를 개략적으로 묻는 항목이 나온다.

▶ 'Do you have Universal Product Codes(UPCs) for all your product?' 항목은 아마존에서 판매하려는 제품 모두에 바코드가 있는 경우에만 'Yes'를 클릭한다. 대부분 'No'를 클릭하고 진행한다.

▶ 아마존에 상품을 등록하기 위해서는 거의 대부분 바코드가 필요하다. 이에 대한 자세한 설명은 다음 장에서 하겠다.

▶ 'Do you manufacture and brand the products you want to sell on Amazon?'은 아마존에서 판매하고자 하는 제품의 직접 제조 유무를 묻는 항목이다. 'Yes'는 모두 제조, 'No'는 전혀 아닌 경우이며, 'Some of them'은 일부 제조인 경우이다. 해당하는 항목을 선택하면 된다.

▶ 'How many different products do you plan to list?'는 판매할 예정인 제품의 종류를 개략적으로 선택하는 항목이다. 해당하는 항목을 선택하면 된다.

▶ 'Tell us about your product categories. You can also add or edit your choices later'는 아마존에서 판매하고자 하는 제품의 카테고리를 선택하는 항목이다. 여기서 선택했다고 해서 아마존에서 해당 카테고리의 제품을 판매할 수는 없다. 아마존에서는 특정 카테고리의 제품은 판매 승인을 받아야만 판매가 가능하기 때문이다. 이 항목은 판매 예정 제품에 대한 단순 설문 정도의 개념으로 접근하면 된다. 카테고리 승인에 대한 설명은 추후 설명할 것이다.

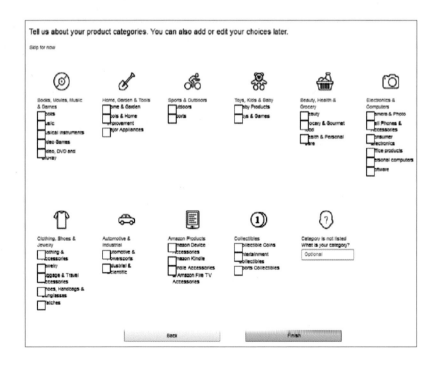

이렇게 각각의 항목을 입력하고 'Finish' 버튼을 클릭하면 일단 아마존 셀러 가입 절차는 끝난다. 그런데 여기서 끝이 아니다. 다음으로 더 중요한 '셀러 신원확인 절차(Seller Identity Verification)'가 남아 있다.

② 셀러 신원확인 절차

셀러 신원확인 절차는 아마존에 가입한 셀러가 실제로 해당 국가에 존재하는 사람인지, '한정치산자' 또는 '금치산자'가 아닌 경제활동이 가능한 사람인지를 인증하는 절차이다.

한국에 있는 온라인몰에서는 주민등록증 또는 사업자등록증만 갖고도 가입자가 어떤 사람인지 확실히 신원조회를 할 수 있지만, 미국에 있는 Amazon에서는 한국의 주민등록증 또는 사업자등록증만 갖고는 해당 판매자의 완벽한 신원조회가 불가능하기 때문에 이 사람이 진짜 한국에 거주하는, 경제활동이 가능한 '홍길동'이 맞는가를 검증하는 것이다.

문제는 이 셀러 신원확인 절차가 셀러 가입 절차처럼 각각의 순서에 따라서 진행되는 것이 아니라는 것이다. 어떤 사람은 셀러로 가입한 뒤 최초로 로그인할 때 요청받는 경우도 있고, 셀러 가입 후 판매를 위해 상품을 등록(Listing)할 때 요청받는 경우도 있으며, 아주 심한 경우에는 셀러 가입 후 로그인해서 상품을 리스팅하여 판매하는 중간에 요청받는 경우도 있다.

하지만 셀러 신원확인 절차가 아마존에서 제품을 원만하게 판매하기 위해서는 '꼭' 한번 거쳐야 되는 통과의례인 것은 확실하다. 하지만 언제 진행될지는 아무도 모른다. 그렇기 때문에 아마존에 셀러로 가입한다면 '셀러 신원확인 절차(Seller Identity Verification)'에 대한 준비를 꼭 하고 있어야 한다.

필자는 아마존에 가입하는 신규 셀러들 중 많은 사람들이 셀러 신원확인 절차를 제대로 진행하지 못하여 적지 않은 시간을 낭비하거나 심각한 문제가 발생하여 결국 새 아이디를 만들게 되는 지경에 이르는 것을 많이 보아왔다. 제대로 진행한다면 그리 어렵지 않은 부분임에도 이 단계에서 '스텝'이 꼬이면 처음부터 아마존의 늪에 빠져서 허우적거리게 되는 것이다.

그러므로 제대로 준비해서 확실하게 한방에 끝낼 수 있도록 하자.

▶ 아마존에서 셀러 신원확인 절차를 요청하는 'Identity Verification' 화면이다.

이 화면의 'Select country on which your business is located'에서 한국에서 셀링을 진행할 셀러라면 'Korea(South)'를 선택한다. 만약 아마존코리아를 통해 셀러 가입을 했다면 좌측 하단의 'Get support'를 클릭하면 한국의 아마존 셀러 서포트팀에게 셀러 신원확인 절차(SIV)에 대한 한국어 문의가 가능하다. 'Next'를 클릭하면 다음 화면이 나온다.

▶ 여기서 입력하는 내용들은 중요하다. 우선 'First name'과 'Last name'은 반드시 여권에 인쇄된 스펠링과 동일하게 입력해야 한다. 향후 여권을 컬러 스캔한 이미지 파일도 등록해야 하므로 반드시 일치해야 한다.

▶ 'Date of birth'도 주민등록증상의 날짜가 아닌 반드시 여권에 인쇄된 날짜를 입력한다.

▶ 'Identity information' 항목은 'Passport(여권)'를 선택한 후 우측의 항목에 여권발급번호를 입력한다.

▶ 'Expiration date'엔 여권 만료기한을 입력하고 'Country of issue'의 항목은 'Korea(South)'를 선택한다.

▶ 'Business address'는 앞서 가입한 PG사에 등록했던 주소와 일치해야 하며, 만약 일치하는 주소가 없을 경우에는 'Add a new address'를 선택해서 여권에 등록된 주소로 새로 입력해야 한다.

▶ 만일 잘못된 자료를 입력하면 아래의 화면과 같은 메시지가 뜬다.

▶ 위의 화면에서 'Submit'를 클릭하면 관련된 자료를 업로딩하는 화면이 나타난다. 여기에서 'Identity document' 항목에 있는 'Upload Passport' 버튼을 클릭하면 여권 이미지를 등록할 수 있는 화면이 나온다. 이곳에 등록해야 하는 이미지는 반드시 앞서 등록한 Name 난의 성명과 스펠링이 일치해야 하며, 여권 서명란에 사인이 되어 있어야 한다.

Help

I am the sole owner or point of contact for this account

Upload Document   Edit information

Name	Gil Dong Hong , Point of contact
Date of birth	19/03/1980
Identity data	Passport# : Expiration date : Country of issue : KR
Identity document	Upload Passport
Business address	test, seoul, 08801 KR
Additional document	Choose a document type from the drop-down list Bank account statement ‡ Bank account statement Credit card statement

Submit

▶ 맨 아래 항목인 'Additional document' 항목에선 'Bank Statement'를 선택한 후 PG사에서 발급받은 가상계좌 명세서 스캔본을 업로드한다.

▶ 만약 PG사에서 가상계좌 명세서를 받지 못했다면, 월드퍼스트와 커런시스 다이렉트 PG사의 경우 '아마존의 셀러 신원확인 절차 진행을 위해서 가상계좌 명세서를 요청한다'고 전화나 이메일로 상담하면 제공해준다.

▶ 만약 잘못된 서류를 업로드했거나 스캔한 이미지가 흑백 또는 화질이 나빠 읽기 어려운 경우 아래와 같은 에러 메시지가 나타난다. 이럴 경우엔 당황하지 말고 'Change' 버튼을 클릭해서 요구에 부합하는 이미지를 다시 업로드하면 된다.

▶ 모든 정보가 정확히 입력되었는지 확인한 후 'Submit' 버튼을 클릭하면 셀러 신원확인 절차를 위한 모든 진행이 완료된다.

▶ 제출이 완료되면 'Thanks you for your request'라는 메시지가 뜨고 2영업일 뒤에 서류 통과 여부에 대한 결과를 이메일로 안내받게 된다.

※ 아마존에서의 셀러 신원확인 절차는 가능하면 한 번에 통과하는 게 좋다. 아마존은 한국과 다르게 처음 제출한 서류가 완벽하지 않아 반려되고 통과되지 않으면, 2차에서는 더욱 디테일하게 검토하고 심의한다. 때문에 2차 통과는 더욱 어려우며, 3차 통과는 거의 불가능하다고 생각하면 된다. 그러므로 아마존에서 셀러 신원확인 절차를 요구하면 필요한 서류를 모두 완벽하게 준비한 상태에서 진행하기를 당부한다.

그리고 기 작성하여 등록한 인적사항과 제출된 서류가 맞지 않아 재청구가 들어올 때, 어떤 것이 잘못된 것인지 정확하게 분석한 다음 아마존에서 요구하는 정보 또는 서류를 제대로 제출해야 한다. 조급한 마음에 또다시 잘못된 정보와 서류를 아마존에 제출할 경우 앞서 말했던 것처럼 3차 심사에 이르게 된다면 굉장히 어렵게 진행될 수 있음을 명심해야 한다.

③ 계정 보호를 위한 2단계 인증 절차(2-Step Verification)

아마존에서는 2017년 하반기부터 셀러의 안전한 로그인 환경을 조성하기 위해 셀러의 휴대기기(스마트폰) 또는 컴퓨터에서 인증 앱을 통한 2단계 인증 절차를 거쳐야만 로그인할 수 있도록 설정되어 있다.

이는 아마존 비밀번호를 다른 사이트의 비밀번호와 동일하게 사용하다 타 사이트의 비밀번호가 해킹되었을 경우에 아마존 셀러의 계정을 안전하게 보호하기 위한 조치라고 생각하면 된다.

2단계 인증 절차는 앞에서 말한 '셀러 신원확인 절차'와는 별개의 것이다. 이는 아마존에서 셀러의 계정을 안전하게 관리해주기 위한 조치이다. 아마존 계정관리를 주 업무로 하는 데스크탑 컴퓨터나 랩톱 같은 경우 설정 여부에 따라 한 번만 진행하면 추후에는 자동으로 로그인할 수 있다.

▶ 'Enable Two-Step Verification' 버튼을 클릭하면 2단계 인증 절차를 진행하게 된다.

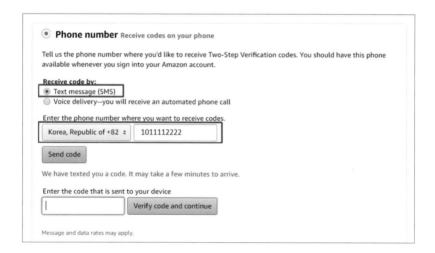

▶ 'Receive code by:'를 'Text message(SMS)'로 선택한 후 'Enter the phone number where you want to receive codes'에서 국가를 'Korea, Republic of'로

선택한다. 그리고 Pin 번호 확인이 가능한 휴대폰 번호를 입력한다.

- 모바일폰 번호의 제일 앞 숫자인 '0'은 삭제한다. 예를 들어 번호가 010-1234-5678이면 10-1234-5678로 입력한다.

▶ 전화번호를 입력한 후 'Send code' 버튼을 클릭하면, 1분 이내에 등록한 모바일폰으로 6자리의 숫자 코드를 SMS 문자로 받을 수 있다.

▶ 발급받은 코드를 입력한 후 'Verify code and continue' 버튼을 클릭한다.

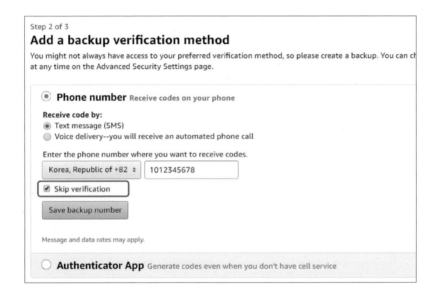

▶ 두 번째 단계에서는 비상시 연락 가능한 방법을 설정한다. 앞 페이지와 동일하게 'Text message(SMS)', 'Korea, Republic of'로 설정한 후 비상시에 아마존에서 연락 가능한 전화번호를 입력한다(집 전화번호 등 다른 전화번호를 입력하면 된다). 이때 앞의 숫자 0을 제외한 전화번호를 입력한다.

▶ 입력한 뒤 'Skip verification'의 체크박스를 선택 후 'Save backup number' 버튼을 클릭한다.

▶ 정상적으로 별도의 2단계 인증화면이 뜨지 않을 경우 'Password' 항목에 아마존 로그인 비밀번호를 입력한 후 그 뒤에 모바일로 전송받은 6자리의 인증코드를 붙여서 입력한다.

▶ 2번째 항목인 'Skip codes during sign in' 항목에서 'Don't require code on this browser'를 클릭하여 활성화시키면 향후에는 해당 컴퓨터 또는 테블릿에서는 2단계 인증을 진행하지 않는다.

※ 그러므로 아마존 업무를 주로 하는 컴퓨터에서만 클릭하여 활성화한다. 타인의 사무실 또는 기타 장소의 컴퓨터나 태블릿에서 이 버튼을 활성화시킬 경우 향후 보안에 취약해질 수 있다. 만약 등록되지 않은 컴퓨터나 태블릿에서 아마존에 로그인하게 되면 무조건 2단계 인증이 진행되어 인증 시 등록한 모바일 폰으로 6자리의 인증코드가 SMS 문자로 전송된다. 이때 아마존 로그인 패스워드와 인증번호 두 가지가 모두 인증되어야만 접속이 가능하다.

▶ 맨 아래의 'Get turn on Two-Step Verification' 버튼을 클릭하면 2단계 인증이 완료된다.

④ **아마존에서 결제받을 은행계좌 정보 입력**

이제 미국 은행계좌를 아마존에 등록하는 절차이다. 아마존에서 인증하는 PG사 또는 미국 현지 은행에서 발급받은 라우팅넘버, 뱅크 어카운트 넘버, 계좌 소유주의 이름을 입력하면 된다. 이 절차는 아마존 셀러센트럴에서 진행하기 때문에, 상기에서 설명한 모든 절차를 완벽하게 진행하여 아마존에 판매자 계정으로 로그인했다는 전제하에 설명한다.

▶ 아마존 셀러센트럴 화면 우측 상단의 'Setting' → 'Account info'를 클릭한다. 그러면 'Deposit Method' 등록화면이 나타난다.

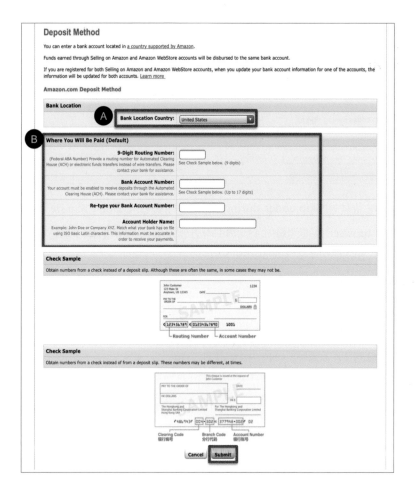

▶ 이 책에서는 Amazon.com인 북미지역에서의 판매를 진행한다는 전제하에 설명을 하고 있다. 그러므로 A항목의 'Bank Location Country'의 항목에서 'United States'를 선택한다.

▶ B항목에서는 가입한 PG사에서 제공받은 9자리의 Routing Number, Bank Account Number, Account Holder Name(계좌 소유주 이름)을 입력한다.

  • 라우팅 넘버와 어카운트 넘버 확인 샘플 화면을 참조하여 각각의 넘버들을 확인하면 된다. 해당 PG사에 전화상담이나 이메일로 문의를 해도 된다.

▶ 'Submit' 버튼을 클릭하면 은행계좌 정보 입력은 끝난다.

▶ 결제계좌가 제대로 설정됐는지 확인하기 위해 셀러센트럴 화면의 우측 상단에 있는 'Setting' → 'Account info' → 'Deposit Method'를 클릭한다.

▶ 중앙 하단에 있는 A항목인 'View detail'을 클릭하면 계좌 정보를 확인할 수 있다. B항목인 'Edit'를 클릭하면 계좌 정보를 수정할 수 있다.

  • 기존에 등록된 PG사를 변경할 수는 있지만, 아마존에서는 신규 등록된 PG사는 일정 기간 결제를 홀딩할 수 있음을 알아야 한다.

완벽한
상품등록을 위한
준비작업

아마존에서 상품을 판매하기 전, 판매하려는 제품이 카테고리 승인이 필요한 것인지에 대한 확인이 필요하며, 필요하다면 상품 리스팅 전 카테고리 승인 절차를 선행해야 한다.

지금까지 아마존에서 상품을 판매하기 위해 셀러 계정을 만드는 과정에 대하여 알아보았다. 그런데 이렇게 셀러 계정을 만들었다고 해서 아마존에서 바로 상품을 판매할 수 있는 건 아니다.

여기서는 상품등록을 위한 각종 준비작업에 대하여 알아볼 것이다.

아마존에서는 판매자가 아마존의 정책을 준수할 수 있는지, 또한 해당 상품을 판매할 수 있는 능력이 있는지를 검증하기 위해 일정 제품에 대하여 '카테고리 승인'이라는 절차를 진행하고 있다. 만일 승인이 필요한 제품을 해당 카테고리 승인 없이 등록(Listing)하면 그 상품은 리스팅이 되지 않는다. 따라서 판매하려는 제품이 카테고리 승인이 필요한 것인지의 여부를 먼저 확인하고 승인이 필요한 제품이라면 리스팅 전에 카테고리 승인 절차를 선행해야 한다.

1. 승인이 필요한 카테고리 확인하기

카테고리 승인이 필요한 품목인지를 알고 싶으면 'Seller Central'에 로그인한 후에 좌측 상단의 'Search' 항목에 'Category'라고 입력한 후 검색한다.

그러면 'Categories and products requiring approval'이 나타나는데 이것을 클릭하면 승인이 필요한 카테고리 목록을 확인할 수 있다. 그리고 각각의 항목을 클릭하면 해당 카테고리의 상품에 대한 자세한 설명을 볼 수 있다.

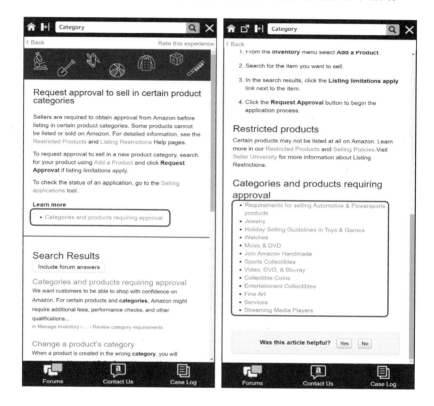

2. 카테고리 승인이 필요 없는 제품들

모든 제품이 카테고리 승인을 받아야 하는 것은 아니다. 20 종류 이상의 카테고리 상품은 승인 없이 즉시 판매할 수 있다.

그리고 새 상품만 리스팅이 가능한 카테고리도 있고, 리스팅을 위해 추가 지침을 따라야 하는 카테고리도 있다. 카테고리 승인이 필요 없는 제품들은 다음의 품목들을 들 수 있다.

- **유아용품(의류 제외)**: 탁아, 수유 관련 용품
- **도서**: 도서, 달력, 카드, 악보, 잡지, 기타 출판물
- **카메라/사진**: 카메라, 캠코더, 망원경, 사진 관련 상품
- **전자제품(액세서리)**: 오디오, 비디오, 컴퓨터 및 사무용품
- **전자제품(소비재)**: 휴대폰, TV, CDP, 카오디오, GPS, 가전제품 부품
- **건강/개인 관련 용품**: 응급처치용품, 영양제
- **홈/가든**: 주방용품, 식기류, 애완동물용품, 가구, 장식용품, 침구, 공예품, 욕실용품, 취미용품, 가전제품, 보관용품, 파티오, 제설용품, 화초/정원/조경용품, 발전기
- **악기**: 기타, 오케스트라용 악기, 녹음 장비
- **사무용품/PC**: 소모품, 가구, 프린터, 계산기, 컴퓨터, 노트북, 저장장치
- **아웃도어 용품**: 아웃도어 장비, 스포츠 의류, 자전거용품, 스포츠용품
- **소프트웨어/컴퓨터 게임**: 미디어 교육, 유틸리티, 소프트웨어, 게임콘솔
- **스포츠**: 운동/피트니스, 사냥용품, 스포츠용품, 운동용 의류, 낚시용품
- **공구/주택개조 용품**: 수동/자동공구, 배관공구, 전기공구, 건축자재
- **완구/게임**: 신생아·유아용 완구, 학습/탐구 완구. 승차용 완구, 보드게임, 액션 피규어, 인형, 그림, 공예품, 취미용품, 가구

카테고리 승인이 필요 없는 제품들

3. 판매 승인이 필요한 카테고리

판매 승인이 필요한 카테고리에 속하는 상품은 아마존이 지정한 요건을 갖춘 후 판매 승인을 받아야 리스팅이 가능하다. 이러한 카테고리 판매 승인 절차는 프로페셔널 셀러(매월 $39.99 이용료를 지불하는 셀러)만 참여할 수 있다.

▶ 아마존에는 매월 $39.99의 이용료를 지불하는 '프로페셔널 셀러'와 판매 건당 $0.99 +기타 수수료를 지불하는 '일반셀러(Individual sellers)'가 있다.

▶ 판매 승인이 필요한 제품의 경우 상품 카테고리별 요구사항 링크를 통해 세부 내용을 확인 후 필요한 문서나 자료를 준비해서 셀러센터 럴에서 카테고

리 승인을 요청해야 한다. 보통 약 3영업일 이내에 판매 승인 또는 추가 정보를 요청하는 응답을 이메일로 받게 된다.

카테고리 승인이 필요한 제품들은 아래의 품목들이다.

- **자동차/모터스포츠:** 부품, 도구/장비, 액세서리(핸드폰 거치대), 와이퍼
- **개인 위생용품:** 면도기, 목욕/샤워용품, 전동칫솔/부품
- **뷰티:** 향수, 스킨케어, 메이크업, 헤어케어, 건강/개인관리용품
- **의류/장신구:** 겉옷, 운동복, 속옷, 벨트, 지갑
- **식료품:** 음료, 식사용 식품, 통조림, 간식류, 육류, 해산물, 초콜릿, 디저트, 선물상자
- **귀금속:** 목걸이, 귀걸이, 반지, 팔찌
- **여행 관련 액세서리:** 여행가방, 가방, 서류가방, 우산, 여행 관련 액세서리
- **비디오, DVD, 음악:** 영화, TV 시리즈, K-POP 음반
- **신발/핸드백/선글라스:** 신발, 부츠, 샌들, 슬리퍼, 핸드백, 안경테
- **시계:** 모든 시계
- Dietary Supplements/OTC: 홍삼/영양제/건강보조식품
- Feminine Hygiene: 생리대 등 여성용 제품
- Medical Supplies: 의료용 기기, 제품류 등
- Baby Topicals: 유아용 화장품류
- Baby Feeding/Formula/Infant Toy: 유아용품, 유아 장난감 등

카테고리 승인이 필요한 제품들

▶ 아마존코리아를 통해서 가입하게 되면 많은 도움을 받을 수 있는데, 특히 카테고리 승인 진행 시에 많은 도움을 받을 수 있다.

▶ 카테고리 승인을 위해 필요한 서류들은 기본적으로 영문으로 된 서류들을 컬러로 스캐닝해서 제출해야 된다. 하지만 아마존코리아를 통해서 진행하면 제출해야 하는 서류 중 일부는 국문으로 이뤄진 것이어도 가능하다.

또한 카테고리 승인 절차를 진행하는 동안 문제가 발생한다면 일정 부분 도움도 받을 수 있기 때문에, 가능하면 아마존코리아를 통해서 가입을 진행하기를 재차 당부한다.

▶ 카테고리 승인을 위해서 제출하는 서류는 해당 품목별로 상이하다.

- Personal Care Appliance/Grocery/Watches/Music 등의 카테고리는 제조업자인 경우 '제조업'이라는 업태가 명시된 사업자등록증을, 유통업자는 정식 유통 제품임을 확인할 수 있도록 상품을 공급받은 후 해당 거래명세서, 거래송장(Invoice) 혹은 세금계산서 1장을 제출해야 한다.
- 해당 서류들은 180일 이내에 거래된 내역이어야 하며 구매자/공급자의 이름, 연락처 정보(주소, 전화번호, 웹사이트 등)들이 표시되어 있어야 한다.
- 또한 구매한 상품의 이름 및 수량이 명시되어 있어야 하는데, 최소 10개 이상의 수량 구매 내역이 필요하다.
- 'Tropiacal' 카테고리는 판매하고자 하는 상품의 COA, GMP, FDA 등록 서류 중 하나의 사본(180일 이내에 발행된 서류만 인정한다)과 제조사로부터 해당 제품을 직접 구매한 거래명세서, 거래 송장, 혹은 세금계산서 1부를 제출해야 한다.

▶ 위의 항목 중 빨간색으로 되어 있는 'Dietary Supplements/OTC', 'Feminine Hygiene', 'Medical Supplies', 'Baby Topicals' 등의 카테고리는 오로지 영문으로 된 COA, GMP, FDA 등록 서류 중 하나의 사본을 제출해야 되며, 또한 영문으로 된 해당 제품을 직접 구매한 거래명세서, 거래송장, 세금계산서 1부를 셀러센트럴에 모두 제출해야 된다.

▶ 그리고 'Baby Feeeding/Formula/Infant Toy' 등의 카테고리는 제조사로부터 해당 제품을 직접 구매한 거래명세서, 거래송장, 세금계산서 각각 1부와 판매하고자 하는 카테고리 상품의 CPC(Children's Product Certificate) 사본을 셀러센트럴에 모두 제출해야 된다. 제출 서류는 모두 영문이어야 한다.

▶ 카테고리의 승인이 필요한 제품들은 대부분 고가이며 신체에 직접 닿는 제품들 또는 소비자의 안전과 직결되는 상품들임을 알 수 있다. 특히 소비자가 직접 복용하는 제품들과 유아 관련 상품들은 보다 명확한 제품의 상태를 요구하고 있다.

- 일반적으로 소비자가 제품 구매 후 사용 시 문제가 발생할 만한 것들의 사전 심승이 '카테고리 승인'의 기본 개념이라고 생각하면 된다.

바코드
Bar-Code
02

하나의 바코드는 하나의 상품을 나타낸다.

아마존에 상품을 등록하기 위해서는 바코드가 꼭 필요하다. 만약 바코드가 없으면 상품등록 시 에러가 발생하여 등록 자체가 거부된다. 일부 바코드가 필요 없는 상품들도 있기는 하지만 거의 대부분은 바코드가 없으면 상품등록이 되지 않는다.

때문에 등록할 제품의 바코드는 반드시 필요하며, 각각의 색상/Size/수량 등의 상품 옵션(SKU: Stock Keeping Unit, 개별적인 상품에 대해 재고관리 목적으로 추적이 용이하도록 하기 위해 사용하는 식별관리코드)별로 필요하다.

1. 바코드의 종류

① UPC(Universal Product Code)

▶ 범용 상품부호 또는 세계상품코드로 불리는 바코드로서 북아메리카와 영국, 호주, 뉴질랜드에서 상품 식별을 위해 널리 쓰이는 바코드이다.

▶ 12자리의 숫자로 되어 있으며, 바코드 하단의 숫자는 왼쪽 및 오른쪽 숫자 끼지 모두 포함되어야 한다.

② ISBN(International Standard Book Number)

▶ 국제표준도서번호로 불리는 바코드이다. 2007년 이후로 13자리로 바뀌어 ISBN-13이라 부르기도 한다.

③ GTN-14(Global Trade Item Number)

▶ 세계무역품목번호로 불리는 바코드로 서, 글로벌 표준을 개발하고 유지하는 비영리 조직(GS1)이 개발한 무역 품목의 바코드이다.

▶ GTN-14는 주로 도매 발송물에 사용되며 14자리 숫자로 구성되어 있다.

④ EAN(European Article Number)

▶ 유럽항목번호로 불리는 바코드다. 특정 소매 제품 유형을 식별하기 위해 국제무역에서 사용되는 바코드이다.

▶ 가장 일반적으로 사용되는 EAN 표준은 13자리의 EAN-13 코드를 사용한다.

바코드의 종류는 위에서 설명한 것과 같이 크게 4종류로 나뉘는데, 통상 우리가 사용하고 있는 바코드는 880**********으로 시작하는 UPC 바코드이다. 그리고 제조사가 아닌 유통업자일 경우 제조사에서 인쇄한 바코드를 이용하여 등록해도 문제없다.

▶ 그러나 상품에 인쇄된 UPC 바코드가 아마존에서 이미 등록되어 사용되고 있으면, 중복된 바코드로 인식되어 '중복 바코드 Error'의 메시지가 뜨며 상품 등록이 되지 않는다.

▶ 이것은 상품의 연관성이 전혀 없는 제품에서도 발생할 수 있는데, 이는 기존 아마존 셀러들이 시중에서 유통되는 상품에 인쇄된 바코드를 무분별하게 선사용해서 발생된 문제가 대부분이다. 이를 규제하거나 정정할 수 있는 방법은 없다.

▶ 만약 아마존에 신규 상품을 등록하려고 하는데 상품에 인쇄된 바코드가 사전 등록된 바코드로 인정되면, 상품에 인쇄된 바코드는 무시하고 새로운 바코드를 상품에 부여하여 등록해야 한다.

▶ 또한 동일한 제품이라도 상품의 수량 구분(ex. 볼펜 한 박스를 1개/2개/3개/5개로 소분해서 판매하는 경우)에 따른 새로운 상품을 등록하기 위해서 수량별 차별화된 상품에 대하여 개별적인 바코드를 부여해야 한다.

※ 이 부분은 앞에서 설명한 Size와 색상에도 공통적으로 적용되는 사항이므로, 아마존에서 상품을 판매하려는 셀러는 많은 수량의 바코드를 갖고 있어야 한다.

2. 바코드 생성하기

우리나라의 바코드 발급기관은 '대한 상공회의소 유통물류진흥원'이다.

국내에서 바코드 발급 및 기초교육은 모두 이곳에서 진행하고 있다. 기초교육은 무료이나 회원 가입비 및 연회비는 유료이다.

유통물류진흥원 홈페이지(www.gs1kr.org)

회비기준

(단위: 원, 부가세 포함)

등급	업체규모(연간매출액)	입회비	연회비(3년 기준)	합계
1	50조 이상	200,000원	30,000,000원	30,200,000원
2	10조 이상 ~ 50조 미만	200,000원	21,000,000원	21,200,000원
3	5조 이상 ~ 10조 미만	200,000원	15,000,000원	15,200,000원
4	1조 이상 ~ 5조 미만	200,000원	10,500,000원	10,700,000원
5	5,000억 이상 ~ 1조 미만	200,000원	7,500,000원	7,700,000원
6	1,000억 이상 ~ 5,000억 미만	200,000원	4,500,000원	4,700,000원
7	500억 이상 ~ 1,000억 미만	200,000원	3,000,000원	3,200,000원
8	100억 이상 ~ 500억 미만	200,000원	1,800,000원	2,000,000원
9	50억 이상 ~ 100억 미만	200,000원	900,000원	1,100,000원
10	10억 이상 ~ 50억 미만	200,000원	600,000원	800,000원
11	5억 이상 ~ 10억 미만	200,000원	300,000원	500,000원
12	5억 미만	200,000원	150,000원	350,000원

※ 소량사용회원
- 연간매출액 1억원 미만이면서 10개이하 바코드 사용시 소량사용회원으로 분류되며 연회비(3년 기준)는 90,000원 입니다.
- 추가코드 사용 희망시 12등급과의 연회비 차액 60,000원을 납부하시면 일반회원으로 전환됩니다. (*일반회원으로 전환시 회원 만료일자는 기존 소량사용회원의 유효기간이 적용됨)
- 소량사용회원 가입 3년 후 회원갱신시 연간매출액이 1억원 이상인 경우 일반회원으로 변경됩니다.

※ 스타트업기업 입회비 50% 할인
- 사업자능록증상의 개업연월일비 회원가입신청일 이전 6개월 이내인 경우 입회비 100,000원

바코드 생성을 위한 상공회의소 유통물류진흥원의 입회비와 연회비

▶ 그림에서 보듯이 기본적으로 ₩200,000의 입회비와 3년 기준 ₩150,000의 연회비를 지불해야지만 바코드 생성이 가능하다.

▶ 그나마 다행인 것은 2018년부터 사업자등록증상의 개업연월일이 회원 신청일 이전 6개월 이내인 경우는 '스타트업기업 입회비 할인'을 적용하여 입회비를 50% 경감해주고 있다.

▶ 2018년부터 10개 이하의 소량 바코드 사용 회원은 연회비를 ₩90,000으로 할인해주고 있다. 하지만 아마존 셀링에서 바코드 10개는 턱도 없이 부족한 숫자이다. 그러므로 개업일이 6개월 이내의 업체라면 '스타트업기업 입회비 할인'으로 진행하여 50%의 입회비를 할인받는 것이 낫다.

▶ 가입 절차 및 사용 방법은 유통물류진흥원 홈페이지에 자세히 나와 있다.

▶ 유통물류진흥원에서 가입 절차를 완료했다면 실질적으로 바코드를 생성하는 것은 '코리안넷(http://www.koreannet.or.kr/)'에서 진행하게 된다.

▶ 위의 화면은 코리안넷에 로그인한 화면으로 '바코드 이용현황'을 보면 알수 있듯이 GTIN-13, GTIN-8, UPC 등의 바코드를 원하는 것으로 선택하여만들 수 있다. 통상적으로 880**********으로 시작하는 UPC 바코드를 만들

어서 사용하면 된다.

▶ 만약 Amazon.com(미국)이 아닌 영국(amazon.co.uk), 독일(amazon.de), 호주(www.amazon.com.au) 등에 가입하고 상품을 등록한다면, 해당 사이트에서 요구하는 바코드를 선택해서 생성한 후에 등록하면 된다.

▶ 아마존 미국에 등록한 제품을 다른 국가에 등록할 경우는 가능하면 미국에서 등록한 바코드를 그대로 사용하기를 추천한다.

많은 케이스는 아니지만 바코드에 인쇄된 번호로 검색해서 구매하는 바이어도 있기 때문이다. 해외 셀링은 경우의 수(인구)가 많기 때문에 특별한 방식으로 검색해서 구매하는 사람들도 적지 않다는 것을 명심해야 한다.

제품명칭
Product Name

03

아마존에서 상품을 등록할 때 가장 중요하게 생각하고 준비해야 되는 부분이 '제품명칭'이다.

구매자가 아마존에서 상품을 구매하는 일련의 행동을 간단히 정리하면 다음과 같다. 이는 국내에서 온라인으로 상품을 구매하는 것과 비슷하면서도 조금 다른 부분도 있다.

① 구매하려는 제품명칭을 검색한 후 제품들이 보여주는 사진이 자신이 원하는 제품과 일치하는지를 확인한 후
② 원하는 이미지를 클릭해서 제품 스펙(사양)이 본인 요구사항과 맞는지 확인한 뒤
③ 판매자의 신용도 등을 확인해서 발생할 수 있는 A/S나 분쟁 소지를 체크하고
④ 가격과 배송기간 등의 추가적인 항목을 검색해 가장 저렴하면서도 위의 ②번 항목에 최적화되어 있는 상품을 선택해서 구매한다.

▶ 이는 구매자의 개인적 성향에 의해서 우선순위가 바뀌기도 하지만, 대부분은 위의 항목들을 기본적으로 포함하고 있으며 제품 구매 시 진행되는 가장 기본적인 프로세스라고 할 수 있다.

이렇듯 구매자가 제품을 검색할 때 가장 우선시되는 부분이 제품명칭이다. 만약 제품명칭이 잘못되어 등록된다면, 그 제품은 구매자의 상품 검색에서 검색되지 않고 그대로 사장되고 만다. 특히 해외 쇼핑몰에서는 영문으로 작성해야 하기 때문에 잘못된 제품명칭을 입력하는 경우가 흔히 있다.

제품명칭은 검색 노출에 있어 가장 기본이고 제일 중요한 항목임을 명심해야 한다. 아마존에서 제품명칭을 만들 때는 다음의 항목을 반드시 주지하기

바란다. 이 부분은 아무리 강조해도 부족함이 없다.

1. 제품명칭 생성 시 주의사항

① 아마존에서는 제품명칭을 총 80자(Character)로 구성할 수 있는데, 카테고리별로 상이하며, 블랭크(띄어쓰기)도 포함된다.

▶ 되도록 80철자 모두를 사용하는 것을 권장한다. 만약 80자를 초과하면 상품등록이 안 될 수도 있으며, 80자 이후의 단어들은 검색에서 제외된다.

② 제일 중요한 단어를 가장 좌측에 배열하고 그 뒤의 단어들은 중요성에 따른 우선순위대로 배치하는 방식을 취해야 한다.

▶ 이 부분에 있어 일반인들은 잘 알지 못하는 경우가 많다. 필자는 한때 데이터베이스 프로그래밍을 직업으로 했었기에 검색엔진의 기본구조에 대해서 잘 알고 있다. 검색은 데이터베이스에 저장된 자료들을 불러오는 일련의 과정이기 때문에 다음의 순서를 절대적으로 지키고 있다.

▶ 제품명 작성을 예를 들어 설명한다면: **브랜드명 → 모델넘버 → 상품명 → 상품타입 → 디자인/색상 → 기타** 등의 순서로 작성하면 거의 문제없다.

- 위의 항목에 해당되는 단어가 없다면 생략해도 된다. 괜히 상관없는 단어를 조합해서 배치시킬 필요는 없다.

③ 최대한 80자 모두를 채우는 것이 좋지만, 중복단어 및 유사단어는 제품명칭 생성에서 제외한다.

▶ 80자라는 부담감 때문에 단어를 중복 사용하거나 유사단어(ex. Pentagon ↔ Pentagonal)를 사용할 필요는 없다.

- 중복단어나 유사단어는 모두 1회의 검색밖에 되지 않는다.

④ Feel, Like, Fantastic, Big Sale 등의 단어들과 해외 유명브랜드(Gucci, Hermes, Louisvuitton 등)의 명칭을 입력하거나, 유사 느낌의 단어들을 절대 입력하면 안 된다.

▶ 해외 유명 브랜드명을 이용해서 상품을 등록하면 상표법 위반이라는 굉장

히 심각한 범죄행위가 된다. 이는 계정 폐쇄의 문제를 떠나 국제적인 소송에 휘말릴 수도 있다.

▶ 특히 많은 한국 셀러들이 종종 실수하는 부분이 본인의 제품을 좀 더 부각시키기 위해 한국에서처럼 해외 유명 브랜드의 느낌을 내는 상품명을 택하는 것이다. 이는 상표권 위반이라는 문제뿐만 아니라 상기의 단어들을 제품명에 포함시키는 것만으로도 아마존 검색순위의 제일 뒤에 배치될 수도 있다.

- 상기의 단어들이 포함된 제품들은 아마존 검색엔진에서 자동적으로 필터링되어 검색순위에서 가장 뒤로 밀린다.

⑤ 특수문자(", "", ~, :, !, & 등)는 사용하지 않는다. 단어의 구분은 띄어쓰기만 사용한다.

▶ 제품명칭에 삽입된 단어를 부각시키기 위한 따옴표와 같은 요식행위는 아마존의 검색엔진에서 전혀 도움이 되지 않는다.

- 이는 따옴표 입력을 위해 사용된 2Character의 낭비일 뿐이다. 제품명에 사용된 단어와 단어의 구분은 오로지 띄어쓰기만 허용된다.

2. 제품명칭 생성 시 추가적인 고려사항

상품을 등록할 때 가장 중요한 부분 중 하나는 하지 말라고 정해진 규정들은 '절대로' 하면 안 된다는 것이다. 해선 안 되는 행동을 했을 시 상품 노출에 전혀 도움이 되지 않으며, 오히려 검색순위에서 밀리는 역효과와 상표법 위반 등과 같은 위험한 결과를 초래할 수 있다.

위에서 설명한 방법들을 기초로 하여 등록할 제품명칭을 사전에 준비해놓기를 바란다. 만약 제품명을 잘못 입력하였다 하더라도 상품등록 후 수정할 수 있으므로 너무 고민할 필요는 없다. 다만 잦은 제품명의 수정은 오히려 판매에 역효과가 날 수 있음을 명심하기 바란다.

여기서는 검색엔진 최적화를 위한 제품명칭 설정방법에 대해 간략히 설명하였다. 이 부분에 관해서는 책의 후반부에서 보다 자세하게 설명할 것이다.

사진
Photo 04

온라인 사업은 '사진을 뜯어먹고 사는 사업'이라고 필자는 생각한다. 아무리 제품명칭을 잘 만들었다 해도 그 다음 관문인 사진이 형편없다면 구매자는 당신의 상품에서 시선을 돌릴 것이다. 필자 생각에 제품 구매욕을 가장 부각시키는 카드가 사진이다. 그러므로 우리는 제품 사진에 목숨을 걸어야 한다.

1. 아마존에서의 사진등록 규정

아마존에서의 사진등록 규정은 다음과 같다.

① 1001×1001 픽셀 이상의 사진이 필요하다. 정사각형이 아닌 경우 가장 작은 변의 길이가 1001 픽셀이며 이는 Main-Title 사진에만 적용된다.
② 사진은 대부분 10장까지 등록 가능하며, 가능한 개수는 카테고리별로 상이하다.
③ Main-Title 사진은 흰색 바탕 또는 사진의 뒷배경이 없는 사진(일명 누끼컷)이어야 한다. 하지만 나머지 사진들은 어떤 이미지라도 가능하다.
④ Main-Title 사진의 경우 마네킹사진은 인정되지 않는다. 실제 모델컷이나 상품만 보여주는 단순 사진이어야 한다.

이런 규칙들은 모든 아마존 셀러에게 공통적으로 적용되는 규정이다. 그러므로 우리는 어떻게 우리의 상품을 부각시킬 수 있는 사진을 만들 것인가에 대한 고민을 해야 한다.

▶ 우선 국내의 온라인 마켓에 등록된 사진만 갖고는 부족하다.

  • 국내 대부분의 온라인 마켓의 사진등록 규정은 600×600 픽셀 이상이면 문제가 없다. 이 규정은 2018년부터 1001×1001 픽셀로 상향 조정되었지만, 기존에 등록된 사진들은 대부분 아마존의 사진 크기에 부합되지 않는 크기이다.

▶ 또한 국내에서는 마네킹사진과 뒷배경이 있는 사진도 등록이 가능하지만 아마존에서는 Main-Title 사진으로는 사용할 수 없다. 따라서 아마존 규정에 부합하는 Main-Title 사진을 준비해야 한다.

▶ 해상도가 높은 사진일수록 좋다. 아마존에서는 등록된 이미지에 마우스를 클릭하면 이미지를 확대하여 보여주는 기능(롤오버 효과)을 기본적으로 제공하므로 가급적이면 해상도가 높은 사진을 등록하는 것이 좋다.

위의 사진은 현재 아마존에서 판매하고 있는 의류의 이미지컷이다. 이 사진을 보면 마네킹컷이 아닌 단순 의류만 볼륨 있게 촬영했으며, 제품 이미지의 주변은 모두 지워버린 이미지를 메인 사진으로 등록했다. 하지만 마우스를 이미지에 올려놓았을 때 활성화된 롤오버 기능으로 제품을 확대해보면 옷감의 질감과 색상의 선명함이 제대로 구현되지 않고 있다. 또한 사진도 단순하게 한 장의 메인컷만 등록했을 뿐 그 이외의 사진은 없다.

다음의 사진을 보자. 일단 등록된 이미지가 6장이다. 소비자들은 제품에 대한 많은 정보를 요구하는데 이 상품은 이를 충족할 만큼의 사진을 보여주고 있다.

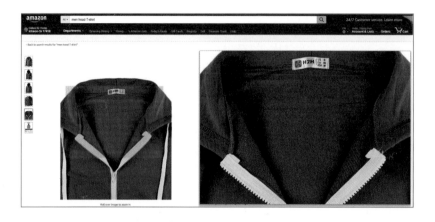

또한 롤오버 기능으로 확대된 이미지는 제품의 질감과 지퍼의 퀄리티 등이 구매자가 실물을 보지 않고도 어느 정도 짐작할 수 있을 정도로 디테일하다.

이런 이미지들은 국내 온라인몰에 등록된 이미지에서는 대부분 구현되지 않는다. 그러므로 아마존에서 제품을 판매하기 위해서는 아마존 구매자들에게 부각될 수 있는 고해상도의 이미지를 준비하는 것이 필수라고 할 수 있다.

▶ 예쁜 사진보다 더 중요한 것은 소비자가 원하는 사진임을 명심해야 한다.

• 온라인 판매자들이 잘못 생각하는 것 중의 하나가 무조건 예쁜 사진만을 선호해서 정작 제품의 특징을 사진에서 제대로 보여주지 못한다는 것이다.

• 온라인 구매자, 특히 해외 소비자들은 제품을 구매할 때 사진에서 가장 많은 정보를 얻는다. 이는 물건을 직접 눈으로 보거나 만져볼 수 없기 때문이다.

• 때문에 제품 이미지에 많은 정보를 담는 것이 판매에 많은 도움을 준다.

위의 사진은 앞의 판매자가 등록한 6번째의 이미지이다. 이 이미지는 제품 Size별 정확한 길이(cm가 아닌 Inch임을 주지하자)와 길이의 편차까지 설명하고 있다. 이런 정보들은 상품설명에서 텍스트로도 설명이 가능하지만 이렇게 사진으로 등록한다면 구매자는 보다 쉽게 이해할 수 있다. 때문에 메인컷이 아닌 이미지에서 이와 같이 자세한 정보들(Size-Chart/제품 인증서/응용방법 등)을 보여주는 것은 매출에 많은 도움이 된다.

▶ 아마존에서는 국내 온라인몰에서의 보편적인 방식, 즉 아주 긴 한 장의 이미지를 등록하는 방식은 지원되지 않는다. 그러므로 국내 온라인몰에서 사용하는 이미지는 아마존에 맞게 수정하거나 또는 새로 만들어야 한다.

2. 사진등록의 완결판

사진에 대한 설명의 끝을 위해 아래의 사진을 참고하여 설명하겠다.

위의 이미지는 현재 아마존에서 아주 성황리에 판매되고 있는 제품이다. 필자가 위의 제품을 처음 검색했을 때 리뷰가 1580개였으니 지금은 더 많은 리뷰가 생성되었을 것이다.

▶ 위 제품의 메인타이틀 사진은 상단 중앙에 있는 단순한 이미지이다. 사진을 보면 알 수 있듯이 메인타이틀 사진만 보고는 이 제품을 어떤 용도로 사용

하는지 감을 잡기가 어렵다. 하지만 등록된 두 번째 사진을 보면 제품의 용도를 명확하게 알 수 있다.

▶ 이 제품은 무겁고 부피가 큰 물건들을 이동시킬 때 사용하는 도구이다. 이것을 구매자에게 보다 정확하게 설명하기 위해서 등록한 이미지가 바로 두 번째 사진이다.

사진을 보면 알 수 있듯이 성인 남자들도 운반이 어려운 가스오븐을 여자 2명이서 운반하고 있다. 만약 저 사진에서 운반자가 남성이었다면 사진에서 부각시키기 위한 제품의 효용성이 훨씬 감소했을 것이다. 판매자는 여성이 제품을 사용한 이미지를 제작함으로써 제품의 활용도를 더욱 부각시킨 것이다.

이렇듯 예쁜 이미지가 아닌 소비자가 진정으로 원하는 이미지를 창조적으로 제작해서 만드는 기술이 온라인 마켓에서는 무엇보다 필요하다.

제품설명
Description

05

 판매자가 제품에 애정을 얼마나 가지고 있으며, 얼마나 전문적인 지식을 갖고 있는지를 보여주는 영역이 제품설명이다. 제품설명은 단순하게 생각하면 정말 아무것도 쓸게 없지만 판매하려는 제품에 애정이 있다면 제품의 가로×세로×높이와 무게, 재질, 사용방법, 호환모델, 각종 인증내역, 나이/성별, 유의사항, 유해물질 포함 여부, 포장된 제품의 크기와 무게 등 아주 많은 내용을 포함시킬 수 있다.

 구체적인 제품설명은 제품에 대해 자세한 설명을 요구하는 구매자에게 아주 강한 믿음을 제공하는 것이며, 이 믿음은 높은 구매력으로 이어진다.

 위의 사진은 현재 아마존에서 판매되고 있는 의자들이다. 똑같은 제품이 아니기 때문에 정확한 비교가 될 수 없지만, 아마존에서 가격만 저렴하다고 모두 판매되는 것이 아니라는 걸 단편적으로 보여주는 예라고 할 수 있다.

▶ 좌측에 있는 제품은 가격이 $62.00이지만 리뷰가 '0'이다. 한마디로 판매가 전혀 이루어지지 않았다고 생각해도 된다.

하지만 우측에 있는 제품은 가격이 $149.99로 좌측 제품보다 1.5배가 비싼데도 리뷰가 26개나 있다.

▶ 이 사진들에서 자세히 살펴봐야 할 것은 우선 제품명칭을 구성하고 있는 단어의 개수이다. 좌측과 우측의 제품명칭을 구성하고 있는 단어의 개수는 단순히 보아도 우측이 3배 이상 많다. 이는 제품명이 길수록 구매자들에게 보다 많이 검색될 수 있다는 의미를 내포하고 있음을 보여준다.

▶ 제품설명을 보면 좌측의 제품은 아주 단순한 내용만 보여주고 있으며, 이에 반해 우측의 제품은 상당히 많은 설명을 포함하고 있음을 볼 수 있다. 그만큼 우측 제품의 판매자는 좌측의 판매자보다 판매제품에 대하여 전문적인 분위기를 갖고 있으며 판매제품에 보다 많은 애정을 갖고 있다고 볼 수 있다.

그럼 이제 제품설명에 대한 극단적인 예를 하나 더 보자.

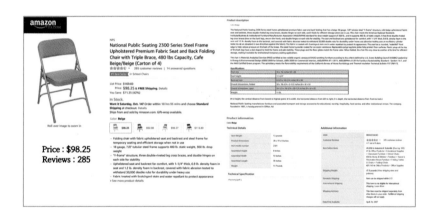

위의 제품은 앞의 사진 중 좌측의 제품과 유사한 접이식의자이다. 가격도 앞의 좌측 제품보다 $36.25 비싸게 책정되어 있지만 등록된 리뷰의 숫자는 285개나 된다. 등록된 리뷰가 이렇게 차이가 난다는 것은 판매 숫자에 있어서는 더 많은 차이를 보인다고 할 수 있다.

▶ 리뷰는 제품을 구매한 구매자가 구매한 제품에 대한 개인적인 의견을 등록하는 것으로 대부분 30~50개 정도(많게는 100개 이상) 팔렸을 때 한 개의 리뷰가 밀린다고 기존 아마존 셀러들은 판단하고 있다. 이는 제품별 많은 차이를

보이고 있지만 필자의 아마존 판매 경험으로 미루어 보아도 아마존의 판매제품에 관하여 리뷰를 받는 것은 그리 쉬운 일이 아니다.

▶ 또한 아마존의 리뷰는 국내 온라인몰의 구매후기와는 달리 굉장히 디테일하고 전문적인 부분까지 분석해서 작성하는 경우가 많다. 심한 경우에는 거의 반 페이지 넘는 경우도 심심찮게 볼 수 있다. 이렇게 작성된 리뷰는 향후 제품 판매력에 아주 많은 영향을 미친다.

▶ 이는 아마존 구매자는 제품설명을 꼼꼼하게 살펴본다는 반증일 수 있다. 그렇기 때문에 장문의 리뷰를 작성한다고 볼 수 있다.

※ 위의 사진을 보면 알겠지만, 제품명칭을 구성하고 있는 단어의 개수부터 거의 80자를 꽉 채운 것처럼 보인다. 또한 제품을 설명하는 Description 부분을 보면 판매자가 얼마나 많은 애정을 갖고 제품을 판매하고 있는지 그 열정이 느껴진다. 아울러 전문적인 내용까지 포함하고 있기 때문에 '의자 전문가'라는 느낌을 구매자에게 주고 있다.

이렇게 제품설명을 상세히 하면 그 노력은 높은 판매력의 증가로 돌아온다. 여러 번 강조했듯이 제품의 가격도 중요하지만 가격 이외의 항목도 아마존 시장에서는 매우 중요하다는 것을 잊어선 안 된다.

아마존 Seller Central 화면 살펴보기

06

    앞으로 아마존에서의 판매활동을 진행하기 위해 지속적으로 방문해서 사용하게 될 아마존의 판매자 관리 화면인 Seller Central의 메뉴들에 대해서 알아보자. Seller Central의 메뉴는 한글 지원도 되지만, 아마존은 태생 자체가 미국에서 만들어진 영어권의 온라인 마켓이다. 향후 아마존에서의 활동을 지속하기 위해서는 영문판 Seller Central 사용에 적응하는 것을 추천한다.

> ※ Seller Central의 메뉴는 셀러의 판매현황 등과 같은 기타의 상황에 따라 조금씩 다르게 보여지기도 한다. 그러므로 책의 설명과 일부 상이하게 메뉴들이 나타날 수도 있다. 이 책에서는 필자의 Seller Central의 화면을 기준으로, 변동성이 거의 없는 기본적인 메뉴들에 대해서 설명한다.

아마존 Seller Central의 기본 화면

1. Seller Central의 기본 메뉴

Seller Central의 기본 메뉴는 우선 상단에 Catalog/Inventory/Pricing/Orders/Advertising Stores/Reports/Performance/Appstore/B2B 등이 있다.

① Catalog 메뉴는 아마존에서 신규로 상품을 등록하기 위한 메뉴들로 구성되어 있다.

▶ Add Products/Complete Your Drafts/View Selling applications 등의 하위 메뉴가 있다. 이중 상품등록 시 사용하는 메뉴인 Add Products를 가장 많이 사용한다.

② Inventory 메뉴는 등록한 제품의 재고를 관리하는 메뉴들로 구성되어 있다.

▶ FBM으로 등록된 상품을 FBA로 전환하기도 하며, FBA로 보낸 제품들이 미국의 여러 FBA 창고로 Reserve되는 현황, 불량 재고현황 등 판매하는 모든 제품의 재고현황과 변환을 진행할 수 있다.

▶ Manage Inventory/Manage FBA Inventory/Inventory Planning/Add a Products/Add Products via Upload/Inventory Reports/Sell Globally Tour/Manage FBA Shipments/Upload & Manage Videos 등의 메뉴가 있는데, 이중에서 FBM과 FBA 재고 모두를 관리할 때 사용하는 Manage Inventory

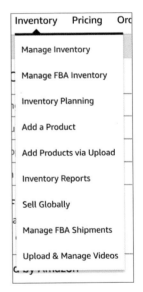

메뉴와 FBA와 관련된 제품만의 재고 및 기타 현황을 확인할 수 있는 Manage FBA Inventory를 주로 사용한다.

③ Pricing 메뉴는 판매하고 있는 상품의 가격과 구매전환율과 같은 자료를 보여

준다. 특히 FBA 방식으로 판매 시 판매수량에 영향을 미치는 'Buy Box'의 점유율과 구매전환율 등의 자료를 확인할 수 있다.

▶ View Pricing Dashboard/Manage Pricing/ Fix Price Alerts/Automate Pricing/Fee Discounts/ Negotiated Pricing 등의 하위 메뉴가 있다.

④ Orders 메뉴는 아마존에서 판매하는 상품에 대한 모든 자료를 확인할 수 있다. 또한 반품현황도 이곳에서 확인할 수 있다.

▶ Manage Orders/Order Reports/Upload Order Related Files/Manage Returns/Manage SAFE-T Claims 등의 메뉴가 있는데, 이중에서 Manage Orders와 Manage Returns 메뉴를 주로 사용한다.

⑤ Advertising 메뉴에는 아마존에서 각종 광고와 쿠폰 제공, 프로모션 등을 진행할 수 있는 메뉴들로 구성되어 있다.

▶ Campaign Manager/Enhanced Brand Content/ Early Reviewer Program/Lighting Deals/Coupons/ Promotions 등의 메뉴가 있다.

⑥ Stores 메뉴는 아마존에 브랜드 등록이 되어 있는 셀러들은 독립적인 Store를 구축할 수 있는데, 이를 구성하고 관리할 수 있는 메뉴이다.

⑦ Reports 메뉴는 아마존에서 제공하는 각종 리포트를 받아볼 수 있는 곳으로, 아마존에서의 재고 및 판매현황, 결제내역 및 아마존 수수료에 대한 내용을 리포트로 받아볼 수 있다.

▶ 하위 메뉴들로는 Payments/Amazon Selling Coach/Business Reports/Fulfillment/Advertising Reports/Tax Document Library 등이 있다.

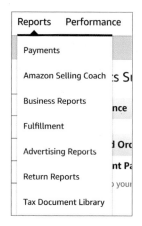

⑧ Performance 메뉴에서는 판매자의 계정에 관한 전반적인 내용을 확인할 수 있다.

▶ 아마존에서는 판매자 계정의 Performance 관리가 매우 중요하므로 Performance 메뉴는 많은 관심을 갖고 있어야 한다.

▶ 하위 메뉴들로는 Account Health/Feedback/ A-to-Z Guarantee Claims/Chargeback Claims/ Performance Notifications/Seller University 등이 있다.

⑨ 기타 Appstore 메뉴와 B2B 메뉴는 일반 아마존 셀러들은 활용도가 거의 없다.

2. Seller Central의 판매현황 메뉴

아마존의 Seller Central에서는 우선적으로 확인해야 하고 즉각적인 대응을 진행해야 하는 업무를 화면의 좌측에 배치해서 보여준다.

① Your Orders 메뉴에서는 현재 아마존에서 판매되고 있는 기초적인 내용을 확인할 수 있다.

▶ Pending은 구매자가 상품을 구매하고 결제를 진행히는 수를 나타낸다.

▶ Premium unshipped는 빠른 배송을 요청하는 구매자의 숫자를 나타낸다.

▶ Unshipped는 구매자의 결제가 완료되어서 판매자 또는 아마존 FBA 창고에서 출고를 진행해야 되는 숫자를 나타낸다.

▶ Return Requests는 FBM으로 구매한 고객이 반품을 요청한 현황이다.

Your Orders	···
Pending	▇
Premium unshipped	▇
Unshipped	▇
Return requests	▇
Seller Fulfilled	
In last day	▇
In last 7 days	▇
Fulfilled by Amazon	
In last day	▇
In last 7 days	▇
View your orders	

▶ Seller Fulfilled는 FBM으로 판매된 수량을 보여주는데, 이렇게 FBM으로 판매된 제품은 3일 이내에 발송을 진행해야 된다.

▶ Fulfilled by Amazon은 FBA 방식으로 판매된 수량을 나타낸다.

② Performance 메뉴는 현재 판매자의 계정의 건전성을 간략하게 보여준다.

▶ Buyer Messages는 구매자 또는 제품에 관심이 있는 고객이 판매자에게 이메일로 문의한 현황이다. 판매자는 고객으로부터 이메일을 받으면 24시간 내에 답장을 보내야 하며, 답장이 늦어지면 이를 카운팅해서 셀러 계정에 마이너스 요인으로 반영한다.

Performance	···
Buyer Messages	▇
A-to-z Guarantee claims	▇
Chargeback claims	▇
Buyer Messages	
Messages waiting for response (In the last 7 days)	
Under 24 hour target	▇
Over 24 hour target	▇
Account Health	
Customer Feedback	
★★★★☆ 4.2 stars (▇▇▇▇▇▇▇)	

▶ A-to-z Guarantee claims은 구매자가 제품의 불만족 또는 기타 문제로 판매자에게 클레임을 제기한 현황을 나타낸다. 아마존에서는 A-to-z Guarantee claims은 매우 심각하게 관리하기 때문에 판매자는 A-to-z Guarantee claims의 현황에 항상 주의를 기울여야 한다.

▶ Chargeback claims은 구매자기 결제한 신용카드가 분신 및 두난 등의 뮤

제로 카드사에서 은행에 지불정지를 요청한 경우를 말한다.

▶ 'Account Health' 메뉴를 클릭하면 현재 판매자의 계정의 건전성을 보다 자세히 확인할 수 있다. Account Health는 Customer Service Performance 와 Product Policy Compliance, Shipping Performance로 나뉘어져 있는데, 각각의 항목들에서 아마존에서 요구하는 점수 이하로 떨어지면 판매자의 계정은 최초에는 'At Risk'의 상태로 전환되며, At Risk의 상태가 일정 기간 계속되면 계정의 정지로 진행될 수도 있다.

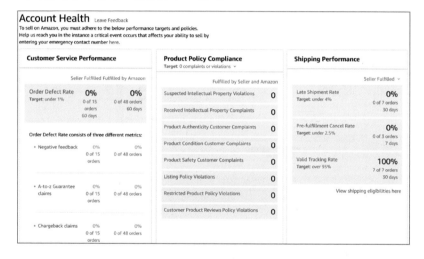

3. Seller Central의 판매대금 정산현황 메뉴

Seller Central 화면 우측에는 'Payment Summary' 메뉴가 있는데, 여기에서는 판매된 상품의 결제금액에서 아마존의 판매 수수료를 공제하고 판매자에게 지불할 금액을 보여준다.

▶ 아마존에서의 판매대금 정산은 14일에 한번씩 진행되며, 정산일자는 셀러의 아마존 가입일을 기준으로 세팅된다.

4. Amazon Selling Coach

Seller Central 화면의 중앙에는 'Amazon Selling Coach'가 있다. Amazon Selling Coach는 판매자의 제품 중 FBA에 입고되어 판매되고 있는 제품의 판매현황을 고려한 추가입고 요청현황 또는 장기 입고재고의 Long Term Storage Fee 등을 보여준다. 여기에서 보여주는 자료는 아마존 시스템에서 판매자에게 조언하는 참고 자료일 뿐이니 너무 심각하게 생각하지 않아도 된다.

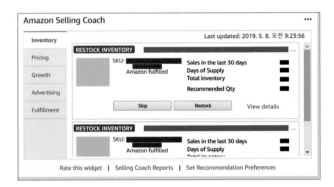

5. Seller Central의 User Setting 메뉴

Seller Central의 우측 상단에 있는 'Settings' 메뉴에서는 주소 변경, 판매자 Display Name 변경, 결제계좌 변경 등의 작업을 할 수 있다. 그리고 FBA 사용자 세팅 및 악성재고의 처리규정 변경 등과 같은 셀러의 주요 설정사항의 변경도 가능하다.

① Account Info

Business Information에서 Business Address, Display Name을 변경할 수 있다. Shipping and Returns Information 항목에서는 Return Address 변경, Shipping Settings 등을 할 수 있다. 또한 판매자 계정 변경(Individual Selling Plan ↔ Professional Selling Plan)도 할 수 있다. 그리고 Payment Information의 Invoiced order payment setting에서는 결제계좌를 변경할 수 있다.

② Notification Preference

Order Notifications에서는 구매자가 제품을 구매하면 어떻게 알림을 받을 것인지를 세팅할 수 있고, 반품과 클레임 현황에 대한 알림 설정은 Return and Claim Notifications에서 할 수 있다. 상품등록 시 알림을 받을 수 있는 Listing Notifications과 아마존에서 셀러에게 제공하는 리포트의 설정도 Reports 메뉴에서 할 수 있다.

③ Login Setting

Seller Central의 접속 비밀번호를 변
경할 수 있다.

④ Return Settings

반품 및 환불 규정, 반품 주소를 설정
할 수 있다.

⑤ Shipping Setting

FBM으로 판매 시 제품이 발송되는 한국의 기본 주소(Default shipping
address) 편집과 빠른 배송(Premium shipping programs)을 설정할 수 있다. 또
한 Shipping Templates을 만들어서 미국의 각각의 주와 국제배송의 옵션 설
정이 부분적으로 가능하다.

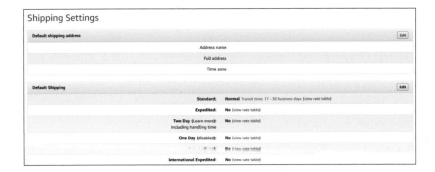

⑥ Gift Option

아마존 FBA 시스템 이용 시에는 선물 포장과 Gift Message를 아마존에 요청할 수 있는데, 이 부분에 대한 설정을 진행할 수 있는 곳이다.

⑦ Tax Setting

셀러가 아마존에서 판매활동으로 인해 발생한 세금을 해당 국가인 미국에 지불할 것인지 아니면 한국에서 납부를 할 것인지를 설정할 수 있다.

⑧ User Permissions

아마존의 계정의 운영 권한을 권한 관리자를 사용하여 다른 사용자에게 액세스 권한을 부여할 수 있게 설정할 수 있다. User Permissions은 신뢰할 수 있는 사람이나 비즈니스에만 초대하여 비즈니스 정보에 액세스하게 해야 한다. Main User는 Permissions한 User의 권한 통제도 여기서 할 수 있다.

⑨ Your Info & Police

셀러의 비즈니스 정보와 프로필, 판매자 로고, 프로필 로고 등의 자료를 업로드해서 셀러의 계정을 추가적으로 홍보하는 목적으로 이용할 때 설정한다.

⑩ Fulfillment by Amazon

아마존의 FBA시스템을 이용하기 위한 전반적인 내용의 설정이 가능하다.

지금까지 아마존 Seller Central 화면 메뉴의 중요한 부분을 중점적으로 설명하였다. 보다 자세한 설명이 필요하면 화면 상단에 있는 'Search' 항목에 원하는 내용을 입력하여 검색하면 자세한 설명을 볼 수 있다.

필자의 생각에 아마존 Seller Central의 메뉴 전체를 이해하는 것은 불가능에 가깝다. 또한 우리는 아마존에서 장사를 하기 위해서 Seller Central를 배우는 것이기에 너무 깊게 파고드는 것도 추천할 일은 아니다. 어쩔 수 없는 사정으로 아마존의 초기 설정값을 바꿀 수밖에 없는 경우가 아니라면 책에서 설명한 내용 외의 Seller Central 메뉴들을 연구하는 것은 시간 낭비이다.

그 시간에 아마존에서 한 개의 물건이라도 더 판매할 수 있는 방법을 강구하는 것이 훨씬 더 생산적으로 시간으로 사용하는 것이다.

CHAPTER

06

아마존에
판매상품
등록하기

아마존 상품등록(리스팅)의 종류 01

지금까지 앞에서 설명한 아마존에서의 카테고리 승인, Bar-Code 확보, 제품명칭(Product Name) 설정, 제품설명(Description) 준비가 모두 완료되었다면 이제 본격적으로 아마존에 상품을 등록해보자.

모든 일에는 순서가 있듯 앞에서 설명한 과정들이 제대로 준비되지 않았다면 완벽한 리스팅이 진행되지 않음을 명심하고 반드시 상품 리스팅 전에 준비해 두기를 당부한다.

아마존에서 상품을 등록하는 방식은 크게 4가지로 구분할 수 있다. 이는 필자가 개인적으로 정의한 것이므로 명확한 규정은 아니다. 필자가 이렇게 구분한 이유는 설명과 이해를 돕기 위함이며 다른 의도가 있는 것은 아니다.

1. 등록제품의 특성에 따른 구분

이는 아마존에 등록할 상품의 특성, 즉 여러 가지의 제품을 하나의 상품군으로 묶을 수 있는 제품과 독립된 한 개의 상품으로만 존재하는 경우를 말한다.

① 단일상품

▶ 색상/사이즈/모양 등 구분이 없는 하나의 고유 제품

▶ 제품의 바코드도 1개인 제품

▶ 구매 수량도 단일화인 제품: 1회 구매 시 수량의 변화가 있다면 단일상품이 아니다.

• 1회 구매 시 2개 또는 3개의 옷지를 제공하는 경우는 단일상품이 아닌 멀티

상품이 된다.

② 멀티상품

▶ 색상/사이즈/모양 등의 구분이 있어 옵션(Variation) 선택이 가능한 제품을 말한다.

▶ 제품의 바코드도 옵션별로 모두 존재해야 한다.

▶ 옵션별 제품 사진도 준비되어 있어야 한다.

▶ Parent Product/Child Products로 Listing이 구분된다.

- Parent Product는 상품군의 제품 중 대표제품을 의미하며, Child Products 는 대표제품의 하위에 있는 추가옵션 상품으로 이해하면 된다.
- Child 페이지에 별도의 사진과 내용을 등록하지 않으면 Parent 페이지에 등 록된 내용과 사진이 노출된다.
- 각각의 Child 페이지의 사진과 Bullet Point를 별도로 입력할 수 있다.

▶ 상품 리스팅 시 Variation 탭이 있어야 옵션을 설정할 수 있다. Variation 탭이 없는 카테고리의 제품은 멀티상품으로 리스팅이 불가능하며, 단일상품으로만 등록이 가능하다. Variation 탭의 유무는 카테고리별로 상이 하다.

▶ Variation Thema에 나와 있는 옵션으로만 멀티상품의 설정이 가능하며, 추가적인 옵션은 포함시킬 수 없다.

2. 신규 리스팅과 Sell-Yours

이는 기존 온라인몰에서의 기본적인 상품등록과 아마존에서만 지원되는 특유의 리스팅 방법인 Sell-Yours의 상품등록의 차이점을 설명하는 것이다.

① 신규 리스팅

▶ 아마존에서 기존에 판매되고 있지 않은 상품을 새롭게 등록하는 것을 말하 며, 일반적으로 국내 온라인몰에 상품을 등록하는 방식과 유사하다고 생각하

면 된다.

- 만약 아마존에서 기존에 판매하고 있는 제품이라도 구매 수량의 변화가 있다면 신규 리스팅으로 진행하는 것이 맞다.
- 예) 신라면 1개 상품에서 5개 묶음 번들팩으로 등록, 머리핀 3개 묶음 판매 등

② Sell Yours

▶ 판매하려는 제품이 아마존에 먼저 등록되어 있을 경우 기존에 등록된 상품 페이지를 이용해서 상품을 등록하는 방법으로, 아마존에만 유일하게 있는, 가격경쟁을 부추기는 판매방식이다.

▶ Sell Yours 리스팅은 사진 및 판매제품의 모든 사항이 동일해야 한다.

- 성분/용량/버전/옵션 등이 Original-Listing과 차이가 있을 시 컴플레인이 발생할 수 있으며, 이렇게 발생된 분쟁에서 구매자를 명확하게 설득시키지 못하면 판매자는 계정정지 처분까지 받을 수 있다.

▶ 제품의 리스팅 변경 권한(이미지, 제품설명, 옵션 변경 등)은 최초 제품 등록자에게만 부여된다.

- Sell Yours로 상품을 등록한 셀러는 판매수량과 가격만 수정 가능하며, 최초 상품 등록자가 사은품 등의 추가 옵션과 이미지 등을 변경한다면 Sell Yours 로 상품을 등록한 셀러는 최초 등록자와 동일한 옵션으로 상품을 제공하지 못할 때 컴플레인 발생 등의 리스크가 생길 수 있다.

▶ Sell Yours로 판매하려는 제품이 등록 전 카테고리 승인이 되어 있지 않으면 'Listing limitation apply'라는 메시지가 뜨며 상품등록이 진행되지 않는다.

- 이때는 'Request approval'를 진행해서 카테고리 승인 또는 브랜드 판매승인을 받아야만 Sell Yours 상품등록이 가능하다.

▶ 아마존에서 카테고리 승인이 필요한 제품의 판매를 위해서는 Sell Yours라 해도 판매 전 판매상품의 카테고리 승인은 필수이다.

상품등록을 하는 방법 02

이제 상품등록을 하는 방법을 각각의 샘플 상품을 통해 구체적으로 알아보도록 하자. 이 책에서는 세 가지의 리스팅 방법(단일상품-신규 리스팅/멀티상품-신규 리스팅/Sell Yours 리스팅)을 설명하겠다. 이 세 가지 방법만 제대로 숙지한다면 상품등록은 큰 문제가 없을 것이다.

1. 단일상품 – 신규 리스팅

단일상품의 신규 리스팅 방법에 대해서 알아보자.

그 전에 한 가지 이야기하자면 혹자는 아마존코리아에서 한글로 번역된 Seller Central을 사용하는 것이 편하다고 이야기하기도 한다. 그러나 필자의 견해로는 아마존의 판매 시스템이 영어로 되어 있기 때문에, 또 한글 번역이 완벽하지 않은 부분도 있기에 오리지널 영문 Seller Central 화면과 친숙해지는 것이 향후를 위해서 더 좋을 것이라고 본다. 호랑이를 잡으려면 제대로 호랑이 굴에 들어가는 한다. 괜한 꼼수와 우회 방법은 추후에 더 많은 문제점을 발생시킬 수 있다.

이제 본격적으로 상품 리스팅 방법을 설명하겠다. 예로 드는 상품은 필자가 예전에 판매했던 핸드폰 케이스이며, 이 제품은 카테고리 승인이 필요 없는 제품이다.

보다 쉬운 이해를 위해 화면 캡처 사진을 많이 첨부하였으며, 캡처된 사진에 나와 있는 번호와 설명의 번호는 서로 일치하는 번호임으로 각각의 항목을 매칭하면서 보면 이해에 도움이 될 것이다.

① Seller Central에 로그인한 후 'Inventory' → 'Add a Product'를 클릭한다.

② 화면 하단에 있는 'Create a new product listing' 항목을 클릭한다.

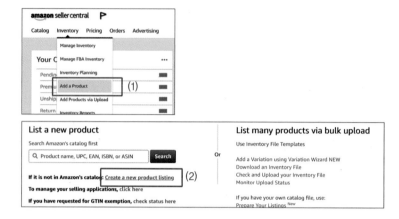

③ 'Create a new product: Classify'라고 되어 있는 화면이 나오는데 이 화면은
등록하려는 상품의 카테고리를 정확하게 매칭시켜주는 화면이다.

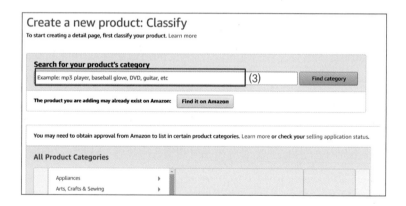

▶ 카테고리를 매칭시키는 방법은 크게 두 가지가 있다. 하나는 검색기에 본
인이 등록하려고 하는 제품을 직접 영문으로 입력하는 방법이며, 다른 하나는
'All Products Categories' 항목에서 개별적으로 찾는 방법이다.

▶ 통상적으로 카테고리 검색기에 등록할 제품의 전반적인 내용을 입력해서
검색한 후 해당 카테고리에 매칭시키는 방법으로 진행한다.

④ 등록할 상품에 'Phone Case'라고 입력한 후 'Find category' 버튼을 클릭한다. 등록하는 제품별로 나타나는 결과 화면은 상이하다.

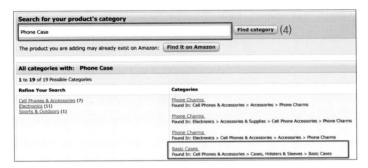

▶ 우측 중앙을 보면 필자가 원하는 카테고리인 'Basic Cases' 항목이 나온다. 정확한 카테고리의 위치를 항목 아래에 보여준다.

▶ 만약 All Products Categories 항목에서 개별적으로 카테고리를 찾으려면 해당 카테고리의 큰 항목에서 작은 항목으로 순차적으로 검색해서 찾아야 한다.

▶ 'Basic Cases'를 클릭해서 다음 화면으로 진행한다.

⑤ 상품에 대한 정보를 입력하는 'Vital Info' 탭이다. Title 항목은 앞에서 이야기한 '제품명칭(Product Name)'을 입력하면 된다.

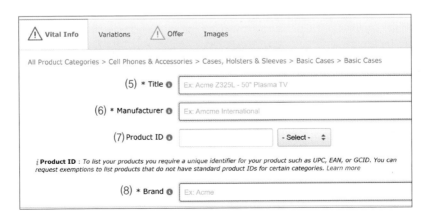

⑥ 'Manufacturer'에는 제조사를 영문으로 입력한다.

⑦ 'Product ID'에는 바코드를 넣는데, 한국에서 통상적으로 사용하는 880*********으로 시작하는 UPC 바코드 숫자를 입력하고 'Select' 항목에서 UPC를 선택한다.

▶ GTIN-13, GTIN-8 등의 바코드라면 해당 바코드의 숫자를 입력한 후 'Select' 항목에서 해당 바코드와 일치하는 항목을 선택하면 된다.

⑧ 'Brand'에는 브랜드 명칭을 입력한다. 아마존에 브랜드 등록이 되어 있는 업체라면 등록된 브랜드명을 입력해도 된다.

▶ 브랜드 등록에 대해서는 책 후반부에서 자세히 설명할 것이다.

※ 입력 항목 중에서 좌측에 빨간 별표가 있는 항목들은 필수입력 항목으로, 반드시 입력을 해야만 다음 페이지로 진행이 가능하다.

▶ 모든 항목을 입력하였다면 상단 메뉴바에 있는 '**Offer**' 탭을 클릭해서 다음 화면으로 진행한다.

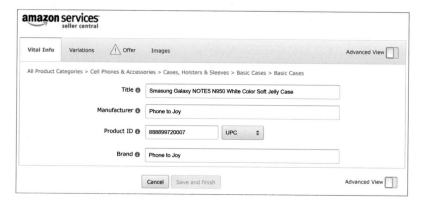

⑨ 판매할 제품의 가격과 제품 컨디션, 판매제품의 보유 재고량을 입력하는 'Offer' 메뉴에서 첫 번째 항목인 'Seller SKU'는 판매자가 재고관리의 용이성을 위해 부여하는 재고관리 번호로 판매 화면에서는 보이지 않는다.

▶ SKU(stock keeping unit) 번호는 판매자가 재고관리 목적으로 개별적인 상품에 부여하는 식별관리코드를 말한다.

amazon services
seller central

| Vital Info | Variations | ⚠ Offer | Images |

All Product Categories > Cell Phones & Accessories > Cases, Holsters & Sleeves > Basic Cases > Basic Cases

You have the option to save as inactive now and add its offer back in later.

☐ Let me skip the offer data and add it later.

(9) Seller SKU ⓘ   Ex: 101MyCollectible1

(10) * Your price ⓘ $ Ex: 50.00

(11) * Condition   - Select - ⬍

(12) * Quantity

Fulfillment Channel   ● I want to ship this item myself to the customer if it sells.
                    ○ I want Amazon to ship and provide customer service for my

Cancel   Save and finish

▶ 이는 상품의 종류가 많지 않다면 별 문제가 없지만, 의류와 같이 다양한 색상과 디자인, 사이즈 등을 갖고 있는 상품은 부여 방법에 대해 고민을 할 필요가 있다. 특히 최근 '공장자동화'와 '물류자동화'가 보편화되면서 판매자가 재고관리를 위해 부여하는 'Seller SKU' 항목은 그 중요성이 강조되고 있다.

⑩ 'Your Price'에는 판매가격을 입력한다.

▶ 판매가격 책정을 위해서는 아마존에서 판매 및 관리로 인해 발생하는 각종 수수료에 대해서 알고 있어야 한다. 잘못된 수수료 계산으로 원가에도 못 미치는 판매가격 설정은 판매자에게 많은 손실을 줄 수 있다. 하지만 그렇다고 판매가격을 너무 높게 책정한다면 판매에 악영향을 미칠 수 있다.

▶ 아마존에서의 각종 수수료는 9장에서 자세히 다루고 있으므로 그 부분을 반드시 숙지하고 적정한 판매가격을 책정하기 바란다.

⑪ 판매할 제품의 'Condition'을 입력하는 항목이다.

▶ 아마존에서는 새 제품만 판매할 수 있는 것이 아니다. 해당 항목을 클릭하면 'Used-Good', 'Used-Like New', 'Refurbished', 'New', 'Used-Accectable', 'Used-Very Good' 등의 항목들이 보인다. 이는 카테고리별로 상이하게 보여

준다. 판매할 제품에 맞는 정확한 'Condition'항목을 선택하자.

⑫ 제품의 재고현황을 입력하는 'Quantity' 항목이다.

▶ 판매자가 현재 보유하고 있거나 보유할 수 있는 재고를 입력한다. 재고수
량을 너무 적게 입력하여 조기 완판되어 품절된다면 제품이 아마존의 판매 화
면에서 검색되지 않을 수도 있기에 넉넉한 수량을 입력하는 것을 추천한다.
여기에 입력되는 재고수량은 FBM으로 판매 가능한 숫자를 말한다.

▶ 아마존 FBA 창고 입고 및 입고수량에 대한 설명은 7장에서 자세하게 설명
할 것이다.

▶ 'Offer' 메뉴의 항목들을 입력하면 1차적인 상품 리스팅 작업은 끝난다. 때
문에 'Offer' 메뉴까지만 입력해도 상품등록은 가능하다. 다시 말해 상품 이미
지를 등록하지 않아도 가능하다는 이야기이다. 하지만 위에서 설명했듯이 상
품 이미지를 등록하지 않는다면 판매는 이루어지지 않을 것이다.

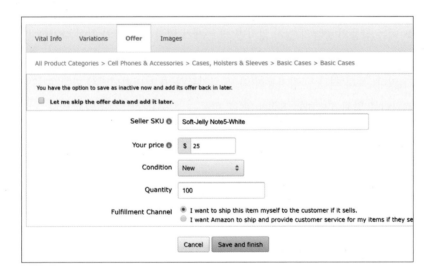

▶ 등록된 상품이 판매가 되지 않았다면 제품명을 포함한 모든 등록된 정보들
의 수정이 가능하다.

그러나 한 개라도 판매되었다면 'Vital Info' 메뉴의 항목과 'Variations' 메뉴
의 항목을 제외한 나머지 항목들만 수정이 가능하다.

▶ 그럼 이제 상품 이미지를 등록하기 위해 'Image' 메뉴를 클릭하자.

⑬ 상단 메뉴바의 'Image' 메뉴를 클릭하면 아래와 같은 화면이 나온다. 좌측 상단에 있는 MAIN 파일 등록 항목이 아마존에서 상품 검색 시 노출되는 Main-Title 이미지이다. 여기에 등록되는 이미지는 1001×1001 픽셀 이상의 배경 없는 사진(일명 누끼컷)이어야 한다. 그러나 나머지 사진들은 어떤 이미지라도 가능하다.

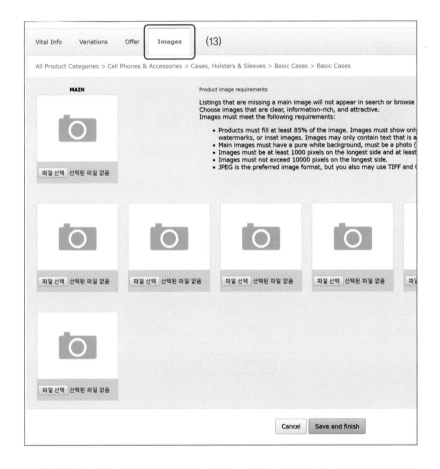

▶ 등록할 수 있는 이미지의 개수는 카테고리별로 상이하며, 판매할 상품에서 먼저 보여주고 싶은 사진을 좌측에서부터 등록하면 된다.

  • 이 예시에서는 판매할 제품을 올리는 것이 아니기에 메인 타이틀 이미지를 누끼컷으로 하지 않았다.

⑭ 이제 추가적인 정보를 입력할 수 있는 메뉴들을 보여주는 'Advanced View'를 클릭한다. 이 버튼을 활성화하면 'Description', 'Keywords', 'More Details' 등의 메뉴가 추가적으로 보인다. 그중 우선 'Description' 메뉴에 대한 알아보자.

⑮ 'Description' 메뉴를 클릭하면 'Description'과 'Bullet Point' 항목이 기본으로 보이며, 다른 항목들은 카테고리별로 상이하다. 'Description' 메뉴에서 가장 중요한 항목은 이 두 가지이기 때문에 다른 항목들은 크게 신경 쓰지 않아도 된다.

▶ 'Bullet Point'는 제품의 특징을 개략적으로 보여주는 항목이다. 구매자에게 직관적으로 보여지는 영역이기에 매우 중요한 위치를 차지한다.

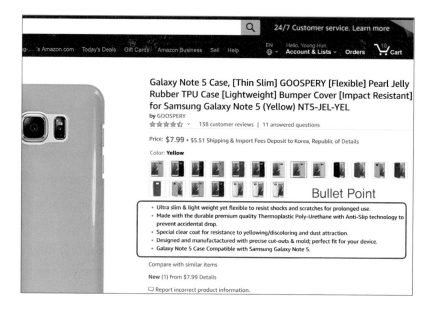

▶ 'Bullet Point'는 기본적으로 5개까지 입력이 가능한데, 카테고리별로 상이하다. 입력할 내용을 추가하려면 항목 밑에 있는 'Add More'를 클릭한다.

▶ 'Description'은 상품에 대한 자세한 설명, 디테일한 특징, 활용방법, 유의사항 등에 대해 설명이다. 위에서 강조했듯이 판매자의 전문성과 판매제품에 대한 애정을 구매자에게 보여줄 수 있는 영역이 바로 이곳이다.

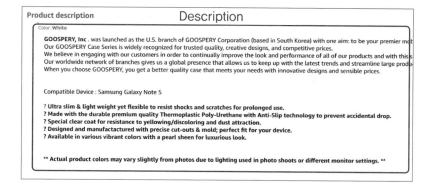

▶ 'Description' 항목 입력 시엔 Html(Hypertext Markup Language: 웹 문서를 만들기 위하여 사용하는 프로그래밍 언어의 한 종류) 코딩이 필요하다. 이를 간단히 설명하면, 상품설명을 위한 텍스트를 입력할 때 문장의 줄을 바꾸어 주거나(⟨br⟩), 타이틀 글자를 강조하기 위해서 진하게 하는(⟨b⟩) 등의 방법을 활용해야 된다는 것이다. 만약 이런 Html 코딩 명령어를 삽입하지 않고 'Description'을 작성하면, 상품등록 후 문장들이 하나의 덩어리 형태로 나타나기에 보기에도 매우 어색하고 성의 없는 상품설명이 된다.

간단한 Html 코딩 명령어는 네이버 검색으로 배울 수 있다. 코딩을 사용한 상세설명은 보다 전문적인 판매자로 보이게 해준다.

⑯ 'Keywords' 메뉴를 클릭하면 'Search Terms', 'Target Audience', 'Intended Use', 'Other Attributes', 'Subject Matter', 'Subject Keywords', 'Platinum Keyword' 등의 항목을 입력할 수 있는 화면이 나타난다. 이중 가장 중요한 항목은 'Search Terms'으로 아마존에서 상품 검색 시 검색엔진에서 찾아질 수 있는 단어를 입력하는 공간이다. 이는 제품명칭을 80자까지밖에 입력 못 하는 부분을 보완하는 기능으로, 'Search Terms'에 등록된 단어들은 실제 판매 화면에서 보이진 않지만 아마존의 검색엔진에서 필터링되어 검색 결괏값으로 구현된다.

Vital Info	Variations	Offer	Compliance	Images	(16) Description	Keywords	More Details

All Product Categories > Cell Phones & Accessories > Cases, Holsters & Sleeves > Basic Cases > Basic Cases

Search Terms ⓘ — Ex: Electric

Target Audience ⓘ — Ex: teens, toddlers, cats
Add More Remove Last

Intended Use ⓘ — Ex: baseball, Halloween, kitchen
Add More Remove Last

Other Attributes ⓘ — Ex: antique, cordless, waterproof
Add More Remove Last

Subject Matter ⓘ — Ex: not currently used in Wireless
Add More Remove Last

Subject Keywords ⓘ — Ex: Bluetooth
Add More Remove Last

Platinum Keywords ⓘ — Ex: Platinum
Add More Remove Last

Cancel   Save and finish

▶ 'Search Terms'의 'Add More'를 클릭하여 최대 5줄까지 작성 가능하며 한 줄에 띄어쓰기를 포함하여 1000자까지 입력이 가능하다.

▶ 그 외의 항목들(Target Audience, Intended Use, Other Attributes, 'Subject Matter, 'Subject Keywords, Platinum Keyword 등)은 'Search Terms'보다 중요도 는 낮지만 입력할 수 있는 범위 내에서 최대한 많은 정보를 입력한다면 아마 존의 검색엔진에서 추가적인 효과를 볼 수 있다.

예를 들어 'Intended Use'는 사용 목적을 입력하는 항목인데, 여기에도 'Search Terms'과 같은 방식으로 사용 목적을 입력하면 실제 판매 화면에서는 보이지 않지만 아마존 검색엔진에서는 필터링되어 검색 결괏값으로 구현된다.

⑰ 'More Detail' 메뉴를 클릭하면 아래의 화면을 보여준다. 이 항목은 등록할 상 품 카테고리별로 약간의 차이는 있지만 대부분은 동일한 항목으로 구성되어 있다.

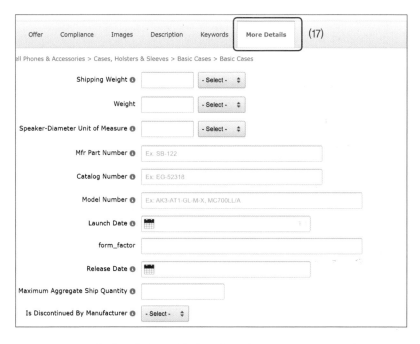

▶ 'More Detail' 메뉴에서는 배송상품의 무게(Shipping Weight), 제조사 파트 넘버(Mfr Part Number), 제품크기(Item Dimensions), 제조국가(Country of Oringin), 사용 시 주의사항(Warnings) 등의 항목을 입력할 수 있다. 아는 범위

에서 최대한 많은 정보들을 입력하는 것이 좋다.

이렇게 입력된 정보들은 등록된 상품에 그대로 구현되며, 이러한 정보들은 제품의 신빙성을 증가시켜 구매자의 구매 결정에 많은 도움을 주게 된다.

⑱ 등록한 내용의 저장 및 상품등록 완료를 위해선 'More Detail' 메뉴에서 마우스 스크롤을 내려 'Save and finish' 버튼을 클릭하면 된다.

▶ 'Save and finish' 버튼을 클릭했다고 아마존에 상품이 바로 등록되어 노출되지는 않는다. 20~30분 정도(많게는 1시간 이상)의 대기시간이 지나야 비로소 등록한 상품이 노출된다.

2. 멀티상품 – 신규 리스팅

이번에는 멀티상품, 즉 Variation(사이즈 또는 색상 등의 옵션)을 갖고 있는 제품의 리스팅 방법을 소개하겠다.

멀티상품의 신규 리스팅은 단일상품의 신규 리스팅 방법과 모두 동일하며 'Variations'을 추가해서 입력하면 된다.

앞서 설명한 단일상품의 신규리스팅 방법, ①~⑧까지의 설명대로 각각의 항목들을 입력한 후 'Variations' 메뉴를 클릭하면 아래의 화면이 나타난다.

① 'Variations' 메뉴를 클릭 후 'Variations Theme'의 'Select' 항목을 클릭하면 해당 제품에서 설정 가능한 Variation 옵션들을 볼 수 있다.

▶ 멀티상품 설명을 위해 필자는 여기서 'Color'를 선택하여 진행할 것이지만

'Size'나 기타의 Variation 옵션들도 입력 방식은 대부분 유사하다.

② 'Variations Theme'에서 'Color'를 선택하면 다음과 같은 화면이 나타난다.

▶ 기본 Variation 값이 'Color'로 지정되었고 색상을 입력할 수 있는 영역이 생겨났음을 확인할 수 있다.

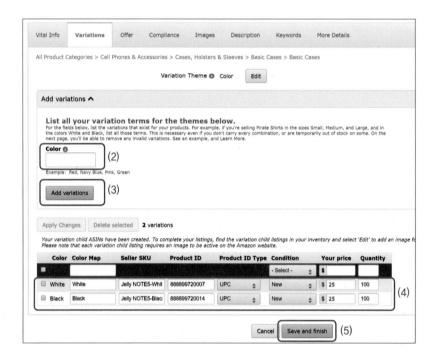

③ 색상을 입력할 수 있는 영역에 'White' 색상을 입력하고 'Add Variations' 버튼을 클릭한다.

④ 그러면 아래의 Variation 테마에 'White'라는 Variation이 등록된 것을 확인할 수 있다. 이곳에 단일상품의 신규 리스팅에서 했던 것과 같이 'Seller SKU'와 바코드를 'Product ID'에 입력한 후 바코드 타입을 'Product ID Type'에서 선택한다.

▶ 'Condition'항목과 'Your Price', 'Quantity' 항목도 단일상품의 신규 리스팅에서 했던 것과 동일한 방법으로 입력한다.

▶ 추가할 색상의 제품이 있다면 색상을 입력할 수 있는 칸(2)에 해당 Color를 입력한 후 'Add Variations' 버튼을 클릭한다. 그러면 아래의 Variation 테마

에 입력한 색상이 등록되며, 'Seller SKU', 'Product ID', 'Product ID Type', 'Condition', 'Your Price', 'Quantity' 항목들을 입력하면 Variation이 추가된다.
⑤ 모든 Variation을 등록하고 'Save and finish' 버튼을 클릭하면 Variation 상품 등록이 완료된다.

▶ 이후의 작업('Image' 메뉴에서의 사진등록, 'Description' 메뉴에서의 제품설명 등록, 'Keywords' 메뉴에서의 Search Terms 등록, 'More Detail' 메뉴에서의 추가정보 등록 등)은 단일상품의 신규 리스팅과 동일한 방법으로 신행하면 된다.

▶ Variation 옵션들은 상품의 카테고리별로 상이하게 부여된다. 이때 부여된 Variation 값을 제외한 옵션 추가는 불가능하지만, 기존 설정값을 이용하여 새로운 Variation 값을 부여하는 방법으로 활용성을 높일 수 있다.

※ 통상적으로 Variation 옵션이 없는 제품보다는 옵션이 있는 제품들이 판매량이 많다. 예를 들어 단일상품이지만 공급 숫자를 오로지 1개가 아닌 2개, 3개, 5개, 10개 등의 Variation 을 설정하여 각각의 상품군을 만들어 판매한다면, 구매자의 선택 폭이 넓어지기에 많은 수량 의 판매가 가능하다. 단, 이 경우 상품군에 해당하는 각각의 제품에 바코드를 별도로 부여해야 하며, Variation 제품에 대한 별도의 사진을 준비해야 한다.

3. Sell Yours 리스팅

Sell Yours 리스팅은 아마존에만 존재하는 독특한 상품등록 방식으로서, 지금까지 설명한 리스팅 방식과는 비교할 수 없을 정도로 쉽다.

Sell Yours 리스팅은 기존에 등록되어 있는 상품의 취급이 가능한 판매자가 기존 판매자가 등록해놓은 상품등록 페이지를 이용하여 본인의 상품을 등록하는 방식이다.

Sell Yours 리스팅을 위해서는 일단 아마존에 이미 등록되어 있는 상품 중 본인이 취급 가능하며, 판매 시 아마존의 수수료와 배송비를 공제하고도 수익 마진이 남을 수 있는 상품인지에 대한 검증이 우선적으로 필요하다.

그럼 지금부터 본격적으로 Sell Yours 리스팅 방법에 대해 알아보자.

Sell Yours 리스팅 방법 설명을 위해 한국의 문구류, 개중 '모나미 플러스펜'을 예시로 들어보겠다. 이 제품은 카테고리 승인이 필요 없는 제품이다.

아래의 상품은 국내의 모든 판매자가 취급 가능한 '모나미 플러스펜'이다. 현재 아래의 판매자는 저 제품을 한 자루가 아닌 1 Dozen, 즉 12자루의 제품을 판매하고 있다. 판매가격은 $5.90이다.

아마존에서 이처럼 본인이 취급 가능한 제품을 검색했다면, 상품페이지에서 'Product description' 항목과 'Product information' 항목을 살펴보자.

① 여기에서 'Additional Information'의 'ASIN' 고유 넘버값은 Sell Yours 리스팅에 있어 중요한 항목이다.

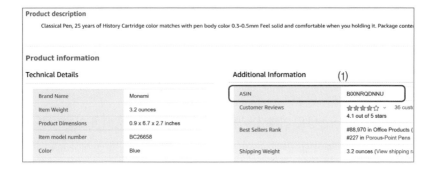

▶ ASIN은 등록된 모든 제품에 아마존에서 개별적으로 부여하는 고유의 숫자이다. 때문에 ASIN이 없는 판매제품은 없으며, 모든 ASIN은 다르다.

▶ Sell Yours 리스팅은 이 ASIN을 이용해서 진행된다. 그러므로 검색한 ASIN(여기서는 BOONRQDNNU)를 복사한 후 저장해놓는다.

② 이제 아마존의 'Seller Central'에 로그인한 후 상단 'CATALOG' 메뉴에서 'Add Products'를 클릭한다.

③ 그러면 'Add a Product' 화면이 나타난다. 이곳의 'List a new product'의 'Search Amazon's catalog first' 검색창에 모나미 플러스펜의 ASIN(여기서는 BOONRQDNNU)을 입력한다.

④ 'Search' 버튼을 클릭하면 검색했던 모나미 플러스펜의 리스팅이 보이게 된다.

⑤ 리스팅 하단에 있는 'Sell yours' 버튼을 클릭한다.

⑥ 그러면 단일상품 신규 리스팅의 'Offer' 메뉴와 유사한 화면이 보인다. 여기에 단일상품 신규 리스팅에서 했던 것처럼 'Seller SKU' 값을 부여한다.

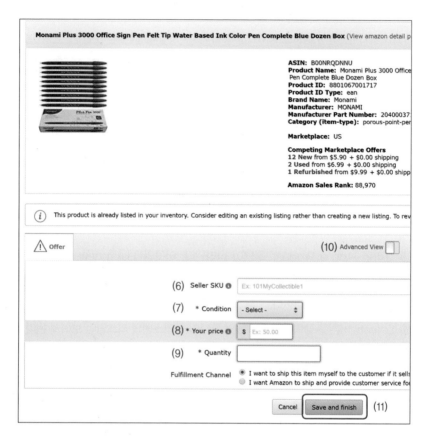

⑦ 'Condition' 항목에는 판매할 제품의 상태를 선택한다.

⑧ 'Your price' 항목에는 판매가격을 입력한다.

⑨ 'Quantity' 항목에는 단일상품 신규 리스팅에서와 같이 재고수량을 입력한다.

⑩ 우측 상단에 있는 'Advanced View'를 클릭하면 추가 정보들을 더 입력할 수 있는 화면을 다음 그림처럼 보여준다. 단일상품 신규 리스팅과 다르게 Sell yours 리스팅에서는 크게 추가할 항목이 없다.

⑪ 모든 입력을 완료하면 'Save and finish' 버튼이 활성화된다. 이 버튼을 클릭하면 해당 상품의 Sell yours 리스팅이 끝난다.

⚠ Offer
Advanced View

Shipping-Template ⓘ Migrated Template ⬍

Seller SKU ⓘ Ex: 101MyCollectible1

* Condition - Select -

Condition Note ⓘ Ex: Dust cover missing. Some scratches on the front.

Product Tax Code ⓘ Ex: A_GEN_NOTAX

Is Gift Wrap Available ⓘ ☐

Offering Can Be Gift Messaged ⓘ ☐

* Your price ⓘ $ Ex: 50.00

Manufacturer's Suggested Retail Price ⓘ $ Ex: 259.99

Sale Price ⓘ $ Ex: 219

Sale Start Date ⓘ

Sale End Date ⓘ

* Quantity

Handling Time ⓘ

Restock Date

Max Order Quantity ⓘ

Offering Release Date ⓘ

Fulfillment Channel ◉ I want to ship this item myself to the customer if it sells.
◯ I want Amazon to ship and provide customer service for my items if they sell.

Cancel Save and finish Advanced View

※ 이렇듯 Sell Yours 리스팅은 앞에서 설명한 단일상품/멀티상품 신규 리스팅과는 비교할 수 없을 정도로 쉽고 간단하다. Sell Yours 리스팅은 앞에서 설명했듯이 등록된 상품의 가격과 재고수량, 제품의 상태만 수정 가능할 뿐 이미지와 'Description' 메뉴를 수정할 수 있는 권한이 없다. 때문에 상품을 아마존에 제일 먼저 리스팅한 셀러(리스팅 오너)는 Sell Yours 리스팅으로 따라붙은 경쟁 셀러를 제재하기 위해 시중에서 구하기 어려운 사은품 등을 제공하여 Main-Title 이미지나 상품 Description의 내용을 수정하는 방법 등을 이용해 본인의 리스팅 상품을 보호하기도 한다. 이렇게 되면 Sell Yours 리스팅을 해서 가격경쟁만으로 판매를 진행하던 경쟁 셀러는 매우 곤란한 처지에 처할 수도 있음을 명심하자.

아마존 FBA에 관한 모든 것

아마존에서의 배송방법 01

아마존이 단기간에 급부상할 수 있었던 이유는 바로 FBA(Fulfillment by Amazon)이라는 독특한 물류 시스템 때문이다. 미국을 예로 들면, 그 넓은 국토를 지닌 미국도 아마존의 FBA-System을 활용하면 거의 2일 내에 배송이 완료된다. 아마존 FBA는 이런 빠른 배송뿐만 아니라 다양한 장점을 보유하고 있기 때문에 FBA를 제외하고는 아마존을 이야기할 수 없다. 하지만 높은 수수료와 손쉬운 반품 등은 판매자의 입장에서 보면 시장의 단점이다. 그래서 이 장에서는 아마존 FBA에 대하여 자세히 설명해보겠다.

아마존의 배송방법은 크게 FBM(Fulfillment by Merchant: 판매자가 개별적으로 구매 고객에게 직접 배송하는 시스템)과 FBA(Fulfillment by Amazon: 아마존 물류 시스템을 이용해 물류를 위탁하는 시스템)으로 크게 나눌 수 있다.

이 두 가지의 배송방법은 서로 다른 특색을 갖고 있으며, 각각의 장단점을 갖고 있다.

그럼 보다 자세히 FBM과 FBA의 차이점에 대해서 알아보도록 하자.

FBM(Fulfillment by Merchant) (판매자가 개별적으로 고객에게 직접 배송하는 시스템)	FBA(Fulfillment by Amazon) (아마존 창고 시스템을 이용해 아마존에게 물류를 위탁하는 시스템)

[장점]
• 낮은 수수료율: 아마존에서 카테고리별로 설정한 판매수수료만 차감되고 입금됨
• 낮은 재고보유 가능: 판매된 숫자만큼의 재고만 보유하면 됨
• 상대적으로 낮은 반품률: FBA 대비(상품별 다소 상이)
	[장점]
	• Amazon Prime 회원들(2018년 기준 약 1억 명)의 구매력 발생 → 상당한 매출 발생 가능
	• 배송비 절감 가능
	  – 건별 배송이 아닌 다량의 묶음배송으로 상품 개별 배송비 절감
	• Seller Perfomence 유지의 용이성
	  – Negative Feedback Rate
	  – Filed A-to-Z Claime Rate
	  – 배송과 CS를 아마존에서 대행함

[단점]
• FBA 대비 상당히 낮은 판매량
• Amazon Prime Service(2Day Shipping) 상품으로의 입점 불가
• 배송비 절감 불가: 무조건 1Order/1Shipping Cost 발생
• Seller Perfomence 유지의 어려움(Order Defect Rate)
  · Return Dissatisfaction Rate(반품 불만족 비율)
  · Customer Service Dissatisfaction Rate (고객서비스 불만족 비율)
  · Late Shipment Rate(지연배송 비율)
  · Valid Tracking Rate(추적 가능한 트래킹 넘버 제공 비율)
	[단점]
	• 높은 판매수수료: 아마존 판매수수료 + FBA 수수료
	  – 시즌(11~12월)과 비시즌(1~10월)별로 자동 청구
	  – Small Standard Size: $2.41
	    Large Standard Size: $3.19~4.71+@
	• 계속 판매를 위해 FBA 창고 재입고에 따른 추가적인 제품 사입 비용 증가
	• 구매자의 높은 반품률: 최고 30% 이상
	• 장기 미판매 악성재고 발생 시 추가 비용 발생
	  – LongTerm Storage Fee

1. FBM(Fulfillment by Merchant)

FBM은 아마존에서 팔린 제품을 판매자가 개별적으로 구매 고객에게 직접 배송하는 방식으로, 대부분의 해외 온라인 시장(이베이, 엣시 등)은 FBM 방식으로 제품을 배송한다. 간단히 설명하면 국내의 온라인 쇼핑몰(11번가, G마켓 등)에서의 배송 시스템과 동일한 것으로서, 국내가 아닌 국외 배송이라는 점이 차이가 있을 뿐이다.

해외배송은 국내에서 발생할 수 있는 배송 사고들(파손, 분실, 오배송 등) 외에도 몇 가지 문제들(관세, 부가가치세, 통관 등)이 추가된다. 이 문제는 아마존에서도 동일하게 적용된다. 그러므로 이런 부분에 대한 추가적인 준비가 반드시 필요하다.

※ 세금과 통관에 관한 부분은 국가마다 매우 상이하므로, 국가별로 알고 있어야 한다.

아마존에서 상품등록을 하면 기본적으로 FBM 방식으로 배송설정이 된다. 때문에 FBM 방식으로 배송하려 할 때엔 추가적인 설정 작업이 필요 없다. 그러나 빠른 배송(Expedited Shipping)을 위한 옵션을 추가하기 위해서는 별도의 추가 설정이 필요하다.

※ 아마존에는 FBM 방식으로 판매하는 제품이라도 추가금액을 지불하면서 빠른 배송을 요청하는 구매자들이 존재한다. 그러므로 빠른 배송의 설정은 반드시 필요하다.

① FBM의 장점

▶ 낮은 판매수수료: FBM은 판매자가 직접 배송하기 때문에 아마존 판매수수료만 지불하면 된다. 이것이 별게 아닌 것 같지만 다음 장에서 설명할 아마존의 각종 수수료를 알고 나면 수수료가 판매 활동에서 차지하는 비중이 만만치 않다는 것을 알게 될 것이다.

▶ 적은 재고 보유 가능: FBM 방식 판매의 가장 큰 장점이라 할 수 있다. 이 방식으로는 재고를 보유하지 않고도 아마존에서 제품을 판매할 수 있다.

※ 아마존에서 FBM으로 제품이 판매되면 국내의 온라인 쇼핑몰에서 구매한 후 제품을 재포장해서 발송해도 큰 문제가 없다. 이는 국내의 택배 시스템이 타 국가 대비 상당히 빠르기 때문에 가능한 것이다. 온라인 유통업에서 최소의 재고 보유로 진행할 수 있다는 것은 매우 중요한 포인트이다.

▶ FBA 대비 상대적으로 낮은 반품률: FBM으로 제품을 배송 시 필자의 경험으로는 FBA로 판매했을 때보다 상당히 낮은 반품률을 보이고 있나.

② FBM의 단점

▶ FBA 대비 상당히 낮은 판매량: 1년에 $119이라는 큰 금액의 연회비를 지불 하는 고객들, 즉 Amazon-Prime 회원들은 FBA로 발송되는 제품만을 별도로 필터링해서 빠른 배송과 손쉬운 반품이 가능한 제품만을 우선적으로 구매한다. 또한 아마존에서는 FBA 제품을 우선으로 노출하게끔 설정하고 있기때문에 판매량에 많은 영향을 주고 있다. 즉, 동일한 제품이더라도 FBA로 발송되는 제품은 FBM으로 발송되는 제품보다 10배 이상 더 많이 판매가 된다(이 부분도 아이템별로 차이는 있다). 이는 아마존의 구조적 특수성으로서 'Amazon = FBA'라는 공식이 각인되어 있기 때문이다.

아마존에서 FBM으로 배송되는 상품을 구매하는 경우는 FBM으로만 등록된 상품을 '울며 겨자 먹기'식으로 구매해야 되는 경우와, 판매가격의 현격한 차이 때문에 늦은 배송을 감수하고 구매하는 경우이다. 그 외는 일반적으로 배송기간이 상당 기간 소요되는 FBM 제품을 구매하는 사람은 거의 없다.

▶ 배송비 절감의 불가: FBM으로 판매된 제품은 무조건 1개의 주문에 1개의 배송으로 진행된다. 때문에 FBA 판매방식과는 달리 제품의 개별 배송비 절감은 불가능하다.

▶ Seller Performance 유지의 어려움: 아마존에서는 불량 셀러들을 판별하기 위해서 많은 규정들을 정률적으로 계산하여 셀러에게 각각의 등급을 부여한다. 그 각각의 등급별 점수를 산정하여 셀러의 판매 신용도(Seller Performance)를 부여하는데, 배송에 관련된 각종 규정들의 준수 여부도 평가 대상이다.

만약 셀러가 배송 관련 규정들을 준수하지 않을 경우 셀러의 계정은 판매순위 하락 → 계정정지 → 영구퇴출순으로 진행된다. '영구퇴출'까지 진행될 경우 향후 아마존에서의 판매 활동은 물론 구매 활동도 불가능하게 된다. 그러므로 배송에 관련된 각종 규정들에서 낮은 점수를 받는다는 것은 일차적으로는 검색순위에서 뒤로 밀리게 되며 이로 인해 판매량에 상당한 영향을 미치게 된다. 그리고 더 심하게 진행된다면 계정정지까지 발생할 수 있기 때문에 Seller Performance 유지의 어려움은 상당한 위험 요소이다.

배송에 관련된 각종 규정들(Order defect Rate)은 아래와 같다.

- Return Dissatisfaction Rate: 반품 불만족에 관한 점수
- Customer Service Dissatisfaction Rate: 고객서비스 불만족에 관한 점수
- Late Shipment Rate: 배송기간에 관한 점수
- Valid Tracking Rate: 추적 가능한 등기번호의 부여에 관한 점수

※ FBM으로 판매된 제품들은 미국에서 등기번호 추적이 가능한 배송 시스템을 이용하여 발송해야 된다. 이를 준수하지 않으면 지속적인 판매가 불가능하다.

위에서 설명한 배송에 관한 규정들은 판매자가 배송까지 책임지는 FBM에서만 적용되는 것이며, FBA로 판매 시에는 배송에 관련된 규정들의 점수는 제외된다.

이는 FBA의 매우 큰 장점이며, FBM의 단점이다.

2. FBA(Fulfillment by Amazon)

FBA는 판매자가 판매할 제품을 아마존에서 지정받은 창고에 입고하면 아마존에서 포장 및 배송, 배송 관련 CS까지 진행해주는 시스템으로서 해외 온라인 시장에서 유일하게 아마존만 갖고 있는 물류 및 창고 운영 시스템이다.

앞에서도 이야기했지만 아마존이라는 기업이 단기간에 미국 온라인 시장을 점령하게 된 가장 큰 이유가 바로 이 FBA 시스템 때문이다. 아마존은 활동 영역을 더욱 확장시켜 도서 및 일반 공산품뿐만 아니라 식자재(Amazon-Fresh), 헬스케어 서비스까지 진출하는 등 그 사업 범위를 지속적으로 확대하고 있다.

또한 아마존 FBA 서비스를 이용하면 추가적인 비용이 소요되기는 하지만

선물포장 대행, 상품 라벨링 대행 등의 추가적인 서비스를 아마존에 의뢰할 수 있으며 '라이트닝 딜'과 같은 아마존에서 진행하는 추가적인 판촉행사도 진행할 수 있다.

① FBA의 장점

▶ **Amazon Prime 회원들의 구매력 발생**: FBA로 등록된 상품은 'Amazon Prime'이라는 별도의 상품 카테고리에 제품이 분류된다. 이렇게 분류되면 아마존의 1억 명이 넘는 유료회원인 프라임회원만을 위한 상품으로 노출된다. 아마존 프라임회원은 유료회원의 특권(빠른 배송, 쉬운 반품 등)을 누릴 수 있는 'Amazon Prime' 상품, 즉 FBA로 등록된 상품만을 주로 구매하고 있다. FBM으로 판매되는 상품은 'Amazon Prime' 카테고리에 등록될 수 없으며, 오로지 FBA로 등록된 상품만 가능하다. 때문에 아마존에서 상품 노출은 FBA 상품 우선으로 진행되며, 이는 판매량에 지대한 영향을 미친다.

시장에서 다량 판매가 보장 되는 것과 그렇지 않은 것은 출발선이 다른 것과 마찬가지이다. 제품의 다량 판매 보장은 제조원가, 유통비용 등 소비자에게 제공하기 위한 모든 비용이 줄어들게 되며, 이는 판매가격의 하락으로 변환될 수 있다. 이로 인해 더 많은 사람이 더욱 많이 구매하는 '규모의 경제' 시스템을 FBA는 기본적으로 갖고 있다.

▶ **배송비 절감 가능**: 해외 B2C에서 가장 많은 비율을 차지하는 것이 배송비다. 이는 필자가 판매하는 제품의 특수성 때문일 수도 있지만, 판매된 모든 제품을 배송 추적이 가능한 '등기번호를 부여한 배송'을 해야 하는 아마존에서는 특히 배송비가 판매가격에서 차지하는 부분이 상당하다.

그런데 아마존의 FBA 시스템을 이용하면 해외배송비를 상당히 절약할 수 있다. 예를 들어 한국에서 미국으로 우체국의 소형포장물을 기준으로 배송할 때 건별 등기비용은 ₩2,800이 소요된다. 만약 이를 묶어서 10개의 제품을 FBA 창고로 한꺼번에 보낸다면 ₩25,200이라는 금액을 절약할 수 있다.

배송할 제품의 수량이 많아지면 배송비의 절약은 기하급수적으로 증가하며, 이렇게 절약된 금액은 판매가격을 낮출 수 있는 원동력이 된다. 낮은 판매가격은 가장 좋은 경쟁력으로 이는 더욱 많은 판매량으로 전환될 수 있다.

▶ **Seller Performance 유지의 용이함**: 앞에서 설명한 FBM으로 판매한 제품의 경우 준수해야 하는 배송 관련 규정들(Return Dissatisfaction Rate, Customer Service Dissatisfaction Rate, Late Shipment Rate, Valid Tracking Rate)을 FBA로 판매 시에는 전혀 걱정할 필요 없다. 아마존에서 배송에 관한 모든 것을 처리해주기 때문이다. 더 나아가 배송에 관련된 CS(Customer Service)까지 모두 아마존에서 대행해주기 때문에 해외배송에서 예기치 않게 발생할 수 있는 수많은 문제들로부터 자유로울 수 있다.

하지만 FBA방식으로 제품을 판매한다고 해도 Seller Performance 유지를 위해서는 배송 관련 규정 외의 많은 규정들을 준수해야 한다.

아마존에서 배송 관련 외에 빈번하게 발생하는 문제들과 연관된 규정 몇 가지를 간단히 설명하자면 다음과 같다.

- Negative Feedback Rate: 판매제품에 대한 구매자의 평가에 관한 점수
- Filed A-to-Z Claim Rate: 아마존에서 요구하는 제반 규정들에 관한 점수
- Service Chargeback Rate: 잘못된 결제로 인해 발생한 문제에 대한 점수

이 부분에 대해서는 '15장 아마존의 계정정지와 POA'에서 자세히 다루겠다.

② FBA의 단점

▶ **높은 판매수수료**: 아마존의 FBA 시스템을 이용하여 제품을 판매하면, 제품 판매 시 발생하는 아마존 판매수수료에 더하여 FBA 수수료를 추가적으로 지불해야 한다. 문제는 이 금액이 만만치 않다는 것이다. 또한 FBA 수수료는 시즌(11~12월)과 비시즌(1~10월)별로 차등 청구되며, 제품의 크기에 따라서도 차등 청구된다.

▶ **FBA 창고에 재고 입고에 따른 제품 구매비용 증가**: 앞에서 설명한 FBM의 판매방식에서는 판매된 제품에 대한 재고만 보유하고 있으면 되지만, FBA 방식에서는 판매가 될 제품을 아마존 창고에 미리 입고시켜야 하기 때문에 추가적인 재고 보유가 필수이다. 이는 적지 않은 자금이 묶일 수 있기 때문에 유통을 하는 업자에게 상당히 신경쓰이는 문제가 될 수 있다.

또한 FBA로 입고한 제품이 모두 판매되어 해당 제품이 장기간 'Sold Out' 상태로 지속된다면 해당 제품은 아마존의 검색엔진에서 제외되므로 추후에 재고가 입고되어도 판매순위에서 많이 밀리게 된다. 그러므로 판매자는 FBA 창고에 입고된 제품의 재고를 항상 유지하고 있어야 하는 문제가 있다.

▶ **구매자의 높은 반품률**: Amazon Prime 회원들이 FBA 제품을 선호하는 이유는 빠른 배송과 더불어 손쉬운 반품이 가능하기 때문이다.

구매자는 FBA 제품을 받아보고 마음에 들지 않으면 몇 번의 간단한 클릭으로 반품을 요청할 수 있으며, 반품에 대한 모든 서비스는 아마존에서 무상으로 진행해준다. 이는 구매자에게는 상당히 유리한 것이지만, 판매자에게는 아주 불리한 부분이다. 반품된 제품이 온전히 다시 입고된다면 큰 문제가 없겠지만 반품된 제품 대부분은 포장박스의 훼손, 제품의 손실 등으로 인해 상품으로서의 가치를 잃어버린 상태로 입고되기 때문에 재판매는 거의 불가능하다고 생각해야 한다. 이렇게 반품되는 비율은 카테고리별로 상이하기는 하지만 기본적으로 10~15% 정도 발생하며, 심한 경우는 30%를 초과하는 경우도 있다. 때문에 FBA 방식으로 제품을 판매할 시 반드시 반품에 대한 부분을 고려해서 판매가격을 책정해야지만 손해를 막을 수 있다.

> ※ 아마존에서도 손쉬운 반품을 악용하는 소비자가 점점 증가하고 있음을 인지하고 있다. 2018년 상반기부터는 상습적으로 반품하는 고객들(타당한 이유가 소명되지 않은 반품을 1년에 3회 이상 한 고객이라고는 하지만, 명확한 규정은 없다)을 아마존에서 강제 퇴출시킬 만큼 반품 문제는 아마존에서 심각한 문제가 되었다.

▶ Long Term Storage Fee **발생**: FBA 창고에 입고시킨 제품이 단기간에 원만히 판매가 이뤄진다면 큰 문제가 없겠지만 판매가 이루어지지 않아서 장기보관하게 될 경우 추가적인 비용, 즉 장기보관 수수료가 발생하는데 이를 'Long Term Storage Fee'라고 한다.

특히 2018년 9월 15일 이후 변경된 아마존 정책에서는 이 부분에 대한 수수료가 상당히 증가되었다. 아마존은 매월 15일 재고량를 평가해 181~365일간 주문 처리가 되지 않아 FBA 창고에 보관된 제품에 대하여 1^3ft당 $3.45씩 청구하고 365일을 초과하는 제품에 대해서는 1³ft당 $6.90씩 청구한다.

여기서 1³ft라는 규정은 FBA 창고의 사용량을 기준으로 정하는 것으로서, 제품의 실제 크기가 아닌 포장된 제품의 포장박스 크기를 기준으로 한다.

※ Long Term Storage Fee를 만만하게 볼 수 없는 것이 2018년 9월 15일 이후 필자의 지인들 중 몇몇 셀러들이 매월 수백만 원씩 아마존 장기보관 수수료를 지불하는 것을 보아왔기 때문이다. 이들은 이를 줄이기 위해 FBA 창고에 입고된 제품을 다시 국내로 갖고 오거나 미국 현지에서 많은 비용을 들여 폐기하기도 했다.

아마존이라는 시장에서 FBA라는 단어를 제외하면 해외의 흔한 인터넷 쇼핑몰과 별반 다를 것이 없다. 그러나 아마존은 FBA 시스템으로 소비자들이 진정으로 원하는 부분(빠른 배송/쉬운 반품)을 구현해서 여타의 해외 온라인몰과는 비교도 할 수 없는 많은 판매량을 꾸준하게 보여주고 있다.

많이 팔린 제품이 더욱 많이, 더욱 빨리 판매될 수 있게 만들어주는 '규모의 경제'를 완벽히 보여주는 모델이 바로 아마존의 FBA 시스템인 것이다.

그러나 앞에서 말했듯 FBA 시스템 이용 시 발생하는 많은 단점들, 높은 판매수수료, 재고비용의 증가, 높은 반품률, 장기보관 수수료 발생 등을 반드시 알고 있어야 한다.

FBA 사용자 세팅하기

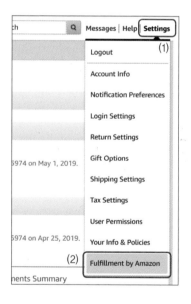 02

해외 온라인 판매를 하면서 아마존이라는 시장에 입점하는 이유는 FBA 시스템을 이용하기 위해서이다. 그러므로 어떠한 불리한 여건이 있다 하더라도 아마존에서 제품을 제대로 판매하기 위해서는 FBA는 반드시 진행해야 한다.

이제 아마존 Seller Central에서 FBA를 진행하기 위한 사용자 설정방법에 대해서 알아보자.

① 셀러센트럴에 로그인한 후 상단 우측에 있는 'Setting' 메뉴를 클릭한다.
② 서브 메뉴에서 'Fulfillment by Amazon'을 클릭한다.

③ 'Fulfillment by Amazon Setting'에 관련된 모든 항목들이 나타난다. 그중에 첫 번째 항목인 'Optional Services' 메뉴는 FBA로 입고시킬 제품의 라벨링 준비 작업과 라벨링을 누가 할 것인가에 대한 선택 항목들이 포함되어 있다. 이 항목의 'Edit' 버튼을 클릭하면 다음의 항목들이 나타난다.

Fulfillment by Amazon Settings

Optional Services		(3) [Edit]
MWS Label Service: Learn more	Enabled	
Web Services - Default Labeling Preference:	I will label my items	
Default - Who Preps?: Learn more	Merchant	
Default - Who Labels?: Learn more	Merchant	

▶ MWS(Amazon Marketplace Web Service) Label Service: 아마존 판매자가 리스팅, 주문, 지불, 리포트 등의 과정에서 프로그래밍 방식으로 아마존과 데이터를 교환할 수 있게 해주는 통합 웹 서비스 API를 말하는 것이다. 기본적인 설정값은 'Enable'이다.

▶ Web Services – Default Labeling Preference: 이 항목은 FBA에 입고시킬 제품에 대한 라벨링을 누가 할 것인가에 대한 질문이다. 아마존 FBA 시스템에서는 상품 라벨링을 아마존에 위탁할 수 있다. 하지만 그 비용이 만만치 않다(제품 1개당 $0.20씩 청구된다). 그래서 국내의 거의 모든 셀러들은 FBA에 입고시키는 제품의 라벨링을 셀러가 직접하고 있다. 만일 라벨링을 아마존에 위탁하지 않을 것이라면 'I will label my item'을 선택하면 된다.

> ※ 여기서 말하는 라벨링이란 FBA로 상품을 준비할 때 FBA용으로 출력되는 별도의 라벨을 말하는 것이다.

▶ Default – Who Preps?: 이 항목은 FBA 상품의 라벨링 작업을 위한 준비 절차를 누가 할 것인가를 묻는 것이다. 라벨링을 아마존에 위탁하지 않을 것이라면 'Merchant'를 선택하면 된다.

▶ Default – Who Labels?: 이 항목은 FBA 상품의 라벨링 작업을 누가 할 것인지를 묻는 것이다. 라벨링을 아마존에 위탁하지 않을 것이라면 'Merchant'를 선택하면 된다.

▶ 모든 항목들을 선택하였다면 화면 중앙에 있는 'Update' 버튼을 클릭해서 선택한 값들을 저장한다.

④ 'Inbound Settings' 항목의 'Edit' 버튼을 클릭하면 다음의 항목들이 나타난다.

Inbound Settings		(4) Edit
Inventory Placement Option: Learn more	Inventory Placement Service	
Show Restricted Items Warning: Learn more	Enabled	
Show Listing Approval Warnings: Learn more	Enabled	
2D Barcodes for Box Content Information: Learn more	Disabled	

▶ Inventory Placement Option: 이 항목은 아마존 FBA 창고에 판매자의 상품을 입고시킬 때 미국 각 주에 산재해 있는 FBA 창고에 분산 입고시킬 것인지, 아니면 하나의 창고에 입고시킬 것인지에 대해 묻는 것이다.

여기에는 'Distributed Inventory Placement (default setting)'과 'Inventory Placement Service'라는 두 개의 옵션이 있다.

- Distributed Inventory Placement: 이 옵션은 판매자가 아마존 FBA 창고에 제품을 입고시킬 때, 판매자가 직접 각각의 창고에 분산 입고하는 방식이다. 이 옵션을 사용할 경우 하나의 SKU 제품을 다량으로 FBA 창고에 입고시키기 위한 FBA 발송 작업을 진행할 때, 미국에 산재해 있는 각각의 FBA 창고에 입고시킬 수량이 별도로 나누어진 송장이 다량으로 출력된다.

  이 경우 판매자는 미국에 분포된 다수의 FBA 창고에 직접 제품을 발송해야 되기 때문에 여러 번 해외배송을 해야 한다. 이 방법은 배송비용을 증가시킨 다는 단점이 있다. 하지만 여러 아마존 FBA 창고에 제품을 직접 입고시키기 때문에, 아마존에서 자체적으로 각각의 FBA 창고로 제품을 이동시키는 프로세스를 진행하지 않아 수수료가 발생하지 않는다는 장점이 있다.

- Inventory Placement Service: 판매자가 아마존 FBA 창고에 제품을 입고시킬 때, 아마존이 결정한 한 개의 FBA 창고에 일괄적으로 입고시키는 방식이다. 이 옵션을 사용하면 판매자는 FBA 창고에 입고시킬 수량과 종류에 상관없이 모두 한꺼번에 포장하여 아마존에서 지정하는 창고로 보내게 된다.

  그렇기에 FBA 창고로 제품을 입고시키는 데 드는 운송비용을 절약할 수 있는 장점이 있다. 이렇게 하나의 FBA 창고로 입고된 제품들은 아마존에서 자동으로 분석되는 판매 데이터에 의해 많이 판매되거나 판매될 수 있는 지역의 근교에 있는 FBA 창고로 자동으로 이동되어 입고된다. 그리고 이렇게 자동으로 이동하여 입고되는 상품들은 단위당 각각의 추가 비용이 자동으로 계산되어 판매자에게 청구된다는 단점이 있다.

> ※ 아마존은 방문 고객들의 성별, 나이, 지역, 학별, 구매성향 등의 다양한 내용들을 수집하고 이를 빅데이터로 만들어서 분석한다. 그리고 이 자료들을 고객들에게 결과물로 보여주는 일련의 작업들을 지속적으로 진행하고 있다. 그러므로 Inventory Placement Service 옵션으로 입고된 제품들이 어느 지역에서 잘 팔리는지, 팔릴 수 있는지에 대한 정확한 분석이 가능하다. 아마존은 빠른 배송이 구매자들이 가장 원하는 것임을 알고 있으며, 이를 실현할 수 있는 방법이 각각의 FBA 창고로 상품을 미리 분산시켜 놓는 것임을 잘 알고 있다. 때문에 아마존은 미국 본토에만 123개가 넘는 FBA 창고를 운영하고 있으며, 그 숫자는 매년 증가하고 있다.

Inventory Placement Option의 default setting(기본 설정)은 'Distributed Inventory Placement'이다. 하지만 처음 시작하는 셀러라면 기본 세팅값이 아닌 'Inventory Placement Service' 옵션으로 변경할 것을 필자는 추천한다.

그 이유는 하나의 FBA 창고에 입고시켰을 때, 아마존이 자체 분석 데이터를 통해 각각의 FBA 창고에다 입고시키는 과정에서 발생하는 수수료보다 국내에서 각각의 FBA 창고로 개별 입고시키기기 위해 발생하는 배송비용이 판매 초기에는 대부분 더 많이 들기 때문이다.

Inventory Placement Option은 제품의 크기, 무게, 개수, 배송방법 등에 따라 바뀔 수 있는 부분이기 때문에, 판매자는 향후 어떤 옵션이 본인과 가장 잘 맞는지 검토한 뒤 재설정하면 된다.

▶ Show Restricted Items Warning: 아마존 FBA 창고 입고 제한 상품들의 표시에 대해 묻는 것이다. 아마존에서는 FBA 제품 준비 시 요구사항, 안전 요구사항 및 제품 제한사항을 준수하지 않을 경우 입고 거절, 폐기 또는 반품, 발송 차단, 판매권 정지, 벌금 부과 등의 규제를 실시한다. 그러므로 판매자는 FBA 창고 입고 시 제한된 항목들을 볼 수 있게 'Enable'을 선택한다.

▶ Show Listing Approval Warnings: 이 항목은 앞서 설명한 '카테고리 승인'과 같은 것으로, 판매하기 전 사선 승인을 받아야 하는 상품 목록들을 보여주

는 것이다. 모든 Amazon 요구사항 및 제한사항은 FBA에도 동일하게 적용된다. 그러므로 판매자는 FBA 창고 입고 시 카테고리 승인이 필요한 항목들을 볼 수 있게 'Enable'을 선택한다.

▶ 2D Barcodes for Box Content Information: 이 항목은 상자 내용 정보에 2D 바코드 사용 유무를 문의하는 것이다. 만약 판매할 제품이 2D 바코드를 사용하여 발송물의 각 상자에 대해 제품 수량 및 만료 날짜(해당하는 경우)를 제공할 수 있다면 'Enable'을 선택하고, 아닐 경우 선택하지 않으면 된다.

⑤ 'Repackaging Settings' 항목의 'Edit' 버튼을 클릭하면 항목들이 나타난다.

Repackaging Settings	(5) Edit
Repackage Unsellable Customer Returns: Learn more	Enabled
Enabled Product Categories:	Apparel, Fashion, Office Products, Camera, Pet Products, Automotive, Industrial and Scientific Supply, Sports Goods and Accessories, Home and Household Products, Wireless Electronics, Musical Instruments, Kitchen, Shoes, Lawn and Garden, Home Improvement.
Auto enroll in any newly added categories:	Enabled
Email me when a category is added:	Disabled

▶ Repackage Unsellable Customer Returns: 반품되어 FBA 창고로 재입고된 상품 중 판매 불가능한 제품을 FBA의 재포장 서비스를 받을 것인가를 묻는 것이다. 반품된 제품이 모두 재포장이 가능한 건 아니다. FBA 재포장 서비스는 반품된 제품의 재포장이 가능한지 여부를 결정하기 위해 각 단위를 사례별로 평가하며, 각각의 서비스가 진행될 때마다 비용이 청구된다. 이 서비스를 사용하지 않기로 하면 반품된 제품들은 FBA 입고 재고 중 판매 불가 미분류 재고로 옮겨지며, 이것들은 판매자의 비용으로 제거하거나 처분해야 한다.

※ 판매자가 취급하는 제품에 따라 FBA의 재포장 서비스의 도움을 받을 수도 있기 때문에 대부분의 셀러들은 'Enable'을 선택한다. 아마존에서 반품되는 제품들은 포장의 훼손뿐만 아니라 내용품까지 훼손되는 경우가 대부분이다. 그러므로 아마존의 재포장 서비스가 진행되는 경우는 정말로 미비하거나 없다는 것을 염두에 두어야 한다.

Repackage Unsellable Customer Returns을 'Enable'로 선택할 경우 'Auto enroll in any newly added categories'와 'Product Categories'의 옵션들이 자동으로 설정된다. 이는 아마존에서 자동으로 세팅되게끔 설정한 것이므로 크게 신경 쓰지 않아도 된다. 만일 Repackage Unsellable Customer Returns 을 ' Disable'로 세팅하면 위의 항목들은 보이지 않는다.

⑥ 'Automated Unfulfillable Removal Settings' 항목의 'Edit' 버튼을 클릭하면 Automated Unfulfillable Removals 항목이 나타난다. 이는 반품되어 입고된 제 품 또는 운송 중 상품의 가치를 잃어버린 재고에 대한 처리 유무를 아마존에게 의 뢰할 것인지 아닌지를 문의하는 것이다.

▶ FBA로 상품을 판매하면 반품이 발생하지 않는 제품은 없다고 생각해야 할 만큼 아마존의 FBA에서는 반품이 보편화되어 있다. 때문에 FBA로 판매된 상 품이 많으면 많을수록 그것과 비례하여 반품되는 물량도 많아질 수밖에 없다. 이를 모두 아마존에게 폐기처리를 의뢰한다면 그 비용도 적지 않으며, FBA에 서는 불가능하다고 판정했어도 판매자가 봤을 때는 약간의 보완을 통해 다시 재판매가 가능한 제품으로 변환 가능한 것이 상당히 많다. 그래서 국내의 일 부 아마존 대형 셀러들은 FBA에서 판매 불가 판정을 받은 제품을 미국 내의 사설창고로 입고시킨 후 재포장 작업을 하여 다시 아마존 창고로 재입고하는 경우도 있다. 그러므로 향후를 위해서라도 'Automated Unfulfillable Removals' 옵션은 'Disable'로 설정해야 한다.

⑦ 'Automated Long-Term Storage Removals Settings' 항목의 'Edit' 버튼을 클릭하면 'Automated long-term storage removals' 항목을 볼 수 있다.

▶ 이는 앞에서 설명한 Automated Unfulfillable Removals 항목과 비슷한 것으로 FBA 창고에 장기 보관되어 장기보관 수수료가 발생한 재고의 처리방법을 묻는 것이다. 이것도 앞서 설명한 것과 동일한 이유로 옵션은 'Disable'로 설정해야 한다. 옵션을 'Disable'로 설정할 경우 'Disposal and Return price guidelines', 'Return address' 항목들이 비활성화된다.

만약 옵션을 'Dispose of all inventory subject to long-term storage fees'로 설정하게 되면 장기보관 수수료가 발생한 모든 재고를 아마존에서 강제적으로 폐기처리 하게 되며, 폐기처리 비용은 판매자에게 부과된다.

옵션을 'Return all inventory subject to long-term storage fees'로 설정하면 장기보관 수수료가 발생된 모든 재고가 판매자가 요청하는 장소로 반송되고 그 반송비를 판매자에게 부과한다.

옵션을 'Set price guidelines for inventory to be returned or disposed of Automated removals are charged the applicable per-item removal fee.'로 설정할 경우 'Disposal and Return price guidelines' 항목이 활성화된다. 이 경우 아마존은 판매자가 정한 금액 범위 내에서 제품을 자동 폐기하거나 반송을 진행하고, 이에 따른 비용을 판매자에게 청구한다.

⑧ 'Allow Amazon to buy my products to sell globally' 항목의 'Edit' 버튼을 클릭하면 Allow Amazon to buy my products to sell globally 항목이 나타난다.

▶ 이 항목은 아마존이 판매자의 제품을 구입하여 전 세계적으로 판매할 수 있도록 허용할 것인지에 대한 문의이다. 이는 아마존이 판매자의 FBA 제품을 구입하여 아마존의 글로벌 마켓플레이스에서 판매하는 프로그램이다.

아마존의 글로벌마켓에서 제품의 가격을 책정하고 번역하고 목록을 작성한 후 미국 이외의 마켓플레이스 고객에게 판매하고 해외 운송까지도 아마존이 알아서 처리한다. 이후 판매자에게 판매자가 책정했던 제품 가격을 지급하는 방식으로 이뤄진다. 그러므로 'Allow Amazon to buy my products to sell globally'의 옵션값을 'Enable'로 설정해야 한다.

⑨ 'FBA Product Barcode Preference' 항목의 'Edit' 버튼을 클릭하면 Barcode preference 항목이 나타난다. 이것은 FBA의 상품관리에 사용되는 바코드를 아마존에 등록한 바코드를 사용할 것인지 또는 제조사의 바코드로 사용할 것인지를 설정하는 메뉴이다.

▶ 아마존에서 상품을 등록할 때 바코드가 필요하다. 그리고 아마존에 상품을 등록하면 'ASIN'이라는 코드가 신규로 생성되어 등록한 상품에 부여된다. 이에 더불어 ASIN과 연동되는 바코드도 아마존에 등록한 상품에 부여된다.

이렇게 아마존에서 부여한 바코드를 미국뿐만 아니라 아마존 유럽, 호주 등과 같은 시장에서도 동일하게 사용하는 것을 추천한다. 아주 극소수일 수도 있지만, 바코드와 ASIN 번호로 상품을 검색하고 구매하는 고객도 해외에는 있기 때문에 향후 미국 아마존이 아닌 다른 국가의 아마존에 상품을 판매할 시 도움이 될 수 있기 때문이다. 그러므로 'Barcode preference'의 옵션값은 'Amazon barcode'로 설정해야 한다.

⑩ 'Subscription Settings' 항목의 'Edit' 버튼을 클릭하면 Subscribe & Save 항목이 나타난다. 이는 한시적으로 진행하는 프로모션이다.

▶ 매월 정기적으로 구입하여 사용하는 제품(ex. 기저귀, 치약, 샴푸 등)에 대하여 정기적 구매자에게 구독 및 주문의 5%, 10%, 15% 또는 20% 할인 혜택을 주어 아마존에서의 판매를 활성화시키고, 아마존은 판매자에게 FBA 수수료에서 $1.25를 할인해주는 방식을 말한다.

이는 모든 FBA 판매자가 해당되는 게 아니며, 'good standing' 이상의 셀러 퍼포먼스를 유지하고 feedback rating이 4.7점 이상이며 FBA에서 3개월 이상 판매한 실적이 있는 판매자만이 해당된다.

그러므로 아마존에 입점한지 얼마 되지 않는 판매자는 자격이 없기 때문에 'Subscribe & Save'의 옵션값은 'Disable'로 확정되어 있다. 만일 판매하려는 제품이 정기구매자가 발생할 수 있는 제품이고, 위의 자격에 부합해서 'Subscribe & Save' 옵션값의 'Enable'이 활성화된다면 진행해볼 가치가 있는 프로모션이므로 참고하기 바란다.

⑪ 'Multi-Channel Fulfillment Settings' 항목의 'Edit' 버튼을 클릭하면 Packing Slip - Merchant Name과 Packing Slip - Text 항목이 나타난다.

▶ 이는 아마존 FBA에서 기본적으로 제공하는 서비스 중 하나이다. 아마존이 아닌 다른 곳(eBay, Etsy, 자체 영문쇼핑몰 등)에서 판매된 주문을 FBA 창고에 있는 재고로 발송할 수 있는 시스템이며, 'Multi-Channel Fulfillment'라고 한다.

이 서비스를 이용해서 발송할 때 기본적으로 발송인으로 표시되는 'Amazon'이라는 텍스트를 판매자가 원하는 이름과 내용들을 입력하면 인쇄하여 보내주는 서비스이다. 만약 영문쇼핑몰에서 제품을 판매하고 있다면 'Packing Slip - Merchant Name'에 쇼핑몰 이름을 입력하고, Packing Slip - Text에는 기타 기재하고 싶은 내용을 입력하면 배송송장에 내용이 인쇄되어 배송된다.

※ Multi-Channel Fulfillment를 이용할 경우 해당 국가에서만 배송된다는 것을 알아야 한다. 즉 타 채널에서 판매된 제품을 Multi-Channel Fulfillment를 이용하여 미국 아마존 FBA 창고의 재고로 배송하려면 타 채널 구매자의 주소가 미국이어야 한다.

Partnered Carrier Programs		
Amazon-Partnered LTL Carrier:	Enabled	
Product Support		(12) Edit
Handle Customer Questions from Amazon.com.mx: Learn more	Disabled	
Handle Customer Questions from Amazon.ca:	Disabled	
Handle Customer Questions from Amazon.com:	Disabled	
Export Settings		
FBA Export from Amazon.com: Learn more	Enabled	(13) Edit
Giveaways Settings		(14) Edit
Enable Giveaways for Amazon.com: Learn more	Disabled	

⑫ 'Product Support' 항목의 'Edit' 버튼을 클릭하면 Handle Customer Questions from Amazon.com.mx와 Handle Customer Questions from Amazon.ca, Handle Customer Questions from Amazon.com 3개의 항목이 나온다.

▶ 이것은 아마존에서 구매자와 판매자가 이메일 서비스를 이용하여 의사소통을 할 때 이를 아마존이 할 것인지 판매자가 할 것인지에 대한 문의이다. 판매자는 일반적으로 주문을 완료하거나 고객 서비스 질문에 응답하기 위해서만 아마존 이메일 서비스를 통해 구매자에게 연락할 수 있으며, 마케팅이나 판촉 목적(이메일, 실제 우편, 전화 등을 통해)으로 구매자에게 연락할 수 없다. 그렇기에 3개의 항목 모두 기본적으로 설정된 값이 'Disable'로 되어 있다.

여기에서 중요한 부분은 이 설정값의 세팅보다도 아마존에서 판매자와 구매자와의 대화 채널을 어떻게 관리하는 것인지에 대한 것이다.

대부분의 해외 온라인 쇼핑몰들이 가장 싫어하는 것이 자체 온라인몰에서의 거래가 아닌 장외에서 판매자와 구매자가 직접 거래하는 것이다. 온라인 쇼핑몰의 주요 수입원은 거래로 인해 발생하는 수수료를 기반으로 하기 때문에 이 점은 당연한 것이라 볼 수 있다. 그런데 아마존은 특히 이 부분에 대한 통제가 다른 해외 온라인몰보다도 더욱 강력하다.

아마존에서 판매자와 구매자는 오로지 아마존의 자체 이메일 시스템을 이용해야지만 대화가 가능하며, 이 외의 모든 방법은 모두 통제되어 있다.

이베이의 경우, 제품이 판매되었을 때 판매자는 구매자의 신상정보를 볼 수 있게 되고 이메일 계정도 볼 수 있다. 이때 판매자는 구매자의 이메일 계정을 이용해 이베이 밖에서 구매자에게 상품 홍보 등의 이메일을 발송할 수 있다.

그러나 아마존은 제품이 판매되었을 때 판매자가 제공받는 구매자의 신상정보에 구매자의 개인 이메일 계정은 공개되지 않는다. 즉 아마존 밖에서 장외거래를 원천적으로 통제하고 있는 것이다.

더 나아가 아마존을 통한 이메일 계정(****@marketplace.amazon.com)으로 구매자와 대화를 할 때에도 판매자와 구매자 모두 개인 이메일 계정 또는 쇼핑몰 주소, 그리고 아마존 밖으로 정보 유출을 시도하기 위한 온라인 주소 등을 이메일에 입력하면 이메일이 발송되지 않도록 하여 장외거래를 원천적으로 통제하고 있다. 또한 편법을 활용하여 장외거래를 할 수 있는 대화 채널을 만들다가 적발된다면 아마존은 판매자, 구매자를 구분하지 않고 '계정정지'라는 강력한 규제를 실시한다.

※ 아마존에 입점할 때 명심해야 할 것이 있다. '아마존에서 하지 말라고 규정한 일'은 절대로 하지 말아야 한다. 괜히 '빈대 잡으려다 초가삼간 태우는 화'를 만들 수 있기 때문이다.

⑬ 'Export Settings' 항목의 'Edit' 버튼을 클릭하면 Shipping Program을 활성화할 것인지에 대한 메뉴가 나온다.

▶ 이것은 ⑧ 'Allow Amazon to buy my products to sell globally' 항목과 비슷한 것으로, FBA 수출 프로그램을 이용하여 추가 비용 없이 100개국 이상의 국가에 국제적으로 판매할지에 대한 문의이다. 모든 제품이 이 항목에 해당되지는 않으며, 해당되는 상품은 아마존에서 자체적으로 확인해서 진행하기 때문에 판매자는 크게 신경 쓸 일이 없다. 그러므로 'Shipping Program'의 옵션값은 'FBA Export'로 설정하면 된다.

⑭ 'Giveaways Settings' 항목의 'Edit' 버튼을 클릭하면 Enable Giveaways for Amazon.com을 활성화할 것인지에 대한 메뉴가 나온다.

▶ 이것은 FBA 판매자의 경우 아마존에서 판매하는 제품을 경품행사로 사용하여 경품추첨 행사를 개최할 수 있는 마케팅 도구 역할을 하는 것을 말한다. 무료 경품행사의 제품들은 판매자가 상품의 종류, 제공하고자 하는 경품의 수, 확률을 정할 수 있다.

이렇게 제공한 무료경품을 아마존은 구매자를 대상으로 마케팅을 실시하고, 수상자를 선정하고, 수상한 고객에게 상품을 배송한다. 하지만 세금과 배송비는 판매자가 지불해야 한다.

아마존에서 무료 경품행사를 진행하고 싶다면 'Enable'을, 그렇지 않다면 'Disable'을 선택하면 된다.

⑮ 이렇게 모든 항목들을 제대로 설정한 후 하단 중앙에 있는 'Update' 버튼을 클릭하면 Seller Central에서 FBA 사용자 Setting이 완료된다.

아마존에서 FBA를 진행하기 위해서는 지금까지 설명한 FBA 사용자 세팅을 반드시 진행해야 된다. 만약 이 부분을 제대로 진행하지 않고 다음 단계로 넘어가게 되면 언젠가 반드시 문제가 발생하며, 개개의 항목에 대해 정확한 이해가 없을 경우 발생한 문제를 해결할 수 없다.

기존에 발행된 아마존 관련 서적들을 보면 이런 세세한 항목들에 대한 설명이 많이 부족하다. 또한 왜 그렇게 설정해야 되는지에 대한 이유를 설명하지도 않고 있다.

그냥 단순히 기본값으로 설정된 내용들로 아마존 FBA를 진행한다면 꼼꼼하게 분석하고 확인하여 설정한 판매자와 비교했을 때 분명 적잖은 손해가 발생할 수밖에 없다. 위와 같은 설정값에 대해 보다 자세한 내용을 알고 싶다면, 각각의 항목에 위치한 'Learn more'를 클릭하여 아마존에서 제공하는 자세한 설명을 참고하기 바란다.

FBA 상품 등록하기 03

지금까지는 아마존에서 FBA를 이용한 판매를 위한 셀러센트럴에서의 설정방법에 대해서 설명했다. 이제 실질적으로 아마존에서 FBA로 상품을 등록하고, 등록된 상품을 아마존 FBA 창고에 입고시키기 위한 일련의 과정에 대해 알아보자.

1. 아마존에 리스팅된 상품을 FBA 상품으로 전환하기

아마존에 FBA 상품을 등록하기 위해선 FBA만을 위한 신규 리스팅 방법은 없기 때문에 우선 앞에서 설명한 세 가지의 리스팅 방법(단일상품-신규 리스팅/멀티상품-신규 리스팅/Sell Yours 리스팅)을 이용하여 FBM으로 리스팅을 해야 한다. 그리고 이렇게 FBM으로 등록된 상품을 FBA 방식으로 전환시키면 된다. 여기서는 앞서 'Sell Yours 리스팅' 방식으로 등록한 제품을 갖고 설명한다.

① Seller Central에 로그인한 후 'Inventory' 메뉴를 클릭한다.
② 'Inventory'의 하위 메뉴 중 'Manage Inventory'를 클릭한다.

③ 그러면 지금까지 아마존에 리스팅하여 등록한 모든 상품들이 보이는데, 그중에서 FBA로 전환할 제품을 선택한다.

▶ 다수의 상품을 선택하여 한꺼번에 FBA 상품으로 전환해도 된다.

④ 위의 ③번 작업에서 선택된 제품의 숫자만큼 변경을 진행할 수 있다는 'Action on * selected' 버튼이 상단의 메뉴에 있는데, 이를 클릭한다.

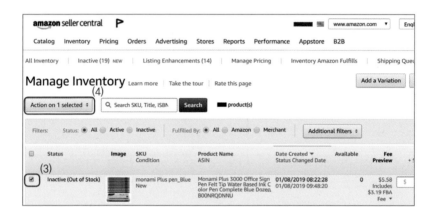

⑤ 하위 메뉴 중에 'Change to Fulfilled by Amazon'을 클릭한다.

⑥ 그러면 아래 화면이 나타나는데, 앞에서 설명한 "02. FBA 사용자 세팅하기"의 ⑨에서 'Barcode preference'의 옵션값을 'Amazon barcode'로 설정해놨기 때문에 Barcode type이 'Amazon barcode'로 설정된 것을 확인할 수 있다. 그리

고 FBM의 제품을 FBA로 변경하는 것이므로 'Current fulfillment progress의 항목이 'Merchant'로 설정된 것도 확인할 수 있다.

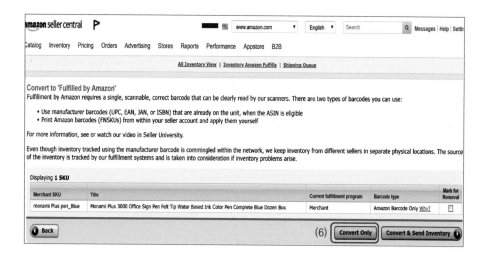

▶ 여기에서는 'Convert Only' 버튼과 'Convert & Send Inventory' 버튼이 활성화된다. Convert Only는 FBM의 제품을 FBA로 변환만 하는 것이고, Convert & Send Inventory는 FBA로 변환 및 발송준비까지 진행하는 것을 말한다.

▶ FBA 상품의 입고는 다음 장에서 설명할 것이므로 'Convert Only' 버튼을 클릭하여 다음으로 진행한다.

⑦ FBM 상품이 FBA 상품으로 변환된다는 화면이 나타난다. 'Save & Continue' 버튼을 클릭한다.

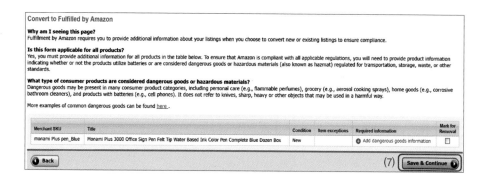

⑧ 다음 단계에서 'Please address the error below. You also have the choice to remove this item from your request. Once done hit "save &continue" to process'라는 에러 메시지가 나타날 수 있다. 이는 FBA로 상품을 변환할 때 아마존 창고에서 문제가 발생될 수 있는 요인들에 대한 질문이 모두 정리되지 않아 발생하는 메시지이므로 크게 걱정할 필요는 없다. 이 메시지가 나타나면 'Add dangerous goods information' 항목을 클릭하여 다음으로 진행한다.

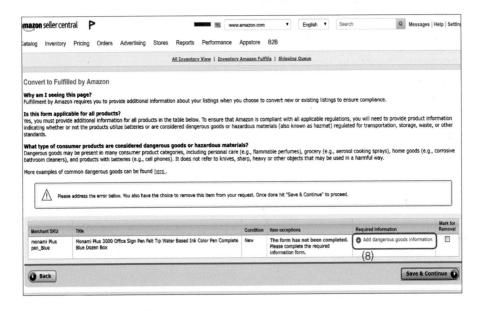

⑨ 그러면 'Require product information'을 입력할 수 있는 팝업창이 나타난다. 여기에서 나타나는 항목들은 아이템 카테고리별로 다른 옵션사항을 보여준다.

▶ 화장품 같은 제품이라면 'flammable fragrances'라는 항목이 나타나고, 가정잡화 카테고리 상품이라면 'aerosol cooking sprays' 등과 같은 항목이 나타날 수 있다고 설명되어 있는 것을 볼 수 있다.

화면에서 보듯이 필자가 FBM으로 등록한 제품은 문구이기 때문에 배터리의 포함 여부와 기타 위험성을 갖고 있는 물질의 포함 여부를 묻고 있다. 이 제품에는 그런 것들이 포함되어 있지 않으므로 모두 'No'를 선택하면 된다.

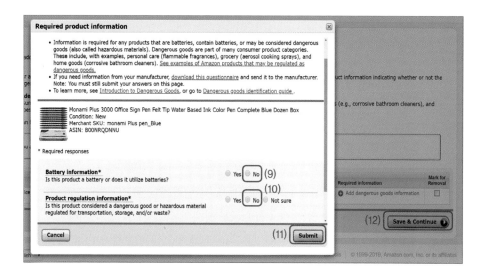

⑩ 여기에서 주의해야 할 점은 아이템별로 문의하는 제품의 개별 특성 중 위험 물질을 갖고 있는 제품을 없다고 거짓으로 신고하면 추후에 판매자의 계정에 문제가 발생할 수 있다는 것이다. 그러니 솔직하고 정직하게 선택해서 입력하기 바란다.

⑪ 모든 항목을 선택한 후 'Submit' 버튼을 클릭하면 팝업창이 닫힌다.

⑫ 'Save & Continue' 버튼을 클릭하면 FBM의 상품이 FBA 상품으로 변환된다.

▶ 아마존에서는 상품등록 후에 바로 상품이 노출되지 않고 최소 10분 정도 경과한 후에 상품이 노출된다. 이는 지금까지 설명한 FBM 상품의 FBA 변환에서도 동일하며 이 외의 모든 변경사항에서도 동일하게 일정 시간이 지나야만 제대로 변환된다.

▶ 그리고 지금까지는 FBM 상품을 FBA로 변경하는 것에 대해 설명하였지만, 반대로 FBA의 상품을 FBM으로의 변환도 가능하다. 이는 앞의 ⑤에서 'Change to Fulfillment by Merchant'를 선택해서 진행하면 된다.

FBA 상품의
아마존 창고 입고 절차

04

지금까지 FBM 상품을 FBA 상품으로 전환하는 것을 설명하였다.

이렇게 상품을 변환하면 FBM 상품등록 시 입력했던 재고수량은 모두 '0'이 되어 재고가 하나도 없는 'Out of Stock' 상태의 리스팅으로 남게 된다.

이제 FBA로 변환한 상품의 재고를 아마존의 창고에 입고시켜 FBA 상품 리스팅으로 활성화하는 절차에 대해서 알아보자.

① FBA 상품의 아마존 창고 입고를 위한 작업을 하기 위해 먼저 Seller Central에 로그인한 후 'Inventory' 메뉴를 클릭한다.

② 하위 메뉴에서 'Manage FBA Inventory' 항목을 클릭한다.

③ 그러면 FBA로 전환된 상품만을 관리할 수 있는 화면이 나타난다. 이렇게 FBM에서 FBA로 전환된 상품 중 아마존 FBA 창고로 입고시킬 제품을 선택한다.

④ FBA로 전환할 상품을 선택하면 Action on * selected 버튼이 활성화되는데, 이 항목을 클릭해서 'Send/replenish inventory'를 클릭한다.

※ FBM에서 FBA로 전환된 상품은 Inactive (Out of Stock)으로 되어 있어 아마존의 판매 화면에서 비활성화되어 있다. 이렇게 비활성화되어 있는 상품도 ASIN 넘버를 갖고 검색하면 검색이 가능하다.

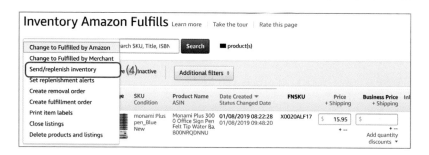

⑤ 그러면 'Set Inventory Replenishment Alerts'라고 하는 FBA에 입고된 상품의 재고가 부족해질 때 아마존에서 이메일을 통해 자동으로 안내해주는 서비스를 세팅하는 화면이 나온다. 여기서는 재고수량이 몇 개 남았을 때 이메일을 발송하는지, 또는 주간 단위로 재고 보충에 대한 안내를 받을 것인지의 여부를 설정할 수 있다. 또한 FBA에 입고된 재고의 숫자가 판매자가 요청한 수준 이하로 떨어지면 안내를 받을 수 있게도 설정할 수 있다.

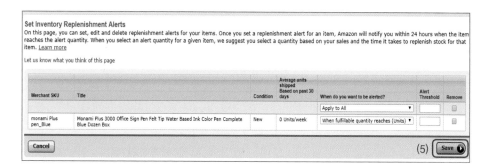

▶ 여기에서는 아마존에서 판매자의 판매현황을 분석하여 자동으로 알려주는 기본 설정값으로 진행하는 것이 무난하다. 아마존에서 설정한 기본값으로 설정한 뒤 다음 항목으로 이동하기 위해서는 'Save' 버튼을 클릭한다.

※ 위의 화면은 아마존 FBA 창고에 최초로 제품을 입고시킬 때 1회만 진행되며, 향후 추가적인 재고 입고 시에는 노출되지 않는다. 기존에 설정한 재고 보충 안내를 바꾸고 싶다면 'Inventory' 메뉴에서 'Set replenishment alerts'를 클릭하면 변경할 수 있다.

⑥ 이제 본격적인 Send/replenish inventory 절차가 진행되는 화면이 나타나는데, 화면의 좌측을 보면 'Shipping plan'이 있다. 여기에는 새로운 FBA 창고 입고 계획을 준비하는 'Create a new shipping plan'과 기존에 작성한(중인) 입고 계획에 제품을 추가하는 'Add to an existing shipping plan'이 있다. 이 책에서는 FBA 창고에 최초 입고를 설명하는 것으로 진행하겠다.(그렇기에 기본 설정값도 Create a new shipping plan으로 되어 있다.)

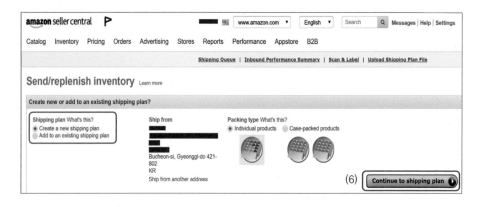

▶ 화면 중간을 보면 아마존에 가입할 때 등록했던 주소가 보이는데, 이는 아마존 가입 시 입력했던 주소로 세팅된 것이기에 여기에서는 변경할 수 없다.
▶ 이 화면에서 가장 중요한 부분은 화면 우측에 있는 'Packing type'의 설정이다. Packing type은 하나의 박스에 여러 가지 제품을 혼합하여 발송하는 'Individual products'와 하나의 제품을 여러 박스에 담아서 많이 보내는 경우 사용하는 'Case-packed products' 두 가지 방법이 있다.
판매자는 FBA 창고에 제품을 보내는 물량에 맞게 선택하면 된다. 이렇게 Packing type을 선택했다면 'Continue to shipping plan' 버튼을 클릭한다.
⑦ 이제 'Set Quantity'를 입력하는 화면이 나온다.
▶ 여기엔 아마존 FBA 창고에 입고시킬 상품의 개수를 입력하면 된다.

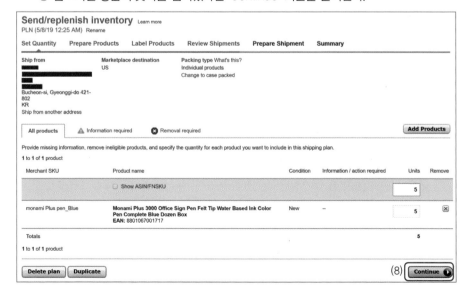

Send/replenish inventory Learn more
PLN (5/8/19 12:25 AM) Rename

Set Quantity   Prepare Products   Label Products   Review Shipments   **Prepare Shipment**   Summary

Ship from

Bucheon-si, Gyeonggi-do 421-802
KR
Ship from another address

Marketplace destination
US

Packing type What's this?
Individual products
Change to case packed

All products   ⚠ Information required   ❌ Removal required   **Add Products**

Provide missing information, remove ineligible products, and specify the quantity for each product you want to include in this shipping plan.

1 to 1 of 1 product

Merchant SKU	Product name	Condition	Information / action required	Units	Remove
	☐ Show ASIN/FNSKU			5	
monami Plus pen_Blue	**Monami Plus 3000 Office Sign Pen Felt Tip Water Based Ink Color Pen Complete Blue Dozen Box** EAN: 8801067001717	New	--	5	❌
Totals				5	

1 to 1 of 1 product

Delete plan   **Duplicate**   (8) **Continue ▶**

※ 여기에서 주의할 점은 실제로 아마존 FBA 창고에 입고시킬 상품의 개수를 정확하게 입력해야 한다는 것이다. 예를 들어 FBA 창고 입고를 위해 구매한 제품이 100개였는데, 운반 도중 또는 포장 중에 파손되어 95개만 발송해야 되는 경우도 있다. 만약 FBA 창고에 발송할 'Shipping plan'에는 100개를 입력하고 실제로는 95개만 발송하거나 더 많은 수량을 발송하면 FBA 창고에 입고될 때 문제가 발생할 수 있다. 이는 아마존과의 '계약 불이행'이라는 심각한 문제로 번질 수 있으며 이런 문제가 지속적으로 발생하면 판매자의 계정이 정지될 수도 있다. 그렇기에 필자는 FBA 창고에 입고시킬 물량 전체에 대한 검수와 재포장, 수량 체크를 먼저 진행한 다음 'Shipping plan'을 작성한다. 그래야 정확한 수량을 입력할 수 있다.

⑧ 입고시킬 상품의 숫자를 입력했다면 'Continue' 버튼을 클릭한다.

⑨ 입고시킬 상품의 개수를 입력하면 상품의 포장을 누가 할지를 묻는 'Who preps?' 항목이 활성화된다. 아마존에 의뢰하는 'Amazon'과 판매지기 직접 하는 'Merchant' 중에서 선택하면 된다.

⑩ 우측 하단에 있는 'Continue' 버튼을 클릭하여 다음 단계로 진행한다.

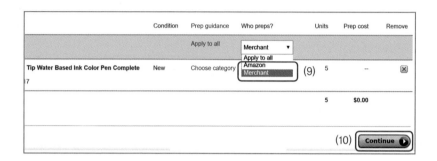

※ 아마존의 FBA 시스템은 상품의 포장과 FBA 바코드 라벨 부착작업 등을 대행해주는 서비스를 제공한다. 하지만 그 비용이 적지 않다. 비록 미국의 주마다 다를지라도 미국의 최저 시급이 우리나라보다 높다는 것을 간과하면 안 된다. 그러므로 FBA 창고에 입고시킬 제품의 포장과 라벨링 작업은 정말로 불가능한 수준이 아니라면 판매자가 직접 하기를 추천한다..

⑪ 이제 아마존 FBA 바코드 라벨링에 대한 내용이다.

▶ 앞의 "02. FBA 사용자 세팅하기"에서 ⑨ 'FBA Product Barcode Preference' 항목을 설명할 때 'Barcode preference'의 옵션값을 'Amazon barcode'로 설정해야 한다고 설명했다. 때문에 판매자가 FBA 방식으로 판매하기 위해 창고에 입고시킬 상품은 아마존에서 부여하는 'FBA 바코드 라벨링'이 부착되어 있어야 한다. FBA 바코드 라벨링을 위해 아마존에서는 FBA 제품에 대하여 고유의 번호와 바코드를 부여하는데 'Print labels for this page' 버튼을 클릭하면 FBA 창고로 발송 예정인 제품의 숫자만큼 부착 가능한 바코드 라벨링이 생성된 'PDF-File'을 다운받을 수 있다.

버튼 앞의 메뉴바를 클릭하면 큰 것부터 작은 것까지 각각의 사이즈를 선택할 수 있는데, FBA 창고에 입고시킬 제품의 크기를 고려해서 선택하면 된다.

	Condition	Units	Who labels?	# of labels to print	Label cost	Remove
			Apply to all ▼			
Tip Water Based Ink Color Pen Complete 7	New	5	Merchant ▼	5	--	☒

27-up labels 63.5 mm x 29.6 mm on A4 ▼	**Print labels for this page** (11)
	Total labels: 5

(13) **Continue ▶**

⑫ 바코드 라벨링의 크기를 선택 후 다운받은 PDF-File을 프린터로 출력한 후 해당 제품에 부착하면 된다.

▶ 이렇게 생성된 FBA 라벨링 바코드는 해당 상품에 고유하게 부여된 것이므로 변경되지 않으며, 향후 같은 제품을 재발송할 때에도 동일한 인쇄물을 이용해서 부착하면 된다. 바코드를 부착할 때 주의할 점은 기존 제품에 인쇄되어 있는 바코드가 보이지 않아야 한다는 것이다. 즉 기존에 있던 일반적인 상품이 아마존 FBA 전용 상품으로 변환된다고 생각해야 된다. 그러므로 기존 상품에 있던 바코드가 단 한 개라도 노출되면 FBA 창고에 입고 시 '바코드 인식 에러'가 발생하여 문제가 발생할 수 있다.

Amazon.com item fulfillment labels 1 / 1
(12)

※ 이러한 문제 때문에 FBA 입고 제품은 불투명 PP봉투 등을 이용하여 재포장하는 경우가 많다. 기존 제품의 박스 포장지 여러 곳에 바코드가 인쇄되어 있다면 그것을 모두 가리는 것도 만만찮은 작업이기 때문이다.

바코드를 출력할 때에는 가능하면 레이저프린터로 해야 한다. 잉크젯프린터으로 출력했을 경우 운송 도중 빗물이나 습기에 의해 지워질 수도 있기 때문이다. 잉크젯으로 인쇄했다면 투명 테이프를 붙여서 방수가 될 수 있도록 하는 것이 좋다. 한 가지 팁은, FBA 라벨링 바코드 PDF 파일을 다운받을 때 그 크기와 일치하는 A4 사이즈의 '라벨용지'를 구매한 후 거기에 레이저프린팅해서 작업하면 쉽게 진행할 수 있다.

⑬ 상품에 바코드 라벨링이 끝났으면 'Continue'를 클릭해서 다음 단계로 진행한다.

※ FBA 입고 제품의 라벨링 작업은 시간이 많이 걸릴 수도 있다. 만약 Seller Central에서 장시간 활동하지 않으면 자동 로그아웃되는 경우도 있기 때문에 향후 선작업을 위해서라도 다운받은 'FBA 라벨링 바코드 PDF 파일'을 잘 보관해뒀다가 추후에 사용할 것을 추천한다. 여기에서는 한 개의 제품을 가지고 설명했지만 다품목의 제품을 동시에 작업하는 경우에는 혼동하여 라벨링을 잘못하는 경우도 많이 있다. 아마존에서는 제품의 모든 추적과 관리가 FBA 바코드로 진행되기 때문에 잘못된 라벨링 작업은 제품의 오배송으로 직결되어 판매자의 퍼포먼스 유지에 심각한 문제를 초래할 수 있다.

⑭ 이제 포장된 제품의 발송준비 단계로 넘어간다. 'Work on shipment'를 클릭해서 다음 단계로 진행한다.

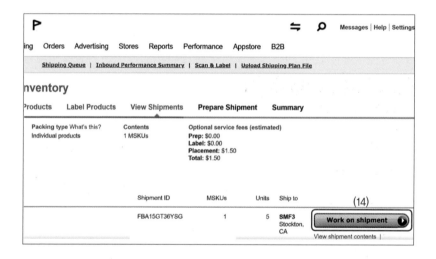

⑮ 배송방법을 묻는 항목으로, 개별 박스를 이용한 소량의 물량은 'Small parcel delivery (SPD)'를 선택하고, 팔레트 단위의 대량 물량은 'Less than truckload (LTL)'를 선택하면 된다. 기본 설정값은 'Small parcel delivery (SPD)'이다.

⑯ 아마존 FBA 창고까지 해외 운송을 담당할 회사를 선택하는 항목이다.

▶ 국내의 우체국을 이용해서 발송하는 경우는 'Other'를 선택하고, 특정 운송회사(FeDex, DHL, UPS 등)를 이용한다면 해당 회사를 선택하면 된다.

⑰ 화면의 스크롤을 내려 보면 'Shipment packing'에 대하여 설정하는 항목이 나온다. FBA 창고로 발송할 모든 상품을 한 박스에 모아서 발송하는 경우에는 'Everything in one box'를 선택하고, 다량의 제품을 여러 박스에 나누어 발송하는 경우에는 'Multiple boxes'를 선택하면 된다.

⑱ FBA 창고로 발송할 제품을 포장한 박스의 무게를 입력하는 곳이다. 사용하는 무게 단위는 kg이 아닌 lb(파운드)이다. 참고로 1kg은 약 2.2lb이다. 정확한 무게를 입력할 필요는 없다. 대략적인 무게를 입력하면 된다.

⑲ 제품 박스의 크기를 입력하는 곳이다. 이 부분도 우리나라에서 사용하는 길이 단위인 cm가 아닌 in(인치) 값을 입력하면 된다. 참고로 1m는 약 39in이다. 이 부분도 정확한 길이를 입력할 필요는 없다. 대략적인 길이의 가로×세로×높이 순으로 입력하면 된다.

단 위의 두 항목을 입력하지 않으면 다음 단계로 넘어가지 않는다.

⑳ 'Confirm'을 클릭하여 다음 단계로 넘어간다.

㉑ 다음은 아마존 FBA 창고로 입고 시 아마존에서의 제품관리를 위한 'Shipping labels'을 만드는 단계이다. 이 부분은 앞의 ⑪ 아마존 FBA 바코드 라벨링과 비슷하다. 'Print box labels' 버튼 옆의 2개의 출력용지 크기(US Letter/Plain Paper) 중에 원하는 사이즈를 선택한 후 Print box labels 버튼을 클릭하면 아마존에서 지정하는 FBA 창고의 주소가 인쇄된 PDF-file을 다운받을 수 있다.

㉒ 이렇게 다운받은 PDF-file을 프린터로 출력한 후 제품 박스 외부에 붙이면 된다. 흥미로운 것은 FBA 창고에서 제품을 받는 사람 이름이 아마존에 등록한 판매자의 이름으로 되어 있다는 것이다.

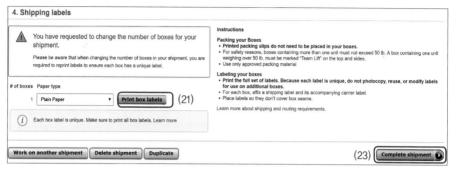

※ 여기에서 주의할 점은 포장된 상품박스에 배송라벨을 한 장만 붙이지 말고 3~4곳에 붙여주는 것이 좋다. 이 배송라벨은 국내에서 미국의 아마존 창고까지 가는 동안에는 영향을 미치지 않지만(국내에서 해외로 발송하기 위해서는 해당 배송사에서 요구하는 별도의 송장을 작성해야 한다) 아마존 FBA 창고에 입고될 때부터는 제품의 이력을 추적하는 매우 중요한 자료가 된다. 그러므로 이 FBA 배송라벨이 훼손되거나 다른 배송전표가 붙어 FBA 창고에 접수될 때 인식할 수 없는 상태가 된다면 이 제품은 미아가 될 수밖에 없다. 그러므로 반드시 3~4장을 출력하여 박스 전면과 측면에 부착하는 것을 추천한다. 더불어 습기로 인한 훼손을 예방하기 위해 투명테이프를 배송라벨 위에 붙이기를 바란다. 아마존의 FBA 창고는 미국 본토에만 123개가 넘는다. 때문에 동일한 FBA 창고로 배송지가 고정되지 않고 매번 바뀌는 경우가 많다. 그렇기에 배송라벨은 앞의 아마존 FBA 바코드 라벨과는 달리 재사용이 불가능하다.

㉓ 모든 내용을 이상 없이 진행하였다면 'Complete shipment' 버튼을 클릭한다. 그러면 아마존 FBA 창고로 상품을 입고시키기 위한 일련의 과정이 완료된다.

※ 'Complete shipment' 버튼을 클릭하면 상품을 해외로 배송하는 배송사명과 송장번호를 입력하는 부분이 나오는데, 이것은 필수사항은 아니기에 입력하지 않아도 문제되지 않는다.

FBA 창고에 상품 입고를 위한 해외배송

지금까지 아마존 FBA 창고에 상품을 입고시키기 위한 일련의 작업들에 대하여 설명하였다. 위에서 설명한 업무는 대부분 컴퓨터를 이용해서 작업하는 것이 주였지만 이번 장에서 설명할 해외배송 작업은 컴퓨터로 하는 일보다 사람이 직접 몸을 움직여서 진행하는 업무가 많다.

그리고 해외배송이기 때문에 대부분 판매원가에서 배송비가 차지하는 비율이 국내보다 상당히 높다. 특히 개당 판매가격이 저렴한 제품일수록 배송비의 비율이 제품의 매입원가를 추월하는 경우도 국내 대비 매우 높은 편이다.

앞서도 설명했지만 아마존에서 FBA 방식으로 판매하는 주된 이유 중 하나가 바로 판매원가에서 많은 비중을 차지하는 배송비를 줄일 수 있다는 장점 때문인데, 이 장점을 최대화할 수 있는 방법에 대해서 설명하겠다.

1. 해외배송의 특징

해외배송은 말 그대로 국내의 제품을 해외의 구매자에서 배달하는 업무를 말한다. 이는 국내의 온라인 쇼핑몰에서 상품을 구매하면 판매자가 국내의 택배회사에 배송을 위탁해서 발송하는 방법과 유사하다.

차이점이 있다면 배송을 위탁하는 회사들이 우리가 기존에 알고 있는 회사가 아닌 해외배송을 전문으로 하는 회사(우체국 EMS, Fedex, DHL 등)라는 것이다. 해외배송은 국내 택배보다 많은 제약이 있고 배송가격을 책정하는 방법도 다르며, 무엇보다 배송비가 비싸다는 특징을 갖고 있다.

그럼 해외배송에 대해 좀 더 자세히 알아보도록 하자.

몰테일(https://post.malltail.com/)   티피엘코리아(www.tplkorea.net)

① 해외배송을 전문으로 하는 업체에 배송을 위탁해야 한다.

▶ 우리가 통상적으로 해외에 상품을 배송하는 방법은 우체국을 이용하는 것이다. 우체국은 해외로 물건을 배송하는 데 있어 여러 종류의 서비스를 제공하고 있다.

▶ 우체국 외에도 해외에 상품 배송을 전문적으로 하는 업체들(Fedex, DHL, UPS 등)을 이용하여 상품을 배송하는 방법도 있다.

▶ 해외배송을 전문적으로 하는 업체들과 계약을 맺고 높은 할인율을 제공받아 해당 배송사를 이용해서 배송을 대행해주는 한국 업체들도 있다. 이 업체들은 소량의 제품을 배송하는 판매자들의 수량을 모은 뒤 배송물량을 대량화한 후 해외배송 전문업체에게 높은 할인율을 제공받아 배송을 위탁하는, 2중 하도급 방식으로 해외배송을 한다.

이러한 방법은 소량으로 제품을 배송하는 판매자는 믿을 만한 해외배송 전문업체를 저렴한 비용으로 이용할 수 있고, 해외배송 대행업체는 해외배송 전문업체로부터 높게 할인받은 배송비에서 일정 부분의 영업이익을 공제하고 해외배송 가격을 책정하여 이윤을 추구할 수 있어서 서로 'Win-Win'하는 구조로 운영된다.

※ 국내의 해외배송 대행업체는 점점 증가하고 있는 추세이다. 하지만 최근 미국에서 관세/부가세와 같은 세금 문제와 통관수속 문제 등이 발생하여 미국까지 배송되었던 상품이 국내로 다시 되돌아오는 경우가 발생하기도 한다.

② '부피무게'라는 개념을 알아야 한다.

▶ 최근 들어 국내에서 택배를 발송할 때에도 제품의 무게 대비 부피가 크면 배송비를 추가적으로 지불하는 시스템이 많이 적용되고 있다. 그리고 택배로 발송하지 못할 정도의 무게 또는 부피를 갖고 있는 제품이라면 '택배'가 아닌 경동화물, 대신화물 등과 같은 업체들의 '화물'이라는 배송상품을 이용해야 하므로 일반 택배와 비교했을 때 상당히 많은 배송비를 지불하여야 한다.

해외배송에서는 이 부분에 관하여 국내 배송보다 상당히 디테일하게 배송비를 적용하고 있다.

부피무게란 배송할 제품의 실제 무게와 비교하여 부피가 상당히 많이 나가는 제품에 무게 대비 배송비가 아닌 가로×세로×높이의 합을 계산해서 배송비를 산정하는 방식을 말한다.

이를 좀 더 자세히 설명하면, 부피가 작으면서 무게가 많이 나가는 제품은 기존의 방식인 무게 대비로 배송비를 책정하지만, 해외배송 전문업체들이 회사마다 정한 요율에 따라 가로×세로×높이의 합이 많이 발생하는 경우에는 무게 대비의 배송비가 아닌 부피의 비율에 따른 배송비를 책정하고 있다.

이런 부피무게 적용은 해외에 판매할 상품의 소싱에 상당한 영향을 미친다.

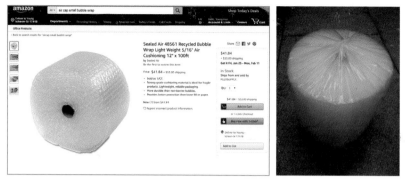

부피무게는 해외 온라인 셀링을 하는 데 있어 굉장히 중요한 개념이다.

위의 사진은 제품의 포장을 위해 많이 사용하는 버블랩(뽁뽁이)이다. 아마존에서의 판매가격을 보면 1Roll에 $41.84로 매우 비싼 가격에 판매되고 있음을 알 수 있다. 그리고 우측의 사진은 필자가 이삿짐 자재판매점에서 구매해서 사용하는 버블랩으로, 1Roll의 매입가격은 고작 ₩3,000이다. 1Roll의 무게는 900g이 채 나가지 않는다. 이런 제품들을 아마존에 판매한다면 정말로 높은 이익을 볼 수 있겠지만 실제로는 '배(매입비)보다 배꼽(배송비)'이 훨씬 크기 때문에 아마존에서 판매할 만한 경쟁력을 가지지 못한다.

해외배송 업체들에서 적용하는 '부피무게'라는 개념 때문이다.

※ 우체국의 해외배송 상품은 '부피무게'를 적용하지는 않는다. 하지만 각각의 상품별로 배송 가능한 부피의 기준을 갖고 있다. 이렇게 해외배송 업체에서 '부피무게'를 적용하는 이유는 B2C 방식으로 판매되는 대부분의 상품들이 항공기를 이용해서 운반되기 때문이다. 항공기는 '이륙중량'이라는 무게의 개념도 중요하지만 물건을 적재할 수 있는 공간이 한정되어 있기 때문에 부피무게를 적용할 수밖에 없다. 부피무게를 적용할 때 사용되는 기준점은 가로변의 최대 지점과 세로변의 최대 지점, 그리고 높이의 최대 지점이다. 일반적인 박스포장이 아닌 기형적인 제품을 입체적으로 포장해서 배송할 경우 이 부분을 숙지해서 부피를 계산해야 한다.

③ 통관수속이라는 절차가 있다.

▶ 국내에서 해외로 상품을 배송하다 보면 해당 국가에서 국내와 다른 통관수속 규정 때문에 많은 문제가 발생한다. 예를 들어 '한미 FTA협정'으로 인해 한국에서 미국으로 수출하는 제품은 배송비를 포함한 금액이 $800을 넘지 않으

면 일반 목록통관품으로 대부분 큰 문제가 없이 통관수속이 진행된다. 하지만 미국에서 한국으로 수입하는 제품은 배송비 포함 $200로 제한되며, 이 금액을 초과하는 제품은 관세 및 부가가치세를 지불해야만 제품의 수취가 가능하다. 이런 규정들은 국가별로 상이하며, 목록통관품목도 국가별로 차이가 많다는 것을 알아야 한다.

※ 우리나라의 담뱃값은 외국에 비해 상당히 저렴하다. 하지만 대부분의 해외 국가에서 담배는 일반 목록통관품목이 아니기 때문에 발송이 불가능하다. 또 미국에서 2001년 발생한 '9·11테러' 이후 대부분의 해외배송 업체들이 배터리가 내장되어 있는 제품은 배송하지 않음을 알고 있어야 한다.

④ 배송기간이 상당히 많이 소요된다.

▶ 필자는 이베이에서 판매활동을 하면서 전 세계 150여 개의 국가에 제품을 발송해본 경험이 있다. 우리나라에서 가까운 일본의 경우라면 2~3일 내에도 배송이 가능하지만, 남아메리카에 있는 국가들(ex. 브라질, 아르헨티나, 칠레 등)과 러시아 주변 국가들(ex. 우크라이나, 카자흐스탄 등)은 우체국에서 항공우편으로 발송해도 45일을 넘기는 경우가 흔히 발생한다. 이렇게 배송기간이 많이 소요되는 이유는 국내에서 위의 국가들로 가는 '직항노선'이 없기 때문이다. 국토가 작은 우리나라에서는 택배배송이 2일만 소요돼도 느린 배송이라고 난리가 나는데, 위에서 설명한 국가들의 경우 30일 이내에 배송되면 'Super Fast Shipping'이라는 어이없는 구매후기가 달리는 것을 많이 봤다.

통상적으로 우체국의 'K-packet'으로 미국으로 배송했을 때 소요되는 시간은 10~15일 정도이며, EMS로 보내면 2~5일 정도이다. 하지만 배송기간은 통관수속에서 문제가 발생할 경우 많이 지연될 수밖에 없다.

예시로 2018년 12월 캐나다에서는 우체국 직원들이 파업하는 관계로 1개월 이상 배송이 지연되는 경우도 있었는데, 이와 같이 판매자가 어쩔 수 없는 '불가항력적'인 문제들이 해외배송에서는 자주 발생할 수 있음을 인지하고 있어야 한다.

⑤ 모든 해외배송의 금액이 거리와 정비례하여 증가하지는 않는다.

▶ 해외로 상품을 배송하는 것은 '규모의 경제'가 확실히 적용된다. 전 세계 인구의 2/3가 북반구에 살고 있으며, 북반구의 국가들이 전 세계 경제의 대부분을 차지하고 있다. 이로 인해 세계물류의 대부분은 북반구에서 이루어지고 있으며, 이렇게 발생한 대량 물류는 남반구와 대비하여 낮은 물류 금액으로 형성된다.

우리나라를 기준으로 했을 때, 미국과 러시아는 직선거리로만 계산하면 크게 차이가 나지 않는다. 하지만 미국으로의 배송비가 훨씬 저렴하다. 러시아로 발송되는 상품보다 미국으로 발송되는 상품이 훨씬 많기 때문이다.

거기에 더하여 해외배송 업체들 대부분이 북반구에 위치하고 있기에 그들이 사용하는 Hub와 물류센터가 가까운 곳에 위치한 곳의 물류비용은 저렴할 수밖에 없다.

▶ 대부분의 B2C는 항공배송으로 이루어진다. 하지만 아마존의 FBA 시스템을 이용하게 되면 대량운송이 필요할 경우도 생긴다. 필자의 지인 중에는 24Ft급 컨테이너에 상품을 꽉 채워서 선편으로 매월 아마존 FBA 창고에 입고시키는 분도 있다. 항공운송으로 그 많은 상품을 입고시키려면 비용이 너무 들기 때문에 선박을 이용하는 것이다.

해상운송은 항공운송과 비교할 수 없을 정도로 저렴하다. 그러나 운송시간이 많이 길고, 미국의 항구에서 아마존 FBA 창고까지 내륙운송을 책임지는 업체가 추가로 설정되어야 하며, 현지에서 통관수속을 처리해주는 업체가 있어야 하는 등 새로운 변수들이 많이 있다. 하지만 개별 배송비를 계산했을 때 해상운송을 이용하는 것이 훨씬 저렴하기에 해상운송을 이용하는 판매자들이 점점 증가하고 있다.

원래 컨테이너 베이스의 물류이동은 B2B 개념, 즉 일반무역 개념의 물류 시스템에서 사용되었다. 하지만 이제는 B2C 시장의 확대가 B2B 시장의 물류 시스템까지 접근하였다.

이렇게 B2C 시장이 대형으로 확대되게 만든 것이 아마존의 FBA 시스템이다.

2. 아마존에서의 해외배송

아마존에서의 해외배송은 지금까지 설명한 일반적인 해외배송의 개념과 대부분 부합되지만 몇 가지의 추가 내용들이 있다.

① FBM으로 판매된 상품 배송 시 매건 모두 등기번호를 부여해야 한다.

▶ 아마존을 제외한 다른 해외 온라인 쇼핑몰들은 등기번호를 부여하지 않아도 문제가 되지 않는 경우가 있다. 이베이 같은 경우는 특정 국가(미국)를 제외하면 '무등기'로 발송해도 Seller-Performance에 영향을 끼치지 않는다.

하지만 아마존에서 FBM으로 판매한 상품을 배송할 때에는 미국 내 온라인에서 추적이 가능한 '등기번호'를 반드시 부여해야 한다. 만약 등기번호를 부여하지 않는다면 'Valid Tracking Rate(추적 가능한 등기번호의 부여에 관한 점수)'가 낮게 책정되어서 판매자의 계정에 심각한 문제가 발생할 수 있다.

그리고 판매된 상품의 배송준비 기간도 3일 이내에 끝내야 한다. 이를 위반했을 때에는 'Late Shipment Rate(배송기간에 관한 점수)'가 낮게 부여되어서 판매자의 계정에 문제가 발생할 수 있다.

> ※ 해외배송 업체들은 고유의 등기번호(Tracking-Number)를 제공하기 때문에 큰 문제가 없다. 우체국을 이용할 때에는 '무등기 소형포장물'을 이용하면 등기번호를 부여하지 않고도 배송이 가능하다. 또 소형포장물에 ₩2,800의 등기비용을 추가하면 등기번호를 부여할 수 있다. 이 금액이 크지 않다고 생각할 수도 있겠지만, 만약 제품 매입비용이 등기비용보다 적은 경우라면 생각이 달라질 것이다.

② 배송비가 판매제품의 경쟁력을 좌우한다.

▶ 판매가격이 저렴한 제품일수록 판매원가에서 운송비가 차지하는 비율은 높아진다. 그래서 FBA 시스템을 이용해서 대량으로 해외 운송하여 개개의 상품별 운송비를 낮추어야만 판매가격을 낮출 수 있으며, 이렇게 낮추어진 판매가격은 경쟁상품과 비교우위의 경쟁력을 갖출 수 있다.

이는 특히 FBA 시스템에서 더욱 두드러지는데, 예를 들어 동일한 제품이 같은 방식의 FBA 시스템으로 판매되고 있다면 품질과 제조원가, 그리고 배송기간이 같을 것이다. 이런 상황에선 판매원가 중 FBA 창고까지 입고시키는 배송비만이 차이를 보일 것이다. 이 차이는 판매가격에 반영되고 판매에 치명적인 요인이 된다. 똑같은 제품을 똑같은 서비스를 제공받을 수 있다면 비싸게 구매하는 사람은 없기 때문이다.

> ※ 이 문제를 국내 판매자들은 판매이익을 줄이는 방법으로 해결하는 경우가 많다. 같은 기준의 판매원가를 갖고 있는 구조의 상품을 셀러들끼리 서로 판매가격을 낮추면서 경쟁하는 이른바 '치킨게임'이 끝없이 진행되고 있는 곳이 아마존 FBA 시장이다. 이 치킨게임이 더욱 심각해져 판매원가 이하의 가격으로 판매하는 국내 셀러들이 아마존에는 상당히 많다. 이는 국내 판매자 모두가 죽고 오로지 미국 구매자들의 배만 불려주는 악순환이라는 것을 반드시 알아야 한다.

③ 판매 시즌에 맞추어 아마존 FBA 창고에 입고되는 물량이 증가하면 입고가 지연되는 경우가 많다.

▶ 북반구가 겨울로 접어드는 시즌에 들어가면 대부분의 해외 온라인 쇼핑몰들은 매출이 급증한다. 특히 미국의 '블랙 프라이데이'시즌이 되면 온라인 매출은 절정에 달하는데, 전 세계에서 아마존에 제품을 판매하는 셀러들은 대부분 이 특수에 편승하기 위해 해당 시즌에 맞추어 FBA 창고에 재고를 많이 입고시킨다.

이렇게 FBA 창고에 입고대기를 위해 배송된 제품들은 급작스런 수량의 증가로 인해 입고 지연시간이 상당히 많이 발생한다. 상반기에는 아마존 FBA 창고에 제품이 도착하면 일주일 이내에 판매재고로 등록되던 것이 특수 시즌인 10월 하순이 되면 15일이 지나도 재고로 등록되지 않는 경우가 종종 있다.

> ※ FBA 창고로 제품이 배송완료까지 진행됐다 해도 바로 'Out of Stock'이던 상품의 재고가 입고 수량만큼 즉시 재고로 잡히지는 않는다는 것을 기억해두자.

④ FBA로 상품 입고 시 반품 물량의 국내 반입을 고려해야 한다.

▶ 온라인 또는 오프라인에서 유통업을 하는 판매자들 중 많은 사람들이 '완판'

이라는 환상에 빠져 있다. 사람들은 부정적인 것보다 긍정적인 것에 많은 관심을 갖게끔 뇌 구조가 설정되어 있는 듯하다.

필자도 '로또' 1등에 당첨되는 환상을 늘 갖고 있지만 다들 알다시피 마른하늘에서 날벼락을 맞을 확률보다도 낮은 것이 로또 1등에 당첨될 확률이다.

이는 해외 온라인 시장에서도 마찬가지이다. '완판'이라는 환상에 빠져 FBA에 입고시킬 재고수량을 제대로 분석하지 않고 대량의 상품을 입고시키는 판매자들이 많이 있는데, 이들 제품이 1년 동안 판매되지 않으면 악성재고로 변환된다. 그러면 아마존에서는 입고된지 1년 이후부터 악성재고는 'Long Term Storage Fee'를 청구한다. 이는 아마존 셀러의 숨통을 조이는 올가미와 같은 것이다.

▶ FBA 상품은 검수를 제대로 하고 보내야 한다. 자칫 불량제품이 많이 섞여 있으면 높은 반품률 인해 판매를 하면 할수록 손해를 보는 일이 일어나기도 한다. 필자는 반품률이 30% 이상이 되어 피해를 본 판매자도 보았다.

▶ 그리고 2018년 하반기부터 강화된 미국의 통관수속 절차로 인해 아마존 FBA 창고에 들어가 보지도 못하고 세관창고에 계류되어 있는 상품들도 많이 발생하고 있다. FBA 창고로 발송한 물량이 많지 않다면 크지 않은 손해를 보면서라도 폐기하면 될 것이다. 하지만 '규모의 경제' 시스템을 이용하는 FBA의 특성상 대부분의 판매자들이 적지 않은 물량을 FBA로 보내고 있다. 때문에 위에서 설명한 예기치 않은 문제로 발생한 미국 현지에 있는 다량의 악성재고는 시간이 증가하면 할수록 적자 폭을 기하급수적으로 늘어나게 할 것이다.

▶ 이때 판매자는 상품을 다시 한국으로 반입해야 하는지를 고려해야 한다. FBA 창고로 입고시킨 모든 제품이 '완판'되면 더 없이 좋겠지만, 온라인 유통업을 하는 사업자는 악성재고의 대량 발생이라는 최악의 상황도 반드시 생각하고 있어야 한다. 이를 고려하지 않고 있다면 생각지도 못한 곳에서 발생한 추가 비용으로 인해 사업 전반이 흔들리는 위험을 당할 수도 있다.

특히 아마존에서 FBA 방식으로 상품을 판매할 때는 재고 및 반품 물량의 국내반입을 반드시 고려해야 된다. 'High Risk & High Return(고위험 고수익)'에서 'High Risk'가 아마존에서는 FBA 판매방식이 될 수 있기 때문이다.

3. 해외배송 전문업체들의 배송상품 - 우체국

우체국은 국내에서 해외배송을 의뢰할 수 있는 가장 보편적인 업체이다. 특히 서울이나 대도시가 아닌 지방에서 사업을 하는 셀러는 Fedex, DHL, UPS 등과 같은 해외배송 업체들을 이용하기가 쉽지 않기 때문에 선택의 여지 없이 우체국을 이용해야 한다.

필자는 경기도 부천시에서 최초로 해외 온라인 사업을 시작했지만 지금은 경기도 이천시 장호원읍이라는 시골(?)에서 사업을 하고 있다. 부천에서는 Fedex 등과 같은 해외배송 업체를 이용했지만 장호원으로 이전한 후로는 Fedex의 Pick-Up 서비스를 지원받을 수 없어 이용을 못 하고 있다. 이는 국내의 대도시를 제외하고는 대부분 동일한 상황이다.

우체국은 해외배송을 의뢰할 수 있는 업체 중 가장 일반화되어 있으며, 전국에서 지점이 가장 많고, 쉽게 접근할 수 있다.

그리고 우체국의 장점으로는 월 기준 최소 발송 건수 같은 제약이 없고 많은 부분에서 전산화가 진행되어 있다. 일부 상품에서는 주문 내역을 엑셀 파일로 업로드하면 자동으로 송장을 출력해주는 시스템도 부분적으로 보유하고 있다. 또한 국내의 우편요금은 해외의 우편요금 대비 상당히 저렴한 편이다.

> ※ 우체국 배송 요금은 UPU(Universal Postal Union: 만국 우편 연합, 우편물에 대한 유엔 산하의 국제기구)가 국내우편요금, 국제우편요금, 우편부가서비스요금, 국제반신권 가격 등과 같은 우편서비스 관련 제반 요금과 수수료를 모두 정해준다. 참고로 중국의 우편요금이 가장 저렴하다. 하지만 2018년 하반기에 미국의 트럼프 대통령이 UPU에서 책정한 중국의 저렴한 우편요금 때문에 미국 내에서 생산된 공산품이 중국의 상품과 비교했을 때 경쟁력이 많이 하락하는 문제를 거론하면서 미국의 UPU 탈퇴 준비 중이라는 기사가 나왔다. 이 문제는 향후 미국으로 발송하는 우편요금의 변경을 갖고 올 수 있어 귀추가 주목되고 있다.

그럼 해외배송을 위해 만들어진 우체국 상품에 대하여 알아보자. 설명 순서는 배송비를 기준으로 가장 비싼 상품부터 하겠다.

① EMS(Express Mail Service)

▶ EMS는 가장 빠르고 안전하게 우편물을 배달하는 특급우편서비스로, 한국에서 미국으로 발송하면 늦어도 5일 이내에 도착한다.

▶ EMS로 제품을 해외로 발송할 때 UPU에서 정한 금지물품(UPU 협약 제25조, 통상/소포 공통)에 의거하여 항공운송이 금지된 품목들은 아래와 같으며, 이는 추후에 설명할 다른 우체국의 해외배송 상품에도 동일하게 적용된다.

- 마약류, 향정신성물질, 폭발성·가연성 또는 기타 위험한 물질, 방사성 물질, 외설적이거나 비도덕적 물질 (ex. 부탄가스, 캠핑용 가스, 소화기, 스프레이, 에어백, 휴대용 가스레인지, 라이터, 유성페인트, 접착본드, 향수, 구두약, 성냥, 염색약, 살충제, 화약, 변기세제, 리튬이온 배터리와 배터리가 포함된 전자기기, 콤프레셔, 드라이아이스, 전기 충격기, 차량용 블랙박스, 매니큐어 리무버, 담배 등)
- 배달 국가에서 수입이나 유포를 금하는 물품
- 음식물(특히 김치), 한약, 동·식물류, 송이버섯 등
- 내용물의 성질이나 포장으로 인해 직원에게 위험을 주거나 다른 우편물 또는 우편장비를 오염시키거나 훼손을 줄 수 있는 물품
- 주화, 은행권, 동전 및 화폐 등 법정통화, 송금환, 각종 유가증권류, 여행자수표, 가공 또는 비가공의 금·은 등 보석 및 귀금속, 신용카드, 항공권 등

▶ EMS로 발송 가능한 최대 중량은 30kg 이내이며 부피는 가장 긴 변의 길이가 1.52m를 초과하면 안 된다. 가로·세로·높이의 합이 2.47m를 초과하면 발송이 불가하다. EMS는 부피무게를 계산하지 않으며, 위의 부피 범위를 초과하지 않으면 발송 가능하다.

▶ EMS의 요금은 서류와 비서류로 나뉘며, 통상적으로 제품을 발송할 때 사용되는 것은 비서류이다.

▶ EMS의 파생상품으로는 특송업체인 UPS와 제휴하여 배송하는 EMS 프리미엄(EMS premium)과 홍콩, 베트남 등 일부 국가에 대하여 발송 다음날 09:00에서 17:00까지 배달하는 초특급우편서비스(EMS Time Certain Service) 등이 있다.

▶ EMS의 배송방법은 통상적으로 우체국에 방문해서 EMS 송장(비서류)을 수

기로 작성하여 발송할 제품과 같이 제출하면 된다. 그리고 우체국에서 '계약 EMS' 서비스를 신청하게 되면 수기 송장이 아닌 우체국의 '계약고객전용시스템'에 로그인하여 인터넷상에서 우편물을 접수하고 송장을 출력할 수 있는 프로그램을 이용할 수 있다. 가까운 우체국에 방문해서 '계약 EMS' 시스템 가입을 위한 상담을 받아 보는 것도 좋다.

※ 보다 자세한 내용은 인터넷우체국(https://www.epost.go.kr)의 국제특급(EMS) 메뉴에서 'EMS서비스 안내'를 찾아보면 알 수 있다. 전화(044-200-8114)로 상담해도 된다.

▶ EMS 송장(비서류) Sample

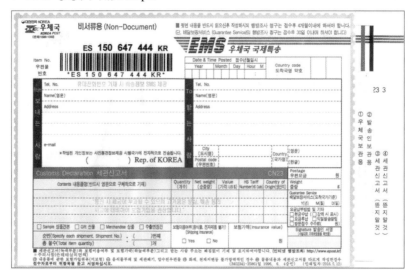

중량 (kg)	미국	캐나다	영국	프랑스	독일	러시아	호주	브라질	일본	중국	1지역	2지역	3지역	4지역
0.5	26,500	29,000	33,000	26,000	30,500	32,500	23,000	32,000	23,500	23,500	20,500	20,500	30,500	33,000
0.75	30,000	31,000	35,000	28,000	33,000	35,500	26,000	35,000	24,500	25,000	21,500	22,000	32,500	36,000
1	33,500	33,000	37,000	29,500	35,000	38,500	29,000	38,000	25,500	26,500	22,500	23,500	34,500	39,000
1.25	37,000	35,000	39,000	31,500	37,000	41,500	32,000	41,000	27,500	28,000	23,500	25,000	36,500	42,000
1.5	40,500	37,000	41,000	33,000	39,000	44,500	35,000	44,500	28,500	30,000	24,500	26,500	38,500	45,000
1.75	44,000	39,500	42,500	35,000	41,000	48,000	38,500	47,500	31,000	31,500	25,500	28,000	40,500	48,000
2	47,500	41,500	44,500	36,500	43,500	51,000	41,500	50,500	33,000	32,500	26,500	29,500	42,500	51,000
2.5	54,500	45,500	48,000	40,000	47,000	56,000	46,500	56,500	34,500	34,000	28,500	32,000	46,500	56,500
3	61,000	49,000	51,500	43,000	50,500	60,500	51,000	62,000	36,500	35,500	30,500	35,000	50,000	62,000
3.5	68,000	53,000	55,000	46,500	54,000	65,500	56,000	68,000	38,000	37,000	32,000	37,500	54,000	69,500
4	74,500	57,000	58,500	50,000	58,000	70,500	60,500	74,000	40,000	39,000	34,000	40,500	58,000	77,000
4.5	81,500	60,500	62,000	53,000	61,500	75,500	65,500	79,500	41,500	40,500	36,000	43,000	61,500	85,000
5	88,000	64,500	65,500	56,500	65,000	80,500	70,000	87,500	43,000	42,000	38,000	46,000	65,500	92,500
5.5	95,000	68,500	68,500	59,500	68,500	85,000	75,000	95,500	45,000	44,000	39,500	48,500	69,000	100,000
6	102,000	72,000	72,000	63,000	72,500	90,000	80,000	103,500	46,500	45,500	41,500	51,000	73,000	107,500
6.5	108,500	76,500	76,500	66,000	76,000	95,000	84,500	111,500	48,500	47,000	43,500	54,000	78,000	115,000
7	115,500	80,500	80,500	70,500	80,000	100,000	89,500	119,500	50,500	48,500	45,500	56,500	83,000	123,000
7.5	122,000	84,500	84,500	75,000	84,500	104,500	94,000	128,000	51,500	50,500	48,000	59,500	88,000	130,500
8	129,000	89,000	89,000	79,500	88,500	109,500	99,000	136,000	53,500	52,000	50,500	61,000	93,000	138,000
8.5	135,500	93,000	93,000	84,000	93,000	114,500	104,000	144,000	55,000	53,500	52,500	66,000	97,500	145,500
9	142,500	97,500	97,500	88,500	97,000	119,500	108,500	152,000	57,000	55,500	55,000	70,500	102,500	153,000
9.5	149,500	101,500	101,500	93,000	101,000	124,500	113,500	160,000	58,500	57,000	57,500	75,500	107,500	160,500
10	156,000	105,500	105,500	97,500	105,500	128,500	118,000	168,000	60,000	58,500	60,000	80,500	112,500	168,500
10.5	163,000	110,000	110,000	101,500	109,500	132,500	123,000	176,000	62,000	60,000	62,000	85,000	117,500	176,000
11	169,500	114,000	114,000	106,000	114,000	137,000	127,500	184,000	63,500	62,000	64,500	90,000	122,500	183,500
11.5	176,500	118,500	118,000	110,500	118,000	141,000	132,500	192,000	65,500	63,500	67,000	95,000	127,500	191,000
12	183,500	122,500	122,500	115,000	122,500	145,000	137,500	200,000	67,000	65,000	69,000	99,500	132,500	198,500
12.5	190,000	126,500	126,500	119,500	126,500	149,500	142,000	208,000	69,000	67,000	71,500	104,500	137,500	206,000
13	197,000	131,000	131,000	124,000	130,500	153,500	147,000	216,000	70,500	68,500	74,000	109,000	142,500	214,000
13.5	203,500	135,000	135,000	128,500	135,000	157,500	151,500	224,000	71,500	70,000	76,000	114,000	147,500	221,500
14	210,500	139,500	139,000	133,000	139,000	161,500	156,500	232,000	73,500	72,000	78,500	119,000	152,500	229,000
14.5	217,000	143,500	143,500	137,500	143,500	166,000	161,500	240,000	75,000	73,500	81,000	123,500	157,500	236,500
15	224,000	148,000	147,500	141,500	147,500	170,000	166,000	248,000	76,500	75,000	83,000	128,500	162,000	244,000
15.5	231,000	152,000	151,500	146,000	152,000	174,000	171,000	256,000	78,000	76,500	85,500	133,500	167,000	252,000
16	237,500	156,000	156,000	150,500	156,000	178,500	175,500	264,000	79,500	78,500	88,000	138,000	172,000	259,500
16.5	244,500	160,500	160,000	155,000	160,500	182,500	180,500	272,000	81,000	80,500	90,000	143,000	177,000	267,000
17	251,000	164,500	164,500	159,500	164,500	186,500	185,000	280,000	82,500	82,500	92,500	148,000	182,000	274,500
17.5	258,000	169,000	168,500	164,000	168,500	191,000	190,000	288,000	84,000	84,500	95,000	152,500	187,000	282,000
18	264,500	173,000	172,500	168,500	173,000	195,000	195,000	296,000	85,500	86,500	97,000	157,500	192,000	289,500
18.5	271,500	177,000	177,000	173,000	177,000	199,000	199,500	304,500	87,000	88,500	99,500	162,000	197,000	297,500
19	278,500	181,500	181,000	177,500	181,500	203,500	204,500	312,500	88,500	90,000	102,000	167,000	202,000	305,000
19.5	285,000	185,500	185,000	181,500	185,500	207,500	209,000	320,500	90,000	92,000	104,500	172,000	207,000	312,500
20	292,000	190,000	189,500	186,000	190,000	211,500	214,000	328,500	91,500	94,000	106,500	176,500	212,000	320,000
20.5	298,500	194,000	193,500	190,500	194,000	215,500	219,000	336,500	93,000	96,000	109,000	181,500	217,000	327,500
21	305,500	198,000	198,000	195,000	198,000	220,000	223,500	344,500	94,500	98,000	111,500	186,500	221,500	335,500
21.5	312,000	202,500	202,000	199,500	202,500	224,000	228,500	352,500	96,000	100,000	113,500	191,000	226,500	343,000
22	319,000	206,500	206,000	204,000	206,500	228,000	233,000	360,500	97,500	102,000	116,000	196,000	231,500	350,500
22.5	326,000	211,000	210,500	208,500	211,000	232,500	238,000	368,500	99,000	103,500	118,500	200,500	236,500	358,000
23	332,500	215,000	214,500	213,000	215,000	236,500	243,000	376,500	100,500	105,500	120,500	205,500	241,500	365,500
23.5	339,500	219,000	218,500	217,500	219,500	240,500	247,500	384,500	102,000	107,500	123,000	210,500	246,500	373,000
24	346,000	223,500	223,000	221,500	223,500	245,000	252,500	392,500	103,500	109,500	125,500	215,000	251,500	381,000
24.5	353,000	227,500	227,000	226,000	228,000	249,000	257,000	400,500	105,000	111,500	127,500	220,000	256,500	388,500
25	360,000	232,000	231,500	230,500	232,000	253,000	262,000	408,500	106,500	113,500	130,000	225,000	261,500	396,000
25.5	366,500	236,000	235,500	235,000	236,000	257,500	266,500	416,500	108,000	115,500	132,500	229,500	266,500	403,500
26	373,500	240,000	239,500	239,500	240,500	261,500	271,500	424,500	109,500	117,000	134,500	234,500	271,500	411,000
26.5	380,000	244,500	244,000	244,000	244,500	265,500	276,500	432,500	111,000	119,000	137,000	239,500	276,500	418,500
27	387,000	248,500	248,000	248,500	249,000	269,500	281,000	440,500	112,500	121,000	139,500	244,000	281,500	426,500
27.5	393,500	253,000	252,000	253,000	253,000	274,000	286,000	448,500	114,000	123,000	141,500	249,000	286,000	434,000
28	400,500	257,000	256,500	257,500	257,500	278,000	290,500	456,500	115,500	125,000	144,000	253,500	291,000	441,500
28.5	407,500	261,500	260,500	261,500	261,500	282,000	295,500	464,500	117,000	127,000	146,500	258,500	296,000	449,000
29	414,000	265,500	265,000	266,000	265,500	286,500	300,500	472,500	118,500	129,000	149,000	263,500	301,000	456,500
29.5	421,000	269,500	269,000	270,500	270,000	290,500	305,000	481,000	120,000	130,500	151,000	268,000	306,000	464,500
30	427,500	274,000	273,000	275,000	274,000	294,500	310,000	489,000	121,500	132,500	153,500	273,000	311,000	472,000

② 국제소포(Custom Parcels Service)

▶ 필자와 같이 해외배송을 전문적으로 하는 업자들이 아니면 잘 모르는 우체국의 해외배송 상품 중에 하나가 CP라 불리는 국제소포이다. CP는 EMS보다 배송속도는 느리지만(항공일반소포로 미국까지 통상 7~10일 정도 소요된다) EMS 대비 낮은 배송비로 상품을 발송할 수 있다.

▶ CP로 발송 가능한 최대 중량은 20kg 이내이며 부피는 가장 긴 변의 길이가 1.05m를 초과하면 안 된다. 가로·세로·높이의 합이 2m를 초과하면 발송이 불가하다. CP도 부피무게를 계산하지 않으며, 위의 부피 범위를 초과하지 않으면 발송 가능하다.

▶ CP는 항공일반소포와 선편일반소포로 나뉘며, 통상적으로 제품을 보낼 때 사용하는 것은 항공일반소포이다. 만약 선편일반소포로 미국에 발송하면 배송기간은 30~45일 정도 소요되지만 배송비는 상당히 저렴해진다. 항공일반소포와 선편일반소포는 CP 송장 상단에 체크하여 설정하게 되어 있다.

▶ 통상적으로 CP의 배송방법은 우체국에 방문한 뒤 CP 송장을 받아 수기로 작성하여 제품과 같이 제출하면 된다. 그리고 CP는 '계약 EMS' 시스템 상품에 해당되지 않기 때문에 수기 송장을 작성해야만 상품 발송이 가능하다.

▶ CP 송장을 자세히 살펴보면 상품의 파손 및 분실의 위험을 예방하기 위한 보험과 배달 통지 서비스를 받을 수 있는데, 이 부분을 추가할 시 추가 서비스 요금이 부과된다.

▶ 주요 국가 CP 요금표(항공일반소포): 2019.01 기준

중량(kg)	미국	캐나다	영국	프랑스	독일	러시아	호주	브라질	일본	중국	1지역	2지역	3지역	4지역
0.5	23,500	23,000	26,000	25,000	19,500	26,500	18,500	28,000	17,000	17,000	13,500	18,000	20,500	22,000
1	28,000	27,000	30,500	27,000	23,000	31,500	21,000	32,000	18,000	19,500	15,500	21,500	24,500	27,500
1.5	31,000	31,000	32,000	29,000	26,500	36,000	24,500	36,000	19,500	21,000	17,000	24,500	28,000	33,500
2	37,000	35,000	34,000	31,000	29,500	41,000	28,500	40,000	21,000	23,500	19,000	27,500	31,500	39,000
2.5	42,500	39,000	35,500	33,000	33,000	45,500	32,500	43,000	22,500	25,000	21,000	31,000	35,000	45,500
3	48,000	43,000	37,000	34,000	36,500	50,000	36,500	49,500	23,500	27,500	23,000	34,000	39,000	52,000
3.5	54,000	47,000	40,500	36,000	40,000	55,000	40,000	55,500	25,000	29,000	24,500	37,000	42,500	58,500
4	59,500	51,000	44,000	37,000	43,500	59,500	44,000	62,000	26,000	31,000	27,000	40,000	46,000	65,000
4.5	65,500	55,000	47,500	38,000	47,000	64,000	48,000	68,000	27,500	33,000	28,500	43,500	49,500	71,500
5	71,000	59,000	51,000	39,000	50,000	69,000	52,000	74,500	28,500	35,000	30,500	46,500	53,500	78,000
5.5	77,000	63,000	54,500	40,500	53,500	73,500	56,000	80,500	30,000	37,000	32,500	49,500	57,000	84,500
6	82,500	67,000	58,000	43,000	57,000	78,500	60,000	86,500	31,500	39,000	34,500	53,000	60,500	91,000
6.5	88,000	71,500	61,500	46,000	60,500	83,000	64,000	93,000	32,500	41,000	36,500	56,000	64,500	97,500
7	94,000	75,000	65,000	48,500	64,000	87,500	68,000	99,000	34,000	43,000	38,500	59,000	68,000	104,500
7.5	99,500	79,500	68,500	51,000	67,500	92,500	72,000	105,000	35,000	44,500	40,500	62,000	71,500	110,500
8	105,500	83,500	72,000	53,500	70,500	97,000	75,500	111,500	36,500	46,000	42,000	65,500	75,000	117,500
8.5	111,000	87,500	75,500	56,000	74,000	102,000	79,500	117,500	38,000	47,500	44,000	68,500	78,500	124,000
9	117,000	91,500	79,000	58,500	77,500	106,500	83,500	124,000	39,000	49,000	46,000	71,500	82,500	130,500
9.5	122,500	95,500	82,500	61,000	81,000	111,000	87,500	130,000	40,500	50,500	48,000	74,500	86,000	137,000
10	128,000	99,500	86,000	64,000	84,500	116,000	91,500	136,000	42,000	52,000	50,000	78,000	89,500	143,500
10.5	134,000	103,500	89,500	66,500	88,000	120,500	95,500	142,500	43,000	53,500	52,000	81,000	93,500	150,000
11	139,500	107,500	93,000	69,000	91,000	125,000	99,500	148,500	44,500	55,000	54,000	84,000	97,000	156,500
11.5	145,500	111,500	96,500	71,500	94,500	129,500	103,000	155,000	46,000	56,500	56,000	87,500	100,500	163,000
12	151,000	115,500	100,000	74,000	98,000	134,500	107,000	161,000	47,000	58,000	57,500	90,500	104,000	169,500
12.5	157,000	119,500	103,500	76,500	101,500	139,000	111,000	167,000	48,500	59,500	59,500	93,500	108,000	176,000
13	162,500	123,500	107,000	79,500	105,000	144,000	115,000	173,500	50,000	61,000	61,500	97,000	111,500	182,500
13.5	168,500	127,500	110,500	82,000	108,000	148,500	119,000	179,500	51,000	62,500	63,500	100,000	115,000	189,000
14	174,000	131,500	114,000	84,500	111,500	153,000	123,000	186,000	52,500	64,000	65,500	103,000	118,500	195,500
14.5	179,500	136,000	117,500	87,000	115,000	158,000	127,000	192,000	54,000	65,500	67,500	106,000	122,500	202,000
15	185,500	139,500	121,000	89,500	118,500	162,500	130,500	198,500	55,000	67,000	69,000	109,500	126,000	209,000
15.5	191,000	143,500	124,500	92,000	122,000	167,000	134,500	204,500	56,500	68,500	71,500	112,500	129,500	215,000
16	197,000	147,500	128,000	95,000	125,000	172,000	138,500	210,500	57,500	70,000	73,000	115,500	133,000	221,500
16.5	202,500	151,500	131,500	97,500	128,500	176,500	142,500	217,000	59,000	71,500	75,000	119,000	136,500	228,500
17	208,500	156,000	135,000	100,000	132,000	181,000	146,500	223,000	60,500	73,000	77,000	122,000	140,500	235,000
17.5	214,000	159,500	138,500	102,500	135,500	186,000	150,500	229,500	61,500	74,500	79,000	125,000	144,000	241,500
18	219,500	163,500	142,000	105,000	139,000	190,500	154,500	235,500	63,000	76,000	81,000	128,000	147,500	248,000
18.5	225,500	167,500	145,500	107,500	142,000	195,500	158,500	241,500	64,500	77,500	83,000	131,500	151,000	254,500
19	231,000	172,000	149,000	110,500	145,500	200,000	162,000	248,000	65,500	79,000	85,000	134,500	155,000	261,000
19.5	237,000	176,000	152,500	113,000	149,000	205,000	166,000	254,000	67,000	80,500	86,500	137,500	158,500	267,500
20	242,500	180,000	156,000	115,500	152,500	209,500	170,000	260,500	68,000	82,000	88,500	140,500	162,000	274,000

▶ 주요 국가 CP 요금표(선편일반소포) : 2019.01 기준

중량(kg)	1지역	2지역	3지역	4지역
1	9,900	11,000	12,000	13,000
2	15,500	17,000	18,500	20,000
4	20,000	21,500	24,500	27,500
6	24,500	26,000	30,500	35,500
8	29,000	30,500	37,000	43,000
10	34,000	35,500	43,000	50,500
12	38,500	40,000	49,000	58,500
14	43,000	44,500	55,500	66,000
16	47,500	49,000	61,500	74,000
18	52,500	54,000	67,500	81,500
20	57,000	58,500	74,000	89,000

1지역 : 중국,홍콩,일본,대만 등

2지역 : 태국,싱가포르,필리핀,말레이지아,베트남 등

3지역 : 미국,캐나다,호주,영국,프랑스,독일,인도,노르웨이,스웨덴 등

4지역 : 아르헨티나,브라질,페루,남아공 등

▶ CP 송장 Sample

③ K-Packet Service

▶ K-Packet은 우체국 온라인 전용상품으로 온라인으로 판매되는 소형물품
(2kg까지)의 해외배송에 적합한 국제우편서비스이다. K-Packet은 별다른 소선

없이 우체국과의 계약을 통해 이용할 수 있다.

▶ K-Packet은 인터넷우체국(www.epost.kr)을 통해 우편물 접수를 신청하면 우체국에서 방문해서 접수해주기도 하는데, 월 발송물량 및 접수 우체국에 따라 방문접수를 제공하지 않을 수도 있다.

▶ K-Packet 이용계약 체결 시 월간 이용금액에 따라 요금할인을 받을 수 있다. 이용 시마다 요금을 납부하지 않고 월간 이용금액을 다음 달 20일까지 납부할 수 있으며, 계약 우체국에 신용카드를 등록해놓으면 배송금액이 자동으로 결제된다.

▶ 발송 가능한 최대 중량은 2kg 이내이며, 부피는 가장 긴 변의 길이가 60cm를 초과하면 안 된다. 가로·세로·높이의 합이 90cm를 초과하면 발송이 불가하다. 부피무게는 계산하지 않는다.

▶ 송장은 감열프린터로 출력 가능한 전용용지를 사용할 수 있다. 감열프린터는 매월 일정 물량(지역 우체국마다 차이가 있다)을 취급하게 되면 우체국에서 무상으로 대여받을 수도 있다.

▶ K-Packet의 배송기간은 CP보다는 느려서 통상적으로 미국까지 10~15일 정도 소요된다. 특히 남미의 국가들과 러시아의 주변국(우크라이나, 카자흐스탄 등)들의 배송기간은 30일을 넘게 소요되는 경우도 종종 발생한다.

※ 여기에서 말하는 배송기간은 휴일을 제외한 영업일 기준이다. 그러므로 체감하는 배송기간은 더 길수도 있음을 알아야 한다.

▶ K-Packet은 해외 온라인 셀러들이 우체국을 이용할 때 가장 보편적으로 이용하는 상품이다. 특히 '우체국 계약고객전용시스템'을 이용하면 다량 배송에 필요한 송장작업을 쉽게 처리할 수 있다. 이것은 우체국의 다른 어떤 상품과도 비교할 수 없는 K-Packet의 장점이다.

▶ 주요 국가 K-Packet 요금: 2019.01 기준

중량(g)	미국	캐나다	영국	프랑스	독일	러시아	호주	브라질	일본	중국	1지역	2지역	3지역	4지역
100	4,750	5,330	5,170	5,510	5,140	5,400	4,670	5,010	4,170	4,220	4,170	4,680	4,870	5,070
200	6,190	6,960	6,740	7,180	6,700	7,040	6,080	6,510	5,260	5,330	5,250	5,800	6,350	6,590
300	7,630	8,580	8,300	8,850	8,270	8,680	7,500	8,020	6,360	6,430	6,350	6,920	7,830	8,110
400	9,080	10,200	9,870	9,830	10,530	10,320	8,920	9,520	7,450	7,540	7,440	8,040	9,310	9,630
500	10,540	11,840	11,470	12,220	11,410	11,990	10,360	11,020	8,570	8,670	8,560	9,160	10,810	11,150
600	11,660	13,100	12,690	13,520	12,630	13,260	11,460	12,390	9,440	9,550	9,430	10,220	11,960	12,540
700	12,780	14,360	13,910	14,820	13,840	14,540	12,560	13,770	10,310	10,430	10,300	11,280	13,110	13,930
800	13,900	15,620	15,120	16,120	15,050	15,810	13,660	15,140	11,180	11,320	11,170	12,340	14,260	15,320
900	15,020	16,880	16,340	17,420	16,270	17,090	14,770	16,520	12,050	12,200	11,610	13,400	15,410	16,710
1,000	16,160	18,160	17,590	18,750	17,910	18,390	15,890	17,910	12,930	13,090	12,050	14,460	16,250	18,120
1,100	17,780	19,980	19,090	19,710	18,450	20,230	16,910	19,730	13,700	13,870	12,490	15,660	17,630	19,960
1,200	19,400	21,800	20,590	20,670	19,400	22,070	17,930	21,550	14,470	14,650	12,930	16,860	18,740	21,800
1,300	21,020	23,620	22,090	21,630	20,350	23,910	18,950	23,370	15,240	15,430	13,370	18,060	19,850	23,640
1,400	22,630	25,440	23,590	22,590	21,300	25,750	19,970	25,190	16,010	16,210	13,810	19,260	20,960	25,480
1,500	24,250	27,250	25,090	23,550	22,250	27,590	20,990	27,000	16,820	17,030	14,250	20,470	22,070	27,320
1,600	25,700	28,300	26,590	24,510	23,200	29,230	22,010	28,630	17,280	17,490	14,690	21,670	23,180	28,970
1,700	27,140	29,350	28,090	25,470	24,150	30,870	23,030	30,270	17,740	17,960	15,130	22,870	24,290	30,620
1,800	28,580	30,400	29,590	26,430	25,100	32,520	24,050	31,900	18,200	18,430	15,570	24,070	25,400	32,270
1,900	30,020	31,450	31,090	27,390	26,050	34,160	25,070	33,530	18,670	18,890	16,010	25,270	26,510	33,920
2,000	31,510	32,500	32,590	28,350	27,000	35,840	26,090	35,160	19,160	19,390	16,450	26,470	27,620	35,570

▶ K-Packet 송장 Sample

▶ K-Packet 송장 출력용 감열 프린터 - 우체국 무상 대여품

▶ 우체국 계약고객전용시스템

- 우체국에 K-Packet 이용계약을 하면 위의 화면과 같은 '계약고객전용시스템'을 이용할 수 있다.
- 우체국 계약고객전용시스템을 이용하면 국내에서 온라인 사업을 하는 사업자를 위한 '우체국택배' 송장 작업도 가능(별도 계약을 해야 한다)하다. 앞에서 설명했던 우체국의 '계약 EMS' 서비스를 신청하게 되면 EMS 송장도 이곳에서 작업한 뒤 송장을 출력할 수 있다. 그러므로 우체국에 K-Packet 이용계약을 할 예정이면 계약 EMS 서비스까지 같이 신청하는 것을 추천한다.

④ 국제통상 소형포장물

▶ 국제통상은 우리가 일반적으로 해외로 발송하는 편지와 같은 '항공서장'과 편지가 아닌 작은 제품들을 발송할 수 있는 '소형포장물'로 구분된다. 우리는 제품을 발송하는 것이기에 '소형포장물'에 대하여 자세히 알아보자.

▶ 소형포장물의 발송 가능 최대 중량은 2kg 이내이며 부피는 가장 긴 변의 길이가 60cm를 초과하면 안 된다. 가로·세로·높이의 합이 90cm를 초과하면 발송이 불가하다. 소형포장물도 부피무게를 계산하지는 않는다.

▶ 소형포장물은 'Tracking-Number'를 제공받을 수 있는 '등기접수'와

'Tracking-Number'를 제공받지 않는 '무등기접수'가 있다. 등기접수로 소형 포장물을 해외로 발송할 때에는 건당 ₩2,800의 등기비용이 추가된다.

※ 제품 매입비용이 등기비용보다 적은 경우라면 등기번호를 부여받아 해외로 배송하는 것은 판매자에게는 상당한 부담이 된다. 또한 소형포장물의 배송비(무등기 기준)를 보게 되면 포장물의 무게가 가벼울 경우 배송비보다도 등기비용이 비싸다는 것을 알 수 있다.

▶ 소형포장물에서 등기접수로 부여받은 Tracking-Number와 K-Packet에서 부여받는 등기번호엔 차이가 있다. K-Packet에서 부여받은 등기번호는 국제 등기번호 추적 사이트(https://www.track-trace.com/post)에서 대부분 추적이 가능하지만, 소형포장물을 등기로 접수하여 부여받은 등기번호는 일부 국가에서 추적이 불가능하다.

※ 배달방식에서도 큰 차이가 있다. K-Packet은 'Delivery Confirm', 즉 해당 국가 우체국 집배원이 우체통에 넣어 놓으면 배달완료로 종료한다. 하지만 소형포장물 등기접수는 'Signature Confirm', 즉 수신자가 서명을 해야 배달완료가 된다.

이것은 별것 아닌 것 같지만 우리나라와 매우 다른 외국의 우체국 배달 시스템을 알게 된다면 중요한 문제가 된다. 미국에서는 국토가 넓어서 가까운 우체국에 가려면 30분 이상 자동차로 달려야 하는 경우가 흔하다. K-Packet의 'Delivery Confirm'은 우체국 집배원이 우체통에 배송품을 넣어 놓으면 끝난다. 하지만 소형포장물의 등기번호 부여로 배송하여 'Signature Confirm'을 해야 되는 배송품이라면 해당 주소에 집배원이 방문했을 때 수령인이 없으면 손바닥만한 '통지서'를 현관문에 붙여두고 돌아간다. 그리고 집배원은 다시는 그 배달지에 방문하지 않고 해당 지역 우체국에서 수령인이 찾아갈 때까지 상품을 보관한다. 즉 수령인이 그 상품을 수령하기 위해서는 30분 이상을 자동차로 달려 해당 지역의 우체국에 가서 서류에 서명하고 찾아야 한다.

만일 현관에 붙여놓은 '통지서'가 바람에 날려서 분실되거나, 다른 사람이 뜯어버린다거나, 수령인이 우체국을 방문하지 않는다면 해당 상품은 45일 정도 우체국에 보관되어 있다가 발송인에게 자동 반송되며, 발송인은 반송비를 지불하고 다시 상품을 수령하게 된다. 즉, 발송한 제품은 다시 회수했지만 해외배송비와 반송비의 지출은 고스란히 영업 손실로 남게 된다.

필자의 경험으로 보면 소형포장물을 등기로 발송했을 때 이런 문제가 적지 않게 발생되며, 제품 구매자와 의도치 않은 실랑이가 벌어지기도 한다. 이로 인해 판매자의 Selling Performance가 나빠지게 되는 경우도 매우 많다.

▶ 소형포장물로 해외에 반송하게 되면 배송기간은 앞에서 설명한 어떤 상품

보다도 느리다. 미국을 기준으로 12~20일 정도 소요되며, 남미의 국가, 러시아 주변국들은 기본적으로 30일 이상 소요된다. 이는 등기번호를 부여받는 '등기접수'인 경우에도 동일하다.

▶ 소형포장물의 발송방법은 우체국에 방문하여 'CN22'라고 하는 세관신고서를 작성하여 발송물에 붙이고 발송인의 영문주소와 수신인의 주소를 작성한 후 'Small-Packet'이라고 포장지 외부에 수기로 써서 접수하면 된다.

▶ 주요 국가 소형포장물 무등기 요금: 2019.01 기준

중량(g)	1지역	2지역	3지역	4지역
100	1,760	2,170	2,350	2,540
200	2,290	2,890	3,360	3,670
300	2,820	3,610	4,370	4,800
400	3,350	4,330	5,380	5,930
500	4,430	5,780	7,430	8,230
600	5,140	6,370	8,380	9,640
700	5,850	6,960	9,330	11,050
800	6,560	7,550	10,280	12,460
900	7,270	8,140	11,230	13,870
1,000	7,980	8,690	12,170	15,320
1,100	9,280	10,190	14,070	16,720
1,200	10,080	11,090	15,370	18,120
1,300	10,880	11,990	16,670	19,520
1,400	11,680	12,890	17,970	20,920
1,500	12,480	13,640	18,850	22,000
1,600	13,280	14,740	20,150	24,000
1,700	14,080	16,440	22,050	26,000
1,800	14,880	18,140	23,950	28,000
1,900	15,680	19,840	25,850	30,000
2,000	16,480	21,540	27,750	32,000

1지역 : 중국,홍콩,일본,대만 등

2지역 : 태국,싱가포르,필리핀,말레이지아,베트남 등

3지역 : 미국,캐나다,호주,영국,프랑스,독일,인도,노르웨이,스웨덴 등

4지역 : 아르헨티나,브라질,페루,남아공 등

▶ 소형포장물 송장 Sample

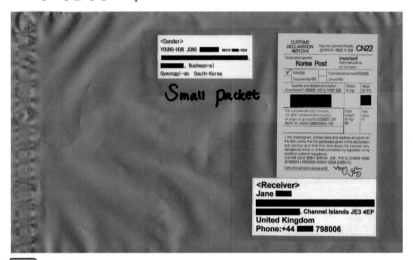

※ 소형포장물을 우체국에 접수하면 '등기접수'인 경우에는 등기번호가 부여된 스티커를, '무등기접수'인 경우에는 수령인의 국가코드와 발송금액만 인쇄된 스티커를 부여받게 되는데 그 스티커를 포장지 겉면에 붙이면 된다. 우측 상단에 'CUSTOMS DECLARATION'이라고 인쇄된 용지가 'CN22' 세관신고서이다. 기재사항은 내용품명, 가격, 그리고 발신자의 서명이다. 보내는 사람과 받는 사람의 주소는 필자의 경우처럼 수신인(Receiver-제품구매자)과 발신인 (Sender-판매자)을 라벨용지에 프린팅해서 포장지 외부에 붙여서 발송하거나, 직접 손으로 써서 발송해도 무방하다.

4. 해외배송 전문업체들의 배송상품 - 해외 특송사

현재 한국에서 해외배송을 전문적으로 취급하는 특송사들은 Fedex, DHL, UPS 등이 있다. 이 외에도 국내 특송사로 범한 판토스, 일양 로지스 등이 있기는 하지만 규모의 차이가 너무 크고 이로 인해 서비스되는 국가도 한정되어

FedEx, DHL, UPS는 한국에서 이용 가능한 해외 특송사들이다.

있으며, 가격적인 부분에서도 크게 메리트가 없어 대부분 위의 세 업체를 주로 사용한다. 이런 해외 특송사들은 빠른 배송과 편리한 서비스, 완벽한 배송 추적 조회 등을 기본적으로 제공한다.

그러나 이 업체들을 해외 온라인 사업을 시작하는 초보 사업자가 사용하기에는 높은 배송비가 부담이 된다. 해외 특송사가 월 10~20건도 되지 않는 물량을 발송하는 사업자에게 높은 할인율를 적용해줄 리는 만무하다. 하지만 매월 100건 이상 또는 1,000건 이상을 발송하는 사업자에겐 등급에 맞는 높은 할인율을 제공한다. 이렇게 발송되는 물량은 꾸준해야 하며, 단기간이고 일시적인 대량 발송은 높은 할인율을 적용받기 어렵다. 그래서 대부분의 해외 특송사들은 최초 계약 시 사업자가 이전에 해외 특송으로 발송한 내역을 기준으로 하여 할인율을 제공하며, 계약기간의 연장 시 이전의 발송물량을 기준으로 할인율을 재조정한다.

또한 해외 특송사는 판매자와는 전혀 다른 관점에서 배송물량을 측정한다. 판매자의 입장에서는 다량의 물량을 한 박스에 모아서 한 번에 왕창 보내야만 배송비를 절감할 수 있다는 생각이지만, 해외 특송사들은 판매건수 모두를 개별 배송하여 배송건수를 늘리는 것을 원한다. 즉 판매자는 판매량을 기준으로 하지만, 특송사는 배송량을 기준으로 한다는 것이다. 이 부분은 비슷하면서도 매우 다르다는 것을 알아야 한다.

그리고 모든 해외배송사들은 '부피무게'를 철저하게 적용하기 때문에 가벼운 제품이라도 부피가 큰 제품이라면 더욱 높은 배송비를 청구한다.

높은 할인율을 적용받는 필자의 지인 같은 경우는 우체국의 EMS 상품과는 비교할 수 없는 정도의 낮은 가격으로 편리한 서비스(포장부자재 제공, Pick-Up 서비스 등)를 제공받으며 안전하고 빠르게 전 세계로 상품들을 배송하고 있다.

즉 해외 특송사들은 사업이 잘되는 사업자에게는 더욱 좋은 여건을 마련해주어서 더욱 잘되게 하는, 그래서 더욱더 큰 '규모의 경제'가 될 수 있도록 최적화되어 있다. 그렇기 때문에 해외 온라인 사업을 이제 시작하는 사업자에게는 '그림의 떡' 같은 존재가 해외 특송사이다.

또한 지방에서는 사용이 제한되거나 불가능하다. 대부분의 해외 특송사 사업소가 대도시에 있기 때문이다. 지방의 군소 도시에 있는 사업장까지 Pick-Up 서비스를 지원하는 해외 특송사는 없다.

그러므로 해외 특송사를 저렴한 가격으로 제대로 활용하고 싶다면, 대도시에서 매월 많은 물량을 해외로 발송한 자료를 갖고 해당 지역 특송사 영업담당자와 미팅하기 바란다. 이렇게 해서 높은 할인율을 받는 것으로 해외 특송사와의 물류계약이 채결된다면, 판매자는 우체국에서는 받을 수 없는 저렴한 가격에 진정한 해외 특송 서비스를 받을 수 있을 것이다. 그리고 이렇게 제공받은 서비스는 소비자에게 긍정적은 부분으로 반영된다.

해외 특송사를 이용해 배송을 하면 해외의 소비자들은 당신의 회사는 몰라도 해외 특송사 이름은 알고 있기 때문에 판매상품에 대한 신용도가 더욱 높아진다. 이렇게 높아진 신용도는 더욱 많은 판매량의 증가로 이어질 것이다.

하지만 이는 해외 온라인 사업이 어느 정도 안정화되고, 정기적으로 일정량의 해외배송 물량이 생긴 후에 진행이 가능한 것임을 알아야 한다.

> ※ 필자의 경험으로 미루어 볼 때, 해외 온라인 사업도 성장 단계별로 일정하게 진행해야 하는 업무 프로세스가 있다. 그 부분에 대해서는 '13장. 해외 B2C 사업자가 알아야 할 것들'에서 자세히 설명하겠다.

5. 해외배송 전문업체들의 배송상품 – 해외배송대행업체

해외 온라인 사업을 시작했거나 시작한지 얼마 되지 않은 판매자가 위에서 설명했던 해외 특송업체들을 저렴한 가격에 사용할 수 있는 방법이 아예 없는 것이 아니다.

공산품에는 '대체재'라는 것이 있다. 사전적 의미로 '재화 중 동일한 효용을 얻을 수 있는 재화'를 일컫는다. 즉, 아직은 이용 여건이 불가능해서 해외 특송사를 이용할 수 없는 해외 온라인 판매자들에게 일정 금액의 수수료를 제공하면 해외 특송사를 사용할 수 있도록 채널을 열어놓은 업체들이 있다. 즉 '해외배송대행업체'들이 해외배송의 대체재라고 할 수 있다.

해외배송대행업체는 해외 특송을 다량으로 발송한 이력이나 인맥, 영업력 등으로 해외 특송사로부터 높은 할인율을 제공받는다. 이들은 일정 부분의 운영비와 이익을 수수료조로 받고, 판매자의 물량을 그들과 계약한 해외 특송업체를 이용하여 발송을 대행해주는 업체들이다.

이런 사업을 하고 있는 해외배송대행업체들은 지속적으로 증가하고 있다. 현재 국내에서 해외로 배송대행을 진행하는 주요 업체는 기존의 해외 온라인 판매자들이 가장 많이 사용하고 있는 '도어로'와 'SF 익스프레스'이다. 그중에서도 특히 '도어로'는 해외배송대행 물량의 70% 이상을 차지하고 있다. 도어로는 미국에서 구매한 제품을 한국으로 배송해주는 '역구매 배송대행 서비스'도 진행하고 있다.

해외배송대행업체 – 도어로

해외배송대행업체 – SF 익스프레스

앞서 이야기한 것처럼 해외배송은 '규모의 경제'가 가장 강하게 적용되는 사업이기 때문에 신생업체가 이런 기존 업체들을 추월하기는 쉽지 않아 향후에도 이들의 사업 규모는 점점 증가할 것으로 예측된다.

이런 해외배송대행업체는 기본적으로 1개 이상의 해외 특송사들과 계약을 맺고 있으며, 해외배송대행업체에게 배송을 의뢰하면 계약을 맺은 해외 특송사의 'Tracking-Number'를 부여받는다. 이렇게 부여받은 Tracking-Number는 배송을 요청한 판매자가 확인할 수 있다.

해외배송대행업체 대부분은 배송대행 의뢰품의 Pick-Up 서비스를 지원하지 않기 때문에 배송 의뢰자는 국내의 택배회사를 이용하여 해외배송대행업체가 요청하는 물류센터에 입고시켜야 한다. 여기에서 추가비용(국내 택배비)이 발생하지만 이를 해외배송대행업체가 청구하는 해외배송비에 더하여 계산한다 하더라도 대부분 우체국의 CP(항공소포) 요금보다도 저렴하다.

저렴한 해외배송 요금과 해외 특송사의 Tracking-Number를 부여받을 수 있다는 점, 그리고 우체국의 CP(항공소포)보다 훨씬 빠른 배송이 가능하다는 것이 해외배송대행업체의 장점이라고 할 수 있다.

하지만 해외배송대행업체의 물류센터까지 상품을 입고시켜야 하는 불편함과 철저한 부피무게의 적용, 계약된 해외 특송사의 배송정책으로 인해 배송불가 품목들이 많다는 점, 국내에서의 택배 이동에 따른 총 배송기간의 증가 등의 단점이 있다.

6. 아마존에서 해외배송 시 고려사항

지금까지 해외배송을 이용할 수 있는 업체들의 특징과 상품들의 장단점에 대해서 설명하였다. 그러나 지금까지 설명한 해외물류는 해외 온라인 B2C 사업에서 이용 가능한 'Micro-Business'급의 내용들만 언급한 것으로서, Box당 무게가 30kg을 초과하는 물량, Pallet 단위 또는 컨테이너급의 물량을 한꺼번에 해외로 배송하는 방법 등에 대해서는 설명하지 않았다.

더불어 위에 설명한 내용 중 우체국의 '선편일반소포'를 제외하고는 모두 항공운송을 기준으로 설명하였는데, 이는 이 책이 해외 온라인 셀링을 시작한, 그리고 시작한지 얼마 되지 않은 사람들을 대상으로 쓰였기 때문이다.

그러므로 독자 중 향후 매출의 증가로 필자가 지금까지 설명한 배송방법으로는 한계점에 도달했을 때, 추가적인 해외배송 방법에 대해서 연구해야 하며 본인에게 최적화된 운송방법을 지속적으로 찾아야 한다.

그러면 이제 아마존에 최적화된 해외배송을 위한 고려사항에 대해 알아보자.

① FBM으로 판매된 상품은 무조건 'Tracking-Number'를 제공해야 한다.

▶ 앞에서도 설명했지만 아마존에서 FBM으로 판매된 제품을 배송할 때 Tracking-Number를 입력하지 않으면 Seller-Performance에 심각한 문제가 발생한다. 그러므로 판매자가 FBM으로 판매된 제품을 발송할 때에는 우체국 상품 중 '소형포장물-등기'급 이상으로 배송해야 한다.

② 부피무게에 대한 정확한 측정이 필요하다.

▶ FBA 방식으로 판매하려는 제품을 FBA 창고로 배송하기 위해 포장을 했을 때, 포장이 완료된 박스의 실제 무게와 부피(가로·세로·높이)를 측정한 값을 두고서 다양한 해외배송 대행사가 내놓은 예상 배송비를 비교해야 한다.

▶ 만일 부피무게가 많이 발생하는 제품일 경우, 해외 특송사나 해외배송대행업체의 비용보다 우체국의 CP(항공소포) 요금이 저렴할 수 있기 때문이다.

③ 우체국의 K-Packet과 계약 EMS 시스템은 되도록 가입한다.

▶ 이 상품들은 가입 절차도 쉽고 추가적인 비용도 없다. 아마존에서 상품은 FBA가 아니어도 FBM 방식으로도 판매될 수도 있고, 앞에서 설명한 해외의 기타 온라인 쇼핑몰에서도 상품을 판매할 수 있다. 이때 가장 보편적이면서 효율적인 배송방법이 우체국의 K-Packet이다. 또한 계약EMS 시스템의 가입이 필요한 이유는 해외 특송업체와 계약되지 않은 국가에서 빠른 배송을 요청하는 구매자 있을 수 있기 때문이다.

④ 무게와 부피를 줄일 수 있는 방법을 최대한 강구한다.

▶ 해외배송이라고 무조건 박스에 포장하라는 규정은 없다. 운송 시 파손이 되지 않는 제품이라면 종이 박스가 아닌 앞에서 보여준 '소형포장물 송장 Sample' 사진처럼 불투명 PP 비닐봉투를 사용해도 무방하다.

▶ 해외 온라인 판매자는 항상 제품의 품질은 훼손시키지 않으면서 부피와 무게를 줄일 수 있는 포장방법을 강구해야 한다.

※ 필자도 해외 온라인 셀링을 시작한 초기에 이 부분에 대한 준비 미흡으로 불필요한 해외배송비를 상당히 많이 지불했던 경험이 있다.

⑤ FBA 창고로 상품을 입고할 때에는 포장 공간의 틈새를 최소화할 수 있는 포장 방법을 강구해야 한다.

▶ 아마존의 FBA 시스템으로 판매되는 제품들은 대부분 무게가 가벼운 편이다. 즉 부피무게가 많이 발생한다. 만약 동일한 제품을 한꺼번에 대량 입고시킬 계획이 아니라면 블록을 쌓듯 크기가 다른 제품들을 섞어 포장하여 포장 부피를 최대로 줄여야 한다. 이렇게 하면 운송 중에도 파손 가능성이 감소될 뿐만 아니라 이처럼 포장한 제품이 부피무게의 적용까지 받지 않을 경우, 배송비를 상당히 절약할 수 있다.

⑥ 해외배송비를 줄일 수 있는 모든 방법을 동원해야 한다.

▶ 필자의 경험으로 보면 아마존 판매 활동에 있어서 비용이 가장 많이 발생하는 부분이 아마존의 수수료이며, 그 다음이 해외배송비이다.
아마존의 수수료는 고정값이므로 어쩔 수 없는 부분이지만, 해외배송비는 판매자가 어떻게 생각하고 움직이느냐에 따라서 변동 폭이 상당하다.

▶ '어떻게 하면 배송비를 절약할 수 있을까?' 이 생각을 해외 온라인 판매자는 항상 해야 한다. '뜻'이 있으면 분명히 '길'은 있다.

※ 필자의 지인 중 해외 특송사로부터 높은 할인율을 적용받는 업체가 있다. 필자가 부천에서 영업을 할 때는 종종 그 지인에게 배송을 의뢰한 적도 있었다. 이렇게 의뢰하는 것이 별것 아니라고 생각할 수도 있겠지만 한 건당 10만 원 이상 배송비가 차이 나는 경우도 있기 때문에 영업이익에 상당한 영향을 미치기도 한다.

⑦ 배송비를 줄이는 방법에 정답은 없다.

▶ 아마존은 판매하는 제품에 따라 판매방식과 광고 및 프로모션 방법, 배송방법 등을 완전히 달리 접근해야 하는 곳이다. 어떤 판매자에게는 '정답'인 것이 어떤 판매자에게는 '독'이 되는 경우가 상당히 많다.

이 점은 FBA 창고로 상품을 배송하는 방법에서도 그렇다. 한국에서 아마존에 침대 메트리스를 판매하는 셀러(진짜로 존재한다)와 볼펜과 같은 문구류를 판매하는 셀러가 동일한 해외 배송방법을 사용할 수는 없는 것이다. 판매자는 본인이 판매하려는 제품에 최적화된 배송상품을 선택하여야 한다. 우리가 알고 있는 정형화된 잣대로 모든 상품에 일률적으로 적용해서는 절대 안 된다.

아마존에서는 상품별로 개인에게 적합한 고유의 판매방식과 배송방법을 활용하여 최대의 영업이익을 만들어내는 것이 정답이다.

이상으로 아마존에서 FBA 시스템으로 상품을 등록하는 방법부터 등록한 상품을 FBA 창고로 배송하는 과정인 해외배송까지 알아보았다.

필자가 아마존의 FBA와 해외배송 부분을 이렇게 자세하게 다룬 것은 대부분의 신규 해외 온라인 판매자들이 이 부분을 잘 모르고 있고, 별것 아니라 생각하고 있기 때문이다.

사업에서 판매량의 증가도 중요하지만 많이 남기는 것은 더 중요하다. 생각지도 않은 변수들로 인해 영업이익률이 깎이는 게 해외 온라인 사업인데, 그 이익률을 높일 수 있는 유일한 영역이 바로 물류배송이다. 그러므로 해외 온라인 사업자라면 반드시 해외배송비에 대해 제대로 알고 본인이 판매하려는 제품과 가장 잘 맞는 배송상품을 찾아봐야 된다.

7. FBM으로 판매된 제품 배송하기

아마존에서 FBM으로 제품이 판매되었을 경우 셀러가 개별적으로 배송하는 절차에 대해 알아보자.

아마존은 FBA 시스템으로만 판매되는 것이 아니고 FBM으로 판매되는 경우도 많다. 이는 필자가 주로 판매하는 아이템(공구류-Tools)에서는 매우 흔하며, 아이템의 특성(무게 및 부피) 때문에 불가피하게 FBM 방식으로만 판매해야 되는 경우도 있다.

① 아마존에서 FBM으로 제품이 판매되면 아래 화면과 같이 좌측의 'Your Orders' 항목에서 'Unshipped' 항목의 숫자가 판매된 건수만큼 증가한다.

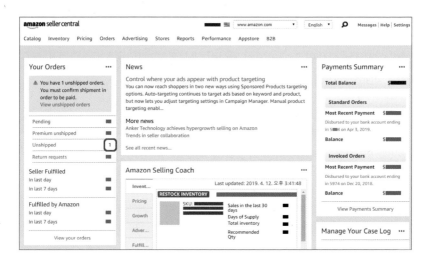

▶ 위의 화면에서 FBM으로 판매된 제품을 배송하기 위해서는 우선 판매된 숫자를 마우스로 클릭한다.

※ 여기에서 중요한 부분은 판매된 숫자가 아니라 판매된 건수만큼이라는 부분이다. 즉, 구매자가 동일한 제품을 동시에 10개 구매하더라도 해당 건수는 1건으로 표기된다. 하지만 구매자가 판매자의 다른 SKU의 제품을 구매하면 발송건수는 구매 숫자만큼 증가한다.

② FBM으로 판매된 숫자를 클릭하면 화면과 같이 FBM으로 판매되어 셀러가 직접 배송을 진행해야 되는 판매내역이 나타난다.

▶ 'Order Details' 밑에 있는 아마존의 주문번호를 클릭한다

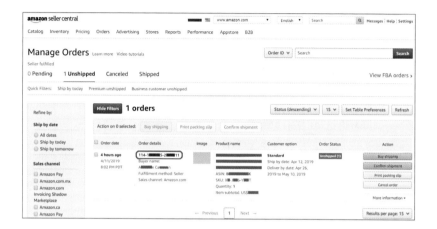

③ 그러면 상품을 배송할 주소 및 기타 주요 자료가 화면과 같이 나타난다.

▶ 이 화면에서 중요한 부분은 제품을 수령할 수신자의 주소 정보인데, 이 정보를 갖고 해외배송을 하기 위한 송장 작업을 진행한다.

※ 여기에서 중요한 것은 미국에서 등기번호(Tracking Number)의 추적이 가능한 배송 상품을 이용해야 한다는 것이다. 아마존에서 FBM으로 판매된 제품을 배송할 때 미국 현지에서 등기번호 추적이 되지 않는 상품으로 배송하면 판매된 제품이 구매자에게 제대로 배송되었다할지라도 셀러 'Account Health'의 'Valid Tracking Rate'가 떨어지게 되며, Valid Tracking Rate가 95% 이하로 떨어지면 셀러의 Account Health는 'At Risk'로 바뀌기 때문에 셀러 계정에 문제가 발생한다.

④ 여기서는 우체국 K-Packet의 예를 설명한다. 수신자의 정보를 갖고 우체국의 K-Packet을 이용한 송장 작업을 진행하면 아래와 같은 송장을 생성할 수 있다.

▶ 중요한 것은 'USPS Tracking Number'인데, 이 Tracking Number를 아마 존에서 FBM으로 판매한 화면에 입력해야 한다.

※ 우체국이 아닌 다른 해외 특송사를 이용하는 경우에도 해외배송을 위한 송장 작업은 거의 동일하다. 송장 작업을 진행할 때에는 건별로 하나씩 진행할 수도 있고 대량의 주문은 EXCEL-CSV file로 다운로드해서 한꺼번에 진행할 수도 있다.

⑤ 이렇게 송장 작업을 하고 난 뒤 K-Packet에서 생성된 Tracking Number를 해당 위치(Tracking ID:)에 입력한다.

⑥ Tracking Number를 입력하고 'Confirm shipment' 버튼을 클릭하면 아마존
에서 FBM으로 판매된 제품의 배송처리가 완료된다. 이후 실제로 제품을 보내면
된다.

Enter shipping details for your unshipped items

ASIN : B⬛⬛⬛⬛⬛K
SKU : X⬛-J⬛⬛6-Y⬛⬛T
Order Item ID :
07⬛⬛⬛⬛54

Qty: 1 ⌄

Confirm shipment

Ship Date:	Carrier:	Shipping Service:	Tracking ID:
Thu, Apr 11, 2019 ⌄	USPS ⌄	Air mail	LK057⬛⬛⬛SKR

Add a Package   Confirm shipment

아마존
판매대금
정산받기

아마존의 결제대금 정산 시 알아야 할 사항

아마존의 판매금액 정산은 14일에 한번씩 진행된다. 정산일자는 셀러의 아마존 가입일을 기준으로 가입 후 14일 이후에 첫 정산이 이루어지며, 14일 이후 판매된 금액은 다음 정산일에 일괄적으로 정산한다.

아마존에서 결제대금이 지정된 기일에 정산되지 않는 경우가 몇 가지 있는데 다음과 같다.

① 판매자 계정을 생성한 후 정산기간이 경과하지 않은 경우

② 판매가 이루어지지 않아서 정산할 금액이 '0'인 경우
▶ 아마존에서 Professional Selling Plan으로 판매를 진행하면 매월 $39.99를 지불해야 하는데, 판매가 없어서 정산할 금액이 없으면 아마존은 우선 해당 판매자의 계정에서 결제금액을 마이너스(-)로 설정한다. 아마존에서 판매 활동을 하는 초기에는 정산금이 마이너스로 설정되는 경우가 흔하다.
▶ 이는 아마존 가입 시 등록한 신용카드에서 Professional Selling Plan Fee를 강제적으로 결제하는 것보다 우선되며, 향후 판매가 이루어지면 해당 Fee를 우선적으로 공제한다.
▶ 하지만 지속적으로 판매가 이루어지지 않는다면 가입 시 등록한 신용카드에서 아마존은 Professional Selling Plan Fee를 강제적으로 결제를 진행한다.
▶ 또한 아마존은 판매가 이루어지면 판매 시 발생된 각종 수수료를 우선 공제하고 남는 금액을 판매자의 정산금으로 넘기기 때문에 제품의 판매금액과 아마존의 정산금액은 많은 차이가 있음을 주지해야 한다.

③ 해외 PG사 또는 아마존에서 인정하는 미국 은행의 계좌정보를 입력하지 않았거나 잘못 입력한 경우

▶ 이런 경우는 흔히 발생한다. 따라서 아마존 가입 시 해외 PG사 또는 아마존에서 인정하는 미국 은행의 계좌 정보를 정확하게 연동시키는 것이 중요하다.

④ 해외 PG사 또는 아마존에서 인정하는 미국 은행의 계좌 정보를 수정한 경우

▶ 이런 경우는 아마존에서 변경된 결제 계좌를 확인하는 기간만큼 결제가 지연되는데, 짧게는 3일, 길게는 15일 이상 소요되는 경우도 있다.

▶ 만약 이런 문제로 해당 결제일에 대금이 정산되지 않는다면 차기 결제일에 일괄로 정산된다.

아마존에서의 정산금액의 자세한 확인을 위해서는 다음 장에서 설명하는 'Payments Report (결제 관련 리포트)'를 다운받아서 확인해보면 판매된 제품별로 자세한 내역을 알 수 있다.

아마존의 결제대금
정산 절차 02

아마존에서는 해당 정산일에 셀러가 아마존에 등록한 해외 PG사 또는 아마존에서 인정하는 미국 은행의 계좌로 결제대금을 이체하고 셀러가 등록한 이메일 계정으로 아래와 같은 이메일을 전송한다.

위의 이메일 내용에서 보듯이 결제금액은 해당 PG사 또는 미국 은행의 계좌로 즉시 입금되는 것이 아니라 3~5영업일이라는 시간이 소요된다. 이는 국제 외환거래에 따른 통상적인 기간으로, 이 시간을 줄일 수 있는 방법은 없다.

이 기간이 지난 후 아마존에 등록한 해외 PG사 또는 아마존에서 인정하는 미국 은행의 계좌에 결제대금이 입금된 것을 확인할 수 있다. 이 책에서는 필자가 현재 이용하고 있는 해외 PG사인 '페이오니아'를 기준으로 설명한다.

아마존에서 페이오니아로 결제대금이 입금되면 페이오니아에 등록한 이메일 계정으로 입금내역을 보여주는 이메일을 받게 된다.

이렇게 받은 두 개의 이메일 내용을 자세히 살펴보면 아마존에서 페이오니아로 결제대금이 이체된 일자는 4월 3일 오후 3:27이며, 페이오니아에서 아마존의 결제대금을 입금받은 일자는 4월 5일 오전 1:21임을 확인할 수 있다.

이렇듯 아마존에서 페이오니아로 결제금액이 이체되는 기간은 통상적으로 2~3일 정도의 영업일이 소요됨을 알 수 있다.

※ 필자는 현재 아마존과 페이오니아에 계정 생성 시 등록한 이메일을 필자의 스마트폰 (안드로이드폰)과 연동하여 사용하고 있다. 이렇게 하면 중요한 업무의 대부분을 모바일에서 확인할 수 있기 때문에 업무의 효율성을 높일 수 있다.

PG사의 자금을
한국 은행으로 이체하기 03

페이오니아에서 한국의 은행으로 자금을 인출하는 방법을 알아보자.

① 페이오니아에 접속하여 로그인하면 아래와 같은 화면을 볼 수 있다.

▶ 화면 상단에 보면 페이오니아에서 한국의 은행으로 이체가 가능한 누적금액을 확인할 수 있다.

▶ 우측에 있는 '**거래 현황 보기**'를 클릭하면 지금까지 페이오니아를 통해서 진행된 거래 현황을 확인할 수 있다.

▶ 위의 화면에서 볼 수 있듯이 필자가 14일 간격으로 아마존에서의 결제금을 받아온 것을 확인할 수 있다.

▶ 이 화면에서 상단 좌측에 있는 **'인출하기'** 메뉴에 마우스 커서를 이동하면 아래의 화면과 같은 '은행계좌로 인출'과 '자동인출'이라는 하위 메뉴를 확인할 수 있다.

② 이 메뉴에서 '은행계좌로 인출'을 클릭하면 페이오니아 가입 시 등록한 한국의 은행으로 자금을 인출할 수 있는 화면이 나타난다.

③ '더보기'를 클릭하면 필자가 아마존에서 상품을 판매해서 수령한 US 달러 보유액을 확인힐 수 있다.

④ 보유한 US 달러를 클릭하면 한국의 은행으로 자금을 이체할 수 있는 화면으로 이동한다.

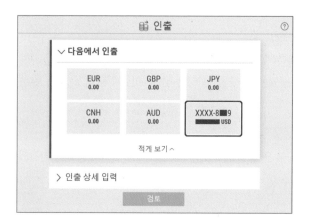

※ 현재 필자는 페이오니아를 통해서 Amazon.com의 거래금액만 수취하기 때문에 필자의 페이오니아의 계좌에는 EUR과 GBP, JPY는 거래금액이 '0'으로 되어 있다. 만약 셀러가 Amazon au 또는 Amazon.jp에서 판매한다면 해당 외화가 적립된다.

⑤ 여기에 입력하는 금액은 이체 후 입금되는 원화를 입력하는 것이 아니라 보유하고 있는 외화의 범위에서 최소 $50~최대 $50,000까지 입력 가능하다.

※ 금액을 입력하는 항목 바로 위에 있는 '은행선택' 항목은 페이오니아 가입 시 등록한 한국의 은행계좌를 말한다. 통상적으로 대부분의 셀러들이 한 개의 은행계좌를 설정해서 사용하기 때문에 'Main Account' 값은 변경되지 않는다. 하지만 페이오니아 가입자가 두 개 이상으로 설정했다면 'Main Account'에서 원하는 한국의 은행계좌를 선택하면 된다.

▶ 위의 화면처럼 한국의 은행으로 이체를 원하는 금액을 입력한 후 아래에 활성화된 '**검토**' 버튼을 클릭하면 페이오니아에서 한국의 은행으로 금액을 이체하는 절차가 완료된다.

▶ 이렇게 페이오니아에 있는 자금을 한국의 은행에 이체할 때에도 한국의 은행계좌로 즉시 입금되는 것이 아니라 3~5영업일이라는 시간이 소요된다.

이는 아마존에서 페이오니아로 정산대금이 이체되는 것과 같은 개념으로 국제 외환거래에 따른 통상적인 기간으로서, 이 시간 또한 줄일 수 있는 방법은 없다. 그리고 페이오니아가 아닌 다른 해외 PG사들도 한국의 은행으로 자금을 이체하는 경우 비슷한 기간이 소요된다.

▶ 이체 시 환율은 PG사가 사용하는 환율 사이트의 환율을 기준으로 환전되어 한국의 은행으로 입금되며, 일정 부분의 수수료도 차감된다. 참고적으로 페이오니아는 www.xe.com이라는 곳의 환율을 기준으로 이체대금을 계산하는데, 이는 국내의 은행과 일부 환차손이 있음을 알고 있어야 한다.

지금까지 아마존에서 상품의 판매로 얻게된 결제대금을 한국의 은행으로 입금하는 일련의 과정을 설명하였다.

여기에서 중요한 부분은 아마존에서 제품이 판매가 되어도 구매자의 결제금이 셀러에게 입금되기 위해서는 적지 않은 기간이 소요된다는 것이다. 즉 아마존의 판매자 계정에 특별한 문제가 없더라도 한국의 은행계좌로 판매대금을 입금받기 위해서는 최대 20일 이상의 기간이 소요될 수도 있다는 것이다. 때문에 아마존에서 지속적인 판매와 사업의 연속성을 위한 사업자금 운용 시 이 부분을 유의해야 한다.

아마존
수수료와 판매마진
계산하기

아마존
수수료에 대한 이해

필자는 아마존 강의를 하면서 이익률 계산을 제대로 하지 못하는 셀러들이 많다는 것에 굉장히 놀랐다.

온라인 시장에서 마진분석은 상당히 어렵다.

국내 온라인 시장을 예로 들면 '오늘 몇 개를 팔았는데, 매입금액이 얼마에 판매금액이 얼마, 그래서 얼마가 남았다'라고 쉽게 계산할 수 있을 것이다. 하지만 포장비와 배송비, 사무실 임차료와 고정적으로 발생되는 비용들, 각종 문제로 환불된 금액, 부가가치세/종합소득세(법인세)와 같은 세금문제, 악성재고의 대손상각 등의 문제들을 생각하면 머리가 복잡해진다.

해외 온라인 시장은 여기에 더하여 국내 온라인몰보다 수수료에 대한 계산법이 훨씬 복잡한데, 이를 제대로 계산하지 않으면 '앞에서 남고 뒤에서 손해보는 장사'를 하게 된다. 어떤 수수료가 언제 얼마큼 발생하는지 알아야 제대로 된 수익률 분석이 가능하다.

여기서는 아마존의 수수료에 대해 자세히 알아보겠다.

워런 버핏(Warren Buffet)의 명언 중에 '위험은 자신이 무엇을 하는지 모르는 데서 온다(Risk comes from not knowing what you're doing)'라는 말이 있다. 제대로 된 마진 분석은 온라인 셀링에서 가장 기초이며, 잘못된 마진 분석은 사업을 지속적으로 영위할 수 없게 만드는 가장 큰 위협이다.

아마존의 수수료는 매월 정기적으로 지불해야 하는 월간 사용료(Monthly subscription fee)와 등록한 상품이 판매되었을 때 발생하는 판매수수료(Per-item fees & Referral fees)가 있다. 그리고 FBA 시스템을 이용할 때 발생하는 FBA 관련 수수료가 있다.

1. Monthly subscription fee(월간 사용료)

아마존의 계정은 소규모 개인 판매자로 등록하는 Individual Selling Plan과 전문 판매자로 등록하는 Professional Selling Plan으로 나누어져 있다.

① Individual Selling Plan은 월간 사용료를 내지 않는다.

▶ Individual Selling Plan으로 가입한 셀러는 '카테고리 승인'을 요청할 수 없다. 또한 아마존에서 실시하는 각종 프로모션에 참가할 수 없다.

▶ 아마존에서 제공하는 인벤토리 관리 및 주문 관련 자료의 엑셀 파일을 받을 수 없으며, 이를 이용한 주문 관리 및 인벤토리 관리를 할 수 없다.

▶ 월간 사용료를 지불하지는 않지만 'Amazon Per-item fees'라는 명목으로 개별 판매제품당 $0.99를 수수료를 내야(공제)한다.

▶ 주문 알림을 받은 날로부터 2영업일 이내에 모든 주문을 배송해야 한다.

▶ 아마존의 'Buy Box'에 들어갈 수 없다.

▶ 다중계정 관리를 할 수 없다(다른 사람에게 액세스 권한을 부여할 수 없다).

② Professional Selling Plan은 매월 $39.99를 아마존에 지불해야 한다.

▶ 이 월간 사용료는 판매금액이 있으면 그 금액에서 우선적으로 차감되며, 판매금액이 없을 때는 계정 생성 시 등록한 신용카드에서 자동으로 결제된다.

▶ Professional Selling Plan은 'Amazon Per-item fees'를 내지 않는다.

▶ Individual Selling Plan으로의 가입 시 불가능했던 모든 업무(인벤토리 관리 및 주문 관련 자료의 엑셀 파일 Down & Up Loading, Buy Box 점유, 다중계정 관리)들이 Professional Selling Plan에서는 가능하다.

※ 장기간 판매활동을 하지 못하는 경우가 아니라면 대부분 셀러들이 매월 $39.99를 지불하는 Professional Selling Plan으로 활동한다. 만약 판매량이 매월 41개 이하라면 Individual Selling Plan으로 가입했을 때 내야하는 $0.99의 Amazon Per-item fees가 $39.99를 초과하지 않기 때문에 Individual Selling Plan을 고려할 수도 있다.

Selling Plan의 변경은 셀러센트럴 → 'Help'에서 'Change Selling Plan'을 검색하면 'Downgrade your account' 또는 'Upgrade your account'라는 박스가 생성된다. 이를 클릭하면 쉽게 변경할 수 있다.

2. Referral fees(판매수수료)

Referral fees는 아마존에서 공제하는 판매수수료를 말한다. Referral fees는 Individual Selling Plan에서의 Per-item fees와는 다른 것으로 Individual Selling Plan 판매자는 Referral fees와 Per-item fees를 합산한 금액을 공제한다. 이 금액은 판매제품의 카테고리별로 비율이 다른데, 몇몇 제품을 제외한 대부분의 제품들은 판매가의 15%를 공제한다. 아래 표는 15%의 수수료를 공제하지 않는 품목들이다.

구분	수수료 비율	최소 수수료
Amazon 전자제품 및 액세서리	45%	$0.30
유아용품(유아복 제외)	판매가격 $10 이하인 제품은 8% $10 초과인 경우 가격의 15%	$0.30
카메라 및 사진	8%	$0.30
건강 및 개인 관리 (퍼스널 케어 기기 포함)	판매가격이 $10 이하인 제품은 8% $10 초과인 제품은 15%	$0.30
자동차 및 스포츠용품	12%, 타이어 & 휠 제품은 10%	$0.30
전자 액세서리	판매가격의 $100까지는 15% $100 초과인 부분은 8%	$0.30
휴대전화기기	8%	$0.30
가구 및 장식	판매가격의 $200까지는 15% $200 초과인 부분은 10%	$0.30
공구 및 생활용품	전동공구만 12%, 나머지 15%	$0.30
주요 가전제품	판매가격의 $300까지는 15% $300 초과인 부분은 8%	$0.30
개인용 컴퓨터	6%	$0.30
신발, 핸드백 및 선글라스	판매가격이 $75 이하인 제품은 15% $75 초과인 제품은 18%	$0.30
비디오 게임 콘솔	8%	-
화장품	판매가격이 $10 이하인 제품은 8% $10 초과인 제품은 15%	$0.30
의류 및 액세서리	17%	$0.30
식품류	판매가격이 $15 이하인 제품은 8% $15 초과인 제품은 15%	-
산업 및 과학(식품 서비스 및 위생 포함)	12%	$0.30
보석류	판매가격의 $250까지는 20% $250 초과인 부분은 5%	$0.30
3D 인쇄 제품	12%	-
시계	판매가격의 $1,500까지는 16% $1,500 초과인 부분은 3%	$0.30
기프트 카드	20%	-

Amazon Referral fees

① Referral fees는 아마존의 세금 계산 서비스를 통해 계산된 세금을 제외한 총 판매가격에 대하여 계산된 해당 추천 수수료율을 차감한다. 총판매가격은 품목의 가격 및 배달 또는 선물 포장비용을 포함하여 구매자가 지불한 총금액을 기준으로 한다.

② 아마존은 해당 추천 수수료율 또는 해당 항목당 최소 추천 수수료 중 큰 금액을 공제한다.

③ 이미 결제한 주문에 대해 고객에게 환불하는 경우, 아마존은 품목에 대해 지불한 추천 수수료에서 해당 환불 관리 수수료를 차감한 금액을 환불한다.

④ 수수료는 매월 계산되어 다음 달 명세서에 표시된다.

> ※ 위의 수수료율은 2019년 2월 19일부터 적용된 수수료율이다. 기존 수수료율과 비교했을 때 일부 카테고리에서는 판매금액별 구간을 설정해서 수수료 비율을 인하했다. Beauty(화장품)의 경우 2018년에는 일률적으로 15%를 적용했으나 2019년 2월 19일부터는 $10 이하인 제품은 8%, 10% 이상인 제품은 15%로 구분하였다. 아마존의 Referral fees를 보다 자세히 알아보고 싶다면 Amazon Seller Central의 좌측 상단에 있는 'Help'를 클릭하여 검색창에서 'Referral fees'를 검색하면 자세히 확인할 수 있다.

아마존의 판매수수료 계산 방식은 단순하지 않다. 가전제품을 예로 들면 만일 판매자가 배송비와 포장비를 포함한 판매금액이 $500일 경우 $300까지의 영역에서는 15%의 수수료율을 적용받아 $45의 수수료가 적용된다. $300을 초과한 영역의 금액인 $200에 대해서는 8%를 적용받아 $16이 된다. 따라서 판매수수료는 합계금액인 $61이 된다.

국내의 온라인몰은 대부분 판매품목에 정률적인 수수료를 제시하고, 구간별로 차등화된 계산법을 사용하지 않지만 아마존은 수수료율을 점점 더 세분화시키면서 구간별 차등을 두고 있다.

이는 다른 해외 온라인몰보다 높은 비율이며, 아마존에서 판매수수료를 제대로 알지 못하고 판매가격을 책정한다면 판매자는 생각했던 금액보다 훨씬 적은 금액이 판매대금으로 입금되는 경험을 하게 될 것이다.

3. Amazon FBA fees(FBA 수수료)

　지금까지 설명한 수수료는 아마존에서 기본적으로 공제하는 수수료였다. 이번에 설명할 FBA fees는 FBA로 판매하는 상품에 발생하는 수수료이다. '아마존=FBA'라는 공식이 있듯이 판매자는 FBA에 관련된 수수료에 대해서도 정확하게 알고 있어야 한다.

① FBA fulfillment fees(아마존 FBA 주문 이행 수수료)

　아마존에서 FBA 시스템을 이용하여 제품을 고객에게 발송하게 되면 각각의 제품에 대해서 FBA fulfillment fees가 발생하게 된다. 또한 이 수수료는 앞에서 설명한 Referral fees와는 별도이다. FBA 방식으로 판매된 제품은 Referral fees에 FBA fulfillment fees가 더해진 수수료가 판매자에게 청구된다.

　FBA fulfillment fees는 제품의 크기와 무게 등을 기준으로 계산되며 각각의 구분표에 따라 그 금액이 다르다.

구분	무게		부피	FBA fulfillment fees
	제품무게	배송무게		
소형 표준크기 (Small standard-size)	0.8 lb(81g) 이하	1 lb(453g) 이하	13.8(35.0cm)×9(22.8cm)×0.7(1.8cm) inch	$2.41
대형 표준크기(1 lb 이하) (Large standard-size)	0.35 lb(158g) 이하	1 lb(453g) 이하	8.5(21.6cm)×4.8(12.2cm)×1(2.5cm) inch	$3.59
소형 특대크기 (Small oversize)	7.9 lb(3.5kg) 이하	9lb(4.1kg) 이하	24(60.9cm)×7.5(19.0cm)×6(15.2cm) inch	$10.79
대형 특대크기 (Large oversize)	41 lb(18.6kg) 이하	49 lb(22.2kg) 이하	54(137cm)×35(88.9cm)×3.5(8.9cm) inch	$73.18

Amazon FBA fulfillment fees

▶ 소형 표준크기(Small standard-size): 제품의 무게가 0.18파운드(81g), 배송중량이 1파운드(453g) 이하이며 크기가 13.8(35.0cm)×9(22.8cm)×0.7(1.8cm) 인치인 제품을 말한다. 휴대폰 케이스 정도의 제품이 여기에 해당된다.

　• 해당되는 제품은 판매되는 제품당 $2.41의 FBA fulfillment fees가 공제된다.

▶ 대형 표준크기(Large standard-size 1파운드 이하): 제품의 무게가 0.35파운드(158g), 배송중량이 1파운드(453g) 이하이며 크기가 8.5(21.6cm)×4.8(12.2cm)×1(2.5cm) 인치인 제품을 말한다. 티셔츠 등의 제품이 이에 해당된다.

- 해당되는 제품은 판매되는 제품당 $3.59가 공제된다.
- 의류, 스포츠 의류, 아웃도어 의류 제품의 경우 단위당 $0.40의 추가 요금이 부과되며, 지갑, 벨트와 같은 의류 액세서리에는 추가 수수료가 부과되지 않는다.

▶ 소형 특대 크기(Small oversize): 제품의 무게가 7.9파운드(3.5kg), 배송중량이 9파운드(4.1kg) 이하이며 크기가 24(60.9cm)×7.5(19.0cm)×6(15.2cm)인치인 제품을 말한다. 아기침대 등의 제품이 여기에 해당된다.

- 해당되는 제품은 판매되는 제품당 $10.79가 공제된다.

▶ 대형 특대 크기(Large oversize): 제품의 무게가 41파운드(18.6kg), 배송중량이 49파운드(22.2kg) 이하이며 크기가 54(137cm)×35(88.9cm)×3.5(8.9cm) 인치인 제품을 말한다. 컴퓨터 모니터 등의 제품이 여기에 해당된다.

- 해당되는 제품은 판매되는 제품 당 $73.18가 공제된다.

▶ 배송중량은 제품의 무게에 아마존 FBA 포장 중량을 더한 각 단위에 대해 계산되며 각 단위의 합계는 가장 가까운 파운드로 반올림된다.

- 배송중량은 단위중량과 부피중량 중 큰 값에 포장중량을 더하여 각 단위에 대해 계산된다. 부피무게는 단위부피(길이×너비×높이)를 139로 나눈 값을 말하며, 가장 가까운 파운드로 반올림되어 계산된다.
- 즉 부피무게가 많은 제품은 부피무게를 적용하고, 중량이 많은 제품은 중량을 기준으로 한 무게를 적용한다.
- 부피무게 적용의 예: 일회용 접시를 예로 들어보자. 6.3×6.2×4.8인치 크기에 단위중량이 3파운드이며 부피무게가 1.3파운드인 제품의 경우 부피무게 1.3파운드가 추가 적용되어서 배송중량은 4파운드에 해당된다. 즉 부피무게가 적용되었기에 FBA fulfillment fees는 $5.47이 적용된다.
- 중량무게 적용의 예: 유리병을 예로 들어보자. 16.6×13.3×7.7인치의 크기에 단위중량이 6.6파운드이며 부피무게가 12.2파운드인 제품의 경우, 중량무게가 기본중량보다 크기 때문에 중량무게가 적용되어 FBA fulfillment fees는 $8.89가 적용된다.

② Inventory Placement Service fees(재고 재배치 수수료)

이것은 앞서 설명한 '4장, 02 FBA 사용자 세팅하기'의 ④ Inbound Settings 항목의 'Inventory Placement Service' 옵션과 관련이 있는 수수료이다.

아마존은 판매자의 제품을 더 잘 배송하기 위해 판매자가 한곳의 FBA 창고로 일괄 발송한 제품을 분리하여 다른 운송 센터로 보낸다. 이렇게 다른 운송 센터로 이동시키는 데 상품당 부과되는 서비스 수수료가 Inventory Placement Service Fees이다.

인벤토리 배정 서비스를 사용하면 대상 수신 센터 또는 서비스 센터는 아마존에 의해 결정되며, 판매자가 선택할 수는 없다. Inventory Placement Service Fees는 제품별로 부가되며, 제품별 무게에 따라서 금액은 달라진다.

▶ 1파운드(453g) 이하의 표준크기 제품은 개당 $0.3가 청구된다.

▶ 1~2파운드(906g)의 표준크기 제품은 개당 $0.4가 청구된다.

▶ 2파운드 초과 표준크기 제품은 개당 $0.4 + 추가 파운드당 $0.1가 추가된다.

▶ 5파운드(1359g) 이하의 Oversize 제품은 개당 $1.3가 청구된다.

▶ 5파운드 초과의 Oversize 제품은 개당 $1.3 + 추가 파운드당 $0.2가 추가된다.

③ Monthly Inventory Storage Fees(월간 재고보관 수수료)

월간 저장비용은 아마존의 재고실사센터에서 재고가 차지하는 공간의 일일 평균볼륨(입방 피트로 측정)을 기준으로 한다. 부피 측정은 FBA 정책 및 요구사항에 따라 적절히 포장되어 출하 준비가 완료되는 단위 크기를 기준으로 한다.

월간 재고 저장비용은 수수료가 적용되는 달의 다음 달 7일과 15일 사이에 부과된다. 예를 들어 1월의 재고 저장 수수료를 확인하려면 아마존의 2월 7-15일의 거래에 대한 2월 거래내역 Report를 확인하면 알 수 있다.

Monthly Inventory Storage fees는 제품 크기 및 월별로 다른데, 표준크기 제품이 Oversize의 제품보다 비싸게 책정되어 있다. 이는 보관하는 데 있어 선반, 서랍 등의 추가적인 장비가 필요하기 때문이다. 또한 월별로 금액이 다른 이유는 온라인몰의 성수기 시즌엔 FBA 창고에 입고되는 물량이 증가하기 때문이다. Monthly Inventory Storage fees의 금액은 아래의 표와 같다.

구분	표준크기의 제품	Oversize의 제품
1월~9월	1세제곱 피트당 $0.69	1세제곱 피트당 $0.48
10월~12월	1세제곱 피트당 $2.40	1세제곱 피트당 $1.20

Amazon Monthly Inventory Storage fees

*1Ft = 30cm

④ Long-term storage fees(장기보관 수수료)

온라인 유통업을 하면서 재고가 남지 않고 모두 판매되는 경우는 극히 드물다. 소비성향 분석을 잘못해서, 판매 시즌이 지나서, 혹은 제품 불량 등의 여러 가지 이유로 입고된 재고 중 일부분은 분명히 남게 되어 있다.

아마존의 FBA 시스템은 판매할 상품을 아마존의 창고에 입고시켜 놓고 판매하는 것이다. 즉 재고가 한국에 있는 것이 아니라 미국의 창고에 있는 것이다. 문제는 여기에서 시작된다.

Long-term storage fees는 아마존의 창고에 입고시킨 재고가 181일 이상 판매되지 않고 장기 보관되었을 경우 해당 제품에 대하여 부과하는 수수료이다.

재고 정리 일자	재고 보유 기간	
매월 15일	181~365일	365일 초
	1세제곱 피트당 $3.45	1세제곱 피트당 $6.90

Amazon Long-term Storage fees

아마존은 매월 15일 FBA 창고의 모든 제품에 대해 재고정리를 실시한다. 이 날에 미국 FBA 창고에서 181일~365일 동안 판매되지 않고 보관된 재고에 1세제곱 피트당 $3.45를 부과한다. 그리고 365일을 초과하여 보관된 제품의 경우는 1세제곱 피트당 $6.90를 부과한다.

또한 2018년 8월 15일부터 적용된 아마존 규정에는 365일 이상 FBA 창고에 보관된 제품에 최소 월 $0.50의 수수료를 부과한다고 되어 있으며, 이중 장기 보관수수료와 최소 수수료 중 큰 금액을 부과하고 있다.

아마존에서 판매자들이 FBA 시스템을 이용하여 판매할 때 가장 힘들어 하는 부분이 Long-term storage fees이다. 그 이유는 앞에서 말한 것과 같이 FBA 창고에 입고시킨 재고 중 분명히 몇몇의 제품은 판매가 이루어지지 않고 장기 보관되어 '악성재고화'되기 때문이다. 이런 재고들에 대하여 아마존의 Long-term storage fees는 매월 계속 청구되며, 1년 이상 보관된 재고는 보관 수수료가 2배로 증가한다.

이렇게 지급되는 Long-term storage fees는 이전에 판매되어 발생한 판매 이익률을 계속 잠식하여 나중에는 '적자'로 전환되는 경우가 많다.

특히 가방, 신발, 인형 등과 같이 부피가 큰 제품의 경우 부피무게를 적용하는 Long-term storage fees에 아주 치명적일 수 있으며, 판매 중 계절이 지난 제품의 경우 다음 시즌까지 보관하기가 매우 망설여지게 된다.

매년 2회만 청구했던 Long-term storage fees가 2018년 8월 이후부터는 변경된 정책에 의해 매월 청구되어 기존 아마존 판매자들을 더욱 힘들게 만들고 있다.

아마존 FBA 시스템에 입고시킨 재고는 '선입선출' 개념을 확실히 지키며 출고된다. 그러므로 어느 순간 판매수량이 많이 증가했다고 무리하게 FBA 입고 재고를 늘리면 그렇게 입고시킨 재고들이 '악성재고'로 돌변하는 경우가 많기에 판매현황을 지속적으로 확인하면서 FBA 창고에 소량으로 꾸준히 입고시키는 것이 Long-term storage fees를 최소화할 수 있는 방법이다.

※ 아마존에서 현재 Long-term storage fees가 발생하고 있는 제품의 처리방법은 판매가격 할인율을 높여 하루라도 빨리 판매해버리는 것이 가장 좋은 방법이다. 그러나 필자의 경험으로 보았을 땐 이렇게 장기보관된 제품들의 경우 가격할인을 많이 한다고 해서 금방 판매로 이어지지는 않는다.

또 다른 방법은 앞의 '4장, 02 FBA 사용자 세팅하기'에서 ⑦ Automated Long-Term Storage Removals Settings의 옵션값을 'Dispose of all inventory subject to long-term storage fees'로 설정하는 것이다. 이렇게 설정하게 되면 장기보관 수수료가 발생한 모든 재고를 아마존에서 강제적으로 폐기처리 하게 되며, 폐기처리 비용은 판매자에게 부과된다. 그리고 옵션값을 'Return all inventory subject to long-term storage fees'로 설정하면 장기보관 수수료가 발생한 모든 재고를 판매자가 요청하는 장소로 반송하며 반송비를 판매자에게 부과한다. 만일 미국 현지에 활용 가능한 물류창고가 있다면 이 방법을 활용해서 출고 후 사정을 봐서 재입고하는 방법도 있다.

지금까지 아마존의 각종 수수료에 대하여 알아봤다.

아마존의 수수료는 단순히 '판매가의 몇 퍼센트'라고 계산할 수 없다. 판매제품의 카테고리별로 또는 판매방식에 따라 수수료율은 상당히 많이 바뀌며, 특히 FBA 시스템으로 판매할 때에는 Long-term storage fees와 같은 예기치 못한 변수가 수수료로 이어져 판매이익을 잠식하는 경우도 흔하다.

그러므로 아마존에서 FBA 시스템을 이용하여 제품을 판매할 때에는 아마존의 수수료 체계에 대한 정확한 이해를 바탕으로 하여 향후 발생할 수 있는 수수료까지 예측한 뒤 판매금액을 설정해야 한다.

주먹구구식으로 '매입단가 1000원짜리를 2000원에 팔았으니 1000원이 남았다'는 단순계산 방식은 '필패'하는 아마존 FBA 시스템 접근 방식임을 명심하여야 한다.

판매마진에 대한 분석 02

위에서 배운 아마존의 각종 수수료를 기초로 하여 판매마진에 대하여 알아보도록 하자. 여기서는 국내 온라인몰에서 판매되고 있는 상품을 분석하는 방법과 역으로 아마존에 등록된 제품을 한국의 온라인몰에서 찾아본 뒤 수익률을 분석하는 두 가지 방법으로 설명하겠다.

1. 국내 온라인몰에서 판매되고 있는 상품으로 분석

이 방법은 필자가 국내의 온라인몰에서 검색한 상품을 아마존에서 판매했을 때 가격경쟁력이 있는지를 판단하기 위해 실제로 사용하는 방법이다. 이를 역으로 이용하면 판매하려는 제품의 수익률을 분석할 수도 있다.

① 아마존에서 판매할 제품을 찾는다.

아마존에서 판매할 아이템을 찾을 때 필자가 추천하는 것은 '본인에게 필요한 것'에서 아이템을 찾는 방법이다.

최근 '한류'의 영향으로 해외에서 가장 '핫'한 제품이 바로 한국의 화장품이다. 화장품은 무게 및 부피 대비 판매가격이 비교적 높게 형성되어 있어 국내의 해외 온라인 셀러들이 많이 선호하는 아이템이기도 하다.

필자가 찾아본 이 제품은 남성용 스킨토너이며 판매가격은 ₩9,300이다. 그럼 이 제품을 들어 본격적으로 설명해보겠다.

② 찾은 제품을 아마존의 관점으로 분석한다.

▶ 제품 매입가: ₩9,300 + ₩2,500(택배비) = ₩11,800

- 매입가를 설정할 때는 제품 구매가격에 배송비도 반드시 포함시켜야 한다.
- 오프라인에서 구매할 때도 구매자가 판매처까지 이동하는 경비와 '기회비용'
  을 반드시 계산하여 매입가를 설정해야 한다.

※ 여기에서 말하는 기회비용이란 본인이 제품을 구매하러 활동한 시간을 정량화해서 계산한 것이다. 어떤 이들은 '물건 구매하러 다니느라 일할 시간이 없다'라는 푸념과 같은 핑계를 늘어놓기도 한다. 즉 이렇게 소모한 시간들에 대한 효율성을 생각해야 한다. 발품을 팔아서 매입가를 줄이는 게 좋은지, 아니면 그 시간에 상품등록과 분석을 하는 게 더 효과적인지를 분석해야 한다. 더 효율적인 부분에 더 많은 시간을 투자하는 것이 모든 사업의 기본이다.

▶ 무게: 294g

- 필자가 직접 구매한 이 제품은 빠른 택배 시스템 덕분
  에 2일이 지나지 않아서 배송되어 왔다. 전자저울로
  무게를 확인해보니 294g이 나왔다.

▶ 해외배송비: ₩9,080

- 이 제품을 아마존의 FBA 창고로 입고시켜 판매한다는 가정하에 해외배송비를 계산하면 우체국의 K-Packet 400g 요금 기준으로 ₩9,080이 된다.
- 아마존에서 판매한 제품의 배송을 위해서는 Tracking-Number를 반드시 부여해야 되기 때문에 K-Packet 정도의 해외배송 상품을 사용해야 한다.
- 제품 무게가 294g인데 파손 방지를 위해 포장 작업을 하게 되면 무게는 증가할 수밖에 없다. 그래서 400g까지의 배송금액인 ₩9,080으로 설정했다.
- 많은 물량을 한꺼번에 FBA 창고에 입고시키면 배송비는 상당히 절약된다. 여기서는 판매가격을 분석하기 위해 한 개의 제품을 배송하는 것으로 가정하였다.

▶ 매입원가: 11,800 + 9,080 = ₩20,880

- 제품의 매입원가는 제품 매입가 + 해외배송비로 설정했다.

▶ Amazon Referral fees (15%): 20,880 + 3,132 = ₩24,012

- 화장품은 아마존에서 Referral fees가 15%로 책정되어 있다. 매입원가의 15%는 ₩3,132이므로 이를 더하면 아마존의 판매수수료까지 포함된 금액은 총 ₩24,012이 된다.

▶ 미화로 변환($1 = ₩1,122 → 2018.1.16. 기준환율): $21.40

- 아마존 판매수수료까지 포함된 금액을 미화로 변환하면 $21.40이 된다.
- KEB하나은행의 기준 환율을 적용하였다. 아마존 가입 시 연동시킨 해외 PG사는 국내의 기준환율보다 ₩3~₩15 정도 낮은 금액으로 입금시켜준다. 이는 국내 은행의 기준환율과 해외 PG사의 기준환율의 적용 방식이 다르고, 해외 PG사는 환차익을 자사 수익으로 갖고 가기 때문이다.

Payoneer 기준환율 사이트:
www.xe.com

- 이런 세세한 부분까지 계산에 모두 적용하면 너무 복잡해지기 때문에 단순 계산으로 진행함을 참고하기 바란다.

▶ FBA fulfillment fees (Small Standard): 21.40 + 2.41 = $23.81
- 포장된 제품의 크기는 Small Standard 규격에 해당하였다. 이 제품을 아마 존의 FBA로 판매할 시 발생하는 FBA 주문 이행 수수료는 $2.41로 책정했다.
- 이 수수료를 미화로 변환된 금액에 더하면 $23.81이 된다.

▶ 결제 PG사의 수수료 (1%): 23.81 + 0.23 = $24.04
- 아마존에서 판매된 금액이 판매자가 가입한 PG사로 입금될 경우 PG사마다 다르지만 대부분 US 달러로 입금된다. 이를 국내 은행에서 원화로 환전하여 이체하면 이체수수료가 발생하는데, 그 수수료를 계산에 포함시킨 것이다.
- 이 수수료 부분도 결제 PG사에 따라서 또는 판매자의 등급에 따라서 비율이 달라지지만 보편적인 수수료율인 1%로 산정하여 계산하였다.

▶ 판매원가: $24.04
- 이렇게 아마존에서 FBA시스템으로 판매할 때 발생할 수 있는 수수료를 단 순히 산정하여 가격을 정했을 때 판매원가는 $24.04이다.

※ 여기에서 단순히 산정했다고 말하는 이유는 아마존에서 Professional Seller로 가입하면 매달 지불해야 하는 Monthly subscription fee인 $33.99는 계산하지 않았으며, 판매자가 FBA 창고로 제품을 발송하기 위해 사용한 포장비, 인건비, 기타 운영비는 포함하지 않았기 때문이다. 더 나아가 앞에서 설명했던, 아마존의 FBA 판매 시 발생하는 각종 Risk(반품/파손/클레임에 의한 환불/상품성을 잃어버린 제품의 폐기 비용/기타 발생하는 수수료 등)에 대한 예비비도 포함하지 않았다. 다시 강조하지만 위에서 설명한 각종 금액들은 정확한 금액이 아니라 일반적으로 확정된 금액들을 기준으로 하여 단순 산정한 것이며, 계산 순서에 따라서 해당 금액이 바뀔 수도 있음을 밝혀둔다.

③ 아마존 마켓에서 해당상품을 검색한다.

필자가 국내 유명 화장품회사의 제품을 샘플로 선택한 이유는 현재 대부분의 국내 유명 화장품회사의 제품이 아마존에 등록되어 있기 때문이다. 아마존 사이트에서 위 상품의 영문명을 입력해보면 아마존에 등록된 상품임을 확인할 수 있다.

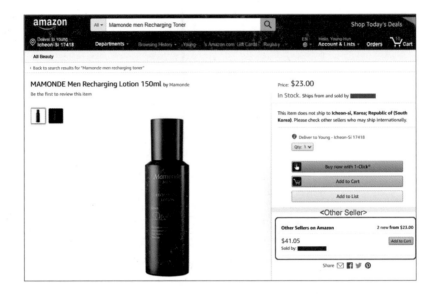

현재 아마존 사이트에서 $23.00에 판매되고 있음을 확인할 수 있다. 그러면 화면에 나온 판매금액을 통해 위의 제품을 필자가 FBA 시스템을 이용해서 판매했을 시의 판매마진은 아래와 같이 구할 수 있다.

▶ 판매마진: 24.04 - 23.00 = -$1.04

- 지금까지 단순 계산한 금액으로 산정한 판매원가에서 현재 아마존에서 판매하고 있는 제품의 가격을 빼면 판매마진이 나온다. 이렇게 구한 판매마진은 불행하게도 -$1.04로, 마이너스 금액으로 나왔다.

- 화면 우측 하단의 〈Other Seller〉라고 필자가 표시한 부분을 보면 이 제품을 판매하는 판매자의 수와 그 판매자가 정한 판매금액 또한 확인할 수 있다.

- 이 제품은 현재 두 명의 판매자가 팔고 있는데, 또 다른 판매자의 판매금액은 화면에서 볼 수 있듯이 $41.05에 판매하고 있다.

- $41.05에 판매하고 있는 판매자는 개당 판매마진이 $17.01이므로 판매마진이 상당히 좋은 편이다. 하지만 동일한 제품을 동일한 서비스를 제공받으면서 $18.05이나 비싼 가격을 주면서 구매하는 사람은 없다. 그러니 $23.00로 판매하는 판매자의 FBA 창고에 입고된 재고가 모두 판매되지 않는 한, $41.05에 판매하고 있는 판매자의 판매는 불가능하다.

※ 화장품이라는 품목은 제조사 또는 총판에서 대량으로 구입하면 매입가격이 상당히 저렴해진다. 필자가 이 부분에 대해 잘 알고 있는 이유는 필자의 부친께서 '한국화장품 대리점'을 7년 가까이 운영하셨기 때문이다. 그렇기에 화장품 매입가격 구조의 할인율이 얼마나 높은지 어느 정도 알고 있다.

하지만 대량매입이라는 구조는 몇백만 원, 몇천만 원은 기본이고 많게는 몇억 원까지 매입해야 높은 할인율을 적용받을 수 있기 때문에 자금력이 없으면 접근하기 힘든 구조이다. 위의 예시에서 $23.00에 판매하는 한국 판매자는 아마도 일반인들보다 상당히 낮은 금액으로 매입하고 있을 것이다. 그러므로 저 가격에 판매해도 손해를 보지 않을 것이다.

또한 예시에서는 한 개의 제품을 FBA 창고에 입고시키는 상황을 가정한 배송비로 설명했지만, 상품을 대량으로 아마존 FBA 창고에 입고시키면 해외배송비는 위의 금액인 ₩9,080의 1/3 이하로 떨어지기도 한다. 이렇게 할인되는 각종 금액으로 낮은 판매원가를 가진 셀러에 비해서 일반적인 기준으로 산정한 판매원가를 갖고 판매하는 셀러는 경쟁력이 떨어질 수밖에 없다. 계속 반복하지만 '규모의 경제'가 경쟁력이 되는 시장이 아마존이다.

하지만 너무 비관적으로만 생각할 필요는 없다. 아직도 국내의 제품 중 해외 경쟁력을 갖추고 있는 제품은 많이 남아 있으며, 새로운 제품은 계속 출시되고 있고 앞으로의 세상이 어떻게 바뀔지는 아무도 모른다. 그러므로 아마존에서는 가격경쟁력이 있는 상품을 찾는 것이 가장 중요하다.

2. 아마존에서 판매되고 있는 상품으로 분석

이번에는 아마존에서 판매하고 있는 제품을 가지고 마진을 분석해보자.

① 아마존에서 확실하게 한국에서 제조된 상품을 검색한다.

아마존에서 판매하고 있는 상품으로 분석할 때 우선 고려해야 하는 부분은 검색한 제품을 판매자가 국내에서 구매할 수 있어야 한다는 것이다. 아무리 경쟁력이 있는 상품이라도 본인이 구매해서 판매할 수 없다면 필요가 없기 때문이다. 그래서 이번의 설명을 위해 예제로 선택한 제품은 상품등록 시 이용했던 '모나미 Plus Pen 3000'이다. 아마존에서 판매되고 있는 이 제품은 국내의 사무용품점에서 누구나 구매할 수 있는 매우 보편적인 제품이다.

② 찾은 제품의 판매가격을 기준으로 아마존의 수수료를 계산해서 각각 공제한다.

▶ 결제 PG사 수수료 (1%): 5.29 - 0.05 = $5.24

- 화면에서 보듯이 모나미 플러스펜 3000의 1다스 판매가격이 $5.29이다.

- 결제 PG사의 수수료부터 우선으로 공제해보겠다. PG사에서 국내 은행으로 이체하게 되면 발생하는 수수료를 계산하여 공제하면 $5.24가 된다(보편적인 수수료율인 판매가격의 1%로 계산하였다).

▶ FBA fulfillment fees (Small Standard): 5.24 - 2.41 = $2.83

- 포장된 제품의 크기를 예측해볼 때 이 제품은 Small Standard 규격에 해당된다. 그렇기에 아마존의 FBA 시스템으로 판매했을 시의 FBA 주문 이행 수수료를 $2.41로 책정했다.

- 이 수수료를 차감하면 $2.83이 된다.

▶ Amazon Referral fees (15%): 2.83 - 0.79 = $2.04

- 문구류는 아마존에서 Referral fees가 15%로 책정되어 있다. 판매가격($5.29)의 15%는 $0.79이므로 이를 공제하면 이제 $2.04가 남는다.

※ 여기에서 주의할 점은 Amazon Referral fees는 판매가격을 기준으로 부과하기 때문에 판매가격의 15%를 계산해야 된다.

아마존 제품의 판매가는 판매자의 의지에 의해 수시로 변동한다. 그러므로 책에서 실명한 판매금액과 독자가 검색한 시점의 제품의 판매가는 다를 수 있음을 주지해야 한다.

▶ 원화로 변환($1 = ₩1,122 → 2018.1.16. 기준환율): ₩2,288

▶ 해외배송비: ₩2,350

　• 제품을 아마존의 FBA 창고로 입고시켜 판매한다는 가정하에 해외배송비를
　　계산하면, 우체국에서 가장 저렴한 해외배송 상품인 '소형포장물 – 무등기'의
　　상품 100g 요금 기준으로 ₩2,350이 된다.

※앞의 분석에서는 우체국의 K-Packet을 이용한 배송비로 계산한 반면, 여기에선 소형
포장물-무등기 상품을 적용한 이유는 앞의 예시로 사용한 화장품이 이 제품보다 매입가격이
비싸서이다. 덧붙여 추가적인 이유는 K-Packet 상품으로 적용할 경우 배송비용이 ₩4,750이
나 발생하여 적자 폭이 너무 커지는 문제도 있기 때문이다.
　아마존에서 FBM으로 판매한 제품의 배송은 반드시 'Tracking-Number'가 필요하지만
FBA 창고에 상품을 입고시킬 때는 반드시 필요하진 않다. 그러므로 우체국의 소형포장물 배
송 가능 규격으로도 적지 않은 숫자의 재고가 발송 가능하다면 사용할 수 있다.

▶ 매입원가: 2,288 - 2,350 = -₩62

　가장 저렴한 해외배송 상품을 적용해도 매입원가가 벌써 마이너스다.
만약 대량 배송으로 배송비를 절약했다면 저렇게 매입원가가 마이너스가 되
진 않았을지라도 원화로 변환한 금액 자체가 너무 적어서 최대 ₩1,000을 넘
지는 못할 것이다.

③ 아마존에서 검색한 제품을 국내의 온라인몰에서 검색한다.

네이버를 통해 '모나미 플러스펜 3000 1다스 검정색'을 검색하여 인터넷 최저가로 판매되는 제품을 찾아보니 위의 가격으로 판매되고 있는 제품이 검색되었다. 그럼 앞에서 계산된 매입원가에서 제품의 매입가를 차감해서 '판매마진'을 계산해보자.

▶ 판매마진: $-62 - 1,990 = -₩2,052$

계산해보니 적자 마진이 나왔다. 여기에서는 적자 폭이 더 커질 것 같아 판매자 인근에 있는 사무용품점에서 배송비를 지불하지 않고 구매한다는 전제로, 온라인에서 상품구매 시 발생하는 배송비 ₩2,500은 아예 포함시키지도 않았다. 그런데도 계산식에 따르면 상품을 팔 때마다 수익이 발생하는 것이 아니라 적자가 늘어나는 것을 알 수 있다.

필자가 알기로 위의 '모나미 플러스펜 3000'은 앞의 제품인 '화장품'보다 대량구매를 한다 해도 할인율이 많이 낮아지지는 않는 상품이다.

그리고 아무리 높은 할인율을 받는다 해도 매입가격이 ₩1,000 이하는 불가능할 듯하며, 해외배송비를 아무리 절약한다고 해도 ₩500 이하로는 어려울 것이다. 즉 최상의 변수를 대입한다고 해도 위의 적자마진을 흑자로 회복하기는 불가능하다.

정리하면, 이 제품을 현재 아마존에서 저런 낮은 가격으로 판매하는 셀러는 제대로 된 아마존의 수수료 체계를 알지 못하는 것이며, 그로 인해 본인이 얼마의 수익을 갖고 가고 있는지 확인조차 못하고 있다는 결론에 도달한다.

여기에서 더 심각한 문제는 아마존의 FBA 시스템을 이용하여 판매했을 때 발생하는 각종 Risk(반품/파손/클레임에 의한 환불/상품성을 잃어버린 제품의 폐기비용/기타 발생하는 수수료 등)에 대한 예비비도 포함하지 않았다는 것이다. 이런 금액까지 계산에 포함시킨다면 손해율은 더욱 증가할 것이다.

④ 아마존에서 동일 제품을 판매하는 셀러를 추가적으로 확인한다.

문제는 여기서 끝나지 않는다. 현재 한국에는 저렇게 적자를 보며 아마존에 판매하는 셀러가 많다. 이를 확인하는 방법에 대해 알아보자.

▶ 앞의 설명에서 'Monami Plus Pen 3000'으로 검색한 결과에서 '$5.29'의 금액으로 판매하고 있는 제품을 클릭하면 위의 화면과 같이 실제 구매가 가능한 상세페이지로 이동한다.

- 이 화면에서 필자가 빨간색 네모 칸으로 표시한 부분의 'New(25) from $5.29'라는 내용은 현재 이 리스팅에 'Sell – Yours'로 등록한 판매자의 숫자가 25명이라는 것이다.

- 그리고 같은 제품이지만 Sell – Yours로 상품을 등록하지 않은 제품은 별도의 상품으로 등록되어 있기 때문에 그 제품을 같은 방법으로 검색해서 해당 위치의 숫자를 확인하면 해당 리스팅에 Sell – Yours로 등록한 또 다른 판매자의 숫자를 확인할 수 있다.

- 이런 방법으로 확실하게 국내에서 제조되고, 해외 버전으로 변환되지 않았으며, 국내에서 유통되는 동일한 상품을 판매하고 있는 제품을 추적하면, 아마존에서 국내 판매자를 추적할 수 있다.

※ 물론 해외 판권을 갖고 있어 국내의 제품을 현지에서 직접 온/오프라인에서 판매하는 현지 셀러도 있기 때문에 모든 판매자를 이런 방식으로 추적하는 것은 불가능하다.

▶ 필자가 빨간색 네모 칸으로 표시한 부분인 'New(25) from $5.29'를 클릭하면 다음과 같은 화면이 나타난다.

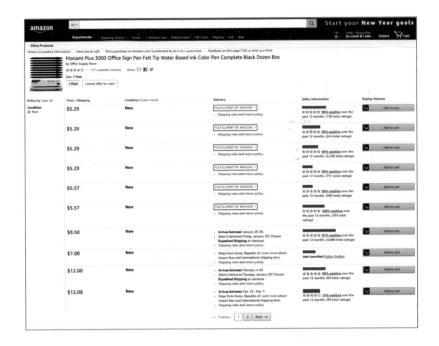

- 위의 화면은 현재 $5.29로 판매하고 있는 리스팅에 'Sell – Yours'로 등록한 25명의 판매자들을 확인할 수 있는 화면이다.
- 이 화면을 분석하면 현재 $5.29의 가격으로 판매하고 있는 셀러가 4명, $5.57의 가격으로 판매하는 셀러가 2명, $9.50의 가격으로 판매하는 셀러가 1명, $7.00으로 판매하는 셀러가 1명임을 확인할 수 있다.
- 여기에서 $9.50 이상으로 판매하는 셀러에 대해서는 언급하지 않겠다. 동일한 제품을 두 배의 비싼 가격을 지불하면서 구매하는 멍청이는 없기 때문이다.

※ 필자의 계산으로 미루어보면 위의 '모나미 플러스펜 3000 1다스'의 판매가격은 최소 $7.00는 되어야 손익분기점을 넘길 수 있다. 그 이하의 가격으로 판매한다면 손해만 날 것이라고 확신한다. 그런데 화면에서 보듯이 마이너스 마진인 것이 확실한 금액으로 판매하고 있는 셀러가 이 제품에만 6명이나 있다.

또한 아마존에서 '모나미 플러스펜 3000'으로 검색하면 위의 리스팅과 비슷한 리스팅들이 $5.29와 비슷한 금액으로 판매되고 있는 것을 쉽게 확인할 수 있다. 이런 리스팅을 추적해보면 비슷한 금액으로 Sell-Yours로 판매하고 있는 셀러들이 엄청 많은 것을 확인할 수 있다.

이런 '손해 보는 판매가격' 리스팅는 나는 카테고리의 싱품군에도 상당히 많이 있다.

3. 수수료에 대한 이해와 정확한 계산이 필요한 이유

'장사꾼'은 손해를 보지 않아야 한다. 그런데 '손해'를 보면서 판매하는 한국의 아마존 셀러들이 셀 수도 없이 많다. 그 이유는 무엇일까?

그것은 아마존 시장에 접근하는 방식에 문제가 있기 때문이다. 최근 들어 '해외직구'가 늘어나면서, 그렇게 해외 온라인 시장을 접해본 뒤 '나도 물건을 팔 수 있겠다'라는 생각으로 유튜브나 인터넷 카페 등에 공개된 정보만으로 판매를 시작하는 사람들이 있다. 또 능력이 검증되지 않은 사설기관에서 유료 강의를 듣고 아마존 판매를 시작하는 사람들도 있다.

그곳에서 이야기하는 것이 모두 틀린 것은 아니다. 하지만 그들은 아마존의 '어두운 면'을 절대 이야기하지 않는다(않았다). 굳이 단점을 이야기해 '손님'을 쫓을 필요가 없기 때문이다. 불리하고 잘못된 부분은 감추고 오로지 좋은 것만 강조해왔다. 그러다 보니 아마존에서 Sell-Yours와 FBA만 설명하고 판매마진은 외면한 채 단지 매출총액만 높이는 방식으로 설명하고 가르쳐왔다.

그 결과가 앞의 예에서 나타난 것처럼, 판매이익은 무시한 채 '치킨게임'식의 무한 가격경쟁만 부추기는 악습을 만들어 온 것이다.

> ※ 혹자는 '저렇게 가격을 떨어뜨려 파리처럼 붙어 있는 경쟁셀러들을 떨어뜨리면 결국 시장에는 오직 당신뿐이므로 그때 가서 손실된 이익을 찾아오면 된다'라는 궤변을 늘어놓는다. 말 그대로 궤변이다. 등짝에 붙은 파리를 죽이고 나면 새로운 파리가 더 많이, 더 잔인하게 달라붙을 것이다. 그리고 또 한 가지 간과하고 있는 것이 '한번 꺾인 가격은 절대 올릴 수 없다'는 것이다. 이는 온라인 시장의 기본 원칙이지만 그들은 절대 말하지 않는다.

이제 진짜 장사를 해야 된다. 필자가 이 책을 출판하는 이유도 이 때문이다. 하면 할수록 손해보는 것이 아니라 하루에 5~10개만 팔아도 영업이익이 나는 그런 장사를 해야 한다.

그러기 위해서는 아마존 수수료에 대한 제대로된 공부가 선행되어야 한다. 얼마가 남는지도 모르면서 어떻게 장사를 하겠는가?

사업을 하려면 마진율 분석부터 제대로 해야 지속 가능한 사업이 될 수 있고, 그래야 미래를 볼 수 있다. 미래를 볼 수 있어야 희망을 가질 수 있다.

4. 아마존에서 판매 수익률의 확보는 가능한가

지금까지 아마존의 수수료 및 판매마진을 설명하면서 부정적인 이야기만 했다. 그러면 정말 아마존이라는 시장은 판매자에게 높은 수수료만 챙기는 나쁜 시장이며, 판매자는 아마존에서 수익을 발생시키기 어려운가를 이야기 해봐야 될 듯하다.

아마존의 높은 수수료는 분명 단점이다. 하지만 1억 명이라는 유료회원을 갖고 있으며, 한국과 비교해서 12배 이상의 GDP를 갖고 있는 국가에서 가장 높은 온라인 매출을 발생시키는 곳이 아마존이다. 그리고 국내에서 생산된 제품 중에 아마존에서 경쟁력을 갖고 판매할 수 있는 제품은 아직도 많이 남아 있다. 이것은 분명한 사실이다.

그러면 독자들은 이런 질문을 할 것이다. 당신은 '왜' 그런 제품들을 이 책에서 설명하지 않냐? 그 이유를 여기에서 간단히 설명한다.

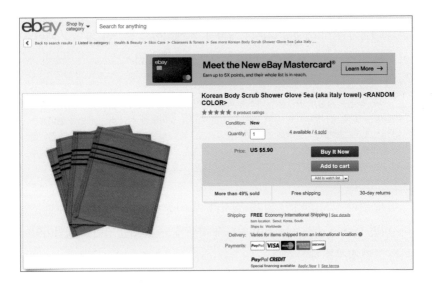

위의 화면은 현재 이베이에서 한국 셀러에 의해 판매되고 있는 '이태리 때밀이 타월'이다. 제품의 매입가격은 가까운 동네 마트에 가보면 잘 알 것이며, 제품의 무게도 짐작할 수 있을 정도로 매우 가벼운 제품이다.

이 제품을 이베이에서 최초로 판매했던 셀러는 한 장에 ₩10,000 이상에 판매했다. 한 개가 판매될 때마다 판매자는 ₩6,000 이상의 수익을 갖고 갔고, 일평균 20건 내외의 판매수량을 보인 것으로 알고 있다. 즉 이 제품을 최초에 판매하던 셀러는 이 제품 하나만으로 하루 ₩120,000 이상의 수익을 올렸다.

그런데 이 제품을 국내의 모 강사가 자신의 강의에서 성공 사례로 소개하면서 많은 한국 셀러들이 이 제품을 판매하기 시작했고, 판매자들이 판매가격을 경쟁적으로 하락시켜서 지금은 5장에 $5.90 Free Shipping으로 판매되고 있다. 제품의 매입가격과 판매 사이트에 제공하는 수수료, 그리고 배송비를 모두 더한다면 판매마진은 형편없이 무너진 것이다.

그리고 이 제품은 현재이베이뿐만 아니라 아마존에서도 비슷한 가격 또는 더 저렴한 가격에 판매되고 있다. 즉 이베이에서 가격 하락을 주도했던 국내의 많은 셀러들이 아마존에서도 경쟁적으로 판매가격을 하락시키고 있다.

위와 같이 국내 셀러들이 가격경쟁력을 망가뜨린 제품은 수도 없이 많다. 한 가지만 더 예를 들어 설명하겠다.

아래의 화면은 현재 한국의 셀러가 이베이에서 판매하고 있는 '호미'이다.

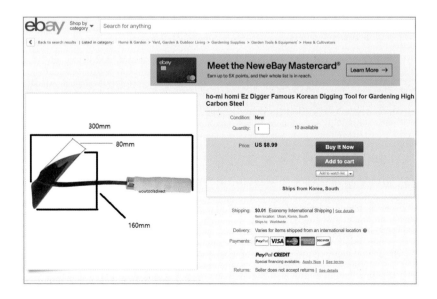

이 제품은 얼마 전에 네이버에서도 해외에서 호평 받고 있는 한국의 제품이라고 기사가 나오기도 했다.

필자의 기억으로 이 제품이 아마존에서 최초로 판매하던 시점의 판매가격은 $30대 후반이었다. 하지만 화면에서 보듯 지금 이베이에서의 판매가격은 배송비를 포함해서 $9.00밖에 되지 않는다. 그리고 현재 아마존에서는 위의 제품이 $13.00 정도에 판매되고 있다.

앞의 '이태리 때밀이 타월'에 비해서 이제품은 상품 매입단가도 비싸고 제품의 무게도 더 많이 나가기 때문에 배송비도 훨씬 많이 발생한다. 그런데도 최소 마진이 보장되지 않는 가격에 해외에서 판매되고 있는 것이다.

※ 필자가 아마존을 설명하면서 이베이의 상품을 갖고 예를 드는 이유는 현재 아마존에서 해당 상품을 판매하는 셀러들에게 본의 아닌 피해가 발생할 수도 있기 때문이다.

필자가 이 책을 쓰면서 가장 걱정하고 고민스러웠던 부분이 아마존에서 경쟁력이 있는 아이템을 공개할 것인지에 대한 고민이었다.

하지만 위에서 예를 든 나쁜 사례들처럼 해외에서 가격경쟁력이 있는 한국 제품을 공개하는 것은 현재 해당 상품을 판매하고 있는 셀러에게 가격경쟁력을 빼앗는 결과로 이어질 것임을 너무도 잘 알기에 공개를 하지 않기로 했다.

또 현재 해외에서 판매하고 있지는 않지만 가격경쟁력이 있는 한국 제품을 이 책에서 공개하면 해당 상품은 시장에서 쉽게 경쟁력을 상실하게 될 것이고, 이는 이 책을 나중에 접하게 되는 독자들에게 필자가 본의 아니게 거짓말을 하게 되는 결과를 가져올 수 있기 때문이다.

필자의 아마존 판매제품 중에는 필자가 중학교 시절에 사용했던 제품이 있다. 30년이 넘게 국내에서 제작되어 지금도 판매되고 있는 제품으로, 필자가 제조사에 찾아가서 담당자를 만나 보니 개인 판매자로 찾아온 사람은 필자가 처음이라고 했다.

이런 제품들은 아마존에서 실내적인 가격경쟁력을 갖고 있음을 말한 것도 없으며, 그 판매량도 어느 정도 보장받을 수 있다. 하지만 필자가 힘들게 찾아낸 이런 아이템을 공개하는 순간 그 아이템은 앞에서 설명한 '이태리 타월'과 똑같은 절차를 밟게 된다. 그래서 이 책에서는 아마존 시장에서 경쟁력이 있는 제품을 소개할 수는 없다.

하지만 '뜻이 있는 곳에 길이 있다'는 말처럼 아이템을 찾으려는 노력과 관심만 있다면 누구나 아마존에서 높은 판매마진을 확보하면서 많은 판매량을 보장받을 수 있는 아이템을 찾을 수 있을 것이다. 아직도 국내에 그런 아이템은 많이 존재한다.

집 근처에 있는 '다이소', '이마트' 등에 가보면 필자의 눈에는 해외에서 가격경쟁력이 있는 한국 제품들이 어렵지 않게 눈에 들어온다.

한국에서 제조한, 한국 셀러가 아직 판매하지 않지만 유사한 제품을 해외의 셀러가 높은 가격으로 판매하고 있는 제품을 찾아보자.

이런 제품은 국내에 아직도 많이 남아 있으며, 이런 제품 몇 가지만 갖고 있다면 아마존에서의 판매활동은 그리 어렵지 않을 것이다. 이런 제품은 국내와 비교할 수 없을 정도의 높은 판매마진을 확보할 수 있다.

Report를
분석하면
길이 보인다

아마존 Report의 종류 01

이번 장에서 설명할 내용은 아마존에서 제공하는 각종 Report이다. 아마존은 판매자의 모든 활동과 이를 분석한 자료를 보관하고 있다. 그리고 이 자료들은 판매자가 요청할 시 언제든 제공한다. 여기에서 포인트는 '요청하면'이다. 판매자가 요청하지 않으면 아마존은 아무런 리포트도 제공하지 않는다.

아마존에서 판매자에게 제공하는 리포트는 50여 가지가 넘는데, 이 리포트만 제대로 분석해도 판매자가 현재 진행하는 일련의 행동이 옳은 방향으로 가고 있는지를 확인할 수 있다. 예를 들어 아마존에서 광고를 진행하고 있다면 광고가 판매량에 미치는 영향을 분석할 수 있다. 그것으로 향후 진행할 방향을 결정한다면 판매효율 증진과 불필요한 비용을 감소시킬 수 있다. 즉 아마존 리포트를 '나침판' 삼아 사업을 효율적으로 진행할 수 있을 것이다.

아마존 리포트를 확인하기 위해서는 'Amazon seller central'에 로그인한 뒤 상단 메뉴에 중앙에 있는 'Reports' 메뉴를 클릭하면 된다.

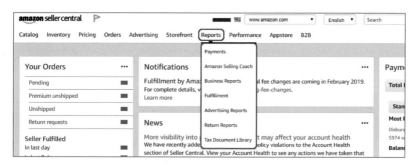

아마존 리포트의 종류는 Payments/Amazon Selling Coach/Business Reports/Fulfillment/Advertising Report/Return Reports/Tax Document Library 등 7개가 있다.

Payments Report
결제 관련 리포트

02

Payments는 아마존에서 발생하는 판매정산 내역에 관한 전반적인 내용을 알려주는 Report이다.

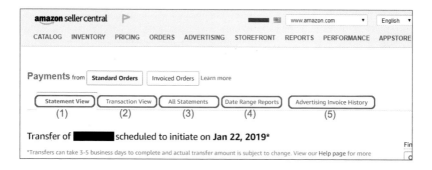

① Statement View: 거래 명세서 리포트

아마존에서는 2주 단위로 판매대금 정산이 이루어진다. Statement View Report에서는 2주 단위로 정산되는 아마존에서의 판매대금, 수수료, 환불금액, 잔고 등을 확인할 수 있다.

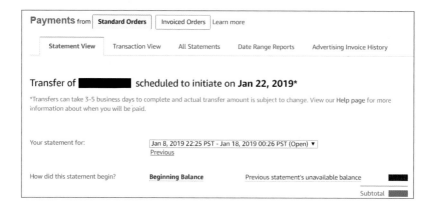

② Transaction View: 거래 내역 리포트

Transaction View Report에서는 필터링을 통해 모든 거래내역을 기간별로 확인 가능하다. 아래의 화면에서 보듯이 모든 거래내역, 주문결제내역, 환불내역, 차지백(신용카드 분실 등으로 인해 카드사에서 결제 승인 취소로 인해 환불되는 경우) 환불내역, A-to-Z 클레임 환불내역, 서비스 수수료, 아마존 배송서비스 수수료 등의 내역 중 판매자가 선택한, 원하는 내역만을 보여준다.

③ All Statements: 전체 명세서 리포트

All Statements Report에서는 2주 단위로 판매대금을 전체 정산할 때 생성되는 보고서를 Excel-CSV File로 다운로드해서 확인할 수 있는 리포트이다.

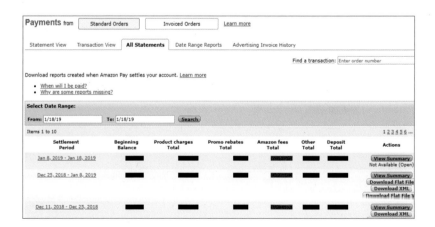

④ Date Range Reports: 날짜 범위 리포트

　Date Range Reports는 아마존에서의 판매대금을 국내로 이체 시, 국내 국세청에 세금신고 및 부가가치세를 환급할 때 아마존에서의 거래 내용을 첨부할 수 있는 자료를 다운로드하거나 확인 가능한 리포트이다.

　상단 중앙에 있는 'Generate Report' 버튼을 클릭하면 날짜 범위 혹은 월별에 따른 아마존에서의 거래내역과 관련된 자료를 Excel-CSV File로 다운받을 수 있다. 날짜 구간 또는 요청하는 월을 정하고 콤보박스에 있는 'Generate' 버튼을 클릭하면 다운받을 수 있다. Date Range Reports에선 거래내역의 모든 부분이 출력되는 것이 아니라 세금신고에 문제가 없을 정도까지의 필터링된 자료만 출력된다.

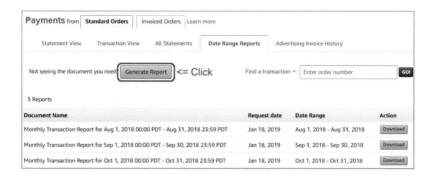

⑤ Advertising Invoice History: 광고 내역 리포트

　아마존에서 광고를 진행했을 때 광고 내역의 자료를 다운로드하거나 확인이 가능한 리포트이다.

Amazon Selling Coach
상품 관련 리포트
03

Amazon Selling Coach는 아마존에 등록한 모든 리스팅에 대한 정보와 재고관리를 지원하는 리포트이다.

그리고 아마존 계정에 등록된 이메일을 통해서도 Selling Coach 내용을 확인할 수 있다. 이메일을 통해 제공받는 Selling Coach에 대한 세팅도 이곳에서 할 수 있다.

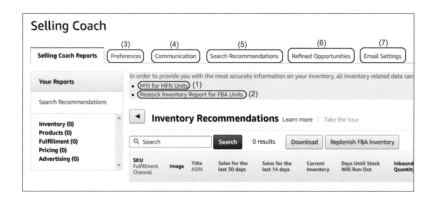

① MYI for MFN Units

MYI(Manage Your Inventory) for MFN(Merchant Fulfilled Network) Units를 클릭하면 판매자가 아마존에 등록한 모든 상품(FBM/FBA)의 재고관리와 리스팅한 제품을 수정할 수 있는 화면으로 이동한다.

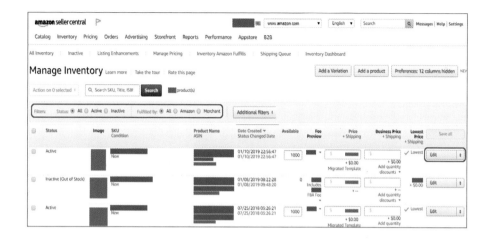

위의 화면에서 'Edit'버튼을 클릭하면 등록한 상품의 수정이 가능하며, 'Manage Image', 'Copy 리스팅', 'Add another condition', 'Change to Fulfilled by Amazon', 'Match Low Price', 'Close 리스팅', 'Delete product and 리스팅', 'Advertise 리스팅' 등과 같은 메뉴들을 확인할 수 있다.

만약 판매자가 등록한 제품의 사진을 수정하고 싶다면 'Manage Image'를 선택해서 클릭하면 되고, FBM으로 등록된 상품을 FBA로 전환하고 싶다면 'Change to Fulfilled by Amazon'을 클릭하면 된다.

또한 좌측 상단에 위치한 콤보박스에서 아마존에 재고가 있어 리스팅이 활성화된 상품만 보기 원한다면 'Active', 활성화되지 않은 상품만을 보기 원한다면 'Inactive', 모든 제품을 보기 원한다면 'All'을 선택하면 된다.

그리고 그 옆에는 리스팅 중 FBA로 등록한 상품만 보고 싶다면 'Amazon'을, Merchant로 등록한 상품만 보고 싶다면 'Merchant'를, 모든 상품을 보고 싶다면 'All'을 선택할 수 있는 콤보박스가 있으니 참고 바란다.

② Restock Inventory Report for FBA Units

Restock Inventory Report for FBA Units 항목을 클릭하면 판매자가 리스팅한 제품 중 FBA 상품만을 별도로 보여주며, FBA 창고에 입고되어 판매 후 남아 있는 재고현황과 아마존에서 자체적으로 판매추이를 분석한 '추가요청

입고 재고수량(Recommended Order Qty)'을 보여준다.

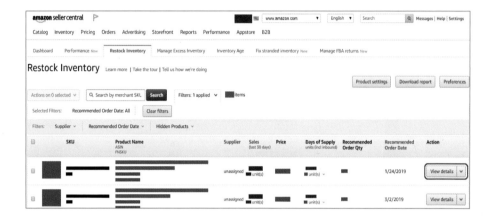

위의 화면에서 'View details' 버튼을 클릭하면, 클릭한 제품이 FBA에서 판매되고 있는 자세한 현황과 판매추이를 확인할 수 있다.

또한 FBA 수수료를 공제한 판매금액 및 'Buy box price' 등과 같은 디테일한 부분까지 확인 가능하다.

③ Preferences

이 부분은 아마존에서 등록한 제품을 검색 시, 특정 브랜드와 특정 카테고리명을 포함시키거나 제외시키는 경우를 선택할 수 있는 영역이다.

Preference는 'Product Opportunity Settings'와 'Fulfillment Opportunity Settings'로 나누어지며, 두 개의 항목은 각각 'Brands used to modify recommendations'와 'Categories used to modify recommendations'로 나뉜다. 각각의 세부항목에는 포함되어야 판매효율이 높아지는 브랜드명이나 카테고리명을 입력하거나, 반대로 포함되지 말아야 판매효율이 높아지는 브랜드명이나 카테고리명을 입력하면 된다.

④ Communication

아마존 계정에 등록된 이메일을 통해 Selling Coach 내용을 확인할 수 있는데, 이때의 'Communication' 항목은 이메일을 통해 전달된 Amazon Selling Coach의 내용을 볼 수 있는 항목이다. 이 탭에서는 아마존 Selling Coach에서 발송된 모든 이메일을 날짜 및 추천 유형별로 검색할 수 있다. 이메일을 통해서 받아볼 수 있는 내용을 설정하는 항목은 다음에 설명할 'Email Settings'에서 선택할 수 있다.

⑤ Search Recommendations

사용자가 요구한 제품명, 브랜드명 또는 카테고리명, 제품의 ASIN 넘버 등으로 검색한 자체 보고서를 만들 수 있다.

⑥ Refined Opportunities

이것은 아마존 각각의 개별 보고서에 있는 투표와 관련된 내용이다. 만약 셀러가 아마존에서 제공하는 보고서를 보고 'Yes', 또는 'No'로 투표를 했다면, Amazon Selling Coach에서는 당신의 의견을 수렴하여 향후 개선하기 위해 사용한다. 그리고 개별 보고서 페이지의 투표 내용은 언제든지 변경할 수 있다. 만약 당신이 각종 보고서를 받고 투표를 하지 않았다면, 결과물이 없기 때문에 'No results found'로 표시된다.

⑦ Email Settings

위에서 설명했듯이 Amazon Selling Coach의 내용을 판매자는 아마존 가입 시 설정했던 이메일 계정으로 받아볼 수 있다. 이 기능을 통해 FBA 재고의 추가 입고 등과 같은 재고 수급의 안내문 또는 아마존에서 안내하는 각종 변경 사항들을 받아 볼 수 있다. 이렇게 Amazon Selling Coach에서 제공되는 각종 내용들을 필터링하거나 또는 이메일 계정의 변경 등과 같은 설정 변경은 Email Settings에서 진행할 수 있다.

Amazon Selling Coach의 하위 메뉴들 중 가장 중요한 메뉴는 ① MYI for MFN Units와 ② Restock Inventory Report for FBA Units이다. 특히 FBA 시스템을 이용해 판매를 주력으로 진행한다면 FBA 상품의 재고관리 및 향후 추가재고 입고 계획 등을 작성하기 위해서는 'SKU Detail'의 내용을 자세히 분석해야 한다.

Business Report
사업 리포트 04

Business Report는 날짜별, 상품의 ASIN별, 그리고 월별 판매 및 주문 현황과 이에 따른 판매자의 등급(Seller Performance) 등을 제공해주는 리포트이다.

Reports 항목의 세 번째 상단에 위치한 Business Report를 클릭하면 아래와 같은 화면이 나타난다.

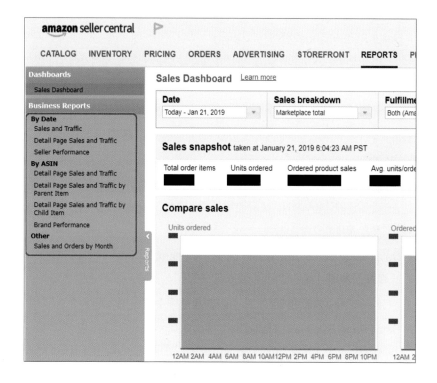

위의 화면에서 보듯 Business Report는 아마존에서 판매되고 있는 현황을 그래프 또는 테이블 타입으로 보여주고 있으며, 오늘과 어제 그리고 지난주의

판매현황과 작년의 동일 데이터를 비교분석해서 보여준다.

그리고 좌측 빨간색 박스 안의 항목들은 모두 개별 선택이 가능하며 이에 대한 설명은 아래와 같다.

① By Date

▶ Sales and Traffic: 판매현황과 트래픽
- – 일자별 판매량과 판매금액을 도표와 그래프로 보여준다.

▶ Detail Page Sales and Traffic: 판매 및 트래픽 상세페이지
- 일자별 판매량과 판매금액을 보다 자세하게 분석한 자료와 도표를 보여준다.
- Buy Box 점유율, 페이지 방문자 수 등과 같은 Sales and Traffic을 보다 더 자세한 자료로 보여주며 다운로드해서 볼 수도 있다.

▶ Seller Performance: 판매자의 등급
- 일자별 주문된 수량과 금액, 환불된 제품의 수량과 금액, 구매자에게서 받은 피드백의 숫자, A-to-Z Claims의 발생 숫자 등과 같이 판매자의 계정에 영향을 미칠 만한 자료들을 도표와 그래프로 볼 수 있다.

② By ASIN

▶ Detail Page Sales and Traffic: 아이템 판매 및 트래픽 상세페이지
- 판매된 제품을 ASIN별로 구분해서 방문자 수, Buy Box 점유율, 주문수량 등을 자세히 보여준다.

▶ Detail Page Sales and Traffic by Parent Item: Parent 아이템별 판매 및 트래픽 상세페이지
- Parent 아이템별 판매현황 및 주문량, 방문자 수 등을 보여준다.

▶ Detail Page Sales and Traffic by Child: 하위 아이템별 판매 및 트래픽 상세페이지
- Parent에 종속되어 있는 하위 아이템(Child)별 판매현황 및 주문량, 방문자 수 등을 보여준다.

▶ Brand Performance: 브랜드 실적

- 판매제품의 브랜드명, 구매자 리뷰, 아마존에서의 판매순위, 등록된 상품 리스팅에서 빠진 부분 등을 보여준다.

③ Other

▶ Sales and Orders by Month: 월별 판매 및 주문 현황

- 매월 1일~30까지의 FBA와 FBM를 합한 총판매건수 및 금액을 보여준다.

　Business Report는 아마존에서 판매되어 발생한 자료들을 취합하고 분석한 일련의 자료들을 각각의 섹션으로 구분하여 보여준다. 특히 ① By Date에서 보여주는 Seller Performanc와 ② By ASIN에서의 'Detail Page Sales and Traffic', 그리고 'Brand Performance'는 판매하고 있는 제품의 문제점을 분석할 수 있는 매우 중요한 자료이다.

Fulfillment
아마존 FBA 관련 리포트

05

Fulfillment Report에는 아마존 FBA에 관련된 모든 자료를 확인하고 분석할 수 있는 수많은 하위 리포트들이 있다. 아마존은 Fulfillment Report를 통하여 너무나도 방대한 자료들을 보여준다. 지면 관계상 그 모든 내용을 설명하는 것은 솔직히 불가능하다. 그래서 필자의 경험에 의했을 때 필요했던 부분만을 설명하겠다.

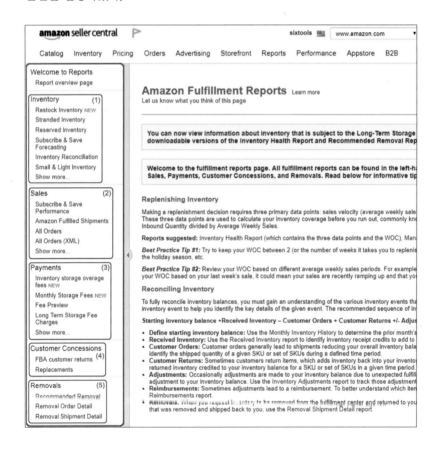

① Inventory

아마존 FBA 시스템으로 등록된 상품의 재고와 관련한 리포트들을 볼 수 있다. 세부 항목들을 클릭하면 'Request Download' 버튼이 화면 중앙에 있는데, 이를 클릭하고 1~3분 정도 기다리면 Report Type과 Date Requested, 그리고 요청한 리포트의 상태를 볼 수 있는 Report Status를 볼 수 있다. Report Status 밑의 'Download' 버튼이 활성화되면, Download를 클릭하여 해당 리포트의 TXT-File을 다운로드 받을 수 있다.

※ 이렇게 다운로드 받은 TXT-File을 마우스로 모두 드래그해서 선택한 다음 EXCEL 프로그램을 실행한 후 새로운 EXCEL-File에 복사하여 붙이면 해당 리포트를 볼 수 있다.

▶ Restock Inventory: 재고 보충 현황
- FBA 시스템으로 등록된 모든 상품의 판매현황과 판매 가능한 재고수량, 다른 FBA 창고로 이동 중인 재고현황, 입고된 기간 등의 일반적인 FBA 재고 현황을 분석할 수 있다.

▶ Stranded Inventory: 문제 있는 재고
- 고객 반품 등으로 인해 상품성을 잃어버려 출고가 불가능한 재고의 현황을 보여준다.

▶ Reserved Inventory: 예비 재고
- 한곳의 FBA 창고로 입고된 재고가 아마존의 재고 분할 시스템에 의하여 다른 FBA 창고로 이동되고 있는 재고의 수량을 분석할 수 있게 도와준다.

▶ Subscribe & Save Forecasting: 정기 배송 할인 프로그램 예측
- 이는 앞에서 설명한 '7장, 02 FBA 사용자 세팅하기'의 ⑩ Subscription Settings 항목과 연동되는 것이다. 매월 정기적으로 구입하는 제품(ex. 기저귀, 치약, 샴푸 등)에 대하여 정기적 구매자에게 구독 및 주문의 5%, 10%, 15% 또는 20% 할인 혜택을 주어 아마존에서의 판매를 활성화시키고, 아마존은 판매자에게 FBA 수수료에서 $1.25를 할인해주는 방식으로 판매하는 셀러에게 정기 배송 할인 프로그램의 실행으로 예측되는 판매량을 분석해주는

리포트이다.

▶ Inventory Reconciliation: 재고 조정

- 아마존의 재고 분할 시스템에 의해서 다른 FBA 창고로 이동한 각각의 SKU 에 대해 조정된 재고 이동 및 종료 수량을 월말 합산하여 보여주는 리포트로 서 최대 18개월까지 볼 수 있다.

▶ Small & Light Inventory: 스몰 앤 라이트 재고

- FBA Small and Light는 아마존의 승인을 받아 $15 이하의 가격으로 판매되 는 작고 가벼운 FBA 재고에 대한 리포트이다.

※ 아마존에 판매하려는 제품이 Small and Light prep and packaging에 해당되는지 알 아보기 위해서는 Seller Central의 'Help' 메뉴에서 'Small and Light prep and packaging' 을 입력하고 검색하여 자세한 요건을 살펴보면 된다.

▶ Inventory Age: 재고 보관기간

- 아마존 FBA 창고에 장기간 보관되어 Long-term storage fees가 발생되고 있는 제품들을 분석할 수 있는 리포트이다.
- 이 리포트를 다운로드해서 분석하면, 90-days, 91-to-180-days, 181-to-270-days, 271-to-365-days, 365-plus-days 등으로 장기 보관된 제품들을 SKU 및 ASIN별로 확인 가능하기 때문에 Long-term storage fees가 발생되 기 전에 장기 재고의 처리 방안을 강구할 수 있다.

※ Inventory Age 리포트를 보기 위해서는 Inventory 항목의 아래에 있는 'Show more…'를 클릭하면 된다.

② Sales

Sales 항목을 클릭하면 아마존 FBA 시스템으로 판매된 모든 상품의 현황을 볼 수 있다.

▶ Subscribe & Save Performance: 정기 배송 할인 퍼포먼스

- 아마존에서 매월 정기적 구매자를 통해 판매된 내역을 볼 수 있다.

▶ Amazon Fulfilled Shipments: 아마존 주문 처리 배송

- 아마존의 FBA 시스템으로 주문된 내역만 확인할 수 있는 리포트이다.

▶ All Orders: 모든 주문

- 아마존의 FBA 시스템으로 판매된 내역뿐만 아니라, FBA의 Multi-Channel Fulfillment를 이용한 판매량까지 모두 합산한 판매량을 보여주는 리포트이다.

▶ All Orders (XML): 모든 주문 (XML)

- 모든 주문 내역을 XML 파일로 다운로드해서 볼 수 있는 리포트이다.

③ Payments

Payments 항목에 있는 각종 리포트들은 아마존에서 판매자에게 청구하는 각종 수수료에 대한 내용을 보여준다.

▶ Inventory storage overage fees: 저장용량 한도초과 수수료

- ▶ 아마존 FBA 창고의 저장용량 한도를 초과한 물량에 대하여 재고 저장용량 예상 초과비용 수수료를 보여주는 리포트이다. 이 보고서는 24시간 이전의 자료들만 볼 수 있다.

▶ Monthly Storage Fees: 월 보관 수수료

- 앞의 '9장, 01 아마존 수수료에 대한 이해, 3. Amazon FBA Fees(FBA 수수료)'의 ③ Monthly Inventory Storage Fees에서 설명한 수수료를 각 ASIN의 월별로 예상하여 보여준다. 이 보고서 또한 24시간 이전의 자료들만 볼 수 있다.

▶ Fee Preview: 수수료 미리 보기

- 아마존에서 FBA 시스템 사용으로 인해 발생한 판매 및 이행 수수료 등의 전반적인 내용을 개략적으로 파악할 수 있는 리포트로서 72시간 이전의 자료만 볼 수 있다.

▶ Long Term Storage Fee Charges: 장기 보관 수수료 청구

- 아마존 FBA 창고에 입고시킨 재고 중 장기보관 수수료가 발생되고 있는 재고에 대하여 ASIN별, 장기보관 기간과 이에 의해 발생한 항목별 장기보관 수수료의 세부 정보를 확인할 수 있다. 24시간 전의 데이터를 보여 준다.

④ Customer Concessions

고객들의 반품 및 교환된 상품의 현황에 대하여 확인할 수 있다.

▶ FBA customer returns: FBA 고객 반품

- 이 리포트에선 FBA 시스템을 통해 판매된 제품이 각종 이유(고객 변심, 제품불량 등)로 인해 반품된 내역을 확인할 수 있다. 24시간 전의 데이터를 보여 준다.

▶ Replacements: 교환

- 아마존에서 FBA 시스템을 이용해 상품을 구매한 고객들은 상품의 교환을 요청할 수도 있는데, 이렇게 교환 요청되는 재고들은 판매자의 승인이 없더라도 FBA 창고의 보유 재고 범위에서 교환이 진행된다. 이렇게 진행되는 현황에 대한 내역을 Replacements에서 확인할 수 있다. 24시간 전의 데이터를 보여 준다.

⑤ Removals

Removals 리포트는 Long Term Storage Fee가 발생하고 있는 악성재고의 처리방법에 따른 결괏값을 보여주는 리포트이다. 아마존에서 악성재고를 처리하는 방법은 아마존에 폐기를 의뢰하는 방법과 판매자가 의뢰한 장소로 악성재고를 이관하는 방법이 있다.

▶ Recommended Removal: 권장 처분

- 악성재고화 되어 Long Term Storage Fee가 발생하고 있는 재고에 대해 아마존에서 권장 처분을 제시하는 리포트이다. 24시간 전의 데이터를 제공한다.

▶ Removal Order Detail: 재고 처분 주문 상세 내용

- 아마존에 폐기 주문한 제품의 상태 및 제품 세부 정보를 보여주는 리포트이다. Removal Order Detail 리포트는 실시간 데이터를 보여준다.

▶ Removal Shipment Detail: 처분 배송 세부 정보

- Removal Shipment Detail 리포트는 판매자가 의뢰한 장소로 악성재고를 이관할 때 출하 주문의 배송업체 및 추적번호 등을 보여주는 리포트로서 실시간 데이터를 보여준다.

Advertising Reports
광고 리포트

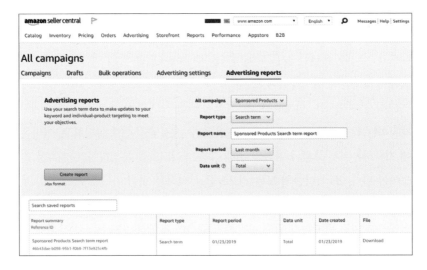

아마존에서 광고를 하는 방법은 여러 가지가 있다. Advertising Reports는 아마존의 검색엔진(A9)에서 노출 빈도를 증가시킬 수 있는 키워드를 추출하거나 추출한 키워드를 업데이트하는 것에 많은 도움을 제공한다.

Advertising Reports 항목을 클릭하면 위와 같은 화면이 나타난다. 여기에서 'Search term reporting'을 하면 판매에 도움이 되는 유효 키워드를 추출해서 확인할 수 있다.

> ※ 아마존에서의 광고의 필요성은 반반이다. 아이템에 따라 광고가 필요한 상품과 그렇지 않은 상품이 있기 때문이다. 필자가 이 책에서 광고 부분을 간단히 설명하는 이유는 너무 자세하게 다룰 경우 '아마존에서는 반드시 광고를 해야한다'고 오해할 수도 있기 때문이다. 또한 아마존에서 광고를 진행할 경우 적지 않은 금액이 지출되는 부분도 있기 때문에 아마존에서의 광고기법에 대해서는 간략히 설명하였다. 대신 다음 장에서 광고보다 더 중요한 아마존의 SEO와 Keyword에 많은 지면을 할애했으니 광고보다는 여기에 더 많은 관심을 갖기 바란다.

아마존 리포트에 대한 설명을 마치며 07

지금까지 아마존에서 판매자에게 제공하는 각종 리포트들을 알아보았다.

솔직히 필자도 아마존에서 제공하는 리포트가 너무 방대하고 어떤 부분에서는 이해도 쉽지 않기 때문에 모든 부분을 알지는 못한다. 그리고 아마존에서 제공하는 모든 리포트를 알 필요도 없다.

앞서도 이야기했듯이 우리가 아마존 시장에 입성한 이유는 공부를 하기 위해서가 아니다. 우리는 높은 판매이익을 추구하며 많은 양의 제품을 판매하기 위해서 아마존에 뛰어들었다.

그러기 위해서는 '한계효용'과 '기회비용'을 극대화해야 한다. 아마존에서 제공하는 리포트들 중에서 판매에 도움을 주는 것들을 주로 살펴보고, 아마존에 지급하는 수수료를 절약하기 위해 각종 데이터들을 분석하여 '한계효용'을 높여야 된다. 또 아마존의 모든 리포트를 분석하는 것이 아니라 꼭 필요한 부분만 선택해서 분석하고, 판매에 있어 제일 중요한 일인 아이템의 발굴과 아이템을 제대로 판매하기 위해 아마존의 SEO에 부합하는 Keyword 분석에 더욱 많은 시간을 투자하여 '기회비용'을 증가시켜야 한다.

사람이 하루 동안 사용할 수 있는 시간은 24시간밖에 없다. 이 부분을 간과하면 시간을 낭비하게 되고, 이렇게 낭비한 시간은 타인과의 경쟁에서 뒤처지게 되는 결과를 가져온다.

지금까지 설명했던 아마존 리포트는 아마존에서 살아남기 위해 제대로 된 데이터를 얻을 수 있는 방법이며, 성공의 발판이 되는 자료이다.

이 장을 시작하면서 설명했듯이 '아마존은 판매자가 요청하지 않으면 아무런 리포트도 제공하지 않는다'는 것을 한번 더 인지하기 바란다.

상위 노출을 위한
SEO와
Keyword 작업

데이터베이스란?
(Database)

지금까지의 모든 설명은 아마존의 외형적인 부분(셀러 가입, 상품등록, FBA 상품입고 등)에 관한 것이었다. 이제 국내외 온라인 셀링에서 눈에 보이지는 않지만 실제로 존재하는, 그리고 그 존재의 가치가 판매량에 매우 큰 영향을 미치는 그런 부분에 대해서 이야기하고자 한다.

우리는 음식물의 맛은 느끼지만 그 음식물을 구성하는 각종 재료들의 영양분은 눈으로 볼 수 없다. 그저 학창시절에 배운 단백질, 비타민, 탄수화물이 음식물에 존재하고, 이것들이 몸속에 흡수되어 우리를 움직일 수 있게 한다는 것만 알고 있다. 눈에 보이지 않기 때문에 실감하지 못한다.

대부분의 사람들은 눈에 보이거나 만질 수 있는 물질에 대해선 그 존재감을 쉽게 믿는다. 하지만 눈에 보이지 않지만 꼭 필요한 물질, 예를 들어 산소 같은 물질은 우리가 숨이 막혀봐야 그 존재를 알 뿐, 평소에는 관심조차 없다.

지금부터 설명할 SEO(Search Engine Optimization: 검색엔진 최적화)가 바로 '산소' 같은 물질이라고 생각하면 쉬울 듯하다.

Amazon이나 eBay 그리고 Google 등을 어느 정도 아는 사람들이 본인의 '유식함'을 자랑하기 위해 종종 이야기하는 주제가 바로 SEO이기도 하다. 그러나 SEO의 정확한 본질에 대하여 설명하는 사람은 아직까지 보지 못했다. SEO의 본질을 알기 위해서는 데이터베이스에 대한 개념부터 알아야 하는데, 데이터베이스의 의미도 제대로 모르는 상태에서 SEO를 설명하기 때문에 그런 문제가 발생했다고 본다.

그래서 먼저 데이터베이스의 개념부터 설명하려고 한다. 필자가 데이터베이스의 개념에 대해서 설명이 가능한 이유는 젊은 시절 데이터베이스와 관련한 업무를 했기 때문이다(필자와 필자의 와이프는 20~30대 초반에 데이터베이스 프로그래머라는 직업을 갖고 있었다).

사전적인 의미로 데이터베이스는 '공유되어 사용될 목적으로 통합하여 관리되는 데이터의 집합'이다. 다시 말해서 데이터베이스는 각각의 자료(데이터)가 모여져 있는 하나의 덩어리라고 설명할 수 있다. 이렇게 모여진 자료들은 쉽게 사용될 수 있도록 구분되어 있을 수도 있고 '날것' 그대로 원초적인 모습을 하고 있을 수도 있다.

1. 데이터베이스가 만들어지는 과정

이를 좀 더 쉽게 예를 들어 설명해보겠다. 필자가 아마존에서 '가방'이라는 상품을 구매하기 위해 하는 일련의 활동을 한번 생각해보자.

① 상품을 구매하기 위해 아마존에 구매자 계정으로 가입한다.
▶ 가입 시에 입력한 내용들을 통해 아마존은 필자의 성별, 나이, 국가 등에 대한 기본적인 자료(데이터-1)를 취득하게 된다.
② 필자가 필요한 가방의 종류를 검색창에 입력한다.
▶ 필자가 사용할 가방인지, 와이프에게 선물할 가방인지, 중학생 아들이 사용할 가방인지에 따라서 검색창에 입력하는 내용은 바뀔 것이다.
▶ 여기에서 아마존은 필자가 어떤 상품을 원하고 있는지에 대한 추가적인 자료(데이터-2)를 취득하게 된다.
③ 검색창에 입력한 내용을 바탕으로 아마존에서 기본적인 항목의 제품들을 보여주면 필자가 원하는 금액과 디자인을 추가적으로 검색한다.
▶ 여기에서 아마존은 필자가 원하는 제품의 가격대와 디자인이 어떤 것인지에 대한 보다 자세한 추가자료(데이터-3)를 취득하게 된다.
④ 오늘은 검색만 하고 실질적으로 구매는 하지 않고 컴퓨터를 끄고 잔다.
⑤ 일주일 후 와이프의 생일 선물로 가방을 꼭 구매하기 위해 아마존에 로그인한다.
▶ 이때 아마존은 분석하고 저장해놓았던 기존 자료들(데이터-1, 데이터-2, 데

이터-3)을 통해 필자가 원하는 최적의 제품(40대 여성이 원하는 중급브랜드의 가방)을 '아마존 추천제품'이라는 명목으로 검색을 하지 않았음에노 보여준다.

⑥ 아마존 추천제품 중에서 와이프의 취향에 맞는 적당한 제품을 하나 구매한다. 그리고 필자가 좋아하는 전자제품 중에서 '게이밍 마우스'를 한 개 결제한다.

▶ 아마존은 필자가 구매한 제품에 대한 추가자료(데이터-4)를 취득하게 된다.

⑦ 6개월 후 대학생 딸아이의 지갑을 구매하기 위해 다시 아마존에 로그인한다.

▶ 아마존은 6개월 전에 필자가 제공한 자료들(데이터-1, 2, 3, 4)을 분석해서 계절에 맞는 40대 여성용 가방과 컴퓨터 관련 전자제품을 필자에게 제시한다.

▶ 그리고 아마존은 추가적으로 필자에게 대학생인 딸이 있다는 정보(데이터-5)를 획득하게 된다.

지금까지의 시나리오는 아마존에서 실제로 작동되고 있는 모습을 순서에 맞게 정리한 것이다. 우리가 아마존에서 특별한 생각 없이 행동한 일련의 과정들을 아마존은 초 단위로 계산해서 구매자가 원하는 제품을 찾아주기 위해 엄청난 노력을 하고 있다.

아마존은 위에서 설명했던 것과 같은 특별하지 않은 행동들을 모두 정리하고 분석하여 최종적으로 데이터-4, 즉 구매까지 이어지게끔 개개의 고객들에 대한 자료를 철저하게 모으고 이를 분석하고 있다.

2. 데이터베이스의 확장

여기에서 아마존이 필자에게서 모은 각각의 자료들(데이터-1, 2, 3, 4,5)을 모아놓은 집합체가 바로 필자의 데이터베이스인 것이다.

각각의 고객들에 대한 데이터베이스가 또 다른 자료(데이터-α)가 되어서 더 크고 방대한 데이터베이스가 된다. 이렇게 아마존에 모아진 자료(Big-데이터베이스)는 또다시 분석되어(성별, 나이별, 국가별, 계절별, 검색단어별, 가격대별 등) 새로운 매출을 발생시키기 위한 기초 자료로 사용되고 있다.

SEO란?
(Search Engine Optimization)

02

그럼 본론으로 들어가기에 앞서 빅-데이터베이스에서 고객들이 요청한 정보를 어떤 방법으로 검색하여 보여주는지에 대해 알아보자.

위의 사진은 1999년에 만들어진 'MATRIX'라는 영화의 포스터이다. 필자는 이 영화를 20번도 넘게 봤다. 아직까지 이 영화를 보지 않은 분이 있다면 꼭 한번쯤 전편(1/2/3편)을 보기를 추천한다. 필자와 같은 데이터베이스 프로그래머나 그쪽과 관련이 있는 분야의 사람이라면 영화 시나리오의 완벽함에 놀라게 될 것이다.

SEO를 설명하면서 갑자기 뜬금없이 영화 이야기를 하는 이유는 이 영화에 나오는 조연배우들의 이름이 SEO와 연관이 있기 때문이다.

아래 사진에 나온 배우가 맡은 역은 'Architecture'인데, 영화에서 가장 원초적인 부분을 다루는 인물이다. Architecture, 즉 컴퓨디 구조(Computer

Architecture)의 사전적 의미는 '컴퓨터 공학 내에서 개념의 설계이며, 컴퓨터 시스템의 근간이 되는 운영 구조'라고 설명할 수 있다. 그리고 컴퓨터의 여러 부분에 대해 설계적으로 인식되는 것들과 요구사항들(특히 속도와 상호 연결)이 무엇인지 기능적으로 설명되어 있는 청사진으로서, 주로 중앙처리장치(CPU)가 메모리 주소에 내부적으로 수행하고 접근하는 방법을 집중적으로 설명하는 것이 Architecture의 개념이다.

이 부분이 중요한 이유는 앞으로 다루어야 할 SEO라는 개념이 바로 컴퓨터 내부에서 수행되는 일련의 절차이기 때문이다.

그리고 영화에서 의미 있는 조연배우의 극중 이름이 하나 더 있다. 이 배우가 맡은 역은 'Oracle'이다.

일반인들은 잘 모르겠지만 데이터베이스 프로그래밍을 공부한 사람이라면 한번쯤은 들어봤을 이름이 바로 Oracle이다.

Oracle은 미국 오라클사의 관계형 데이터베이스 관리 시스템(RDBMS, Relational Data Base Management System)의 이름이다. 즉 Oracle은 우리가 흔히 쓰고 있는 Excel과 같은 프로그램의 이름인데, Oracle은 위에서 설명한 데이터베이스의 자료를 축적하고 이렇게 축적된 데이터베이스를 검색하거나 업데이트해서 새로운 데이터베이스를 만드는 일련의 과정을 하는 프로그램이다. 그래서 Oracle에서 사용하는 언어는 국제표준화기구(ISO)에서 표준화한 구조화 조회 언어(SQL: Structured Query Language)가 표준으로 되어 있다.

이렇게 컴퓨터 구조(Computer Architecture)와 연계되어 축적된 데이터베이스에서 정보를 검색하는 일련의 행동을 SEO(Search Engine Optimization)라고 할 수 있다.

이를 좀 더 쉽게 설명하면 SEO란 수집한 정보(데이터베이스)를 분석해서 준비한 데이터를 USER(구매자)가 찾는 데이터와 최적화된 값으로 보여주는 과정이라 할 수 있다. 이를 판매자의 입장에서 보면, '본인의 결과물이 다른 사람과 비교하였을 때 최적으로 보이게끔 하는 일련의 행동'이라고 할 수 있다.

그런데 데이터를 수집하고 만드는 데이터베이스 프로그램과 이렇게 모인 데이터베이스의 자료를 효율적으로 검색하기 위해 만들어진 '검색엔진'은 만들어진 회사에 따라 다른 이름으로 불린다.

우리가 최근에 가장 많이 사용하는 웹 서비스인 Google의 경우, 특별한 이름 없이 'Google-검색엔진'이라고 불린다.

eBay에서는 검색엔진의 버전에 따라 불리는 이름이 다른데, 가장 최근 버전의 검색엔진 이름은 'Cassini'이다.

그리고 아마존의 검색엔진 이름은 'A9'이라고 불린다. Amazon의 SEO단어를 구성하고 있는 스펠링의 숫자가 9개여서 아마존의 검색엔진명이 A9으로 되었다고 한다.

SEO의
기초
03

세상의 일에는 '암묵적으로 지켜지는 룰'이라는 것이 존재한다.

예를 들면, 우리는 계단을 걸을 때 우측보행이라는 보편적인 규칙을 지키고 있다. 법적으로 처벌을 받진 않지만 가끔 좌측으로 걷는 사람도 있다. 이런 행동은 보편적인 것은 아니며, 이렇게 행동하는 사람을 대부분 사람들은 꺼려한다. 사람은 타인에게 피해를 끼치는 행동을 꺼려하기 때문에 일반적인 '규칙'에서 벗어나는 행동은 자제하기 때문이다.

데이터베이스 프로그래머가 각각의 데이터를 저장할 때 저장된 데이터를 검색에 용이하게끔 정리하는 부분에서도 이런 '암묵적인 룰'이 존재한다. 이는 법적으로 정해진 것은 아니지만 향후 프로그램의 업데이트나 유지 보수를 위해서도 꼭 필요한 일련의 정형화된 업무의 행태라고 볼 수 있다.

이런 암묵적인 룰을 무시하고 대량의 데이터를 처리하는 데이터베이스 프로그램 작업을 진행할 수도 있으나, 이렇게 하면 향후 데이터베이스 관리의 효율성이 매우 떨어지게 되므로 대형 데이터베이스 프로그램은 기존의 정해진 룰에서 절대로 벗어나지 않는다.

그렇다면 데이터베이스 프로그래머가 이 '암묵적인 룰'에 맞춰 판매할 제품명을 작성하면 어떻게 될까? 아마 그 검색엔진 내에서 먼저 검색되어 다른 제품명보다 검색순위의 상위에 노출될 것이 분명하다.

여기서는 이러한 데이터베이스 프로그래밍의 기본 룰을 설명하고자 한다. 이를 제대로 숙지하고 이해하여 앞으로 제품명이나 Keyword를 생성할 때 적용하면, 그렇게 하지 않은 것과 '분명한 차이'가 발생한다. 따라서 아마존 판매자는 등록하는 각종 정보들을 아마존 검색엔진에 최적화되게끔 만들어서 입력할 필요가 있다. 아주 미미한 차이가 될 수도 있겠지만 이 작은 차이기 큰 영향을 미칠 수도 있기 때문이다.

1. SEO에 최적화된 데이터 생성의 기본 조건

이 책은 아마존에서의 상품판매를 위해 알아야 하는 부분을 중심으로 작성하고 있다. 하지만 여기에서 설명하는 'SEO에 최적화된 데이터 생성의 기본 조건'은 아마존뿐만 아니라 eBay, Google 등의 검색엔진에서도 유용하게 사용할 수 있다.

우리는 아마존에 제품을 판매할 때, 상품의 현물을 구매자에게 직접 보여주는 것이 아니다. 우리가 가상의 정보를 제공하면 제공된 정보를 검색한 구매자가 검색 결과로 나온 사진과 텍스트를 확인한 뒤 구매한다. 때문에 아마존에서 판매자가 판매를 위해 등록하는 각각의 데이터는 개별적인 파일명을 갖게 된다. 이는 제품명뿐만 아니라 이미지 등록을 위해 사용하는 사진의 이름과 상품설명에 사용된 단어들로 이루어진 문장까지 포함된다. 그러므로 각각의 입력 자료는 모두 개별적인 데이터가 되며, 이런 데이터들이 모여진 데이터베이스가 한 개의 상품을 이룬다.

그러므로 개개의 데이터를 명명할 때, SEO에 최적화된 규칙에 준해서 만들 필요가 있다. 그리고 이것이 SEO의 기초라 할 수 있다.

앞의 '5장, 03 제품명칭(Product Name), 1. 제품명칭 생성 시 주의사항'에서

SEO의 기초에 대해서 설명했다. 여기서는 왜 그래야 되는지에 대한 이유를 설명한다.

다음은 SEO에 최적화된 데이터 생성의 기본 조건이다.

① 좌에서 우로

▶ 'SEO 최적화'는 우리가 일반적으로 문장을 만드는 범주에서 크게 벗어나지 않는다. 그중 하나가 '좌에서 우로'이다. 이는 문장을 만들 때 가장 중요한 단어를 좌측에서부터 나열하는 것을 말한다.

▶ 이는 SEO에서 가장 중요한 부분이라고 할 수 있다. 검색엔진이 단어나 문장을 검색할 때 좌측 끝에서부터 읽기 시작하여 분석하기 때문이다. 그렇기에 문장의 가장 좌측에 있는 단어를 가장 높은 우선순위의 단어로 인식한다.

▶ 그러므로 제품명이나 상품설명을 만들 때에는 반드시 가장 중요한 단어를 좌측에 우선적으로 배치하는 '두괄식'으로 작성해야 한다.

※ 만약 판매자가 독자적인 브랜드를 갖고 있다면, 아마존에서 제품명을 만들 때 브랜드명을 가장 우선적으로 배치하는 것을 추천한다. 사업은 브랜드에서 시작하고, 상품의 품질로 마무리된다고 할 수 있다. 그러므로 자체적인 브랜드를 만들어 소비자에게 지속적으로 이를 각인시킬 수 있는 방법을 강구하는 것을 온라인 사업에서도 간과해선 안 된다.

② 큰 것에서 작은 것으로

▶ 제품명이나 상품설명을 작성할 때 큰 주제에서 작은 주제 순으로 작성하는 것이 좋다. 아마존에서 상품등록 시 카테고리 선정 방법과 유사하다고 생각하면 이해가 쉬울 것이다.

③ 연관된 것에서 독립적인 것으로

▶ 제품명이나 상품설명 작성 시 연관성이 있는 단어부터 작성하기 시작하여 세부적인 항목인 모양이나 색상 등 제품이 갖고 있는 유니크한 내용으로 끝내야 한다는 것이다.

이는 앞의 '큰 것에서 작은 것'으로와 유사하지만, 보다 디테일한 설명이 필요할 때에는 반드시 연관성이 있는 부분(상위 카테고리)에서 시작해서 아이템이 갖고 있는 독특한 특징(하위 카테고리 또는 카테고리에 적용되지 않는 부분)의 순서로 단어를 배열해야 한다.

④ Hot한 것에서 Normal한 것으로

▶ 언어는 살아 움직이는 것이기 때문에 예전에 유행했던 단어가 최근의 트렌드에서는 검색률이 떨어지는 경우가 흔하다. 때문에 최근의 트렌드를 반영한 단어들을 문장의 좌측에 배치해야 한다.

⑤ 과부하 방지를 위한 단어의 제한

▶ 대부분의 해외 온라인 쇼핑몰들은 제품명과 상품설명 등의 길이를 규제한다. 아마존도 제품명을 블랭크를 포함한 80Character로 제한하고 있다. 판매자들이 제품명을 경쟁적으로 무제한 길게 작성하면 이는 검색엔진의 과부하로 이어지고, 이렇게 발생한 과부하는 검색률을 떨어뜨리는 주요 요인으로 작용하기 때문이다.

⑥ 문장의 적정성

▶ 대부분의 검색엔진에서 사용되는 기본 규칙 중 하나가 검색엔진에서 사용하는 해당 언어의 어순을 기본적으로 준수한다는 것이다. 때문에 가능하다면 영어의 어순을 지켜줄 때 검색률은 높아진다.

⑦ Sorting에 따른 결괏값의 변동

▶ 이 부분은 우리나라 쇼핑몰에 가장 특화되어 있는 기능이다. '네이버 지식쇼핑'을 예로 들면 동일한 제품을 판매가격별, 구매후기별, 등록일자별로 정렬이 가능한 것을 다들 알고 있을 것이다.

▶ 아마존에서도 일부분(가격, 구매후기, FBA 상품 등) Sorting 기능을 제공한다. 일반적으로 검색에서의 정렬된 결괏값은 지금까지 설명한 내용을 기초로 하

지만, 검색엔진에서 Sorting 기능을 활성화시키면 Sorting 목적에 최적화된 결괏값을 우선적으로 보여준다. 그렇기에 안타깝지만 지금까지 설명한 내용들의 기본 구조에 따른 검색률이 많이 감소된다.

SEO에 최적화된 데이터 생성의 기본 조건이라는 것은 위에서 설명했듯이 아주 어려운 것이 아니다. 우리가 일반적으로 알고 있고 사용하는 방법 중 하나인 '두괄식' 형식을 기준으로 작성하면 큰 문제가 없다. 이런 작업을 해보지 않은 사람들은 '두괄식'이라는 낯선 단어로 인해 어렵다 느낄 수 있을 것이다. 쉽게 설명하면 가장 중요하고 가장 보편적인 단어를 가장 왼쪽에 배치하고, 그다음으로 중요한 단어 순으로 배치하여 만들면 되는 것이다.

※ 예를 들어 'iPhone6 빨간색 젤리 케이스'의 제품명을 만든다고 하면 순서는 다음과 같다. Phone2Joy(상품제조사명 또는 판매자 브랜드명) → Apple(모바일폰 제조사) → iPhone6(모델명) → Jelly Case(제품종류) → Red (색상) → Ergonomic design(제품 특징) → Non-toxic(제품의 장점) 순으로 작성하면 된다. 이 순서는 대부분의 상품에서도 거의 비슷하게 적용된다. 훈련이 되어 있지 않은 초기엔 어려울 수 있으나 제품명을 계속 만들다 보면 기본적인 형식이 눈에 들어오게 될 것이다. 또한 상품 설명에서도 제품의 특·장점이 가장 잘 나타나는 문장을 제일 상위에 기술하는 것은 검색률을 높이는 데 도움이 된다.

2. 자본주의적 사고에 따른 결괏값의 변동

지금까지는 SEO은 '교과서'적인 내용만을 설명하였다. 하지만 독자들도 알다시피 세상의 일은 교과서대로만 진행되지 않는다. 특히 금전적 수익을 우선으로 하는 '자본주의'에선 교과서적인 규칙이 배제되는 경우가 아주 많다. SEO에서도 이런 '자본주의적 사고'의 룰이 많이 적용되는데 이번에는 그런 룰들에 대하여 알아보겠다.

① 많이 판매된 제품

▶ 온라인 시장만큼 '매출이 깡패'인 곳은 없다. 온라인 마켓들의 주요 수익구조는 판매된 제품에서 일정 부분 수수료를 받아가는 구조이기 때문에 마켓에서의 판매량은 바로 그 온라인몰의 수익률과 직결된다. 때문에 모든 온라인 마켓은 많이 판매된 상품이 더 많이 판매될 수 있도록 공격적으로 상품을 노출시켜준다. 그러므로 이렇게 많이 판매된 상품은 앞에서 설명한 원론적인 SEO의 규정에 일부분 위반된다고 해도 검색페이지 상위에 노출된다.

② 광고 제품

▶ 자본주의에서 가장 흔히 사용되는 매출신장 방법이 바로 광고이다. 온라인 시장에서는 광고의 필요성이 매우 높다. 만약 판매하는 제품이 앞에서 설명한 SEO의 기본 개념을 무시하였다고 해도 높은 광고비를 지불한다면 해당 상품은 검색의 상위 또는 메인화면에 노출된다. 이렇게 좋은 위치에 노출되는 상품은 SEO의 개념을 무시하였다 해도 높은 매출을 발생시킨다.

③ 많이 클릭된 제품

▶ 앞서 '5장, 완벽한 상품등록을 위한 준비작업'의 '04 사진(Photo)'에서 설명한 내용과 연관되는 내용이라고 볼 수 있다. 아마존의 검색엔진에는 검색한 상품과 연관성이 있는 제품이나 유사한 제품들을 보여주는 기능이 있다. 이때 다른 판매자와 차별화된 'Title_Photo'를 등록한 판매자라면 유사한 제품들 중에서 추가적으로 클릭되어져 검색될 확률이 더 높아질 것이다.

▶ 고객들이 많이 클릭한 상품, 고객들이 머문 시간이 길었던 제품은 타 제품과 동일한 판매량을 갖고 있을지라도 상위에 노출시켜준다. 이는 해당 상품이 판매될 확률이 더 높다고 아마존이 판단했기 때문이다.

④ 많은 재고를 갖고 있는 제품

▶ 아마존 FBA 시스템의 놀라운 점은 FBA 창고에 입고된 재고의 숫자까지 검색랭킹에 반영한다는 것이다. 이는 필자의 지인이 직접 경험한 것으로서

FBA 창고에 대량의 재고를 입고시켰을 때 검색순위가 올라가는 것을 확인했다.
▶ 이는 아마존에서 동일한 판매조건이면서 비슷한 판매량을 보여주고 있는 제품이라면 재고부족으로 인해 판매가 중단될 수 있는 제품보다 지속적으로 판매가 이루어질 수 있는 제품에 보다 높은 점수를 주기 때문이다.

⑤ 신규 리스팅 제품
▶ 아마존에서는 최초 등록한 제품에 대하여 일정 시간 동안 'New Arrival'이라는 명칭과 함께 해당 제품을 상위에 노출시켜준다.
▶ 하지만 이렇게 기회를 제공한 신제품이 특정 시간 동안 판매되지 않거나, 클릭되지 않는다면 검색 규칙에 의거하여 검색순위의 뒤에 배치된다.

⑥ 가격이 저렴한 제품
▶ 동일한 제품이면서 똑같은 판매량과 비슷한 재고 보유율, 그리고 동등한 판매조건이라면 가격이 저렴한 제품을 상위에 노출시키고 있다.

⑦ 배송시간
▶ 이는 아마존의 독특한 FBA 시스템 때문에 발생하는 부분이다. 두 제품이 동일한 제품일 때 FBA 시스템을 이용하는 제품이 상위에 노출된다.

지금까지 설명한 '자본주의적 사고에 따른 결괏값의 변동'은 수시로 변경되거나 해당 사항이 적용되지 않기도 한다. 이것은 다음에 설명할 '05 SEO의 특수성'에 기인하는데, 이런 부분을 일반 셀러는 절대로 알 수 없다.
하지만 앞서 설명했던 '① 많이 판매된 제품'과 '② 광고 제품'은 자본주의적 사고에 따라 SEO의 기본 개념을 초월하여 결괏값의 변동에 지대한 영향을 미치고 있음은 결코 부정할 수 없다.

SEO의
변수
04

SEO를 단순히 규정하는 게 쉽지 않은 또 다른 이유는 각각의 사이트에서 사용하는 검색엔진의 규정과 특성에 따라 검색한 결괏값이 다르게 나타나기 때문이다. 이를 좀 더 자세히 설명하면, 해당 사이트가 우선순위에 영향을 미치는 변수들의 비율을 어떻게 지정하는지에 따라 그 결괏값이 많이 달라진다.

앞에서 'SEO에 최적화된 데이터 생성의 기본 조건'이라는 원칙을 설명하였지만 그것 외에도 해당 사이트가 원하는 변수들에 적합하게 세팅하지 못한다면 SEO에 최적화된 데이터를 생성할 수 없다.

이는 매우 중요한 요소로서 해당 사이트에서 가장 높은 영향을 끼치는 변수에 집중적인 노력을 쏟아야만 최적의 SEO를 만들 수 있다는 말이 된다.

즉 아마존에 최적화된 SEO와 Goggle에 최적화된 SEO는 분명한 차이가 있다는 것이다. 또한 국내 온라인과 해외 온라인의 SEO가 차이가 있는 것도 우선순위에 영향을 미치는 변수가 다르기 때문이다. 이런 것을 모르고서 일률적으로 SEO를 설명한다는 것은 닭 잡는 칼로 소를 잡겠다는 뜻과 같다.

그렇다면 몇몇 해외 사이트들의 SEO에 영향을 미치는 변수들에 대하여 알아보자.

1. eBay

① Auction/GTC(Good-till-Cancelled) Ending-Time: 이베이의 독특한 점 중 하나가 리스팅 된 상품이 Ending-Time에 가까워질수록 상위에 노출된다는 점이다. Auction-리스팅인 경우는 경매 마감일에, GTC-리스팅인 경우는 등록상품이

익월로 이월될 때 아무런 규제 없이 상위에 한 번은 노출된다.

② 판매량: 이베이도 주요 수익원이 판매된 제품에서 떼어가는 일정 부분의 수수료이기 때문에 많이 판매된 상품을 상위에 노출시킨다.

③ 클릭수: 클릭수가 많은 상품은 판매될 확률이 높기 때문에 상위에 노출시킨다.

④ Seller performance: 셀러의 판매등급은 이베이에서 판매량에 아주 큰 영향을 미치는 요소이다. 판매등급이 낮은 판매자의 제품은 검색순위에서 뒤에 배치된다.

⑤ 배송거리: 판매자와 구매자 간의 배송거리가 멀수록 검색순위도 뒤에 배치된다.

2. Google

① Viewer-ranking: 구글은 일반적으로 상품을 판매하는 것보다 정보를 제공하여 많은 사용자를 유치하고 이를 통한 광고 및 기타 사업으로 영위하는 사이트기 때문에 일일 방문자 숫자가 높은 것에 많은 비중을 둔다.

② 친화성: 사용자의 유입을 최대로 늘리기 위해 구글은 친화적인 정보를 검색순위에서 보다 높게 배치한다.

③ 상호성: 정보의 상호성도 상당히 높은 비중으로 다루고 있다. 이는 정보의 공유가 서로 긴밀하게 연관되어 있을 때 보다 높은 사용자 유지율을 보이기 때문이다.

④ 지속성: 구글에서 중요하게 생각하는 변수 중 하나가 바로 '지속성'이다. 이는 구글만의 독특한 특성이다.

▶ 구글에선 하루에 100개의 데이터를 한꺼번에 업로드하는 것보다 매일 1개씩의 데이터를 100일 동안 나누어 업로드하는 것을 강력하게 추천한다. 구글의 검색엔진은 매일 새로운 데이터가 업로딩되어 구글에서 관여하고 있는 데이터베이스의 양이 점점 증가하는 것을 매우 원하기 때문이다.

3. Amazon

① 판매량: 아마존에서는 자본주의적 룰이 상당히 강하다. 때문에 많이 판매된 제품에 더욱 높은 비중을 두고 검색순위의 상위에 노출시킨다.

> ※ 혹자들은 아마존 제품은 'Review'가 많아야 많이 판매된다고 한다. 이는 '조삼모사'같은 개념이다. 많이 판매되었기 때문에 Review도 많이 발생한 것이다. 그리고 모든 제품에 Review가 많이 발생하는 것은 아니다. 아마존의 Review는 아마존에서의 판매량을 추측할 수 있는 하나의 지표일 뿐이다. 우리가 제대로 알지 못해서 그렇지 Review가 없어도 많이 판매되는 제품이 아마존에는 수두룩하다.

② 광고: 아마존에서의 광고는 판매량에 큰 영향을 미치는 중요 변수이다.
▶ 아마존에서 특정 카테고리의 제품은 광고가 필요하다. 하지만 아마존의 모든 제품이 광고가 필요한 것은 아니라는 것을 유의해야 한다.

> ※ 판매하려는 제품이 아마존에서 경쟁자가 많은 제품이라면 판매 초기에는 안정적인 판매량 확보를 위해서 광고가 필요하다. 하지만 아마존에서 광고를 진행할 때에는 반드시 앞에서 설명한 '판매마진'을 디테일하게 고려해야 한다.

③ 클릭수: 고객들이 많이 클릭한 상품은 다른 상품과 비교하여 판매될 확률이 높다고 판단하기 때문에 동일한 판매량의 제품이라면 상위에 노출시켜 준다.
④ Seller performance: 판매자의 판매등급은 아마존 시장의 신용도의 근간이 된다. 질이 낮은 판매자로 인해 발생된 판매신용도의 하락은 곧 아마존 신용도의 하락이다. 때문에 판매등급이 낮은 판매자의 제품은 검색순위 하위에 배치될 수밖에 없다.
⑤ FBA/FBM: 아마존이 FBA 시스템을 구축한 원론적 이유는 빠른 배송과 편리한 반품 등으로 소비자의 만족도를 높이기 위한 것이다. 때문에 아마존은 기존의 다른 해외 온라인몰이 사용하고 있는 배송 시스템인 FBM 방식의 제품을 상위에 노출시킬 필요가 절대 없다.

SEO의 특수성 05

앞서 SEO의 기본 개념과 자본주의적 사고에 따른 변수들을 설명하였다. 그런데 여기서 더 중요한 것은 해당 사이트의 검색엔진을 개발한 개발자의 의도, 핵심 운영자의 결정 등에 따라 각각의 변수에 적용되는 비율이 변동될 수 있다는 것이고, 그로 인해 검색순위는 항상 바뀔 수 있다는 점이다.

예를 들어 아마존에서 검색순위를 결정하는 요인을 다른 변수들은 배제하고 ① 가격, ② 광고, ③ FBA 상품, ④ Seller performance로만 한다고 했을 때 이 4개의 변숫값에 배정된 비율을 조정할 경우(ex. 최초에는 각각 동등하게 25%씩 배정했다가 핵심 운영자의 결정으로 ② 광고 변수에 40%를 책정하고 다른 변수의 비율을 낮추었을 경우) 그 결괏값은 생각할 수 없을 정도로 바뀐다 (② 광고 변수만 증가하여 광고를 하지 않은 제품은 검색순위에서 상당히 뒤로 밀린다).

수많은 제품이 판매되고 있는 아마존에선 변숫값의 비율이 미세하게 조정되어도 검색순위에는 큰 영향을 미친다. 그리고 이런 변숫값의 비율 조정은 메인-데이터베이스에서 몇몇 수식값의 조정만으로도 너무나 쉽게 할 수 있다. 그런데 이것을 알 수 있는 사람은 아무도 없다. 그리고 알고 있다고 하는 사람도 아마존의 CEO가 아니라면 모두 거짓을 말하고 있는 것이다.

즉 SEO의 특수성까지 알아야만 제대로 된 SEO 세팅이 가능한데, 그 부분까지 일반인들은 절대 알 수 없다. 때문에 판매자는 일반적인 SEO밖에 할 수 없다.

우리가 아마존에 진입하는 것은 복잡하고 결론이 없는 데이터베이스를 공부하기 위해서가 아니라 제품을 판매해서 수익을 내기 위해서다. 그렇기 때문에 SEO는 기본적인 것에만 충실하고, 잘 팔릴 수 있는 제품을 찾는 것에 더욱 많은 노력을 해야 한다.

Keyword에 대한 정확한 이해 **06**

SEO를 설명하면서 빼놓을 수 없는 부분이 바로 Keyword(핵심단어)이다. 앞에서 설명하였듯이 SEO의 근간은 최적화된(고객이 원하는) 데이터(핵심단어)를 정확한 위치에 배치함으로써 검색의 효율을 극대화하는 것이라고 할 수 있다.

데이터(핵심단어)를 정확한 위치에 배치하는 법을 설명하였으니 이제 SEO에 최적화된 데이터, 즉 Keyword를 찾아내는 방법에 대해서 알아보도록 하자.

1. Keyword를 생성해주는 사이트에 대한 재조명

인터넷에서 'Keyword Tool'이라고 검색하면 아마존 또는 구글에 최적화된 Keyword를 생성해준다는 유·무료 사이트들을 쉽게 찾을 수 있다.

위의 사이트들은 한국의 아마존 셀러들이 많이 사용하는 Keyword를 생성하고 분석해주는 유료 사이트들이다. 필자도 저 중에서 두 가지 정도를 사용해본 경험이 있다. 대부분 화려한 그래픽으로 분석한 자료들을 제공해주며, 판매자가 요청한 제품과 연관된 각종 Keyword들을 많이 제공해준다.

위의 사이트를 이용하면 제품과 연관된 Keyword들을 쉽게 추출해주기 때문에 제품명이나 상품설명을 작성할 때 검색엔진에 노출 빈도가 높은 Bullet Point와 Search Terms에 사용할 단어들을 어렵지 않게 뽑아낼 수 있다.

그런데 여기서 일반인들이 간과하는 것이 있다. 만일 동일하거나 유사제품을 판매하려는 사람이 모두 저 사이트에서 동일한 Keyword를 추출해서 사용한다면 정말로 판매에 도움을 줄 것인가라는 것이다.

즉 보편화된 Keyword 분석 프로그램에서 생성한 Keyword들은 말 그대로 보편적인 단어들이다. 그리고 이렇게 보편적인 Keyword를 사용해서 만든 제품명으로 리스팅한 상품은 이미 많은 판매량을 갖고 있어 상위에 노출되고 있다. 앞에서도 말했지만 아마존에서는 많이 판매된 제품이 더욱 많이 판매되도록 더 많은 도움을 주기 때문에, 이렇게 추출한 단어들을 조합해서 만든 제품명으로 신규 등록을 할 경우 검색순위에서 뒤로 밀리게 될 수밖에 없다.

경쟁력이 없는 Keyword들을 사용하는 것은 아무리 좋은 상품이라 하더라도 기존에 상위에 노출된 제품과의 경쟁에서 살아남을 수 없다. 때문에 위의 Keyword 분석 도구들이 제공하는 단어들은 참고만 해야 하며, 제품을 표현해주는 새로운 Keyword를 찾아내서 이를 적극 활용해야 된다.

다시 말해 콜럼버스의 달걀과 같은 '발상의 전환'이 필요하다.

2. Keyword에 대한 올바른 접근법

아마존에서는 현물이 아닌 판매자가 올린 가상의 정보를 보고 구매를 한다. 그렇기 때문에 제품을 설명하는 새로운 Keyword는 유형적으로는 기존의 제품과 동일하지만, 무형적으로는 전혀 새로운 제품이 된다. 이는 오프라인과는 전혀 다른 온라인 시장만의 전형적인 특징이다.

온라인 시장에서는 직접 눈으로 보고 만져보고 구매하는 것이 아니라 제품을 설명하는 단어의 조합과 이를 검색해서 나타난 사진을 보고 구매한다. 때문에 똑같은 제품이라도 상품명이 다르고 제품을 표현하는 이미지가 다르다면 이는 전혀 다른 상품이 된다. 그러므로 '새로운 Keyword = 새로운 제품'이라는 공식이 성립될 만큼 Keyword는 매우 중요한 부분임을 인지해야 한다.

그러면 이제 Keyword 분석 Tool을 이용하지 않고 새로운 Keyword를 만드는 방법에 대해서 알아보자.

① 제품을 표현하는 새로운 단어를 찾아라

필자도 그렇지만 이 책의 독자 대부분은 원어민급으로 영어를 구사하지 못할 것이다. 그렇다 보니 제품을 표현하는 데 있어 사용하는 단어들의 아주 미세한 차이를 제대로 알지 못하는 부분이 많다. 그리고 Google 번역기나 네이버 Papago 등의 번역 프로그램은 단순한 번역만 가능하지 제품을 표현하는 새로운 단어들을 찾는 것에 활용하기엔 어려움이 많다.

수많은 세대를 거치며 살아온 현세에서 쉽게 돈을 벌 수 있는 일이 아직까지 남아 있을 수 없다. 때문에 세상의 일 중 돈 벌기 쉬운 것이 있다면 그것은 분명히 '사기'든가 아니면 무언가 문제가 있어 진행을 하지 못한 일일 것이다.

그러므로 새로운 Keyword를 찾기란 쉽지 않다. 하지만 찾고자 하는 절실함과 노력만 있다면 누구든지 찾을 수 있다.

이를 몇 가지의 예를 들어 설명해보겠다.

옆의 이미지는 창문 블라인드이다. 이 제품의 일반적인 명칭은 'Window Blinds'이다. 하지만 이 제품은 Horizontal Shade Curtains, Room Darkening Treatments, Light Filtering Pleated Shade, Vertical Blind Kit 등으로 불리기도 한다. 이러한 Keyword로 아마존 또는 구

글에서 검색해 보면 유사한 제품을 찾을 수 있을 것이다.

필자도 이 제품이 아마존에서 Window Blinds로 가장 많이 검색되는 것을 알고 있다. 하지만 이 Keyword는 이미 많은 판매 이력을 갖고 있는 기존의 판매자가 점유하고 있기 때문에 신규 판매자는 이 Keyword로는 절대 높은 판매량을 확보할 수 없다. 때문에 Window Blinds 이외에 이 상품을 표현하는 다른 Keyword들을 이용해서 접근해야 한다.

※ Keyword 마케팅을 할 땐 아마존의 모든 고객을 대상으로 제품을 판매하려는 생각을 버리는 것이 중요하다. 아마존의 유료회원 1억 명 모두에게 제품을 판매하면 정말 좋겠지만 유료회원의 0.1%인 10만 명에게만 판매해도 어마어마한 숫자이고, 이는 허황된 숫자가 아니라 실제 실현 가능한 숫자임을 기억해야 한다.

※ Keyword 마케팅에서 또 다른 중요 포인트는 '이런 단어로 검색하는 사람이 진짜로 있을까?'라는 의구심이다. 사람들의 생각은 자유롭고 추구하는 가치관도 서로 다르다. 다양한 민족이 어울려 살아가는 '멜팅 팟'인 미국에서는 우리의 생각을 벗어나는 생각과 행동을 하는 사람들이 흘러넘친다. 이런 사람들만 고객으로 삼아도 국내의 시장과는 비교할 수도 없을 정도로 큰 시장이 미국이다. 그러므로 본인의 단순한 추측으로 예단하지 말 것을 당부한다.

이런 제품들은 정말 많다. 또 다른 예를 들어 보자.

옆의 이미지는 작업용 코팅 장갑이다. 이 제품의 일반적인 영문명칭은 'Rubber Coating working Gloves'이다.

하지만 이 제품은 통상적으로 1회 사용하고 버리는 작업용 장갑이므로 'Disposable Work Gloves'라 소개해도 무방할 것이다.

또한 장갑에 고무로 코팅된 이유가 미끄럼을 방지하는 것이므로 'Non-slip Gloves'라고 소개해도 괜찮을 것이며, 미국에서는 정원을 직접 가꾸고 관리하는 사람들이 많기 때문에 그런 사람들을 대상으로 하는 'Garden Maintenance Gloves'라 소개해도 좋은 반응을 볼 수 있을 것이다.

그리고 서양에서는 야외에서 고기를 구워 먹으며 모임을 갖는 바비큐파티가 많은데 그런 구매층을 타깃으로 한다면 'Barbecue(BBQ) Grill Gloves'라고 소개하는 것도 훌륭한 방법이 될 수 있다.

> ※ 실제로 위의 제품을 국내의 한 판매자가 아마존에서 Barbecue(BBQ) Grill Gloves로 소개하여 높은 판매마진으로 많은 양를 판매하였다. 지금은 아마존의 'Sell-Yours' 판매 시스템을 악용한 많은 판매자들이 끝도 없는 가격경쟁을 벌여 별 볼 일 없는 상품으로 전락했다.

② 제조사에서 부여한 고유 Lot-Number가 제품명인 경우가 있다.

새로운 Keyword를 찾는 것도 중요하지만 기존에 나와 있는 제품의 고유한 Lot-Number가 그 어떤 Keyword보다도 중요하다는 것을 많은 사람들이 모르고 있다.

옆의 이미지는 여러분이 잘 알고 있는 레고 블록 장난감이다. 이 제품에서는 다른 설명보다 'LEGO 10214'라는 Keyword가 가장 중요하다. 그 외의 단어들은 일반적인 상태를 표현할 뿐 'LEGO 10214'라는 Keyword를 앞설 수 있는 것은 그 어떤 것도 없다.

> ※ 판매 아이템을 선정할 때 해외의 제품을 배제할 필요는 없다. 이 책에서는 지면 관계상 그 이유를 설명할 수 없지만, 아주 가끔 국내에서의 판매금액이 해외에서 판매금액보다 훨씬 저렴한 상품들이 있다. 이런 제품들을 발견했다면 우선적으로 선점해서 판매해야 한다. 그런 제품들은 판매도 수월할 뿐만 아니라 찾기도 정말 힘들기 때문이다.

한국의 주요 수출품목 중 자동차가 있다는 것은 대부분이 알고 있을 것이다. 자동차는 수많은 부품으로 이루어져 있으며, 정기적으로 교체해야 되는 부품들도 상당히 많다. 이에 착안해서 아마존에서 현대자동차 그랜저의 에어필터를 판매하고 있는 국내 판매자가 있다.

여기에서는 괄호 안에 있는 '28113-2S000'이라는 부품의 Lot-Number가 가장 중요한 Keyword이다. 이 외에도 자동차의 순정부품들을 전략적으로 판매하는 국내의 셀러들이 많은데, 판매할 제품의 원활한 공급과 낮은 매입가격을 보장받을 수 있다면 정말 메리트 있는 상품 중의 하나가 될 것이다.

이런 고유의 Lot-Number를 갖고 있는 제품들은 여러 카테고리에 포진되어 있다.

위의 이미지는 GUESS에서 제작된 패션시계이다. 이 제품도 자세히 보면 'X83009G1S'라는 고유의 Lot-Number를 갖고 있음을 확인할 수 있다.

그리고 Lot-Number는 전자제품에서도 상당히 많이 사용되고 있는데, 전세계에서 알아주는 국내 삼성 브랜드의 제품이라면 고유의 모델명(Lot-Number)만 갖고도 해외에서 쉽게 어필이 가능하다.

위의 제품은 삼성의 4K Camera이다. 여기에서도 모델명인 'SM-R210'이라는 Keyword는 그 어떤 단어보다 검색률이 높은 단어로서 반드시 사용해야 한다. 이러한 단어들은 가장 좌측에 배치하는 것이 유리하다.

이런 제품도 원활한 공급망과 낮은 매입가격만 보장된다면 아마존에서 더없이 좋은 판매 아이템이 될 것이다.

※ 대형 제조사의 제품들만 예로 들었지만 국내에는 해외에서는 유명하지만 국내에서는 제대로 알려지지 않아 숨어 있는 제조사와 아이템들이 아직도 정말 많다. 필자가 주력으로 판매하는 아이템 중에는 국내에서 30년 전에 제작되어 전 세계에서 판매되고 있지만 정작 국내의 소비자들은 잘 모르는 아이템이 있다. 이런 아이템의 발굴은 정말 발로 뛰고 몸으로 부딪쳐야지만 얻을 수 있다. 그리고 그렇게 획득한 아이템은 진정한 효자로 남아 있게 된다.

③ 통상적으로 알고 있는 색상에 대한 인식을 바꿀 필요가 있다.

우리는 일반적으로 알고 있는 색상의 이름에 갇혀 있는 경우가 많다. 새로운 Keyword를 찾기 위해서는 이런 고정된 틀에서 벗어나야 한다.

이 색상을 영어로 무엇이라 부를까? 그냥 단순하게 'Red-Color'라고 하면 1차원적인 답변이다. 새로운 Keyword를 찾기 위해서는 보다 고차원적인 생각으로 접근해야 한다.

Google에서 'Peony Color'라고 이미지 검색을 하면 위의 색상과 비슷한 색상의 이미지를 볼 수 있다. 또한 'Ruby Color'라고 검색해도 마찬가지이다.

이것은 단순히 Red Color라고 규정된 한 개의 제품에서 Peony Color와 Ruby Color라는 새로운 컬러의 제품이 탄생한 것과 동일한 효과를 볼 수 있다. 이렇듯 새로운 Keyword를 동일 상품에 적용한다면 그 제품은 수많은 쌍둥이 제품으로 다시 탄생할 수 있다.

위와 같이 비슷한 색상들을 지칭하는 단어들은 상당히 많다.

이 색상을 영어로 무엇이라 부를 것인가 ? 이 색상은 일반적으로 'Orange Color'로 사용되지만 우리나라 말로 산

호색, 즉 'Coral Color'로 검색해도 비슷한 색상이 검색된다.

색상에 대한 예를 한 가지 더 들어 보겠다.

 이 색상은 일반적으로 'Green Color'로 사용하지만 옥빛 깔인 'Jade Color'로 사용해도 무방하며, 풀잎 색상으로 묘사되기도 하여 'Grass leaf Color'로 설명해도 크게 문제가 없다.

※ 색상뿐만 아니라 모양에 대한 묘사에서도 상당히 유사한 단어들을 많이 생성할 수 있음을 잊지 말아야 한다. 사각형을 단순하게 'rectangle'이라고만 표현할 것이 아니라 이것과 유사한 의미의 단어를 검색하여 색상과 조합해서 사용한다면 더욱더 많은 '새로운 Keyword'를 만들어 낼 수 있다.

④ 구매자의 Review와 FeedBack을 철저하게 검색하라.

"모방은 창조의 어머니"라는 말이 있다. 좋은 제품은 하늘에서 뚝 떨어지는 것이 아니라 기존 제품을 지속적으로 업그레이드하면서 점점 더 좋은 새로운 제품이 되는 것이다.

아마존에서 판매하기 가장 좋은 제품은, 해외 셀러들이 판매하는 제품과 매우 유사하며, 한국에서 생산되고, 가격경쟁력이 높은 제품이라 할 수 있다. 즉, 기존에 많은 판매량을 갖고 있는 제품 중 본인이 취급 가능하며, 가격경쟁력을 갖고 있는 제품이라고 말할 수 있는데, 여기에서 중요한 포인트가 있다. '많은 판매량을 갖고 있는 제품'은 이 제품에 대한 구매자의 Review와 FeedBack도 많이 얻을 수 있다. 여기가 바로 새로운 Keyword를 얻을 수 있는 창고이다.

다음은 자석 기능이 있는 작업용 손목밴드이다. 이 제품을 찾기 위해서는 먼저 텍스트로 되어 있는 제품명을 검색해야 그 다음 단계인 이미지 검색을 할 수 있기 때문에 제품명을 구성하는 Keyword를 아는 것이 정말 중요하다.

만약 위의 제품과 유사한 기능을 갖고 있는 제품을 판매한다고 가정한다면 판매자는 새로운 Keyword의 검색을 위해서 위의 제품을 구매한 구매자들이 써놓은 Review를 십중식으로 확인할 필요가 있다.

이 제품을 자세히 살펴보면 현재 214개의 구매자 Review가 있는 것을 알수 있고, 이 부분을 클릭하면 모든 Review를 확인할 수 있다.

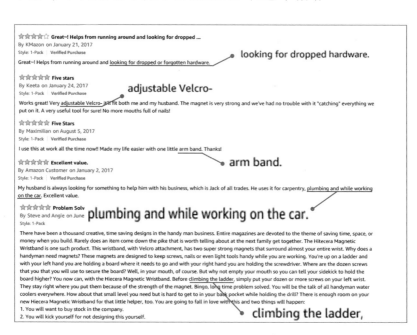

아마존의 Review는 우리나라의 구매후기와 동일한 개념이지만 단순하게 제품이 좋다, 배송이 빨랐다 등과 같이 작성되는 것이 아니라 정말 자세하고 디테일한 부분까지 작성되는 경우가 꽤 많다. 이런 아마존의 Review는 제품 가격의 고저에 영향을 받지 않으며, 구매자 본인이 느낀 감정, 사용 시 주의사항, 제품의 응용 사용방법 등과 같은 세밀한 부분까지 다루기 때문에 판매자는 유사제품에 등록된 Review를 반드시 검색할 필요가 있다.

이 제품의 리뷰를 자세히 살펴보면 판매자가 생각하지 못했던 많은 새로운 Keyword(빨간 줄을 쳐놓은 단어들)를 찾을 수 있었다. 이런 Keyword들을 아마존에 등록할 제품의 제품명이나 Bullet Point와 Search Terms에 등록한다면 그 제품의 검색률은 상당히 증가할 것이다.

⑤ 약어 함축어 등을 최대한 찾아서 사용하라.

젊은 연령대의 최근 트렌드 중 하나가 약어와 함축어를 많이 사용한다는 것인데, 이는 비단 우리나라뿐만 아니라 전 세계적인 트렌드이다. 그러므로 제품설명에 사용할 수 있는 약어들은 반드시 숙지하고 활용할 필요가 있다.

▶ BN: Brand New
▶ BNWB: Brand New With Box
▶ BNWT: Brand New With Tag
▶ LOTR: Lord Of The Rings

⑥ 대체어가 될 수 있는 단어들을 찾아라.

예를 들어 'Racing Pants'와 같은 제품은 'Racewear', 'Motocross Gear' 등으로 검색될 가능성이 매우 높기 때문에 이런 Keyword들은 반드시 찾아서 사용해야 한다.

SEO와 Keyword Setting 시 주의사항 07

아마존의 규정은 상당히 엄격하게 집행된다. 그렇게 집행된 규정은 결코 돌이킬 수 없기 때문에 아마존의 규정에 벗어나는 일은 절대로 해선 안 된다.

만약 아마존의 규정을 우연이든 고의적이든 어기게 된다면 '계정정지'라는 최악의 상황으로 치달아 지금까지 판매를 위해 준비한 모든 일들이 헛수고가 될 수 있다. 그러므로 판매자라면 아마존의 규정에 대하여 정확히 숙지하고 있어야 한다. 여기서는 아마존의 규정에 입각하여 SEO와 Keyword Setting 시 절대로 하지 말아야 할 주의사항들에 대해 알아보겠다.

1. 반드시 하지 말아야 하는 행동

① 욕설, 인종 비하 등과 같은 윤리적인 부분의 언급

▶ 셀러라면 제품설명을 하는 데 있어 고의적으로 욕설이나 인종 비하 같은 내용을 입력하지는 않을 것이다. 그러나 무의식적으로 'Negro', 'Chink' 등과 같은 단어를 사용할 수도 있는데, 이런 부분은 절대적으로 조심해야 한다.

② 모조품 풍의 단어(Like, Feel 등) 사용

▶ 자신의 제품을 타 셀러의 제품보다 강하게 부각시키려는 마음은 모든 판매자들의 마음이다. 그러나 유명 브랜드의 제품명을 언급하면서 이와 '비슷한 디자인이다' 또는 '색상이다'라고 SEO와 Keyword에 입력하면, 계정정지의 위험뿐만 아니라 해당 브랜드와의 '상표권 소송'이라는 중대 범죄로까지 이어질 수 있다

③ 외부 링크 값의 노출

▶ 필자와 같이 해외 온라인 셀링을 오래한 판매자들은 대부분 독자적인 '영문쇼핑몰'을 보유하고 있다. 그리고 영문쇼핑몰로 고객을 유입시키기 위해 많은 노력을 한다. 그 이유는 영문쇼핑몰에서 판매가 되면 아마존에 수수료를 제공하지 않아도 되며, '계정정지'와 같은 위험성이 전혀 없기 때문이다.

▶ 아마존은 이러한 판매자의 의도를 너무나도 잘 알고 있기에, 그리고 아마존 자체의 수익률을 증가시키는 것에 반하는 행동이기 때문에 외부 링크 값의 노출을 적극적으로 통제하고 있다.

아마존은 배송을 위한 구매자의 신원 공개도 최소한으로 하고, 구매자의 개인 이메일 계정은 절대로 공개하지 않을 만큼 아마존 외부로 고객을 유출시키는 행동을 아주 강력히 통제하고 있다.

▶ 그런데 이런 아마존의 통제를 벗어나기 위한 꼼수(ex. 이메일 계정 또는 영문쇼핑몰 URL을 사진으로 찍어서 그 사진을 전송하는 행위 등)를 사용하다 적발될 시, 중대 범죄에 해당하기 때문에 '계정정지'라는 극단의 조치를 받을 수 있다.

2. 부가적으로 하지 말아야 하는 행동

앞서서 굉장히 극단적인 사례들을 언급하였다면, 이번에는 그렇게 극단적이지는 않지만 아마존에서의 판매에 전혀 도움이 되지 않는 행위들에 대해 설명해보겠다.

① 부정확하거나 오해할 소지가 있는, 혹은 경쟁시 상품명이나 브랜드, 저자명, 다

른 성별 등과 같이 본인의 상품과 관계가 없는 정보를 키워드에 입력하지 않는다.

▶ 관련이 없거나 오해의 소지가 있는 정보를 키워드에 입력하는 것은 아마존의 규정 위반이다. 이러한 리스팅은 삭제되며 계정이 정지될 수도 있다.

▶ 뿐만 아니라 이러한 잘못된 정보로 인해 상품이 잘못된 카테고리에 분류되면 궁극적으로 매출에 악영향을 끼치게 된다.

※ 아마존에서 규정에 위반되는 행위를 하고도 운 좋게 계정정지를 당하지 않았다 하더라도 판매량 증진에는 전혀 도움이 되지 않는다. 이는 아마존의 검색엔진(A9)에서 자동으로 필터링 되기 때문이며, 이렇게 필터링 된 상품 리스팅은 순위가 제일 아래로 떨어진다. 필터링은 수작업이 아니라 검색엔진이 자체적으로 진행하는 것으로, 데이터베이스 시스템 내부에서 진행되기 때문에 더욱 무서운 것이다.

② 상품명, 상세설명, Bullet Point, 브랜드 등에 중복된 정보를 기입하지 않는다.

▶ 아마존에서는 중복 제공된 정보는 모두 무시하고 오로지 한 개의 정보만을 인지하기 때문에, 중복 입력은 검색 결과에 전혀 도움이 되지 않는다.

③ Search Term에 여러 개의 단어를 한꺼번에 입력할 경우, 가장 논리적인 순서로 배열하여 입력해야 한다.

▶ 입력한 문장이 논리성을 갖고 있어야 한다.

▶ 일반적으로 구매자는 '큰 봉제 테디베어(Big Stuffed Teddy Bears)'라고 검색하지 '테디 봉제 베어(Teddy Stuffed Bears)'라고 검색하지 않기 때문이다.

④ Keyword와 Keyword 사이를 구분할 때에는 띄어쓰기만 사용한다.

▶ 쉼표(,/Comma), 세미콜론(;/Semicolon), 탈자기호(^/carets) 등은 검색에서 마이너스 요인이 된다.

⑤ 일시적인 상황에 대한 설명을 포함하지 않는다.

▶ '신상품(new)', '세일 중(on sale)', '재고 있음(available now)' 등과 같은 단어는 아마존의 검색엔진(A9)에서 자동으로 필터링 되며, 이렇게 필터링 된 상품

리스팅은 순서의 제일 아래로 떨어진다.

⑥ 주관적인 내용을 포함시키지 않는다.
▶ 대부분의 구매자들은 상품 검색 시 주관적인 Keyword [놀라운(amazing), 좋은 품질의(good quality) 등]를 사용하지 않기 때문에 이런 주관적인 내용들은 검색률에 전혀 도움이 되지 않는다.

⑦ 사람들이 자주 틀리는 철자/단어를 포함시키지 않는다.
▶ 아마존 검색엔진은 고객들이 자주 틀리는 철자 및 단어를 인지할 뿐만 아니라 검색 단계에서 고객이 철자를 수정할 수 있게끔 하는 자동완성기능이 있기 때문에 판매자가 꼼수를 부려 자주 틀리는 단어를 사용했다 해도 검색률 향상에 전혀 도움이 되지 않는다.

⑧ 같은 단어에 띄어쓰기, 구두점, 대/소문자, 단/복수형의 변형을 주어 입력하지 않는다.
▶ 아마존 검색엔진은 자동으로 대소문자 구분 등과 같은 모든 형태의 변형을 포함하여 검색하기 때문에 모두 하나의 Keyword로밖에 인식하지 않는다.
▶ 또한 아마존의 검색엔진은 기호에 따른 변형까지도 자동으로 인식하므로 추가적으로 입력할 필요가 없다.

⑨ 연관성이 전혀 없는 Keyword를 입력하면 검색률이 떨어질 수 있다.
아마존 검색엔진은 판매하려는 상품과 관련이 없는 Keyword를 입력해도 개별 Keyword들의 연관성을 분석하기 때문에 검색률이 떨어질 수 있다.

많은 사람들이 아마존 검색엔진(A9)이 얼마나 지능적인지를 너무나 모르고 있다. 우리는 2016년 3월에 있었던 이세돌과 알파고의 바둑경기를 기억해야 한다. 그 경기가 시작되기 전, 많은 사람들이 이세돌의 우위를 점쳤지만 결과는 1:4라는 이세돌의 패배, 즉 인간의 패배로 실문이 니웠다.

수많은 정석과 변수들이 존재하는 바둑과 같은 'Mental Sports'에서도 컴퓨터가 사람을 추월한지 벌써 3년이라는 시간이 흘렀다.

알파고와는 다르지만 아마존의 검색엔진인 A9도 매년 몰라보게 진화하고 있으며, 이렇게 진화하는 과정에서 판매자들의 의도적인 꼼수를 A9은 점점 더 촘촘한 그물로 걸러내고 있다.

그리고 그 그물망은 더욱 촘촘하게 진화하고 있기 때문에 앞으로 아마존에서 검색순위를 높이기 위한 편법과 꼼수는 더욱 디테일하게 필터링 될 것이다. 이렇게 필터링 된 상품과 판매자는 아마존에서 점점 더 살아남기 힘들게 될 것이다.

그러므로 이 책의 독자들은 반드시 아마존에서 제시하는 규정에 부합하는 행동만을 하길 다시 한번 강조한다. 그것만이 아마존에서 롱런하는 길이다.

CHAPTER

12

상표권과
브랜드 등록하기

상표권에 대한 전반적인 이해 01

지금까지는 SEO라는 생소하고 딱딱한 내용과 아마존 계정정지 등과 같은 살벌한 이야기들을 많이 했다. 그렇다면 이젠 분위기 전환(?)을 위해 새로운 분야인 '상표권'과 '브랜드'에 대한 이야기를 해볼까 한다.

이 책에서 해외 온라인 셀링, 특히 아마존에서의 판매를 설명하면서 뜬금없이 왜 '상표권'에 대해서 얘기하는지 의아해 할 수도 있다. 하지만 상표권은 아마존에서 현재 제품 판매 시 발생하는 문제이기도 하며, 향후에 더욱 큰 문제가 발생할 수 있어 갈수록 그 중요성이 커지고 있다.

앞에서도 잠깐 언급했듯이 '사업은 브랜드에서 시작하고, 상품의 품질로 마무리된다'고 할 수 있다. 여기에서 브랜드는 상표권의 또 다른 이름이라고 할 수 있다. 갓 출시된 생소한 제품도 고객들은 그 제조사의 브랜드 인지도를 믿고 구매하는 경우가 많다. 그렇기에 브랜드 인지도를 높이면 제품을 안정적으로 꾸준히 판매할 수 있다.

※ 브랜드(Brand)는 어떤 경제적인 생산자를 구별하는 지각된 이미지와 경험의 집합이다. 보다 좁게는 어떤 상품이나 회사를 나타내는 상표나 표지로, 숫자, 글자, 글자체, 간략화된 이미지인 로고, 색상, 구호를 포함한다. 또한 브랜드는 특히 기업의 무형자산으로 소비자와 시장에서 그 기업을 나타내는 가치를 나타낸다. 이런 브랜드를 보호하기 위한 수단은 상표권, 디자인권, 저작권, 도메인 등록 등이 있다. 그중 상표권이 가장 보호 범위가 높고 영구적으로 권리보호가 가능하며 상품이나 서비스의 명칭인 상표를 독점할 수 있는 권리이기 때문에 브랜드의 보호는 상표권의 보호라고 할 수 있다. 또한 이러한 상표권은 소비자가 상표를 헷갈리지 않도록 하는 기능을 하여 소비자를 보호하는 수단이 되기도 한다.

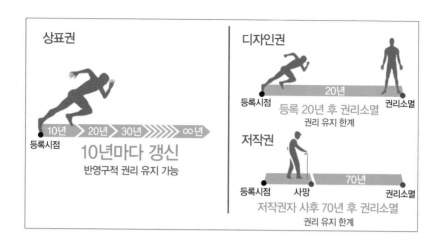

삼성은 세계에서 가장 땅값이 비싸고 마케팅 가치가 높다고 소문난 미국 뉴욕 타임즈 스퀘어에 옥외광고를 하고 있다. 그런데 아래의 사진에서 보듯이 연간 수백만 달러의 비용을 지불하면서 제품이 아닌 'SAMSUNG'이라는 브랜드를 광고하고 있다. 삼성은 제품을 생산하고 판매하여 이윤을 추구하는 기업임에도 제품이 아닌 삼성이라는 브랜드 광고에 중심을 두고 있는 것이다.

이는 사업 초기 때부터의 브랜드 홍보가 상품을 광고하는 것보다 미래지향적인 가치로 분석했을 때 훨씬 효율적이라 판단했기 때문이다.

그런데 이렇게 공들여 키워놓은 브랜드가 아무런 법적 보호를 받지 못하여 타인이 손쉽게 뺏어간다면 어떻게 될까?

1. 상표권 분쟁의 각종 사례들

① 한국에서의 사례

사업 초기에 상표권을 제대로 확보하지 못하고 사업을 진행하다 사업이 확장되었을 때 문제가 발생하는 경우는 적지 않다. 이렇게 발생한 상표권 문제는 법적으로도 아무런 보호를 받지 못하기 때문에 억울하지만 고스란히 뺏길 수밖에 없고, 사업의 원동력인 브랜드를 더 이상 사용할 수 없어 미래를 기약할 수 없게 된다.

피해사례 1. 지키지 못한 이름, 열정감자

골목식당, 푸드트럭, ㅇㅇ정보통..
요즘 정말 다양한 매체에서 다양한 가게들이 이슈가 되고, 이는 또 SNS를 통해 순식간에 확산 됩니다.
열정감자 또한 '청년 사업가'라는 타이틀로 다양한 매체를 통해 유명세를 타기 시작한 가게였습니다. 당시 파급력은 엄청났습니다. '열정감자'라는 작은 가게의 이름이 네이버 실시간 검색어 1위까지 올라갔으며, 매출 또한 더욱 탄탄대로를 탔죠.

MBC 시사매거진 2580 <시작으로 간 청년들>로 소개된 열정감자

하지만 문제는 방송 다음날 발생했습니다.
바로, 방송을 본 상표 브로커가 열정감자가 아직 상표등록이 되어 있지 않다는 것을 확인하고 먼저 '열정감자'라는 상표를 출원해 버린 것 입니다. 유명세를 쌓아올린 '열정감자'라는 이름을, 한순간에 타인에게 빼앗겨버린 것 이죠. 이후 열정감자는 다른 가게이름으로 사업을 재기했지만 열정감자라는 이름의 인지도를 이어가지 못해 결국 문을 닫게 되었습니다.
어떠한 가게든 제품과 서비스의 품질에 집중한다면, 많은 사람에게 알려질 기회는 반드시 옵니다. 하지만 이때, 상표등록이 되어 있지 않다면, 그 기회가 치명적인 위기로 다가오게 됩니다.

최근에 유명 기업의 URL 주소를 먼저 확보한 이후 해당 기업에 비싼 값으로 판매하는 'Domain-Hunter'와 등록되지 않은 브랜드를 먼저 등록해서 폭리를 취하는 '상표 브로커'로 인한 분쟁이 이슈가 되고 있다.

위의 사례에서 보듯 세상에는 착한 사람만 존재하는 게 아니다. 쥐새끼처럼 웅크리고 있다 빈틈만 있으면 합법이라는 갑옷을 두르고 상대를 무자비하게 공격하여, 타인이 소중하게 키워온 귀한 자산을 뺏어버리는 경우가 허다하다. 그렇기 때문에 상표권 등록에 대하여 정확히 알아둘 필요가 있는 것이다.

세상일은 아무도 모른다. 당신이 이런 상표권 분쟁의 당사자가 될 수도 있다. 그때 가서 '소 잃고 외양간 고치는' 그런 후회를 하지 않기 위해서 우리는 상표권을 제대로 알고 있어야 한다.

피해사례 2. 진수 김밥(가칭) 프랜차이즈 사례

* 실제 사례에 상호명만 가칭 하였습니다.

진수김밥 VS 김진수김밥

두 브랜드 중 어떤 브랜드가 원조일까요? 답은 '이름'은 진수 김밥, '맛'은 김진수 김밥 입니다.

부산의 한 동네에서 처음 생긴 '진수김밥'은 남다른 맛으로 입소문이 나 전국적으로 가맹점이 늘어났습니다. 기존 김밥브랜드 1위를 제칠 정도 였으니까요. 하지만 문제는 또 상표등록에서 발생합니다. 바로 진수김밥의 대표자가 아닌 가맹점주 중 한명이 먼저 상표등록을 받은 것 입니다. 그 동안 힘들게 쌓아올린 진수김밥이라는 브랜드의 인지도는 순식간에 한 가맹점주의 것이 되었습니다. 실제 진수김밥의 대표자는 더 이상 진수김밥이라는 브랜드를 사용하지 못하게 되었습니다. 그렇게 만들어진 브랜드가 기존 대표자가 새로 상표등록을 받고 만든 김진수 김밥 인 입니다.

힘들게 쌓아올린 브랜드 인지도라는 고정 매출이, 한 순간에 타인의 것이 되었습니다.

---

② 해외에서의 사례

위와 같은 상표권 분쟁은 국내에서만 발생하는 것이 아니다. 해외에서는 더욱 큰 규모로 진행되고 있으며, 해외 유명 브랜드명을 무의식적으로라도 도용하면 '국제적 소송'을 당해 황당할 정도로 어마어마한 비용을 지불해야 하는 경우가 발생하기도 한다.

식품외식경제

설빙, 상표권 소송 승소... 法 "약정 맺지 않았다"

👤 김상우 기자 | ⏱ 승인 2018.01.12 18:38 |

▲ 한국의 설빙(왼쪽)과 이를 유사하게 상표 출원한 중국의 '가짜 설빙'. 사진=MBC뉴스 갈무리

설빙이 중국 현지 업체와의 상표권 분쟁 소송에서 승소했다.

서울중앙지법 민사합의42부는 지난달 29일 중국의 식품 유통업체인 상해아빈식품무역유한공사(이하 상해아빈식품)가 제기한 부당이득금 소송에서 피고 설빙의 손을 들어줬다.

두 회사의 악연은 지난 2015년부터 시작한다. 설빙은 그해 중국 시장을 공략하고자 상해아빈식품과 마스터프랜차이즈 계약을 체결했다.

그러나 상해아빈식품은 설빙과 유사한 상표를 출원한 '가짜 설빙'에 곤혹을 치르게 된다. 중국 내에서 설빙이 중국에 진출하기 전에 이미 설빙과 유사한 상표를 출원하거나 설빙의 로고를 그대로 베낀 브랜드가 다수였기 때문이다.

이들은 설빙의 메뉴와 매장 인테리어, 진동벨과 유니폼 등의 소품까지 그대로 카피해 매장을 운영하고 있었다. 설빙과 계약을 맺은 상해아빈식품은 소위 '짝퉁' 업체가 신고하는 적반하장에 중국 시장감독관리국으로부터 조사를 받기까지 했다.

이에 상해아빈식품 측은 설빙이 상표권 관리를 제대로 하지 못해서 큰 피해를 보게 됐다며 계약 취소와 부당이득 반환 청구 소송을 제기했다.

이에 대해 재판부는 "설빙은 상호와 상표, 브랜드 등을 제공했을 뿐 중국에 유사 상표가 존재하지 않는다는 취지의 보증 또는 약정을 맺지 않았다"며 원고 패소 판결을 내렸다.

한편 설빙과 같이 중국 상표 브로커의 브랜드 무단 선출원과 도용 등으로 큰 피해를 입고 있는 국내 외식 브랜드가 갈수록 늘어나는 추세다.

위의 기사는 최근에 큰 이슈가 되었던 '설빙' 관련 기사이다. 이 기사에서 보듯이 설빙이 국내에서 성공하고 있을 때 중국의 '상표 브로커'가 중국 내에서 설빙이라는 상표권을 먼저 등록함으로써 발생된 문제이다. 기사에서는 설빙이 승소하였다고 나와 있지만 설빙이라는 브랜드명은 향후 중국 내에서는 사용이 불가능하게 되어버렸다.

이렇듯 상표권 문제가 해외에서 발생하게 되면 그 피해액은 매우 큰 규모로 불어난다. 하지만 더욱 중요한 문제는 상표 브로커가 해당 국가에서 먼저 상표권을 확보하고 있을 경우 해당 국가에 진출 자체가 불가능해지기 때문에 사업의 국제적 확장이 어려워진다는 점이다.

2. 확대되는 상표권 문제들

위의 사례들은 사업을 확장할 때 발생한 문제들이다. 그런데 '나는 사업을 소규모로 진행할 것이라 그 정도로 크게 성장하지는 않을 것이다. 그렇기에 상표권 문제는 나와는 상관없다.'라며 보수적으로 생각하고 행동하는 사람들도 있을 수 있다. 또 아마존이라는 시장과 상표권은 전혀 상관이 없을 것이라고 생각할 수도 있는데 이는 잘못된 생각이다.

최근 국내외의 인터넷 쇼핑 시장은 급격하게 성장했고 앞으로도 그 규모는 더욱 커질 것이다. 그와 비례하여 비교적 진입장벽이 낮은 온라인 시장에서는 합법적인 신고를 하지 않은 불법 상인들과 이들이 판매하는 '짝퉁 브랜드'들의 수가 더욱 늘어나고 있다.

이에 국내외의 온라인 마켓들은 고객이 신뢰할 수 있는 온라인 쇼핑 플랫폼 환경을 위해 그들만의 규제 방법을 찾고 있다. 그리고 이에 가장 최적화된 규제 방법이 바로 상표권이다. 온라인 마켓에서 자체 브랜드를 갖고 있지 않아 상표권을 제출할 수 없는 불법 판매자들과 이들이 판매하려는 짝퉁 상품을 상표권이라는 통제 방법을 사용하면 쉽게 필터링하여 제재할 수 있기 때문이다.

상표권을 통한 규제 방법은 이미 해외 온라인 마켓인 Amazon, Alibaba,

Tmall 등에서 부분적으로 적용되고 있다. 그리고 국내의 오픈마켓과 포털사이트에서도 조금씩 도입하고 있다.

2018년 초에 국내 포털사이트인 네이버, 카카오 쇼핑에서도 부분적으로 도입하기 시작했으며, 2019년에는 국내 유명 오픈마켓인 지마켓과 쿠팡 등에서도 상품등록 기준에 상표등록증을 추가하겠다고 밝혔다.

※ 2015년에 필자가 아마존에 입점할 때만 해도 아마존에서의 브랜드 등록은 자체 쇼핑몰을 보유하고 있는 것만 증명하면 별다른 문제없이 되었다. 그러나 2017년 이후부터는 미국 현지에 브랜드 등록이 되어 있지 않으면 아마존에서 브랜드 등록을 허가하지 않고 있다. 이는 불법 상인과 짝퉁 상품을 근절하여 보다 안정적인 온라인 시장을 구축하기 위한 아마존의 의지이며, 향후 아마존에서의 브랜드 등록과 상표권에 대한 규제는 더욱 심해질 것이다.

우리나라 네이버의 경우 'N쇼핑'에서 상품을 검색하면 브랜드가 등록된 제품만을 별도로 보여주고 있다. 이처럼 국내에서도 브랜드와 상표권에 관한 규제가 강화되고 있다.

그럼 상표권이 없는 사람은 제품을 판매할 수 없는 것인가?

물론 그런 것은 아니다. 하지만 판매하는 제품의 매입 경로를 증명해야 하는 제약사항이 반드시 따르게 된다. 즉, 제조사에서 판매 권한(판권)을 위임받았다면 해당 상품을 판매할 수 있다.

하지만 제조사가 상품을 위탁받아 판매하려는 판매자의 신원(회사규모, 재무상태, 결제조건 등)을 조사하지 않고 판권을 넘기는 경우는 절대 없으며, 대부분 '보증금'이라는 명목으로 일정 금액의 예탁을 요구한다. 또는 제품의 특성 및 규모에 따라서 일정량의 MOQ(Minimum Order Quality)를 요구하기도 한다.

하지만 이렇게 위탁받은 판권도 대부분 특정 부분으로 한정된 지엽적인 판권인 경우가 많다. 그리고 이렇게 한정시켜 놓은 판매권역을 벗어나게 되면 해당 판매자의 판권은 다시 본사가 회수해가는 경우가 대부분이다.

그러므로 제조사에서 판권을 위임받기 위해서는 대부분 상당한 자금이 소요되며, 이렇게 해서 판권을 부여받았을지라도 지엽적이고, 본사에서 다시 회수해 갈 수 있다는 문제점을 항상 갖고 있다.

> ※ 필자가 삼성카메라를 국내 온라인 시장에서 판매할 때 필자가 소속된 회사는 삼성카메라를 H-mall과 조달청에서만 판매할 수 있었다. 만약 이를 어기고 CJ-mall 등에서 판매했을 경우, 본사(삼성카메라)에서 해당 상품을 구매하여 카메라에 각인된 Serial Number를 통해 판매 출처를 추적한 뒤 CJ-mall에서 판매가 불가능한 업체의 제품이라면 해당 업체의 판권을 회수했다. 이처럼 판매가 유리한 제품, 구매 선호도가 높은 제품, 브랜드 인지도가 높은 제조사의 제품들은 판권을 아주 작은 단위로 구분해서 제공하고 있으며, 해당 판권의 인수 비용도 상당히 높다. 또한 판권 양도 계약서에 벗어난 행위를 했을 시 판권을 즉각 회수한다.

3. 브랜드 등록에 대한 인식의 변화

회사의 규모를 설명하는 방법은 여러 가지가 있다.

재무제표나 종업원 수, 사무실 면적, 매출액 등과 같은 유형적인 부분을 갖고 대부분 그 회사의 규모를 추측할 수 있는데, 이것이 국내가 아닌 국외라면 그 사정은 달라진다.

국내에서 해외의 회사 규모를, 해외에서 국내의 회사 규모를 제대로 분석하기는 쉽지 않다. 종이에 인쇄된 숫자만 가지고 어떻게 그 회사를 믿는단 말인가. 이 문제는 최근 이슈인 '자원외교'에서 여실히 드러났다. 서류상으로는 어마어마하게 큰 규모의 회사임에도 막상 현지에 가서 직접 눈으로 보니 껍데기만 있는, 서류상으로만 존재하는 회사들이 지구상에 수없이 많다.

그럼 일반적인 방법으로 회사의 규모를 어떻게 판단할 수 있을까?

최근 떠오르고 있는 방법은 그 회사가 보유하고 있는 '브랜드'를 회사의 규모와 내실을 검증하는 잣대로 활용하는 것이다.

추후 부가적인 설명을 하겠지만 브랜드 등록은 단순히 며칠 만에 할 수 있는 것이 아니다. 최소 3개월 이상이 소요되고 각각의 국가별로 별도로 진행하여야 하며, 3~5년마다 사용을 증명해야 되고, 이에 따라 적지 않은 비용이 발생하기 때문에 쉽지 않은 일이다.

단시간에 만들 수 없는 것이 브랜드 등록이고, 이를 보유하기 위해서는 적지 않은 비용이 발생한다는 것을 전 세계의 현명한 사업자들이라면 대부분 알고 있다. 그러므로 그 회사가 브랜드를 등록했는지, 등록했다면 몇 개국에 언제 등록했는지를 알아보면 회사의 견실함과 국제적 영업력을 추측할 수 있다.

이런 사정은 국내에서도 비슷하게 전개되고 있다.

우리나라는 희한하게도 육체적인 노동에 비해 정신적인 노동에 매우 낮은 점수를 부여하는 국가이다. 예를 들어 사진을 찍는다든가, 문서를 작성한다든가, 컴퓨터를 이용해 자료를 검색하는 등과 같은 일에 대해선 별것 아닌 것으로 치부하고 매우 인색한 보상을 제공한다. 제대로 된 사진 한 장을 얻는 것은 한 사진사의 엄청난 노력과 노련한 실력이 있어야 가능한 것인데 사람들은 '내 폰카로 찍어도 그거 못지않아'라며 작품을 평가절하하기 일쑤이다. 이는 문서작성에서도 정보검색에서도 비슷하게 발생한다.

얼마 전까지만 해도 국내 브랜드 등록도 위와 비슷한 사고방식으로 인해 평가절하되고 있었다. 브랜드 등록은 필요성을 제대로 느끼지 못해 별것 아닌 일로 여겨졌고, 쓸데없이 돈을 낭비한다는 인식이 강했다.

하지만 최근 들어 네이버가 브랜드가 등록된 상품들만 별도의 카테고리를 운영하고 있을 만큼 브랜드에 대한 인식이 상당히 올라갔다.

또한 회사가 파트너십을 맺을 업체를 선정할 때 해당 업체의 브랜드 등록 유무를 문의하고 있으며, 브랜드가 등록되지 않은 업체는 일단 무시하기도 한다. 이제 한국에서도 브랜드는 회사를 평가하는 기준점이 되었다. 브랜드가 등록된 업체는 정신적 노동의 가치를 인정하는 회사라 볼 수 있게 된 것이다.

상표권
등록하기 **02**

　지금까지 브랜드 등록의 의미와 필요성에 대해 설명하였다. 향후 온라인 사업(오프라인 사업도 동일하다)을 제대로 진행하는 데 있어 브랜드 등록은 이제 필수 사항이 되었다.

　그럼 이제 브랜드를 등록하고 보호하는 방법에 대해 알아보자.

1. 상표등록 절차

　브랜드를 보호하기 위해서는 상표권, 디자인권, 저작권, 도메인 등록 등이 있는데, 이 모든 것을 동시에 확보하는 것이 가장 좋다. 하지만 모든 것을 확보하는 것은 시간적, 금전적인 지출이 너무 크기 때문에 일차적으로 진행하는 것이 상표권 등록이다.

　상표권은 브랜드를 보호하는 범위가 가장 넓고 영구적 권리보호가 가능하다. 상표권은 상품이나 서비스의 명칭인 상표를 독점할 수 있는 권리이기 때문에 브랜드의 보호는 상표권의 보호라고 할 수 있다.

　국내에서 받은 상표권은 속지주의 원칙에 의거하여 국내에서만 유효하다. 만약 미국에서 상표권을 등록하면 미국 내에서만 유효하다. 즉 전방위적인 상표권을 보호하기 위해서는 해당 국가 모두에 상표권을 등록해야 되는 것이다.

> ※ 시간적, 금전적 지출이 매우 크다는 이유가 바로 이 때문이다. 앞서 해외에서의 상표권 분쟁 예시 중 '설빙'은 국내에선 상표권 등록을 하였지만 중국에서는 하지 않았기 때문에 그런 문제가 발생한 것이다. 만약 설빙이 미국이나 유럽의 주요 국가에 상표권을 등록하지 않았다면 중국에서의 상표권 분쟁 케이스가 해당 국가에서도 일어날 수 있다.

그런데 상표권 등록이 그렇게 만만한 일이 아니다. 아래의 이미지는 상표 등록 절차를 도표화한 것으로서 국내와 국외가 모두 비슷하게 진행된다. 일단 상표등록을 신청한 뒤 특별한 문제없이 진행된다 하더라도 그 결과를 확인하는 데 약 1년이라는 시간이 걸린다는 것을 알 수 있다. 또 이렇게 진행하다가 문제라도 발생하면 그 기간은 1년을 혹은 그 이상을 쉽게 넘긴다.

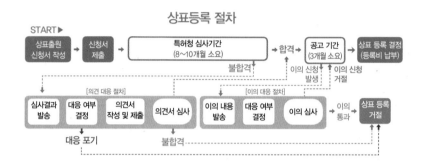

이처럼 오랜 기간이 소요되는 이유는 상표등록을 관장하는 국가기관인 특허청에서 심사를 하는 데 10개월 이상 소요되기 때문이다.

※ 상표등록을 위한 신청서를 제출하는 것을 '상표출원'이라고 한다. 특허청에서 매년 심사해야 하는 상표 수만 20만 건이 넘는다고 한다. 때문에 그렇게 많은 기간이 소요된다.

그런데 더 황당한 것은 이렇게 상표출원을 하고 1년이라는 기간을 기다려서 받은 결과가 여러 가지 사유로 인해 '상표등록 거절'로 확정되는 경우가 적지 않다는 것이다. 만약 이렇게 오랜 기간을 기다려서 준비했던 상표등록이 거절된다면 안타깝지만 법치주의의 '일사부재리의 원칙'에 입각하여 그 결과를 다시 되돌릴 수 없으며, 상표등록을 확신하고 만들어 놓은 각종 인쇄물, 간판, 기타 홍보물 등은 사용할 수 없게 된다.

이런 문제를 해결하는 가장 원론적인 방법은 사업을 준비하면서 상표권을 미리 확보하는 것이다. 즉 사업을 시작하기 전에 먼저 상표출원을 하고 승인 심사가 완료되어 상표를 등록한 후에 사업을 하는 것이 모범 답안이다.

만약 상표권 등록을 하지 않은 기존 사업자라면 고유의 Identity를 합법적으로 보유하기 위해서 하루라도 빨리 상표출원을 진행해야 상표권 분쟁을 피할 수 있다.

※ 상표출원을 진행한다고 해도 상표 브로커가 먼저 선점하고 있거나 상표출원을 진행하고 있다면 그 결과가 '상표등록 거절'로 진행될 가능성이 매우 높기 때문에 상표출원 전에 상품이나 서비스를 명명할 상표에 대한 등록이 가능한지 면밀한 조사가 필요하다. 이런 일련의 작업들은 일반 개인이 진행하는 것이 거의 불가능할 정도로 어렵다. 그렇기에 '상표권 취득을 지원하는 업체'에 상표출원을 의뢰해야 한다. 국내에서는 특허청의 '우선심사'라는 제도가 있는데, 이를 이용하면 8~10개월의 심사기간을 단 1개월로 줄일 수 있다. 그런데 우선심사제도의 경우 심사 시점에 이미 시장에서 사용되고 있는 상표만 해당되며 이를 증명하기 위해 사용을 증명하는 자료(간판 사진이나 제품 사진 등)가 있어야 한다. 더불어 추가적인 법적 수수료 또한 발생한다.

상표권의 혜택

전국적 권리　　반영구적 권리　　손해배상 침해금지 청구　　수입금지조치　　등록상표마크 사용

2. 국내와 해외 상표등록의 차이점

오늘날엔 사업을 국내로 한정 짓고 진행하는 경우는 드물다. 현재 국내의 주요 오픈마켓에서는 해외배송 서비스를 진행하고 있으며, 국내에서도 아마존이나 이베이 같은 해외 온라인 마켓에서 제품을 직접 구매하는 일이 보편화되었다. 이런 시점에서 사업자는 국제적 상표권 등록도 고려해야 한다. 아마존에서도 상표권 등록이 필수사항이 되고 있다.

① 해외의 상표등록 방법과 기간

해외에서 상표권을 보호 받기 위해서는 국내와 비슷한 절차의 상표등록을 진행해야 한다. 그런데 각각의 국가에 개별적으로 상표출원을 진행해야 하기 때문에 많은 시간과 자금이 소요될 수밖에 없다.

> ※ 국내에서 상표등록을 진행해서 최종적으로 상표권을 확보하게 되면 이 상표권에 대한 보호는 오로지 한국에서만 국한된다. 브랜드 보호를 위한 상표권의 확보는 지엽적인 부분으로 보장해준다는 것(속지주의의 원칙)을 알고 있어야 한다.

그래서 기업에서는 향후 진출이 예상되는 해외 국가를 한정해서 상표권을 확보하는데, 이렇게 선택된 국가의 수에 따라 상표권을 출원하는 방식은 '개별 국가 출원'과 '마드리드 국제 출원'으로 구분된다.

▶ **개별 국가 출원:** 각 국가별로 해당 국가의 특허청에서 상표권을 출원하는 방법으로서 가장 일반적인 방법이다. 개별 국가 출원은 각 국가별로 상표출원을 진행하므로 국가를 추가한다 해도 비용이 저렴해지지 않는다.

▶ **마드리드 국제 출원:** 마드리드 조약에 가입한 114여 개 국가를 관리하는 국제기관(WIPO: World Intellectual Property Organization)에 출원하는 방법이다. 마드리드 국제 출원을 이용하여 상표권을 출원할 시, 출원 요청을 위한 기본료가 있는 대신 국가를 추가할 때 비용이 많이 저렴해지는 장점이 있다. 마드리드 국제 출원으로 국제 상표권을 등록하기 위해서는 국내에 상표등록이 선행되어 있어야 한다는 전제 조건이 있다.

> ※ 두 가지의 출원 방법의 결과와 효력은 같다. 차이점은 과정과 비용이다. 만약 상표등록을 출원할 국가가 1~2개 국가라면 기본료가 없는 개별 국가 출원이 저렴하다. 하지만 3개 이상의 국가에 동시 출원할 계획이라면 마드리드 국제 출원이 훨씬 저렴하다. 개별 국가 출원으로 다수의 국가에 상표출원을 진행하게 될 경우 비용이 수천만 원까지 발생할 수도 있다.

② 해외의 상표등록 기간

▶ **선사용 주의:** 미국은 우리나라와 다르게 상표권 취득을 위해 신청하는 상표 출원이 해당 상표권을 누가 언제 먼저 사용했는지에 대한 '선사용 주의의 원칙'을 갖고 있다.

우리나라와 여타 국가들과 같이 상표출원을 누가 먼저 진행했는지에 대한 법리적인 부분만을 우선으로 하는 '선출원주의'와는 달리 미국은 실제로 누가 먼저 그 상표를 어떻게 사용했는지를 증명한다면 상표출원을 신청한 일자보다 더 우선적으로 상표권의 사용을 인정하는 실용주의 우선으로 상표권을 인정 한다.

그렇기 때문에 미국에서의 상표권 획득은 신청인이 상표권을 언제부터 어떻게 사용했는지에 대한 '선사용 내역'을 증명받는 것으로 진행된다. 때문에 한국을 포함한 다른 국가와 비교했을 때 상표권 등록을 위해 소요되는 기간이 짧은 편이다.

3. 해외에서 상표등록 시 주의사항

해외에서 상표권을 취득하는 일은 일반인이 하기 어려운 부분들이 많다. 그리고 진행하는 동안에도 많은 변수들이 존재하기에 이에 대한 대응 절차를 몰라 비용만 소모하고 상표등록을 받지 못하게 되는 경우도 많다. 따라서 상표등록 대행업체에 의뢰하여 진행하는 것이 일반적이다.

> ※ 상표권 등록업무를 담당하는 사람은 산업재산권과 관련된 법률업무(산업재산권의 출원, 심판, 소송)를 진행하는 '변리사'가 진행한다. 변리사는 대한민국 특허청 또는 법원에 대하여 특허, 실용신안, 디자인 또는 상표에 관한 사항을 대리하고 그 사항에 관한 감정(鑑定)과 그 밖의 사무를 수행하는 것을 업(業)으로 하는 사람이다.

그런데 상표권을 취득하기 위해 대행업체에 견적을 의뢰하면 터무니없이 비싼 수수료를 요구하는 업체도 있고, 해외의 불법 대리인에게 중계만 해주는 업체도 상당히 많다. 이러한 일이 많이 발생하는 이유는 해외에서의 상표등록은 영문으로 서류를 작성해야 하고, 무엇보다 일반인들이 해외의 상표권 진행 절차를 잘 모르기 때문이다. 그러므로 해외 상표권 취득을 진행할 때에는 해당 업무에 경험이 풍부하고 신뢰할 수 있는 업체를 선정하는 것이 중요하다.

> ※ 미국에 소재지를 두고 국내에서 미국의 상표권 취득을 대행해주는 업체는 인터넷에 검색하면 수도 없이 많다. 하지만 자체 URL도 없이 블로그로 고객을 모집하는 해외 상표등록 대행업체는 조심해야 한다. 해당 국가에 소재지가 있다고 해서 무조건 일을 잘할 것이라는 생각은 하지 말아야 한다. 사기꾼은 어디에나 존재한다.
> 무엇보다 상표권 취득 업무는 전문 업무이기 때문에 업체의 위치를 떠나 경험이 풍부하고 제대로 업무를 처리할 수 있는 업체를 선정하는 것이 중요하다. 또 해외에 있는 업체는 문제 발생 시 이를 처리하기 위한 추가 비용이 더 발생할 수도 있다는 점도 염두에 두어야 한다.

그럼 이제 해외에서 상표등록 시 주의사항을 알아보자.

① 국내 변리사가 직접 운영하는 업체인지를 확인해야 한다.

'싼 게 비지떡'이라는 속담이 있다. 해외의 상표권 등록은 통상적으로 해당 국가에 있는 대리인에게 중계를 의뢰하여 진행된다. 그런데 상표법의 사각지대를 교묘하게 이용하여 해외 대리인에게 단순 중계만 해주고 문제가 발생하면 나 몰라라 하는 불량업체가 있다. 이런 업체들은 대부분 비용이 저렴하다.

상표권 취득은 One-Time에 진행되는 경우가 드물다. 때문에 출원 이후 발생하는 거절에 대한 대응이나 등록 절차를 제대로 관리하지 못해 불합격되는 경우가 많다. 단순 중계만 해주는 이런 불량업체에 일을 맡기면 출원 비용만 날리는 경우가 많다. 또 이런 중계업체들은 다국가 상표출원 시 '마드리드 국제 출원'을 진행할 수 없어서 차후 해외 진출 시 큰 불이익을 받을 수 있다.

이런 위험을 피하기 위해서는 반드시 정식 변리사 라이선스를 갖고 있는 업체인지를 우선적으로 확인해야 한다.

② 상표등록을 전문으로 하는 특허사무소가 맞는지 확인해야 한다.

전문 직종인 변호사도 최근에는 이혼 전문, 형사사건 전문, 개인파산 전문 등으로 세분화되어 서비스를 하는 것처럼 변리사들도 마찬가지이다.

변리사는 특허 전문, 실용신안 전문, 상표 전문 등으로 해당 업무를 세분화하여 업무 효율을 높이고 있다. 멀티플레이어가 아닌 원 포인트 플레이어, 말 그대로 해당 업무에 '진짜 선수'가 돼야만 살아남을 수 있는 세상이기 때문이다.

변리사 업계에서도 이런 해외 상표권 등록에 최적화된 업체가 있다. 이런 업체는 해외 상표등록 업무를 처리한 경험이 많기 때문에 출원 이후에 발생하는 거절의견 대응 절차라든지 등록 절차를 제대로 관리해주고, 추가 발생 비용은 최대로 줄이면서 안전하게 상표권 취득을 가능하게 해준다.

위 업체의 '출원 신청 현황'을 보면 상표등록을 전문으로 하는 것이 아닌 특허출원을 전문적으로 진행하는 변리사가 있음을 알 수 있다. 다수의 변리사들은 상표출원보다 특허등록, 디자인 등록에 많은 관심을 가지는데 그 이유는 특허등록, 디자인 등록에 비해 상표권 등록이 수수료가 낮기 때문이다.

이런 내용을 참고할 때 필자가 추천하는 국내외의 상표등록을 전문적으로 진행하는 특허사무소로는 '마크인포(markinfo.co.kr)'가 있다.

마크인포는 2015년 특허청의 지원과 소신 있는 변리사들이 함께 만들어낸 국내 최초 상표등록 전문 특허사무소로, 현재 연간 10,000여 건의 국내외 상표권 등록을 수임하고 있다. 더불어 국내 특허청의 Data-Base와 연동된 검색 서비스를 제공하여 실시간으로 기 등록된 상표를 검색할 수 있는 서비스를 무상으로 제공하고 있다. 그리고 국내에서 유일하게 상표권을 필요로 하는 구매자와 상표권자를 서로 연결해주는 상표거래 서비스도 지원하고 있다.

특히 마크인포는 '마드리드 국제 출원' 등과 같은 해외 상표권 등록에 최적화된 서비스를 제공할 뿐만 아니라 실시간 가상 견적을 받아볼 수도 있어 합리적인 가격으로 안전하게 해외 상표권을 취득할 수 있는 서비스를 지원하고 있다.

해외 상표출원 진행 시 의뢰자가 가장 관심을 가져야 할 부분은 제대로 된 등록 절차로 신속하게 진행하고, 해당 국가에서 거절의견이 나왔을 때 이에 적절하게 대응하여 최종적으로 해당 상표권을 빠른 시간에 취득하는 것이다.

필자가 마크인포를 추천하는 가장 큰 이유는 다수의 해외 상표등록 경험을 가지고 있기에 등록 절차를 제대로 인지하고 있으며, 만일 해당 국가에서 거절의견이 나왔을 때 신속하고 효율적인 대응으로 해당 상표권을 빠른 시간에 취득하게 해주는 강점이 있기 때문이다.

※ 국내에서 해외 상표권 취득을 지원하는 업체 중 최초 의뢰비는 낮게 책정해놓고 이후 절차를 진행 과정에서 과도한 추가 의뢰비를 청구하는 업체들이 많다. 이런 경우 의뢰업체는 '울며 겨자 먹기'식으로 바가지요금을 지불할 수밖에 없다. 또한 이렇게 진행될 경우 해외 상표권을 취득하는 데 있어 예정보다 훨씬 많은 시간이 소요된다. 그러므로 해외 상표권 취득 시 해당업체에서 제시하는 견적비용을 꼼꼼하게 따져보아야 한다. 마크인포의 의뢰비가 합리적이라고 생각할 수 있는 이유는 이런 추가 의뢰비의 부분이 공정하게 책정되어 있기 때문이다.

4. 도메인 확보하기

위에서 설명한 브랜드를 보호하기 위한 수단 중 최근 많은 이슈가 되고 있는 것은 회사의 인터넷상 주소(URL), 즉 도메인(domain)의 확보이다.

도메인은 영토, 분야, 영역, 범위를 뜻하는 단어였으나 인터넷 주소의 의미로도 확장되었다. 그리고 도메인은 기억하기 어려운 IP 주소(예: 123.123.123.123)를 abc.com과 같이 기억하기 쉽게 만든 주소이기도 하다.

어떤 회사나 특정 이름을 가진 상품을 출시하여 공식 사이트를 만들 때 이 도메인 확보 전쟁이 벌어진다. 예를 들어 '나무'라는 가상의 게임이 만들어지면 www.namu.com이라는 식의 공식 홈페이지를 만들어야 하나 이 게임의 출시를 알고 있었던 이들이 미리 도메인을 차지하면 게임 회사에서는 비싼 돈 주고 www.namu.com의 도메인을 사든가 www.namugame.com처럼 다른 이름으로 바꿔야 한다. 그래서 대부분 도메인부터 구입하는 경우가 많다.

① 최상위 도메인(TLD: top-level domain)

도메인 체계의 최상위에 존재하는 주소를 최상위 도메인(TLD: top-level domain)이라고 한다. 도메인의 마지막 점(.) 이후의 문구가 여기에 해당된다.

우리의 눈에 익은 최상위 도메인의 몇 가지 예를 들면 다음과 같다.

▶ .edu: 교육 목적 전용의 최상위 도메인으로서 원래는 미국 교육기관 전용이었으나, 현재는 모든 국가에서 사용 가능하다.

▶ .net: 원래는 네트워크 관련 사이트용이었으나, 제한이 해제되었다.

▶ .post: 우편 관련 기관 전용 최상위 도메인이다.

▶ .com: company 즉 회사용으로 만든 도메인이다. 다만, 개인 자격으로도 발급이 가능하며, 세계적으로 가장 유명한 도메인이다.

※ 영리를 목적으로 하는 회사가 가장 선호하는 최상위 도메인은 .com이다. 때문에 Domain-Hunter가 가장 많이 노리는 최상위 도메인도 .com이다. 만약 업체명과 같은 고유의 Identity를 갖고 있는 최상위 도메인이 .com이 남아 있다면 빨리 해당 도메인을 선점해야 한다. 최상위 도메인이 .com인 인터넷 주소가 남아 있는 확률은 0.01%도 되지 않는다.

② 국가코드 최상위 도메인(ccTLD: country code Top-Level Domain)

국가코드 최상위 도메인은 ISO에서 규정한 ISO 3166-1 국가코드 표준을 기준으로 각 국가마다 할당된 최상위 도메인이다. 이 ccTLD는 두 글자를 사용하도록 되어 있으며, 반대로 이 목적 이외의 다른 도메인을 두 글자로 생성하는 것은 불가능하다.

대한민국의 ccTLD인 '.kr'은 국가기관인 한국인터넷진흥원이 관리하고 있으며, 대한민국은 자국 명의의 도메인 등록 대행업체만 등록대행을 허가해주고 있다. 또한 .kr 도메인은 인터넷주소자원에 관한 법률 등에 의해 보호받고 있기 때문에, 도메인 분쟁이 발생했을 경우 국가에서 개입이 가능하다.

※ 한국에서만 사업을 진행할 계획이라면 국내에서 통상적으로 사용하고 있는 국가 코드 최상위 도메인과 회사용 이라는 의미의 .co.kr을 사용해도 무방하다. 하지만 해외의 진출을 계획하거나 진출한 업체라면 .co.kr이라는 최상위 도메인은 매우 불리한 인터넷 주소가 될 수 있다. 온라인으로 해외에 제품을 판매하다 보면 외국에서 한국이라는 나라를 인지하고 있는 사람이 정말로 없다는 것을 뼈저리게 느끼게 된다. 한국에 대한 인지도는 삼성이라는 기업(samsung.com)보다도 상당히 떨어진다. 심지어 삼성이 일본 기업이라고 생각하는 외국인도 생각보다 매우 많다. 국제적인 사업을 진행하기 위해서는 현지 외국인의 생각으로 판단해야 된다. 한국을 모르는 외국인의 입장에서는 .co.kr이라는 최상위 도메인은 불필요하게 긴 영문 주소로 인식되며, 이는 가독성을 떨어뜨리는 마이너스 요인이 될 수 있다.

5. 도메인 등록하기

도메인 등록 비용은 업체별로 조금씩 차이가 있는데, 대체로 1년간 유지비용이 1~2만 원 정도이다. 등록 비용은 크게 차이가 나지 않지만 접속 속도는 업체별로 차이가 있다.

아래의 도표는 국내에서 도메인을 등록할 수 있는 업체들이다. 도표를 자세히 보면 알 수 있듯이 후이즈(whois.com)의 접속 속도가 가장 빠르다. 때문에 국내에서 도메인 등록을 진행할 때 많은 전문가들이 애용하는 도메인 등록업체가 후이즈이다.

국내 주요 도메인 기업의 아시아·유럽·미국 접속 속도

기업명	아시아 접속 소요 시간	미국 접속 소요 시간	유럽 접속 소요 시간
가비아	157ms	139ms	300ms
고도몰	194ms	140ms	296ms
나야나	165ms	131ms	310ms
닷홈	157ms	139ms	300ms
메가존(호스팅케이알)	157ms	139ms	300ms
미리네	157ms	139ms	300ms
스마일서브(아이비로)	157ms	139ms	300ms
아마존(AWS)	157ms	139ms	300ms
아이네임즈	157ms	139ms	300ms
애저(Microsoft)	157ms	139ms	300ms
카페24	224ms	142ms	310ms
코리아서버호스팅	151ms	134ms	304ms
코리아센터(메이크샵)	198ms	131ms	307ms
호스트센터	157ms	128ms	307ms
후이즈	150ms	136ms	292ms

수치가 높을 수록 접속 소요 시간이 오래 걸려서 속도가 느린 것이다

그런데 후이즈는 한국의 whois.co.kr과 본사격인 whois.com으로 구분되어 있다. 두 곳 모두 가입한 후에 도메인을 등록할 수 있는데, whois.com의 1년간 유지비용이 좀 더 저렴하다.

※ 필자의 경우 도메인을 4개 갖고 있는데 모두 최상위 도메인이 .com인 인터넷 주소이다. 이는 모두 영문쇼핑몰 등을 운영하는 사이트로서 모두 whois.com에서 등록하였다. 도메인 등록업체를 선정하는 것은 독자들 개개인의 선택이지만 필자의 경우 큰 차이는 아니어도 1년 사용료의 차이도 있고 한국의 whois.co.kr보다 본사격인 whois.com이 더 믿음(?)이 있어 후자를 택하였다. 어차피 홈페이지나 영문쇼핑몰을 구축하려면 영문으로 된 Html 코딩이 기본이기 때문에 굳이 한글 도메인 등록이 아니라면 한국의 whois.co.kr을 이용할 필요성이 없다고 생각했기 때문이다. 이 책에서는 whois.com에서 도메인을 등록하는 방법을 설명한다.

① 인터넷에서 whois.com에 접속한다. 접속 후 검색창에 본인이 등록하려는 회사명과 같은 고유의 Identity를 갖고 있는 영문 Keyword를 입력한다.

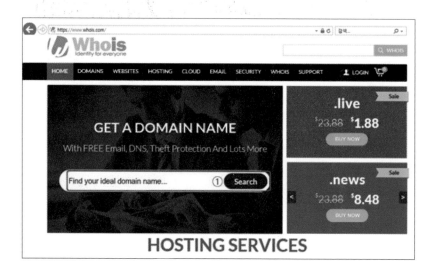

※ 도메인명은 인터넷에서의 회사 이름이다. 그런데 이를 작명하는 것을 너무 쉽게 생각하는 사람들이 있다. 이는 온라인 사업에서 가장 원론적인 부분을 모르고 접근하는 것이다. 기억되기 쉽고 친근한 도메인은 향후 브랜드의 인지도를 쉽게 높일 수 있는 지름길이다. 이토록 중요한 도메인명은 단어의 길이, 특히 음절의 길이가 짧을수록 가독성과 암기성이 좋기 때문에 최대한 짧게 작성하는 것이 좋다. 2음절의 단어라면 완벽하고, 3음절의 단어라 해도 매우 훌륭하다. 또한 외국인의 시각으로 좋은 느낌과 긍정적인 이미지를 담고 있는 Keyword를 찾아내는 것이 중요하다.

국내의 주요 대기업 상호만 보더라도 삼성, LG, 한화, 롯데의 경우 대부분 2음절의 단어를 사용하고 있다. 하지만 도메인명에서 2음절의 Keyword를 갖고 있는 .com 도메인은 거의 씨가 말랐다고 봐야 한다. whois.com에서 도메인명을 검색해보면 2음절의 Keyword를 갖고 있는 .com 도메인은 찾기가 불가능할 정도로 거의 대부분 선점되어 있다. 그러므로 힘들게 2음절의 Keyword를 갖고 있는 .com 도메인을 찾으려 하지 말고 이보다는 가독성이 떨어져도 좀 더 찾기 쉬운 3음절의 Keyword를 찾는 것을 추천한다. 이렇게 해서 필자가 예제로 찾은 .com 도메인이 'foalli.com'이라는 도메인이다.

② foali.com을 검색창에 입력하고 'Search' 버튼을 클릭하면 아래의 화면과 같이 해당 도메인이 사용 가능하다는 창이 생성된다. 이때 'Select' 버튼을 클릭하면 결제창으로 이동한다.

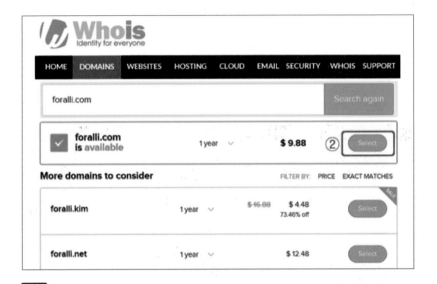

③ 'Select' 버튼을 클릭했을 때 결제창이 활성화된 화면이다.

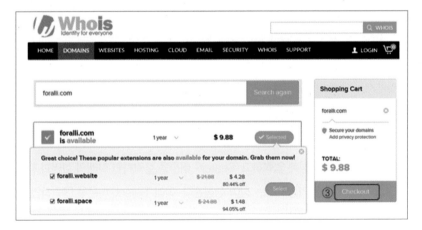

여기에서 'Checkout' 버튼을 클릭하면 해외에서 사용 가능한 신용카드로 결제가 이루어지며, 해당 도메인의 1년 소유권을 갖게 된다.

▶ whois.com에 먼저 가입되어 있어야 최종 결제까지 진행이 가능하다.

이렇게 소유권을 갖게 된 도메인은 1년 단위로 사용료를 지불해야 된다. 만약 사용료를 지불하지 않게 되면 약 1개월의 유예기간이 부여되는데, 이 유예기간 동안 사용료를 지불하지 않으면 해당 도메인에 대한 소유권을 주장할 수 없다. 이때 중요한 점은 whois.com에서 등록한 도메인의 경우 '자동이체 설정' 기능이 없다. 그렇기에 구매자는 도메인 등록일을 기준으로 1개월 전부터 생성되는 도메인 기간 연장을 직접 진행해야 한다.

> ※ 만약 해당 기간 동안 사용기간 연장을 하지 않아 해당 도메인의 소유권을 주장할 수 없게 됐을 경우, 그 도메인은 Domain-Hunter의 좋은 먹잇감이 된다는 것을 잊지 말자. 그러므로 도메인을 구매한 사이트의 로그인 아이디와 비밀번호는 소중히 관리해야 하며, 매년 1회씩 해당 사이트에 로그인하여 도메인 사용기간 연장을 진행해야 한다.

6. 도메인에 대한 설명을 마치며

도메인 확보는 위에서 설명한 것과 같이 어렵지 않다. 오히려 구입한 도메인을 지속적으로 유지하는 것이 힘들다.

도메인 확보는 내가 건물을 건축할 토지를 구입하는 것과 같다. 건물을 지을지 말지는 나중 문제이다. 일단 토지를 갖고 있어야 향후에 그 토지에 건물을 지을 수 있기 때문에 구매할 수 있는 토지가 있다면 먼저 구매해놓아야 한다. 그것이 도메인 확보이다. 그리고 그 갱신 비용도 1년에 고작 $9.85밖에 되지 않는다.

이렇게 확보한 토지(도메인)에 시간과 금전적 여력이 있어서 어떤 건물(회사 홈페이지, 영문쇼핑몰 등)을 건축할지를 정했으면 해당 건축을 가장 잘하는 건축가(웹마스터)에게 건축(홈페이지나 영문쇼핑몰 구축)을 의뢰하면 되는 것이다.

하지만 도메인을 확보하지 않으면 추후 필요할 때 해당 도메인을 사용할 수 없게 되며, 이로 인해 인터넷에서의 회사 이름을 사용할 수 없게 된다.

그러므로 회사명을 작명하는 것과 이에 따른 도메인 확보는 밀접한 관계가 있다. 좋은 회사명과 좋은 도메인이 있다면 반드시 보유해야 된다.

CHAPTER

13

해외
B2C 사업자가
알아야 할 것들

해외 B2C 사업자가 갖추어야 할 능력 01

어느 사업에서건 오너의 역할이 매우 중요하다. 견실하던 기업이 오너의 잘못된 생각과 방향으로 인해 한순간에 무너지는 일을 우리는 주변에서 심심찮게 보게 된다. 특히 변화의 속도가 빠른 온라인 시장에서는 오너의 결정에 따라 회사의 존망이 바뀌기도 한다.

해외 온라인 B2C 사업은 오프라인 사업과는 비교가 되지 않을 만큼 복잡하고 어려운 프로세스를 갖고 있다. 이는 기존의 전형적인 오프라인 사업의 프로세스와 전혀 다르다. 해외 온라인 B2C 사업의 대표는 오프라인 사업에서 하는 보편적인 업무 외에도 정보를 수집하고 분석해서 미래를 예측해야 하는 안목까지 겸비하고 있어야 한다.

여기에서 해외 B2C 사업자가 알아야 할 7가지의 중요 사항에 대해서 알아보기로 하자.

1. 일에도 한계효용이 있다

모든 사람이 하루에 사용할 수 있는 시간은 24시간이다. 그중에서 업무에 집중할 수 있는 시간은 대부분 8시간 안팎일 것이다. 물론 일이 바쁘면 업무 시간이 늘어날 수도 있겠지만 지속적으로 그렇게 할 수는 없다.

그러므로 업무에 활용할 수 있는 시간은 정해져 있다. 이 정해진 시간을 어떻게 활용해야 최상의 결과를 얻을 수 있을까?

사람은 각자 타고난 능력이 있다. 그 능력은 자기계발과 노력으로 일정 부분까지 상한선을 끌어올릴 수 있지만 그 한계점은 분명히 있다.

필자가 아무리 물리학 공부를 한다고 해도 아인슈타인과 같은 물리학자는 될 수 없으며, 모든 노력을 음악에 쏟아붓는다고 해도 절대로 베토벤이 작곡한 교향곡 같은 것은 만들 수 없다.

이를 좀 더 현실적으로 바꿔보면, 필자는 해외 온라인 B2C 사업에 대해서는 어느 정도 알고 있지만, SNS 마케팅에 대해선 잘 모른다. 물론 SNS 마케팅에 대한 필요성은 절실히 느끼고 있지만, SNS 마케팅에 집중해서 전문가가 되는 것은 일찌감치 포기했다. 그래서 SNS 마케팅에 대해서는 대학생인 딸아이보다도 모르고 있으며 알려고 하지도 않는다. 대신 남들보다 더 많이 알고 있는 해외 온라인 B2C 사업에는 누구보다 많은 시간과 노력을 투자한다.

필자에게만 하루가 48시간씩 주어진다면 SNS 마케팅과 필자가 좋아하는 일에 많은 시간을 할애할 수 있을 것이다. 하지만 필자도 업무에 활용할 수 있는 시간이 고작 8시간밖에 되지 않기 때문에 필자가 가장 잘하는 일에 집중하는 것이다.

이것이 '일의 한계효용'이다. 한계효용(限界效用, marginal utility)은 재화나 용역이 증가 혹은 감소함에 따라 주관적으로 매겨지는 경제적 효용(혹은 가치)의 관계에 대한 개념이다.

우리가 학창시절 배웠던 '한계효용의 체감법칙'을 떠올려보자. 배고플 때 가장 처음 먹었던 빵이 가장 맛있게 느껴지는 그 한계효용을 이제는 본인이 해야 할 업무로 끌고 와야 한다. 그래서 업무의 한계효용을 극대화해야 한다.

① 할 줄 아는 것과 잘하는 것은 분명 다르다.

필자도 포토샵은 어느 정도 할 줄 안다. 하지만 대량의 사진을 편집하는 것은 비용이 발생하더라도 외부에 의뢰해서 처리한다. 그 이유는 필자가 한 장의 사진을 제대로 편집하는 데 소요되는 시간은 1시간가량이지만 전문가가 하면 5분도 채 걸리지 않는 것을 필자는 알기 때문이다. 그리고 그렇게 전문가에게 의뢰한 사진은 필자가 한 것보다 퀄리티도 뛰어나다.

만일 필자가 포토샵을 할 줄 안다고 사진편집만 잡고 있다면 하루에 사용 가능한 8시간을 모두 사용해야 된다. 그러면 상품등록, 배송관리, CS처리, 회사 운영관리는 누가 하겠는가.

위의 모든 업무는 필자가 할 수도 있고 직원을 뽑거나 외주 처리를 할 수도 있다. 이러한 선택 중 어느 것이 비용이 적게 들고 효율적인지를 판단하여 행하는 게 사업자의 대표가 해야 할 일이다. 사업 초기엔 매출이 적어 오너가 모든 일을 해야 비용을 절약할 수 있지만, 어느 정도의 사업 규모가 되면 실제적으로 오너가 어떤 일을 해야 되는지를 분석해야 한다.

할 줄 안다고 모두 할 수도 없으며, 그렇게 해서도 절대 안 된다. 비용이 발생하더라도 일정 부분은 외부 전문가에게 의뢰하고 사업주 본인이 진정으로 잘하는 일에만 몰두해야 업무에서 한계효용을 극대화할 수 있다.

② 남들이 잘한다고 무조건 따라가지 마라.

한국 사람들은 은근히 남이 하는 일에 관심이 많다. 그리고 그 일이 본인의 적성과 능력에 부합하는지를 따지지도 않고 무조건 따라가는 경향이 있다. 이렇게 아무런 분석도 없이 남들을 따라가면 '필패'함을 알아야 한다.

사람마다 잘하는 일이 다르듯이 업체들도 특화된 사업이 있다. 다른 회사에서는 잘되는 사업이 나의 회사에서는 안 될 수도 있다. 그러니 사업자는 회사의 상황과 사업주 본인의 역량을 면밀히 검토해서 사업에 임해야 한다.

> ※ 남들이 잘 판매하는 아이템을 본인도 잘 팔 수 있을 것이라는 생각은 버려라. 그 아이템은 그 사업자에게 최적화된 아이템이다. 본인에게 최적화된 아이템을 직접 발굴해야 진정으로 성공할 수 있다.

2. 완벽하게 알지 않아도 되지만, 전혀 모르면 안 된다

해외 온라인 B2C 사업자는 모든 업무에 대해서 완벽하게 알지 않아도 되지만(모든 업무를 알고 있으면 더욱 좋을 것이다), 전혀 몰라서는 절대 안 된다.

필자가 삼성카메라를 국내 온라인 시장에서 판매하고 있을 때의 일이다.

필자의 사무실 근처에 판매채널이 다른 삼성카메라 총판이 있었다. 한번은 이 회사에서 국내 온라인몰에 새로 출시된 카메라를 등록하다가 담당자가 그만 '0'을 하나 빼고 판매금액을 등록하는 일이 발생했다. ₩299,000에 판매해야 하는 제품을 ₩29,900에 등록한 것이다.

이 사태를 최초에 인지한 사람은 그 회사 대표였지만, 그분은 판매가격을 수정하는 방법도, 상품을 판매 중지시키는 방법도 몰랐다. 그리하여 결국 담당자가 출근하여 판매금액을 조정할 때까지 피해액이 증가하는 걸 손 놓고 바라볼 수밖에 없었다. 만약 그 대표가 판매가격을 수정하는 방법을 알고 있었다면 피해액을 상당히 줄일 수 있었을 것이다.

온라인 사업에서는 이런 일이 자주 발생한다. 그리고 이와 비슷한 문제를 발생시킬 수 있는 변수들은 국내외의 온라인 사업에서 적지 않게 있다. 그렇기 때문에 해외 온라인 사업자는 모든 업무를 처리하지는 못하더라도 사업의 중요 부분에 대하여 정확히 숙지하고 있어야 한다.

※ 판매가격에서 '0'을 하나 빼고 등록하는 사건은 온라인 사업에서 빈번히 발생한다. 오죽하면 소비자보호원에서 '제품의 판매가격이 어떠한 오류로 인해 권장소비자가의 30% 이하에 판매되었다면 그 제품은 발송처리를 하지 않고 환불처리를 해도 무방하다'라는 규정까지 만들었겠는가. 그러나 해외의 온라인몰에는 이런 규정이 없기 때문에 잘못된 가격으로 판매가 이루어졌어도 해당 상품을 발송해야 된다. 만일 그렇게 하지 않으면 배송 문제로 인해 판매자의 계정에 문제가 생기고, 이런 문제가 쌓이게 되면 계정정지로 이어질 수도 있다.

3. 산을 보면서 나무와 이끼까지 볼 줄 알아야 한다

해외 온라인 사업은 계절이 바뀌면 판매할 제품을 변경하고 이에 따른 재고 수급만 걱정하면 되는 그런 사업이 아니다.

판매대금이 원화가 아닌 외화로 입금되기 때문에 이를 원화로 환전할 때 발생하는 환율의 변동에 대해서도 주의 깊은 관심을 가져야 된다.

또 해외 소비자의 트렌드를 읽어야 하기에 디테일한 부분까지 관심을 갖고 접근해야 된다. 다시 말해 작게는 해외 소비자의 취향을 분석해야 되고, 크게는 세계의 정세가 국내 환율에 미칠 영향을 분석해서 최대의 이윤을 낼 수 있게끔 운영해야 하는 사업이 해외 온라인 B2C 사업이다.

> ※ 환율의 변동 폭이 미치는 영향은 매출 규모에 따라서 차이가 있겠지만 월 거래금액이 $10,000 이상이라면 국내의 은행금리와는 비교할 수 없을 정도의 손실과 수익을 발생시킨다. 또한 박리다매식으로 판매하는 제품이라면 매출이익률의 범위를 초과하는 경우도 흔하기 때문에 주의 깊은 관심이 필요하다.

4. 사업의 성패는 오너의 능력과 결심에 따라 좌우된다

여타의 다른 사업도 오너가 차지하는 비중이 작지 않지만 특히 해외 온라인 B2C 사업은 오너의 결정이 절대적으로 중요하다. 업무처리는 직원이나 외주업체의 도움을 받을 수 있지만 사업의 방향성을 선정하고 결정하는 것은 오롯이 오너의 몫이다.

해외에 온라인으로 제품을 판매해서 수익을 발생시키는 사업이 해외 온라인 사업이다. 그러므로 판매할 상품을 선정하는 것에 있어 국내와는 다른 많은 변수들을 알아야 하며, 이에 대한 대응방법을 사전에 준비해야 사업목적에 부합되는 결과를 얻을 수 있다.

제조자 및 판매자의 잘못된 판단으로 시중에서 소리 소문도 없이 사라진 제품들이 수없이 많다. 그리고 개발 도중 포기되는 제품은 이보다도 더 많다.

상품을 한 개 개발하여 제조하기 위해서는 기본적으로 몇천만 원의 비용이 들어가고, 어느 정도 규모가 있는 제품이라며 몇억 원은 아주 쉽게 들어간다. 상품 개발을 해봤던 독자라면 이 말이 거짓이 아님을 잘 알고 있을 것이다.

그러면 시장의 흐름과 소비자의 트렌드를 잘못 읽어 시장에서 빛도 못 보고 사라진 상품 몇 가지를 예로 들어보자.

이 상품은 '스마트폰 터치 골무'라는 상품이다. 자세히 보면 알겠지만 장갑을 판매하는 것도 아니고 장갑 위에 끼우는 골무인데도 그 금액이 ₩12,000이었다.

이 제품은 필자의 지인이 개발해서 판매하려고 했었는데, 그는 개발비와 제조비, 그리고 상품화하기 위해서 사용된 포장비까지 도합약 5천만 원 정도의 비용을 이 제품에 쏟아부었다. 사람들은 '뭐 저런 거 하나 만드는데 5천만 원이나 들어갈까?'라며 믿지 않겠지만 실제로 이와 유사한 제품을 상품화해보면 얼마나 많은 비용이 발생하는지 알게 될 것이다.

일단 위와 같은 제품을 국내에서 제작하기 위해 공장에 의뢰를 맡기면 최소 기본 MOQ가 1,000개부터 시작된다. 그보다 적은 숫자를 제작해도 공장에서는 동일한 비용을 청구하기 때문에 적은 비용으로는 개발이 불가하다.

이 제품의 문제점을 필자 나름대로 분석해 보았다.

① **사용 용도가 너무 적다:** 제품을 사용하기 위해서는 반드시 장갑을 착용한 상태여야 한다. 다시 말해서 장갑을 벗거나 스키 장갑같이 두꺼운 장갑, 벙어리장갑의 경우에는 사용할 수 없다.

② **크기가 작아 분실의 우려가 높다:** 소비자는 바보가 아니다. ₩12,000이나 주고 구매한 제품이 쉽게 분실될 수 있는 위험성을 내포하고 있다면 쉬이 주머니를 열지 않는다.

③ **사용 할 수 있는 기간이 한정적이다:** 이 제품은 오로지 겨울에만 한정적으로 사용할 수 있다. 1년 12개월 중 오로지 약 3개월 밖에 사용할 수 없는 것이다.

④ **대체재가 너무 많다:** 위의 제품을 대체할 수 있는 제품이 이 제품이 출시됐을 때 너무나도 많았다. 기본적으로 스마트폰 터치를 지원하는 장갑이 위의 제품보다 저렴하게 판매되었으며, 기존 장갑에 스마트폰 터치를 지원하는 스티커 타입의 제품도 매우 저렴하게 출시되었다.

⑤ **너무 비싸다:** 위의 제품의 판매가가 만약 ₩1,000 이하였다면 몇몇 사람들은 흥미를 갖고 구매했을지도 모른다. 하지만 과다한 제조비용이 발생하였기에 제조자는 최초 판매가격을 ₩12,000으로 설정하였다. 그 결과 위의 제품은 창고에 수천 개가 쌓이게 되었고, 최종적으로는 모두 폐기처리 되었다.

위의 제품과 같이 회사의 대표가 시장의 흐름과 소비자의 성향을 제대로 분석하지 않고 '그래 이건 될 거야!'라는 독단적인 고집으로 사업을 진행하면 결국 남는 것은 빚밖에 없다.

더 큰 규모의 제품을 예로 들어보겠다.

옆의 제품은 '카메라 멀티파인더'라는 제품인데, 소비자 가격이 ₩245,000이다. 이 제품은 지금도 국내 온라인에서 판매 중이다. 이 제품 또한 필자의 견해로는 소비자의 트렌드에 역행하는 제품이다.

물론 필요로 하는 사람이 앞의 제품보다는 많겠지만, 시장의 규모를 DSLR 사용자만을 대상으로 해야 하기 때문에 그 범위가 너무 좁으며, DSLR 카메라와의 호환성 문제도 있기 때문에 범위는 더더욱 좁아진다.

또한 주요 카메라 제조사들이 DSLR 대용으로 개발하여 출시하는 미러리스 카메라에는 뒷부분의 LCD 화면이 플립타입으로 되어 있어서 낮은 자세에서도 쉽게 촬영이 가능한 기능을 제공하고 있다.

하지만 제일 중요한 점은 대중들의 성향을 제대로 분석하지 못했다는 것이다. 최근에는 대부분의 사람들이 모두 스마트폰으로 사진을 찍는다. 스마트폰의 등장으로 MP3 플레이어, 내비게이션, PMP, 전자사전 등의 제품은 시장에서 거의 숨만 붙어 있을 정도이다. 그중에 가장 타격이 심한 제품이 바로 '똑딱이'라고 불리는 소형 디지털카메라 시장인데, 위의 제품은 그런 현재의 트렌드와는 정반대의 길로 가고 있는 제품인 것이다.

마지막으로 제품을 하나 더 설명하겠다. 이 제품은 국내와 해외를 동시에 노리고 제조된 제품이기에 선정했다. 해외에 제품을 판매할 생각이라면 우선 해당 국가 사람들의 생활패턴을 분석해야 된다.

전자제품이라면 해당 국가의 전압과 전류를 지원하는 제품이어야 문제가 발생하지 않으며, 해외로 제품을 발송하는 데 문제가 없는지도 따져보고 제품을 개발해야 한다.

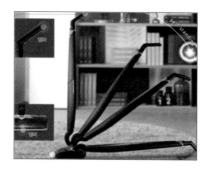

옆의 제품은 '아이언맨 물걸레 청소기'라는 제품이다. 이 제품이 출시되었을 때 소비자가격은 ₩218,000이었다. 하지만 지금은 악성재고만 싼값에 구매해서 판매하는 업자에게 잔존재고 모두가 넘어가 '떨이 가격'으로 판매되고 있다. 최근에 가장 저렴하게 판매하는 곳을 검색해보니 ₩59,000이었다.

이 제품은 필자에게도 해외 판매대행 의뢰가 들어왔던 제품이다. 위의 제품은 미국의 'Marvel Comics'에서 정식 라이선스를 받아 제작되었기에 라이선스 요금도 상당히 지불한 제품이다. 그래서 제품명칭에 '아이언맨'이 들어가 있다. 또한 위의 제품은 전기충전 방식으로 내부에 충전지와 전자회로가 들어가 있으며, 인체공학 디자인을 적용해서 사용자의 편의성을 높인 제품이기도 하다.

필자에게 이 제품의 해외 판매대행 의뢰가 들어왔을 때, 필자는 그것이 불가능한 여러 가지 이유를 제시하면서 고사하였는데, 그 이유는 아래와 같다.

① **전압과 전류가 한국과 다르다:** 위의 제품은 모터와 전자부품이 들어간 제품이기 때문에 미국에서 사용하려면 전압과 전류와가 일치해야 되는데 그것이 지원되지 않기 때문에 판매가 어렵다.

② **판매 가격이 너무 높게 책정되어 있다:** 미국에서는 저가의 중국제품과 경쟁해

야 되는데 Marvel Comics의 라이선스 요금과 과도한 개발비의 투입으로 인해서 책정된 판매가가 너무 높아 가격경쟁력이 낮다.

③ 디자인이 너무 약하다: Marvel Comics의 아이언맨을 모티브로 제작되었다고 하는데, 색상이 빨간색인 것을 제외하고는 아이언맨과 접촉점이 없다.

④ 충전식 배터리가 들어간 제품이라 항공 배송이 불가능하다: 국내에서 우체국을 통해 미국으로 발송되는 제품에는 충전지가 들어 있으면 배송이 불가능하다. 그러므로 이 제품은 해상운송으로 발송해야 되는데 그렇게 하면 배송기간이 최소 45일 이상 소요된다.

⑤ 미국인들의 생활패턴과 동떨어진 제품이다: 이 점이 가장 큰 요인이었다. 미국인들은 거실에 양탄자를 깔고 생활한다. 즉 물걸레질을 하지 않는다는 것이다. 이 상품은 그런 생활패턴과 전혀 맞지 않는 상품이다.

위의 사례들에서 보듯 오너의 잘못된 사업 방향 설정으로 인해 시장성 없는 제품을 제조하게 되면 회사는 걷잡을 수 없는 피해를 안게 되고, 이는 회사의 흥망을 결정짓기도 한다.

이는 제조사만 해당되는 사항이 아니며 필자와 같이 유통업을 하는 사업자에게도 유사한 문제가 발생할 수 있다. 유통업자는 제조사보다 그 위험성이 낮지만 시장의 흐름과 소비자의 변화된 성향을 제대로 인지하지 못한다면, 구매한 제품이 악성재고로 변하여 사무실에 쌓이게 된다. 최종적으로 그 유통업자는 사업비만 날리고 쓰레기만 생산하는 사람으로 변하게 되는 것이다.

5. 마케팅에 정답은 없다

마케팅에 정답이 있다면 그것은 무조건 높은 마진에 많이 판매하면 되는 것이다. 여기에는 모든 원론이 옳을 수도 있으며 옳지 않을 수도 있다. 즉 판매하는 제품에 따라서 마케팅의 방법은 달라지며, 판매자가 갖고 있는 특성에 따라서도 강조해야 할 판매방식은 바뀌어야 한다.

남들이 잘 판매하는 제품과 판매방식이 자신에게는 독이 될 수도 있다. 그 이유는 개개인의 판매자가 갖고 있는 고유의 특성과 강점을 무시하고 정형화된 틀에 자신을 짜맞추려 하면 자신의 장점마저 잃어버리기 때문이다.

물건을 잘 판매하려면(사업을 실패하지 않으려면) 우선 타인보다 우월한 자신의 장점이 무엇인지를 먼저 냉철하게 분석해야 된다. 그리고 분석한 결과에서 도출된 장점을 집중적으로 마케팅에 활용해야 한다. 자신만의 엣지(edge)가 무엇인지 제대로 알아야 하며 이것을 무기로 삼아야 한다.

① **사람을 만나서 영업을 잘 한다**: 영업력이 자신의 강점이라면, 발로 뛰어서 좋은 제품을 저렴한 가격에 매입하여 판매하는 것에 집중해야 한다.

② **패션 트렌드에 밝다**: 최신 패션 트렌드에 민감하게 반응할 수 있다면 패션 관련 제품(의류, 액세서리 등)에 집중해서 아이템을 찾고 이를 판매하는 것에 집중해야 한다.

③ **외국에 발이 넓다**: 외국에 지인이 많고, 현지인의 생활 패턴을 잘 알고 있다면 국내 매입가는 저렴하지만 해외에서 고가로 판매할 수 있는 제품을 검색해서 이를 주력으로 판매하면 된다.

④ **제조업체에 지인이 있다**: 제조업체에 지인이 있다면 이를 발판으로 제품 매입가를 최대한 낮춰서 판매제품의 경쟁력을 더욱 강화할 수 있다.

⑤ **사진촬영 능력이 있다**: 온라인 사업은 사진을 뜯어 먹고 사는 사업이다. 소비자들이 진정으로 원하는 사진을 촬영해서 판매제품의 경쟁력을 확보한다.

⑥ **SNS를 잘하고 팔로워가 많다**: 최근 온라인 마케팅에서 가장 부각되는 것이 SNS 마케팅이다. 이를 이용해서 판매제품을 홍보하거나 직접 해당 SNS에서 판매하면 된다.

⑦ **웹디자인을 잘한다**: 다른 온라인 판매자가 구상하지 못하는 소비자를 위한 자신만의 독특한 판매 화면은 매출에 도움이 확실히 된다.

⑧ **새로운 제품을 만드는 것을 잘한다**: 소비자는 원하지만 기존에 없는 제품을 개발해서 판매하는 것에 집중하면 된다. 자신의 노력 여하에 따라 제조비용을 현저하게 낮출 수 있다.

이렇듯 개개인의 능력은 다양하다. 이런 능력 중 포함되는 것이 하나도 없으면 해외 온라인 사업을 해선 안 된다. 남들과 비교했을 때 비교우위의 경쟁력이 있어도 힘든 것이 해외 온라인 사업이다. 남들이 쉽게 성공하니까 자기도 쉽게 할 수 있다는 생각은 망상에 지나지 않는다.

> ※ 해외 온라인 사업의 마케팅을 설명할 때 필자가 자주 애용하는 이론이 중국의 등소평이 1962년에 언급했던 '흑묘백묘론'이다. 검은 고양이든 흰 고양이든 쥐를 잘 잡으면 좋은 고양이라는 말이다. 마케팅도 동일하다. 어떤 이론이 됐든 높은 판매마진을 확보하면서 많이 판매할 수 있게 도와주는 이론이 가장 좋은 이론인 것이다.

6. 그러나 명심해야 되는 것이 있다

해외 온라인 사업의 마케팅에 정답은 없지만 반드시 명심해야 하는 것은 있다.

① 소비자의 성향을 파악해야 한다

해외 온라인 사업은 외국에 물건을 판매하는 사업이다. 그렇기에 제품을 판매하려는 국가의 구매성향을 아는 게 가장 중요하다.

의류를 예로 들면 미국 사람의 신체적 특징은 한국인과 비교했을 때 팔이 더 길다. 때문에 국내에서 내국인을 상대로 제조한 긴팔 상의 의류를 미국에 판매하면 컴플레인이 발생할 수밖에 없다.

또 국내에서 제조된 내수용 가전제품을 미국에 판매할 경우 사용전압이 맞지 않아 문제가 발생한다. 대부분의 사람들이 알고 있는 이런 보편적인 정보부터 남들이 모르는 정보까지 꿰뚫고 있어야 제품을 제대로 판매할 수 있다.

한국인이 미국인의 생활패턴을 모두 알 수는 없다. 하지만 구글 검색을 통해서 간접 경험이라도 해야 한다.

※ 이원복 교수가 출판한 《먼 나라 이웃나라》라는 책을 읽어보길 추천한다. 이 책을 보면 해당 국가의 역사와 문화, 민족성 등을 어느 정도 알 수 있다. 해외에 상품을 판매하려면 해당 국가에 대한 지식은 '기본'으로 갖고 있어야 된다. 이것은 해외 온라인 사업에서 성공하기 위한 열의의 다른 말일 수도 있다.

② 내가 필요한 것은 다른 나라에서도 필요할 수 있다는 생각을 갖자

전 세계 인구의 2/3는 북반구에 살고 있으며, 세계의 경제를 움직이는 국가는 모두 북반구에 있다. 즉 우리나라가 겨울이면 세계 인구의 2/3가 겨울이며, 우리나라가 여름이어도 마찬가지다.

이는 겨울에 내가 필요로 하는 제품은 외국인들도 거의 비슷하게 필요로 한다는 것이다. 해외 온라인 사업자는 자신이 입고, 먹고, 쓰고 있는 제품 중에서 해외에서 경쟁력을 갖고 있는 제품이 있을 수 있다는 생각을 항상 갖고 있어야 한다.

③ 모든 사람은 기본적으로 게으르다

한국인이든 외국인이든 전 세계의 모든 사람은 게으르기 때문에 한 번이라도 덜 움직이게 하는 제품에 관심이 많다.

좌측의 상품은 모터가 내장되어 가루로 된 음료를 쉽게 혼합해주는 머그컵이다. 숟가락으로 저어 먹는 것도 귀찮아하는 것이 인간이다. 우측의 제품은 일반적인 반죽기(Mixer)에 우레탄 소재의 깔끔이 주걱이 붙어 있는 제품이다. 깔끔이 주걱을 별도로 사용하지 않아도 되는 편리함을 부각시키고 있다.

아래의 제품은 토스터에서 식빵을 데워 먹을 때 발생하는 부스러기로 인해 토스터기가 더러워지는 것을 방지하기 위해 개발된 우레탄 재질의 제품이다.

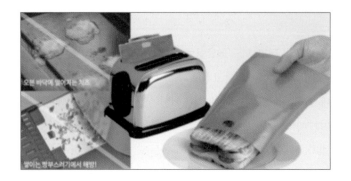

위의 예제와 같이 전 세계의 모든 사람들은 조금이라도 자신을 편하게 해주는 신제품에 기꺼이 주머니를 연다는 것을 알아야 한다.

④ 같은 값이면 다홍치마

사람들은 비슷한 기능의 제품이라면 보다 예쁜 제품을 구매한다. 이것을 판매자는 종종 잊고 있다. 좌측의 제품은 체리열매에서 씨앗을 제거해주는 기계이다. 단순히 씨앗만 제거해주는 제품에 예쁜 디자인을 더하여 소비자의 구매의욕을 배가시키고 있는 것이다.

지금까지 해외 온라인 B2C 사업자가 기본적으로 알아야 하며 갖추어야 할 능력에 대해 설명하였다. 혹자는 '너무 불필요한 부분까지 쓸데없이 걱정 한다'고 말할 수 있을 것이다. 만약 해외 온라인 B2C 사업이 태동기여서 빈틈이 많다면 이 말이 맞다고 할 수도 있다.

하지만 현재의 상황은 태동기를 지나서 안정화 단계로 접어들었다. 때문에 정확하게 알지 못하고 제대로 준비하지 않은 상태에서 해외 온라인 B2C 사업에 뛰어 든다면 성공은 요원한 일이 될 것이다.

해외 B2C 온라인 사업의 단계별 준비사항

02

이번에는 해외 B2C 온라인 사업 진행 시 단계별로 준비해야 될 사항들에 대하여 알아보자.

필자가 오프라인에서 강의를 하면서 만난 사람들 중에는 업무의 순서를 몰라 지금 해야 할 일과 추후에 걱정해도 될 일을 혼동하여 뒤죽박죽으로 사업을 진행하고 있는 사람들이 많았다.

순서에 맞지도 않고 쓸모없는 '기우'에 따른 불필요한 행동은 본질적으로 시간 낭비가 되어 집중해야 할 업무에 차질을 빚게 된다.

그런 사람들을 위해 필자의 경험에 비추어 사업의 순서에 맞는 업무들을 정리하여 서술해보겠다. 사업 순서의 구분은 사업 기간이 아닌 월매출(US$ 기준)을 기준으로 하였다.

> ※ 사업 단계의 구분 기준을 월매출로 정한 이유는 매출 성장이 없는 사업 단계는 모두 사업초기라 생각해도 무방하기 때문이다. 사업을 시작한지 객관적으로 어느 정도의 시간이 지났음에도 매출의 성장이 없다는 것은 해당 사업의 기초 또는 무엇인가 잘못된 원인이 있기 때문이다. 그러므로 매출이 성장하기 전에 잘못된 부분을 점검하고 수정해야 된다.

1. 사업 초기 준비사항(월매출 $10,000 이하)

사업 초기에는 매출액이 많지 않은 관계로 판매로 인한 업무보다 사업의 세팅적인 부분이 많다. 제대로 된 사업 세팅은 향후의 많은 비용절감 효과와 사업을 보다 빠른 시간에 안정화할 수 있는 매출 증대의 근간이 된다.

① 주력으로 판매할 장소를 찾는다.

해외 온라인 마켓들은 각각 다른 특성을 갖고 있다. 그러므로 판매하려는 제품의 특성에 맞는 해외 온라인 마켓을 설정하는 것이 무엇보다 중요하다.

▶ Amazon: 소품종 대량판매 방식에 적합한 시장으로 제조사, 총판권을 보유하고 있는 판매자, 대량 유통에 최적화된 업체에 적합한 시장이다.

▶ eBay: 다품종 소량판매 방식에 최적화된 시장으로 일반적인 소규모 유통 사업자에게 적합한 시장이다.

▶ Etsy: Hand Made 제품으로 고부가가치 판매가 가능한 공방 개념의 사업자에게 적합한 시장이다.

② 배송비에 대한 고려는 필수사항이다.

판매하려는 아이템마다 다를 수 있지만 해외 B2C 온라인 사업은 대부분 배(제품 매입가)보다 배꼽(해외배송비)이 더 큰 시장이기 때문에 배송비는 매우 중요한 고려사항이다.

▶ 부피무게에 대한 개념을 확실히 알고 있어야 한다.

▶ 메이저 배송사(FeDex, DHL, UPS 등)는 사업 초기에는 접촉할 필요가 없다. 그들은 일정 물량의 배송 기록이 없으면 절대로 높은 할인율을 제공하지 않는다.

▶ Third Party 배송사를 이용하자. '도어로'와 같은 해외 물류대행업체를 이용하면 우체국을 이용하는 것보다 배송비를 절약할 수 있다.

▶ 신용도가 떨어지는 물류업체의 사용은 지양해야 한다. 사업 초기에는 판매자의 Seller-Performances 유지가 핵심이다. 저렴하다는 이유로 검증되지 않은 해외 물류대행업체를 이용하다 문제가 발생하면 판매자 계정의 문제로 이어질 수 있다는 것을 알아야 한다.

③ 미끼상품은 꼭 필요하다.

▶ 미끼상품은 판매자 계정의 Performance 유지를 위한 필수요소로서, 높지 않은 판매마진을 갖고 있지만 제품의 완성도가 높아 지속적으로 판매해도 특별한 문제를 발생시키지 않는 제품을 말한다.

▶ 미끼상품의 주된 용도는 판매건수를 증가시켜 비율로 환산되어 계산되는 Seller-Performances 점수를 일정 범위 내에 머무르게 하는 것이다.

▶ 이런 용도에 부합되지 않고 역행하는 제품을 절대로 미끼상품으로 사용하면 안 된다.

④ 고마진 제품(매입가의 3배 이상의 수익을 발생시키는 제품)이 주력상품임을 잊으면 안 된다.

▶ 고마진 제품은 사업을 지속할 수 있게 하는 자금을 지원해주는 생명줄과 같은 제품이다. 이런 제품들은 꾸준하게 증가시켜 나가야 한다.

※ 많은 해외 온라인 셀러들이 미끼상품과 주력상품을 구분하지 못하고 있다. 절대로 주력상품이 미끼상품이 되어서는 안 된다. 주력상품과 미끼상품의 비율을 80 : 20으로 유지해야 Seller-Performances도 유지하면서 일정 부분의 수익도 발생시킬 수 있다.

⑤ 사업주가 할 수 있는 일은 무조건 알아서 혼자 처리한다.

▶ 사업 초기에는 고정지출비용과 가변지출비용을 최소화해야 한다. 해외 B2C 온라인 사업 초기에 고정 직원을 쓴다는 자체가 무리이며 오만이다.

▶ 해외 B2C 온라인 사업은 최초 창업 비용보다 더 중요한 것이 장기적 사업 유지비용을 확보하는 것이다. 사업을 장기간 유지할 수 있게 하는 사업유지비용이 없으면 향후도 기약할 수 없다.

▶ 해외 B2C 온라인 사업은 대부분 판매 속도가 생각보다 엄청 느린 시장이다. 심한 경우에는 상품을 리스팅하고 1년 뒤부터 잘 팔리는 경우도 흔하다는 것을 알고 있어야 한다.

⑥ 움직이는 동선을 잘 짜야 된다.

▶ 모든 업무를 대부분 사업주 본인이 혼자서 해야 되기 때문에 효율적인 시간 활용을 위해 동선의 최적화가 필요하다.

▶ 모든 작업을 단순화할 수 있게 모듈화하는 생각을 하라.

▶ 제품포장은 최소의 시간으로 최대의 효과를 볼 수 있는 방법을 강구하고 계속 발전시켜라. 그것이 고객에게 판매자의 브랜드에 대한 호응도를 높이는 일이다.

⑦ 재고는 항상 100만 원 이하로 갖고 간다.

▶ 사업 초기에는 MOQ를 요구하는 업체의 제품은 취급하지 말고 일단 보류한다. 불필요하게 재고를 갖고 가는 것을 두려워해야 한다.

▶ 오늘 당장 폐업해도 재고는 100만 원 이하여야 한다는 정신으로 잉여재고를 최소화해야 한다. 유통업에서 대량 재고의 보유는 죽음과 직결된다.

▶ 뻔뻔하고 부지런해야 재고가 없다. 대량 구매 시 할인해주는 것에 현혹되지 마라. 그렇게 구매한 재고가 점점 쌓이면 그건 상품이 아니라 쓰레기이다. 거래처를 자주 방문해서 지속적인 흥정으로 매입가격을 낮추는 것이 정답이다.

⑧ Sold-Out에 대한 환상을 버려라.

▶ '완판'이라는 단어는 없다고 생각하면서 항상 잉여재고에 대한 고려를 해야 한다. 그래야만 100만 원 이하의 재고를 가지고 사업을 할 수 있다.

※ 아래의 사진과 같이 구매한 재고들이 쓰레기가 되어 나뒹구는 것을 방치한 채 아무런 계획 없이 해외 B2C 온라인 사업을 하는 사람들이 적지 않다. 저렇게 정리되지 않은 상태에서는 재고 파악도 되지 않기 때문에 절대로 100만 원 이하의 재고를 가지고 사업을 진행할 수 없다. 자신은 절대 저럴 리 없다고 말하지만 처음에는 아니더라도 시간이 지나면서 저렇게 변하는 사업장을 정말 흔하게 볼 수 있다.

진행하려는 업무에서 성공하기 위해서는 철저한 계획과 사전준비, 그리고 계획을 실천하려는 강한 의지가 있어야 된다. 100만 원 이하의 재고를 갖고 사업을 진행한다 해도 월매출이 $1,000임은 결코 아니다. 사업자만 부지런하고 성실하면 현 재고의 10배에 가까운 매출이 발생할 수 있다. 이는 필자가 직접 경험한 결과이다.

2. 사업 중기 준비사항(월매출 $30,000 이상)

사업이 중기로 접어들게 되면, 주된 관심사항은 발생한 매출의 지속적인 유지와 수익률의 증가를 위한 제비용의 절약으로 옮겨지게 된다.

온라인 사업은 오프라인에 비해서 매출의 Max-Point가 없다. 그렇기에 오프라인 사업과는 비교가 되지 않는 단기간 매출 신장을 경험할 수 있다. 그러나 이런 장점은 제대로 된 관리가 지속적으로 진행되지 않으면 순식간에 빠져 버리는 경우도 상당히 많기에, 매출의 급신장을 좋아만 해선 안 된다.

온라인 사업에서 Max-Point가 없는 매출은 마약과도 같다. 이 마약을 제대로 맛본 사람은 '언젠가는 한방이 터진다'는 환상에 젖을 수 있다. 이는 온라인 사업의 치명적인 단점이다.

그러므로 온라인 사업에서 매출이 급신장하는 시점에는 매우 냉철하게 상황을 파악하고 매출을 지속적으로 유지하기 위한 시스템적인 접근이 필요하다.

※ 온라인 사업에서 일정 규모의 매출을 초과하면 소수의 인원으로 할 수 있는 일의 정도가 한계점에 도달한다. 그때는 인력관리도 중요하지만 시스템적인 접근이 필요하다.
'개구리가 올챙이 시절을 기억 못 한다'는 말이 있다. 국내외 온라인 사업을 하면서 단기간에 상상도 못하는 매출이 발생하여 갑자기 부자가 된 것 같은 기분으로 사업운영을 소홀히 하다 채 3년도 되지 않아 망하는 회사를 필자는 수도 없이 봐왔다. 회사를 성공시키는 것도 오너지만, 그 회사를 순식간에 망하게 하는 것도 오너이다.

① 시장의 다변성에 대한 검토를 해야 한다.

필자에게 해외 B2C 온라인 사업에서 가장 두려워해야 하는 두 가지 문제를 묻는다면 'Seller Performance 하락'과 '계정정지'라고 서슴없이 말할 수 있다. 전자의 경우는 매출 급감을 실감나게 느낄 수 있고, 후자의 경우는 아예 그 시장에서 쫓겨나 지금까지 공들인 모든 노력이 물거품이 돼버린다.

위와 같은 일들은 '나만 잘하면 절대 그런 일은 없다'라는 생각과 행동만으로는 피할 수 없다. 정말 '운'이 없어서 해외의 블랙컨슈머들이 당신이 판매하는 제품만 구매한 후, 되지 않는 이유로 작성한 컴플레인과 악성 구매후기 등을 동시에 남긴다면 당신의 Seller Performance는 쉽게 망가질 수 있다. 이런 문제는 흔하지는 않지만 실제로 발생할 수 있으며 필자도 경험한 일이다.

그리고 낮아진 Seller Performance 등급에서 조속히 탈출하기 위해 규정에 어긋나는 행동을 하다가는 계정정지로까지 이어질 수 있다. 이런 일이 사업 초기에 발생한다면 처음부터 다시 시작할 수 있지만 매월 3천만 원 이상의 자금이 순환되고 있는 사업 중기에 발생하면 심각한 문제로 이어진다. "계란을 한 바구니에 담지 말라"는 미국 경제학자 제임스 토빈(James Tobin)의 명언이 있다. 이 말은 통상적으로 주식투자에서 주로 사용되는데, 이는 해외 B2C 온라인 사업에서도 똑같은 의미로 적용할 수 있다.

즉, 위에서 설명한 해외 B2C 온라인 사업에서의 위험 요소를 분산시키기 위해선 시장의 다변성에 대한 검토를 사업 중기에는 우선적으로 진행해야 한다.

▶ 아마존: 아마존 미국에서만 판매하는 것이 아닌 아마존 영국, 일본, 호주 등의 판매시장 다국화를 검토해야 한다.

▶ 다만 이 단계는 최초에 접근했던 해외 온라인 시장에서 일정 수준의 매출을 발생시킨 이후에 진행해야 한다.

※ 많은 해외 B2C 온라인 사업자들이 잘못 생각하는 것이 있다. 최초에 접근했던 시장에서 최선의 노력을 해보지도 않고 매출이 나오지 않는다는 지극히 주관적인 핑계를 대며, 6개월도 채우지 못하고서 다른 온라인 마켓을 찾는다는 것이다.

해외 온라인 시장은 매출 반응시간이 한국보다 매우 느리다. 그러므로 성공의 가망성을 제대로 분석하려면 국내 대비 오랜 시간 동안 실험과 테스트를 해야 한다. 그런데 6개월도 채 되지 않는 시간만 투자하고서 '이 시장은 나와 맞지 않는다'는 섣부른 결론을 내리고 또 다른 해외시장을 기웃거리는 것은 '우물에서 숭늉을 찾는 것'과 같은 일이다.

처음 입성한 해외 온라인 시장에서 최소 6개월간 지속적인 분석과 결과를 바탕으로 새로운 시도를 꾸준히 했음에도 불구하고 월매출이 $5,000 이하로 발생한다면, 그때는 시장을 바꾸는 것이 아니라 해외 온라인 사업을 원론적으로 다시 분석하기 바란다.

▶ 아마존이 주력 시장이어도 이베이에 진출하는 것을 적극 추천한다.
이베이는 적은 비용과 노력으로 전 세계에 상품을 판매할 수 있는 해외 온라인 마켓이다. 이베이는 한 번에 많은 수량이 판매되지는 않지만, 본인이 판매하는 제품이 어느 국가에서 경쟁력이 있는지 분석할 수 있는 원천적인 자료를 제공해주는 해외 온라인 마켓이다.

이베이는 본인의 아이템에 대한 해외 온라인 시장조사에 유리하며, 이와 관련한 자료를 수집할 수 있다. 수집한 자료는 향후 해외 온라인 시장을 확장할 때 참고할 수 있는 중요 지표가 된다. 그러므로 아마존에서 어느 정도의 매출이 발생하고 회사가 어느 정도 안정화되었다면, 이베이 시장 진출을 적극 고려하기 바란다.

② 독립 쇼핑몰 진출 유무 최종 결정

해외 B2C 온라인 사업을 하는 사람이라면 꿈꾸는 최종 목적지가 있다. 외국인을 상대로 하는 해외 전문 쇼핑몰을 3~4개 운영하고, 이렇게 운영하는 각각의 사이트에서 매월 $10,000 이상씩의 매출이 꾸준히 발생하는 것. 필자가 생각해도 정말 꿈만 같은 이야기다.

이렇게 운영되는 영문쇼핑몰 사이트를 갖고 있다면, 굳이 Seller Performance에 신경 쓰지 않아도 되고, 계정정지라는 끔찍한 위험에서 벗어날 수도 있으며, 무엇보다도 해외 온라인 쇼핑몰에 제공하는 판매수수료가 없어지기 때문에 판매 수익률도 증가한다.

또한 영문쇼핑몰 사이트에서 일정 수준의 판매량이 확보되면 특별한 문제가 없을 시 익월의 매출도 어느 정도 보장된다. 즉 안정화만 되어 있다면 매출의 굴곡도 크지 않게 된다.

※ 영문쇼핑몰에서는 Seller Performance 관리가 아니라, 구글에서의 검색률을 높일 수 있는 방법을 강구해야 한다. 만일 Seller Performance 관리를 제대로 하지 못하면 상품 노출도가 떨어지는 문제가 발생하듯이 구글에서의 검색률이 낮아지면 해당 사이트의 유입 인원이 줄게 되고, 이는 매출의 하락으로 이어진다. 영문쇼핑몰에서는 해외 온라인 쇼핑몰에 내야 하는 판매수수료는 없지만 전자결제에 필요한 해외 PG사의 이용 수수료가 발생한다.

이런 많은 장점을 갖고 있는 것이 독립적으로 운영되는 영문쇼핑몰 사이트이다. 그렇다면 이렇게 좋은 판매방식을 제쳐두고 왜 위험성이 높은 해외의 온라인 쇼핑몰에 입점해서 판매하려고 하는가?

그 이유는 아주 간단하다. 매출이 발생하는 독립 영문쇼핑몰 사이트를 구축하는 데는 많은 시간과 노력이 소요되기 때문이며, 제대로 구축했다 해도 매출이 발생한다는 보장을 할 수 없기 때문이다.

해외의 온라인 쇼핑몰은 입장료를 내고 낚시를 할 수 있는 '양어장'과 같다면, 독립적으로 운영되는 영문쇼핑몰 사이트는 낚싯배를 타고 망망대해에 나가 낚시를 하는 것과 같다. 입장료를 지불하지만 양어장(해외의 온라인 쇼핑몰)에서는 한정된 공간에서 놀고 있는 고기떼를 낚을 확률이 높고(잡지 못할 수도 있다), 망망대해에서의 낚시(독립 영문쇼핑몰 사이트)는 자유롭기는 하나 고기를 잡을 확률이 현저히 낮다(만일 잡게 되면 훨씬 큰 고기를 낚을 수도 있다).

이러한 점 때문에 전문적으로 해외 온라인 사업을 하는 사람도 쉽게 접근하지 못하는 것이 독립 영문쇼핑몰이다. 하지만 제대로 된 독립 영문쇼핑몰 사이트의 구축은 독자적인 브랜드의 확립의 정점에 있는 것으로서, 향후 지속적인 성장과 사업의 안정화를 구축하는 핵심요소이다. 그렇기에 해외 B2C 온라인 사업자라면 해당 사업의 진출을 심각하게 고려해봐야 한다.

독립 영문쇼핑몰 사이트의 확실한 구축을 위해서는 아래와 같은 요소를 검토해가며 실행해야 한다.

▶ Domain: 해외의 온라인 고객들에게 어필하기 위해 우선적으로 관심을 갖고 선정해야 되는 것이 인터넷상의 회사 이름인 Domain이다.
▶ Web-Hosting: 국내 온라인에서 상품을 판매하는 것이 아니기 때문에, 상품설명에 필요한 사진과 각종 자료를 해당 소비자 국가에 위치한 호스팅서버 컴퓨터에서 관리하는 것이 훨씬 효율적이다. 그렇기에 어떤 Web-Hosting 서버를 이용할 것인지에 대한 설정도 중요한 요소가 된다.
▶ Tools: 독립 영문쇼핑몰 사이트를 구축하는 프로그램은 WordPress, Magento, E-Commerce 등 여러 종류가 있다. 제대로 된 영문쇼핑몰을 구축하기 위해서는 향후 원만하게 유지·운영이 가능한 프로그램을 이용해 개발해야 한다.

사업 중기에는 '영문쇼핑몰 구축 사업'의 진행 여부를 최종 결정해야 한다. 결정을 내릴 때는 당신의 해외 온라인 사업에 진정으로 영문쇼핑몰이 필요한지를 꼼꼼히 따져봐야 한다. 왜냐하면 해외 영문쇼핑몰 구축 사업은 적지 않은 비용이 들어가며, 최초 판매가 이루어지는 기간도 최소 2~3개월 이상이 소요되고, 안정화를 위한 작업 시간도 최소 1년 이상이 필요하기 때문이다.

기존의 해외 온라인몰에서 판매되고 있는 제품을 해당 온라인몰의 규정을 벗어나지 않는 범위 내에서 영문쇼핑몰을 홍보하는 루트로 사용하면 좀 더 빠르게 영문쇼핑몰의 안정화를 가져올 수 있다. 하지만 영문쇼핑몰의 구축은 처음에는 지루하고 비효율적인 작업의 연속임을 명심해야 한다.

③ 재고관리에 대한 전반적인 대책의 필요

해외 온라인몰에서 판매수량이 많아질수록 재고의 확보는 필수불가결하다. 월매출이 $10,000 이하인 시절에는 사무실 또는 창고에 100만 원 이하의 재고만 있어도 충분히 운영이 가능하지만 월매출이 $30,000 이상이라면 불가능하다. 그렇기에 일정량의 재고를 보유할 수밖에 없다. 이때 선입선출방식이 아니라 주먹구구식으로 재고관리를 할 경우 악성재고가 양산되기 시작한다.

특히 이 시점부터는 1인이 운영할 수 있는 사업의 한계점에 도달하기 때문에 직원을 채용해서 운용할 수밖에 없다. 그러므로 이때부터 재고관리에 있어 선입선출과 판매량과 연동된 발주 시스템에 대한 고려가 필요하다.

> ※ 식료품과 화장품처럼 유통기간이 명시되어 있는 제품들은 선입선출의 개념을 확실히 지켜줘야 한다. 대부분 신규 재고가 입고되면 기존에 있던 재고를 뒤로 밀고 신규 입고 재고를 앞에 쌓아 놓는다. 이렇게 되면 뒤에 쌓여 있는 재고는 유통기간이 끝날 때까지 그 존재를 모르는 경우가 있다. 선입선출이 이루어지기 위해서는 신규 재고 입고 시 기존 잉여 재고를 모두 꺼낸 후에 신규 재고를 적재한 후 기존 재고를 그 앞에 적재해야 한다. 하지만 이렇게 재고관리를 하는 것이 말처럼 쉽지 않기 때문에 오너는 수시로 재고관리 현황을 모니터링해야 한다.

▶ ERP(Enterprise Resource Planning, 전사적자원관리)의 필요성 : 회사의 매출이 증대하여 규모가 확장되면 기존에 단순히 운영하던 재고관리와 자금관리 등에 대한 전산화를 계획하게 된다. 이때 자주 등장하는 것이 ERP이다.

혹자는 '엑셀만 제대로 다뤄도 ERP는 필요 없다'고 하지만 이는 제대로 된 ERP 시스템을 보지 못해서 그런 것이다. 엑셀은 분명히 그 한계점이 있다.

시중에서 저렴한 가입비와 월 사용료로 이용할 수 있는 사무회계 관련 ERP 시스템들이 있는데, 이런 프로그램은 사무나 회계 쪽에선 어느 정도 도움이 되겠지만 해외 온라인 사업의 특수성과는 맞지 않다. 그렇기에 가장 필요한 매출 및 재고관리가 불가능하다.

> ※ 현재 국내에는 해외 B2C 온라인 사업에 최적화된 ERP 시스템은 없다. 시중에 유통되고 있는 ERP 프로그램을 억지로 해외 B2C 온라인 사업에 적용할 경우 오류가 발생할 수밖에 없다. 그러므로 제대로 된 ERP 시스템을 운영하기 위해서는 전문 프로그램 개발사에 개발을 의뢰해야 하는데 그 금액이 최소 3천만 원(순수 개발비만 그렇다. 시스템을 구축하기 위해서 설치되는 장비는 별도이다)부터이며, 개발기간도 최소 3개월 이상이 소요된다. 이렇게 비싼 이유는 해당 회사의 운영시스템에 최적화된 ERP 시스템을 독자적으로 개발해야 되기 때문이다. 양복점의 맞춤정장이 기성복 정장보다 비싼 이유와 동일하다.
> 그렇기 때문에 ERP 시스템 도입은 사람이 할 수 있는 범위를 초과했을 때에 고려해야 되는 부분임을 명심하자. 또 어쭙잖은 ERP를 도입하는 것도 주의해야 한다. 기존에 이용하던 시스템을 잘못 업그레이드하는 것은 업무의 혼란만 가중시킬 수 있기 때문이다.

④ 계정정지에 대한 사전준비

해외 온라인 사업을 하면서 아무리 운영을 잘한다 해도 1~2회의 계정정지는 각오해야 한다. 이런 계정정지는 사업 초기에 발생하면 번거롭기는 하지만 금전적인 문제는 그리 크지 않다. 하지만 사업이 한창 정상궤도에 진입하는 사업 중기에 발생한다면 매출의 급감은 물론이며 사업 전반이 통째로 흔들릴 수 있다. 그렇기 때문에 해외 온라인 사업에서 계정정지는 필수사항이라 생각하고 그에 대한 대비를 꼭 해야 한다. 계정정지에 대한 대비책으로는 대부분 새로운 계정을 만들어서 운영하는 방법을 이용한다. 새로운 계정을 만드는 방법은 크게 신규계정 생성과 듀얼계정 생성이 있다.

▶ 듀얼계정의 생성: 기존 계정의 admin을 확장하여 일정 부분 권한을 나눠주는 개념의 계정 생성방법으로, 아마존에 동시 접속해서 다중작업이 가능하게 하는 기능이다. 이는 계정정지에 대한 준비라기보단 다중작업의 편의성을 높이는 차원의 계정생성이라고 할 수 있다.

- amazon seller central에서 좌측 상단에 있는 'Settings' →'Account info'를 클릭한 후 'Related Links' 메뉴의 'User Permissions'을 클릭한다.

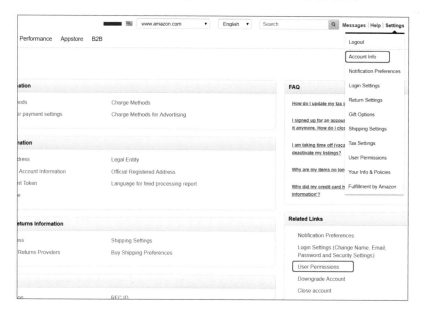

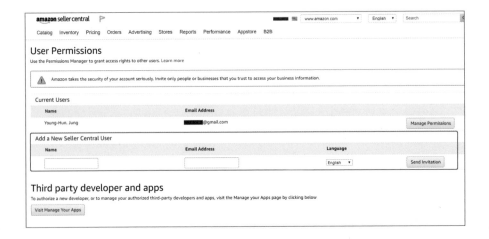

- 화면의 빨간색 네모 부분에 다중사용자의 정보를 입력한다.
- 다중사용자를 등록하고 'Manage Permissions' 버튼을 클릭하면 추가 등록한 사용자에게 사용권한의 한계를 부여할 수 있는 창이 나타난다. 해당 화면에서 사용자의 권한을 일부분 제한할 수도 있다.

※ 아마존에서의 듀얼계정(다중사용자) 생성은 계정정지의 위험을 분산시키는 것이 아니라 다중작업을 가능하게 하여 계정 운영을 효율적으로 진행할 수 있게 하는 방법이다.

▶ 신규계정의 생성

신규계정 생성은 기존에 운영하는 계정과는 전혀 연관성이 없는 새로운 계정을 만들어서 운영하는 것을 말한다. 이런 신규계정을 생성할 때에 알아두어야 할 몇 가지 주의사항이 있다.

- Bank-Account: 기존 아마존 가입 시 등록했던 은행계좌를 사용할 수 없다. 아마존에서 인증하는 해외 PG사를 통해 은행계좌를 신규로 만들어야 한다.
- Computer Modem(Lan Card) MAC-address: 인터넷 접속을 담당하는 Lan-Card에는 고유의 MAC-address라는 것이 있다. 이는 해당 컴퓨터의 고유 주소로서 컴퓨터 메인보드를 교체하지 않는 한 바뀌지 않는다. 그러므로 신규계정을 생성하기 위해서는 새로운 컴퓨터를 이용해서 계정을 만들어야 한다.

- 인터넷 회선: 인터넷 회선에는 고유의 IP-address가 있다. 그렇기 때문에 신규 계정을 생성하기 위해서는 인터넷 회선도 새로운 회선을 이용해야 한다.

> ※ 대부분의 사무실에서는 라우터라는 장비를 사용하여 인터넷 회선을 분배해 사용하고 있다. 아마존에선 이를 통해서 접속하는 것도 모두 동일한 IP-address로 간주하기 때문에 사용이 불가하다. 또한 동일한 인터넷 회사에서 회선을 증설할 경우 기존 IP-address와 유사한 주소를 공급받기 때문에 새로운 회선을 추가할 때는 다른 인터넷 회사의 회선을 이용하는 것이 안전하다. 즉 기존 회선이 LG U-Plus라면 신규계정을 위한 인터넷 회선은 SK브로드밴드나 KT 회선을 사용해야 한다.

- 사진/상품 Description: 신규계정을 생성해서 아마존에 상품을 등록할 때 추가적으로 주의해야 할 점은 기존 계정에서 상품등록 시 사용했던 사진과 상품설명(Description)도 모두 새롭게 바꿔야 한다는 것이다.
- 컴퓨터가 기존에 등록된 계정과 동일한 계정인지 아닌지를 분석하기 때문에 신규계정은 기존 계정과는 전혀 연관성이 없어야 한다.
- 상기의 모든 것을 제대로 수행하여 신규계정을 운영한다 해도 단 한 번의 접속 실수로 인해 기존 계정과 동일하다고 판단될 시, 두 계정 모두 계정정지로 이어질 수 있다. 예를 들어 신규계정을 운영하는 컴퓨터에서 기존 계정의 ID와 Password를 단 1회라도 입력해서 접속하면 기존 계정과 신규계정이 동일화 되어서 위에 설명한 모든 행동들이 쓸모없게 되어버린다.
- 신규계정의 생성은 위에서 설명한 것과 같이 많은 시간과 자금이 소요되지만 관리를 잘못할 경우 모두 쓸모없게 된다. 그러므로 신규계정의 생성 및 운영은 매우 철저하게 관리하여야만 그 효용을 누릴 수 있다.

3. 사업 중 지속적으로 해야 할 사항

해외 B2C 온라인 사업을 시작했을 경우, 이 사업을 접을 때까지 지속적으로 해야 하는 일들이 몇 가지 있다.

① Item의 꾸준한 정보 수집 및 Develope

사람들은 꾸준히 새로운 제품을 찾는다. 때문에 해외 B2C 온라인 사업자는 항상 새로운 트렌드에 눈과 귀를 열고 있어야 한다. 어떤 아이템이 새로 출시됐고, 기존의 아이템은 어떻게 변형됐는를 지속적으로 관찰하고, 얻은 정보를 끊임없이 수정·보완해야 한다. 그렇지 않으면 뒤쳐질 수밖에 없다.

② 사람이 하는 일이다.

해외 온라인 사업도 궁극적으로는 사람이 하는 일이다. 제작, 공급, 판매, 소비 모두 사람이 하는 일이다. 그러므로로 감성적인 부분을 놓쳐선 안 된다.

이메일과 전화상으로만 제품을 발주하는 것과 매입처를 방문해서 '내가 하는 일이 무엇이며, 당신의 제품을 어떻게 판매할 것인지'를 설명하는 것은 믿음의 강화에 있어 차이가 있다. 이런 믿음은 해당 업체에서 향후 출시하게 될 제품의 우선권을 확보할 수 있는 원천이 되기도 하며, 해당 업체와 지속적인 거래 유무의 가능성을 확인할 수 있는 기회가 되기도 한다.

구매자와의 의사소통 시에도 형식적인 이메일이 아니라 감성적으로 만족감을 줄 수 있는 내용으로 보낸다면, 악성으로 변질될 수 있는 고객이 단골고객으로 변하기도 한다.

눈으로 보지 않고, 귀로 듣지 않는다고 사람을 상대하지 않는 것이 아니다. 직접 상대하지 않기 때문에 더 인격적으로 존중한다면 더욱 후한 점수를 받는 것이 온라인 사업이다.

※ 필자는 제품이 일정 수준 이상으로 판매되면 반드시 해당 제품을 제조하는 제조업체나 공급업체를 방문한다. 이는 해당 상품을 향후 어떻게 관리해야 될지를 판단하기 위해서이기도 하지만, 거래업체에 믿음을 심어주어 암묵적인 판권 확보와, 향후 개발될 제품에 대한 우선적인 점유권을 확보하기 위함이기도 하다. 이런 결과로 필자의 사업에는 해외 경쟁력을 갖춘 새로운 제품이 점점 증가하고 있으며, 이는 사업 성장의 원동력이 되고 있다.

또한 필자는 구매자에게 이메일을 보낼 때 감성적인 영작을 잘하는 전문가에게 기초적인 포맷을 제공받아 이를 기반으로 작성하고 있다. 이런 사소한 하나하나가 궁극적으로는 필자의 사업을 튼튼하게 해주는 기반이 되고 있으며, 이런 기반은 쉽게 무너지지 않는다.

아이템을 찾는 방법과 올바른 판매방법

아이템의 숫자 **01**

지금까지는 있는 제품(Item)을 제대로 판매하는 방법에 대해서 알아봤다면 이번 장에서 새로운 아이템을 만들거나 찾는 방법에 대해서 알아보겠다.

해외 B2C 온라인 사업을 가장 간단히 설명하면 국내에서 구할 수 있는 제품을 해외에 판매하는 것이다. 그렇기에 아이템이 해외 B2C 온라인 사업의 시작과 끝이라 할 수 있다.

만약 제조사와 같이 판매할 수 있는 아이템이 한정적이라면 그 아이템을 최대한 많이 판매하는 것에 관심이 많겠지만, 앞서 설명한 것처럼 판매자 계정의 Performance 유지를 위한 필수요소로 활용하는 '미끼상품'이 필요하기 때문에 제조업이라 해도 좋은 아이템은 필요하다.

강의를 하다 보면 '해외에 판매할 제품이 없다'라는 말을 많이 듣는다. 그 말처럼 정말로 아이템이 없는 걸까? 필자는 절대 아니라고 생각한다. 다만 그것을 찾는 시각이 잘못되어 있을 뿐 아이템은 흘러넘치고 있다.

▶ 국내에서 판매되고 있는 대부분의 상품은 국내 B2C 사이트(옥션/지마켓/11번가 등)에서 검색과 구매가 가능하다.

▶ 또한 국내 대부분의 제조사는 자체 쇼핑몰이나 홈페이지를 운영하고 있다. 하나의 아이템을 제대로 찾고 그 제조사의 쇼핑몰이나 홈페이지를 검색하면 고구마 줄기처럼 생각지도 못한 아이템이 쏟아지는 경우가 종종 있다.

※ 이는 필자가 자주 애용하는 방법으로, 해당 제조사의 신제품 출시로 인해 국내에서 관심도가 떨어진 제품들 중에는 해외에서 많이 판매될 수 있는 아이템이 종종 발견된다.

▶ 동대문시장과 같은 대형 오프라인 시장은 대부분 동종 및 유사업종들이 모여 있다. 이런 업체 중 몇 곳만 단골로 친해지면 관련 업체의 분석뿐만 아니라 해당 제품과 유사제품의 트렌드도 알 수 있다.

1. 아이템은 없는 것이 아니라 못 찾는 것이다

① 해외에 판매할 수 있는 아이템을 보고도 알지 못하는 것이며, 판매할 수 있는지에 대한 정확한 분석을 하지 못하는 것이다.

※ 아이템을 찾기 위해선 해외시장에 대한 분석이 우선되어야 한다. 국내 제품 중 해외에서 경쟁력이 있는 상품을 찾기 위해서는 매입가격과 배송비, 아마존의 수수료 등을 계산하면서 아마존과 국내 마켓을 비교분석 해보면 된다.

만약 찾은 아이템이 경쟁력이 없는 제품으로 판명되더라도, 이는 좋은 경험이 되어 향후에 시장분석을 하는 데 들어가는 시간을 줄여주는 효과가 있다. 이런 시행착오를 하다 보면 아이템을 보는 시각이 넓어지고, 결과를 도출하는 시간은 짧아진다.

필자가 2012년 해외 온라인 시장에 최초로 판매한 제품은 '다이소'에서 판매하는 ₩1,000짜리 중국산 태권도 마블 인형이었다. 많은 종류의 디자인을 갖고 있는 마블 인형에서 태권도 인형을 선택한 이유는 서양인이 한국은 몰라도 당시에 올림픽 종목에 포함되어 있었던 '태권도'는 알 것이라 판단했기 때문인데, 그 예상은 적중했다. 해외 B2C 사업자는 해외에서 판매되는 제품과 판매되지 않는 제품이 있음을 알고 있어야 한다.

② 당장 갖고 있는 것도 안 팔고(못 팔고) 있는 것이다.

※ 대부분의 해외 B2C 온라인 사업자들은 재고를 사무실과 창고에 쌓아놓는다. 이렇게 많은 재고들 중 아마존에 리스팅되어 있지 않은 상품들이 분명 있다. 아마존이나 온라인몰은 상품이 리스팅되지 않으면 판매가 안 된다는 것을 알면서도 여러 가지 이유(사진 부재, 상품설명 부재, 판매자의 게으름 등)로 리스팅되어 있지 않은 재고는 분명 존재한다.

③ 판매방식이 잘못되어 덜 팔리고 있는 것이다.

※ 판매제품에 대한 애정과 노력(사진, 상품설명, SEO 최적화 등)이 없으면 리스팅은 형식에 지나지 않기 때문에 판매로 이어지지 않는다.

아이템을 찾는 법-❶
How to item searching

아이템을 찾는 방법을 문의하는 사람들에게 필자가 늘 해주는 이야기가 있다. "팔려는 아이템을 찾지 말고 당신이 필요해서 구매할 아이템을 찾아라." '콜럼부스의 달걀'처럼 발상을 전환하면 아주 쉬운 것이 아이템을 찾기다.

앞에서도 이야기했지만 전 세계의 인구 중 2/3가 북반구에 살고 있다. 그러므로 내가 추우면 세계인구의 2/3가 춥고, 내가 더우면 2/3가 덥다.

또 인터넷으로 물건을 구매하는 사람은 어느 정도 교육을 받은 사람들이다. 즉 외국인 중에서 나와 수준과 처지가 비슷한 사람들이 있을 것이고, 이는 내가 필요한 물건은 외국인들도 필요할 수 있다는 발상으로 확장시킬 수 있다. 이러한 사고로 접근한다면 아이템을 찾는 문제는 오히려 간단히 풀 수 있다.

대부분의 해외 B2C 셀러들이 이런 생각을 하지 않고 오로지 '어떤 물건을 팔아야 되나?'를 생각하기 때문에 이 문제를 어려워하고 복잡해하는 것이다.

이제 발상을 전환해서 판매할 아이템을 찾는 방법에 대해 알아보자.

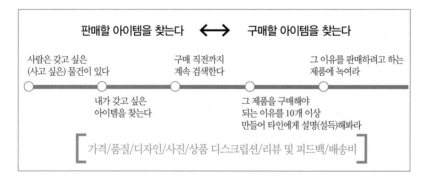

① 모든 사람은 갖고 싶은(구매하고 싶은) 물건이 있다.

아이템을 찾는 명제의 시작은 여기서부터다. 필자도 그렇고 이 책을 읽는

396

독자도 그렇듯이 현재의 시점에서 자신에게 필요한 물건(유형의 상품이든 무형의 상품이든 상관없다)은 분명히 있다. 그렇게 필요한 물건 중에서 해외에 판매가 가능한 물건을 1차적으로 필터링한다.

▶ 너무 무겁거나 부피가 큰 물건들은 일단 해외 판매가 불가능하다.

- 예를 들어 컴퓨터 책상이라면 제품을 구매하는 비용보다 부피무게로 인한 해외배송비가 훨씬 크기 때문에 상품에 경쟁력이 없다.

- 섬유유연제 또는 샴푸와 같은 제품도 매입가격에 비해 무게가 많이 나가므로 경쟁력이 없다.

- 단, 여기에 예외가 있다. 항공이 아닌 해운으로 배송을 하고(배송기간은 길어지지만 배송비가 상당히 절감된다), 배송비를 포함하고도 경쟁력이 있는 제품이라면 상황은 달라진다.

- 국내에서 '접이식 실내 빨래 건조대'를 미국 아마존에서 대량으로 판매하는 분이 있다. 이분은 중국의 저가제품과 비교했을 때 품질과 가격에서 경쟁력이 있다고 판단하여 사업을 진행하였는데 어느 정도 성공하였다.

> ※ 이 책에서 아마존에서 판매되고 있는 위의 제품을 보여주지 않는 이유는 '내가 해도 좋겠다'라는 생각으로 따라 하는 사람이 분명 발생할 것이기 때문이다. 다른 셀러가 노력하고 고생해서 찾아내어 잘 팔고 있는 아이템에 은근슬쩍 숟가락을 올려 '무임승차'하려는 셀러들이 한국에는 꽤 있다. 이는 자본주의 사회에서 불법은 아니지만 '상도덕 차원'에서 해서는 안 되는 일이다. 불법이 아니더라도 객관적, 상식적으로 판단했을 때 타인에게 피해를 끼치는 일을 하지 말아야 한다. 그것이 맞는 것이다.
>
> 이 책에서 아이템에 관한 설명을 하면서 필자의 아이템을 공개하지 않는 이유도 위와 같은 문제가 자주 발생했던 경험이 있기 때문이다. 필자가 봤던 영화 중 Nicolas Cage 주연의 〈Lord Of War〉라는 영화가 있다. 그 영화에서 불법무기 매매상을 하는 남편에게 여자 주인공이 했던 대사가 있다.
>
> "It is not illegal. It's just wrong." 불법이 아니더라도 잘못된 일은 하면 안 된다.

▶ 국내와 비교했을 때 해외가 훨씬 저렴한 물건들도 배제한다.

- 해외에서 제조되어 국내에 수입 판매되는 제품들은 대부분 경쟁력이 없다.

- 단, 여기에도 예외가 있다. 흔하지는 않지만 국가 간의 무역협정으로 인한 관세문제로 국내에 수입되는 가격은 저렴한데 해외에서는 비싸게 판매되는

제품들이 종종 있다. 만약 이런 제품을 찾았다면 해외 온라인 사업에서는 '노다지'를 발견한 것과 같다.

이렇게 아주 기본적인 항목들을 숙지하고 있다면 1차적 필터링은 어렵지 않게 진행할 수 있다.

② 내가 사고 싶은 아이템을 찾는다.

구매하고 싶은 아이템이 생겼다면 이제 해당 상품을 어디에서 어떻게 구매하는 것이 가장 효율적인지를 따져가면서 찾는다. 이때 온라인과 오프라인의 모든 영역을 포함시켜야 한다.

▶ 만약 구매할 제품이 ₩2,000 미만의 제품이라면 사무실 근처에 있는 편의점이나 할인마트 다이소에서 구매하는 것이 훨씬 저렴할 수 있다는 점을 간과해선 안 된다.

- 온라인에서 구매할 경우 기본적으로 ₩2,500 이상의 택배비가 발생한다.
- 판매할 아이템을 찾는 것이 아니기에 구매할 수량도 필요한 만큼의 소량이기 때문이다.

▶ 또한 구매자의 사무실 근처에 도매상이 밀집해 있을 수도 있기 때문에 무조건 온라인이 저렴하다고 단정지어서는 안 된다.

- 많은 발품과 노력이 들어가야 최적의 조건으로 제품을 구매할 수 있다.

※ 필자의 사무실은 시골에 가까운 지방 소도시여서 대부분의 제품을 온라인에서 구매할 수밖에 없다. 그렇다고 온라인에서 단순하게 구매하지 않는다. 어떤 경우에는 한 개의 제품을 온라인에서 구매하기 위해 3시간 넘게 웹서핑을 하는 경우도 종종 있다. 이렇게 검색하여 온라인 구매 시 사용할 수 있는 각종 편법(카드신공, 쿠폰신공, 우회신공, 포인트신공 등)들을 동원해서 최대한 저렴하게 구매한다.

③ 찾은 아이템을 구매 직전까지 계속 검색한다.

구매할 아이템이 결정됐으면 이제 해당 상품을 어디에서 어떻게 구매하는 것이 가장 효율적인지를 고민해야 한다. 이때에는 온라인인지 오프라인인지에 따라 방법이 달라진다.

▶ 온라인에서 구매하는 경우 네이버에서 '최저가'로 검색한 후 구매한 사람들의 후기 등을 추가적으로 검토하는 작업이 필요하다.

- 최근에 국내 온라인에서 제품을 판매하는 판매자들 중에는 재고를 갖고 있지 않고 '거간'의 역할만 하는 판매자가 많다. 이런 판매자들은 해당 제품에 대한 전문 지식도 없이 판매마진을 무시하고 오로지 가격경쟁으로만 네이버에서 최상단에 올라 있는 경우가 있다. 그렇기에 제품을 구매하고도 제때에 받지 못하는 경우가 종종 있으며, 이들은 문제가 발생했을 때 이를 조치할 수 있는 능력도 없다. 그러니 최저가만 보고 구매해선 안 된다.
- 그러므로 일정 범위 내에서는 가격이 비싸더라도 구매후기가 많이 있는 판매자의 제품을 구매하는 것이 향후 발생될 수 있는 문제를 줄일 수 있다.
- 또한 판매 사이트의 신용도도 검색해야 한다. 대부분의 국내 온라인몰(옥션, 지마켓, 11번가 등)은 판매자에게 판매중계수수료를 받고 시장이 쾌적하게 운영될 수 있도록 불량 판매자들을 필터링하고 있으며, 판매자가 문제를 일으켰을 때 피해를 보상해주는 역할도 하고 있다.

※ 최근에 네이버에서 운영하고 있는 'N쇼핑'의 경우도 이와 비슷하다. 네이버에 연계된 쇼핑몰의 결제시스템인 네이버페이도 구매자의 구매확정 이후 1영업일 내에 판매자에게 지불하게 되어 있어서 소비자의 입장에서는 구매안전장치가 있는 것이다.

▶ 오프라인인 경우는 안타깝지만 발품을 많이 팔아야 하는 방법밖에 없다. 해당 제품을 판매하는 매장들을 방문해서 가장 저렴하게 판매하는 곳을 찾아야 한다. 사람을 직접 상대하는 경우가 많기 때문에 영업 능력이 있다면 좋은 제품을 보다 저렴한 가격에 구매할 수 있다.

④ 왜 그 제품을 구매해야 하는지에 대한 이유를 10개 만들어 타인을 설득해봐라.

이제 위에서 찾은 제품을 갖고 본인이 해당 상품을 분석해보는 시간이 필요하다. 구매하려는 제품이 왜 필요하며, 어떻게 사용할 것이며, 대체재는 없는지, 그리고 왜 그곳에서 구매해야 되는지를 냉철하게 분석해야 한다.

▶ 이때 결혼한 사람이면 배우자를 상대로, 아니면 부모님이나 지인을 대상으로 분석한 내용을 정확하게 설명할 수 있는 단계까지 되어야 한다.

- 우리는 통상적으로 물건을 너무 쉽게 구매한다. 그리고 그렇게 구매한 제품이 생각한 것과 다르면 쉽게 버리기도 한다. 이렇게 비효율적인 구매패턴이 몸에 배인 사람이라면 위에서 설명한 행동이 쉽지 않을 것이다.
- 하지만 위에서 설명한 내용은 자신이 필요에 의해서 구매하는 것으로 가정했지만 실제로는 판매로 이어지는 과정이기 때문에 보다 체계적이고 논리적인 생각과 행동이 있어야 한다.

▶ 여기에서 중요한 부분은 동일한 제품을 판매하는 많은 판매자들 중에서 '왜' 그 판매자에게서 제품을 구매해야 되는지에 대한 이유이다.

- 가격/사진/제품설명/배송비/구매후기/ 사은품/ 판매자의 신용도 등과 많은 요인들이 있을 수 있다. 이런 부분 하나하나를 모두 분석하고 설명할 수 있어야 한다.

※ 동일한 제품을 온라인에서 구매할 때에도 적지 않은 시간을 할애하여 상품을 검색한다. 필자의 머릿속엔 항상 '내가 구매하는 제품을 해외에 판매할 수도 있다'라는 전제가 있기 때문이다. 그렇기 때문에 최저가와 최상의 서비스를 제공하는 판매자를 찾아다닌다. 이렇게 찾은 판매자는 필자에게 매우 소중한 제품 공급처가 되기 때문에 지속적으로 관리한다.

⑤ 그 이유를 해외 온라인 시장에 녹여라.

이 책의 독자들에게 필요한 제품이라면 분명히 외국에서도 원하는 사람이 있을 것이다. 만약 해당 제품이 해외 온라인 시장에서 판매되고 있는 경우는 위에서 분석한 자료들을 일일이 대조해서 무엇이 잘 되어 있고 어떤 것이 미비한지를 비교분석하면 본인이 무엇을 어떻게 해야 할지 알 수 있다. 만일 판매되고 있지 않다면 위에서 분석한 내용들의 장점만을 찾아서 판매하려는 제품에 그대로 대입하면 된다.

▶ 본인이 긍정적으로 판단한 부분은 아주 특별한 경우가 아니고서야 외국인이라도 대부분 공감하기 때문에 자신감을 가져도 된다.

- 단, 앞의 ④번에서 정확한 분석을 했어야만 좋은 결과가 나올 것이다.

이렇게 판매할 제품을 찾는 것이 아니라 본인이 필요해서 구매할 제품을 찾는다면 악성재고도 많지 않게 된다. 필자는 처음부터 대량 구매가 아닌 직접 사용할 수 있을 만큼의 소량 구매를 전제해서 설명했다.

즉 판매할 수 없다면 본인이 직접 사용하면 되는 것이다. 또 사진촬영을 위한 샘플로도 사용할 수 있다. 본인에게 가장 필요한 제품을 최적의 조건으로 구매했기 때문에 이보다도 더 효율적인 구매는 없을 것이다. 즉 손해 보는 것 없이 판매할 제품을 찾을 수 있는 방법이 위의 방식이다.

이는 필자가 현재에도 직접 사용하는 방법이며, 필자는 시장에 갈 때나 거래처를 방문할 때 항상 휴대용 전자저울과 인치 표시가 되어 있는 줄자를 갖고 다닌다. 아이템은 언제 어디서 나타날지 모른다. 갑자기 나타날 아이템의 분석을 위해 평소에 저울과 줄자를 가지고 다니면 제품의 크기(부피무게 때문)와 무게(배송비를 예측하기 위해)를 즉각적으로 측정할 수 있어 이를 상품 매입 가격과 합산한 '매입원가'를 현장에서 뽑아낼 수 있다.

※ 부지런해야 앞에 있는 사람들을 따라갈 수 있다. 책상에 앉아서 고민만 한다고 하늘에서 훌륭한 아이템이 떨어지지는 않는다. 필자와 같은 전문가도 언제 어떤 제품이 나올지 모르기에 항상 시장을 예의 주시하면서 관찰하고 있다. 또한 위와 같은 방법으로 찾은 아이템은 최초에는 매입 수량이 1개이기 때문에 매입가격이 높게 책정된다. 그러나 해당 아이템이 아마존에서 많이 판매된다면 해당 제품의 제조사 또는 총판에 직접 찾아가 MOQ 수량을 늘릴 수 있게 되고 자연스레 매입원가가 상당히 낮아지게 된다. 이렇게 낮아진 매입원가는 고스란히 판매 이익으로 전환되기 때문에 사업을 장기적으로 유지하는 자금줄이 된다.

아이템을 찾는 법-❷
How to item searching

03

앞에서는 효율적으로 아이템을 찾는 방법에 대해서 설명했다. 그렇다면 이 번에는 찾은 아이템을 확장하고 유지하는 방법에 대해서 알아보도록 하자.

① 남들보다 조금이라도 많이 알고 있는 제품에서 시작하라.

사람은 모두 개성을 갖고 있으며, 자라온 환경과 사회에서의 경험도 제각 각이다. 때문에 본인이 남들보다 좀 더 많이 알고 있는 부분이 반드시 있다. 그 미미한 차이가 큰 변화의 중심이 된다.

▶ 취미 상품 및 파생 상품: 취미가 있다면 해당 취미와 연관되는 상품군을 전 방위적으로 검색한다. 이때 취미생활을 깊게 하는 사람은 취미와 연관된 상품 의 국내 매입가격을 대부분 알고 있기 때문에 해외에서 판매되는 가격만 알아 보고 이를 분석한 뒤 경쟁력이 있는지를 판단하면 된다.

- 취미생활을 하는 본인은 그렇지 않은 사람보다 그 분야에 관한 지식이 많기 때문에 비교우위를 점유할 수 있다.
- 취미상품에서 파생되는 상품군까지 모두 검색하면 해당 상품군의 범위는 더 욱 넓어질 것이다.

▶ 직장 및 사회생활에서 배웠던 상품: 아무리 하찮은 사무직이라고 할지라 도 회사에서 주로 사용했던 필기도구에 대해서는 남들보다 많이 알고 있을 것 이다. 당신이 지나왔던 사회생활이 모두 무의미하다고 절대 생각하지 마라. 지난 시간을 세분화해서 분석하면 분명 해외에 팔 수 있는 상품이 있다.

※ 당신의 지난 경험과 연관되는 상품이 없다면 그건 제대로 세분화해서 분석하지 않았 기 때문이다. 필자의 경우 군생활 7년 동안 배우고 알게 된 많은 정보들은 해외 B2C 온라인 사업을 하는 데에 많은 도움이 되고 있다.

▶ 친지 및 지인 덕에 쉽게 접근 가능한 제품: 사업을 하는 것에 있어 어느 정도의 뻔뻔함(당당함)은 갖고 있어야 한다. 친지나 지인 중에 제조업체나 총판 또는 유통업을 하고 있는 분이 있다면 도움을 요청해라.

※ 주변 지인에게서 도움을 받으라는 것은 소매로 가져오면서 도매가격으로, MOQ를 최소화해서 제품을 공급받으라는 소리이다. 공짜는 '도둑놈'의 마음이며, 그런 마음으로는 절대 사업에서 성공할 수 없다.

② 본인에게 최적화된 검색방법을 찾아 조금씩 넓혀나가야 된다.

앞에서 설명한 것은 시작의 단계다. 그렇게 시작해서 아이템의 범위를 넓혀나가야 한다. 이는 절대로 단기간에 되지 않으며 많은 시간과 노력이 수반되어야 한다.

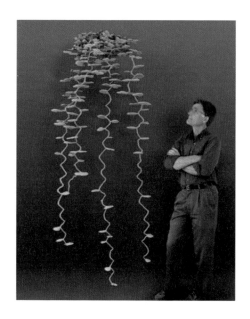

옆의 사진은 개미집에 뜨거운 알루미늄을 부은 다음 굳은 것을 파낸 것으로, 흙을 제거한 상태의 진짜 '개미집'의 모습이다. 저 개미집이 흥미로운 이유는 바로 입구가 한 개뿐이라는 것이다.

필자가 개미집을 예시로 든 이유는 아이템을 찾는 방법도 이와 같이 처음에는 한 개에서 시작하지만 이를 바탕으로 점점 더 확장해 나가야 한다는 것이다. 그렇게 확장하다 보면 사진에서와 같이 군데군데 넓은 공간이 있듯 좋은 아이템을 찾을 수도 있고, 그렇게 찾은 아이템들이 모여서 하나의 큰 개미집과도 같은 대형 유통업으로 발전할 수 있다.

③ 남들이 잘 팔고 있는 상품이 아니라 내가 잘 팔 수 있는 상품을 찾는다.

다른 셀러가 노력하고 고생해서 찾아내어 잘 팔고 있는 아이템에 관심을 가질 필요는 없다. 그들은 당신보다 먼저 많은 시간과 노력을 들여 해당 상품을 찾았다. 그러니 상품에 무임승차해봤자 얼마 가지 못한다. 그럴 바에야 본인만의 상품을 찾는 것이 훨씬 미래지향적이다.

④ 찾은 아이템은 즉시 리스팅한다. '구슬이 서말 이어도 꿰어야 보배'다.

아무리 좋은 아이템을 찾았다고 해도 아마존에 리스팅하지 않으면 아무 소용없다. 정말로 좋은 아이템을 찾았다면 그날 당장 리스팅을 해야 한다.

⑤ 이 작업은 끊임없이 지속되어야 한다.

국내외의 온라인 유통업을 전문적으로 하는 사람들이 입버릇처럼 하는 말이 있다. '3년 가는 아이템 없다'가 그것이다.

자고 일어나면 새로운 상품이 나온다. 그로 인해 대부분의 아이템의 수명은 점점 단축되고 있으며, 그 속도는 더욱 빨라지고 있다. 때문에 해외 B2C 온라인 사업을 하는 이라면 항상 눈과 귀를 열어놓고 새로운 아이템을 찾는 일을 이 사업을 접을 때까지 해야 한다.

※ . 아래 제품은 앞의 필자의 경험담에 등장했던 바로 그 아이템이다. 이 제품은 삼성 갤럭시 S4의 옵션상품으로, 최초로 출시됐던 무선충전 커버와 충전패드를 묶어서 판매하는 'S Charger Kit'이라는 제품이다. 필자는 해외의 온라인 사이트를 검색하다 이 제품을 국내 셀러가 아닌 호주의 셀러가 높은 판매가격으로 많이 판매하는 것을 확인하고 2시간 만에 리스팅을 했다. 그 결과 국내에서 이 제품을 가장 많이 판매한 셀러가 됐으며(국내의 대형 총판점의 재고를 필자가 모두 판매했다), 상당히 많은 수익을 봤다. 그러나 이후에 출시된 삼성 갤럭시 Note3를 지원하는 'S Charger Kit'으로 인해 좋았던 시절은 고작 6개월이었다. 더불어 필자를 모니터링하던 셀러들이 파리떼 같이 달라붙어 판매가격을 경쟁적으로 인하하는 바람에 마진율은 망가지고 판매량도 급감했다. 이렇듯 새로운 제품의 수명은 점점 짧아지고 있으며, 정보의 노출로 점점 본인만 판매할 수 있는 아이템은 줄어들고 있다.

⑥ 많은 시행착오를 거쳐야 더욱 단단한 사업이 된다.

아이템을 찾으면서 많은 시행착오를 거치는 만큼 향후에 아이템을 찾는 시간은 줄어든다. 그러므로 처음부터 조급할 필요는 없다. '이 아이템이 왜 되는지, 왜 안 되는지'를 본인이 직접 경험해야 훗날 동일한 실수를 하지 않게 되며, 그렇게 쌓여진 Know-How는 오롯이 본인의 지식으로 쌓이게 된다.

item-searching 시 주의사항 04

　지금까지는 아이템을 찾을 때 단순히 부피와 무게에 대해서만 고려하였다. 그러나 부피와 무게뿐만 아니라 아이템을 찾을 때 추가적으로 고려해야 되는 부분들이 상당히 많다. 이번에는 그런 아이템을 선정할 때의 고려사항에 대해 알아보자.

① 적절한 마진의 확보 가능 유무

　장사가 됐든 사업이 됐든 기본 목적은 '수익'을 얻는 것이다. 그러므로 아마존에서 판매할 아이템을 선정할 때 가장 우선시해야 하는 부분은 '판매마진'의 확보 여부이다.

　당연한 이야기이지만 판매마진은 많을수록 좋다. 하지만 대부분의 정보가 오픈되어 가격의 무한 경쟁이 가능한 아마존에선 높은 판매마진을 확보하는 것이 정말로 쉽지 않다. 그래도 최소한의 마진은 확보해야 되는데, 마진 확보를 위한 아마존의 수수료 계산법은 앞에서 설명했다.

　아마존의 FBA 시스템을 이용해서 제품을 판매한다면 기본적으로 제품의 매입가격을 제외하고라도 약 $4.5의 마진이 있어야 본전이라는 것을 주지하고 있어야 한다. 이는 순수하게 아마존에 지불하는 수수료로서 가장 부피가 작은 제품일 경우에 그렇다.

　앞에서 서술했던 아마존의 수수료를 정확하게 숙지하고 계산하였다면 필자가 말하는 $4.5이라는 금액이 과장이 아님을 알 것이다. 그러므로 찾아낸 아이템을 향후 아마존의 FBA시스템을 이용해서 판매할 경우 제품의 매입가격과 FBA 창고에 입고시키기 위해 사용될 배송비를 제외하더라도 최소 $4.5 이상의 판매가를 취해야 된다.

※ 여기서 말하는 $4.5라는 금액을 일률적인 기준점으로 설정하면 절대 안 된다. 위의 금액은 아마존 FBA 시스템의 최소 용적률(담배 한 갑 또는 컴팩트 화장품 1개 사이즈와 무게 정도)을 기준으로 설명한 것이다. 용적률이 커지면 아마존 FBA 수수료는 더욱 증가하기 때문에 $4.5를 쉽게 초과한다.

아마존에서는 가장 한국적인 것이 가장 팔기 힘든 제품이다. 제일 좋은 아이템은 현재 아마존에서 외국인이 판매하고 있는 제품 중 본인이 국내에서 유사상품으로 구입 가능하며, 제품 매입가 대비 판매가가 높아 높은 마진을 확보할 수 있는 제품이다.

즉 판매가격은 기존에 아마존에서 해당 상품을 판매하고 있는 셀러가 이미 기준점을 잡아둔 것이다. 신규로 판매하려는 제품이 기존 제품보다 아무리 훌륭하다고 해도 판매가격이 높으면 해당 제품은 판매경쟁력이 떨어진다. 기존에 없던 완전히 새로운 제품을 판매하는 것은 쉽지 않다. 얼리어답터를 제외한 대부분이 새로운 제품에 대해 경계심을 갖고 있기 때문이다. 그러므로 기존 제품에서 업그레이드되거나 대체재 제품의 판매가 유리한데, 이렇게 출시된 제품들이 기존제품보다 비싸다면 구매하는 사람은 적을 수밖에 없다. '대체재'는 기존 제품보다 가격이 저렴하든가, 혹은 최소한 동일한 수준을 유지해야 판매경쟁력이 있다. 그렇기에 대체제의 판매가격은 부분적으로 이미 정해져 있다고 봐야 된다.

② 컴플레인(Complain) 발생률이 적은 제품

가능하다면 사이즈가 상품 Variation에 포함되는 제품은 해당 제품의 전문가가 아니면 피하는 것이 좋다.

▶ 외국인들은 한국인과 체형이 다르다는 것을 인지하고 있어야 한다.

- 의류의 경우 외국인의 팔의 길이는 한국인보다 길기 때문에 한국인의 체형에 최적화된 의류를 해외에 판매할 시 적지 않은 문제가 발생한다.
- 신발의 경우 발의 크기도 문제지만 발볼의 크기가 한국인보다 크기 때문에 문제가 발생한다.

※ 필자도 신발을 해외 온라인에 판매한 적이 있다. 아시아에 판매할 때엔 신발 크기에 별 문제가 없었지만 유럽이나 아메리카에서는 발볼 크기 문제 때문에 많은 컴플레인이 있어 판매를 중단하였다. 필자 생각에 의류와 신발이 정말 좋은 아이템인건 맞지만, 전문적으로 취급한 경험이 없는 사람이 쉽게 접근할 수 있는 아이템은 아닌 것 같다. 또한 해외 온라인은 국내 시장과 다르기에 국내에서 접근했던 방식으로 일을 진행할 경우 문제가 발생할 수밖에 없다.

③ 국내와 다른 해외 소비자들의 성향을 알아야 한다.

해외 소비자들의 성향을 알아야 제대로 아이템을 선정할 수 있다. 이에 대한 예로 지갑을 들 수 있다. 외국인들은 국내와는 달리 접이식지갑이나 장지갑을 선호하지 않고 아래 이미지와 같은 '머니클립'을 더 선호한다. 그러므로 국내의 관점으로 생각하여 지갑을 판매하려는 것보다는 오히려 제조원가도 적게 발생하는 머니클립을 아이템으로 선정하는 것이 매우 유리하다.

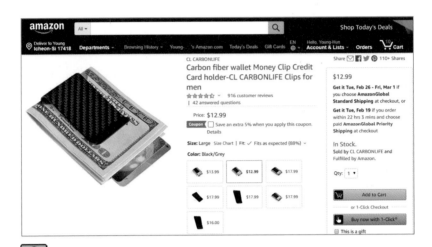

※ 이는 해외 B2C 온라인 사업에서 매우 중요한 부분이다. 그렇기 때문에 가능하다면 해외 현지인들과의 많은 교류를 가지는 것이 좋다. 뿐만 아니라 정치, 사회, 문화 등의 전방위적인 정보 수집으로 보다 많은 자료를 획득하려는 노력도 필요하다.

④ 향후 지속적인 공급의 가능 여부

아무리 좋은 아이템이라고 하더라도 1회성의 공급만 가능한 아이템은 상품으로서의 가치가 현격히 떨어진다. 아마존에 하나의 제품을 제대로 리스팅하기 위해서는 많은 노력과 시간이 필요하다. 이렇게 많은 공이 들어간 리스팅에 추가 재고의 입고가 불가능하다면 그 리스팅은 쓸모없어지게 된다.

특히 이런 제품들은 중국에서 제조되어 국내에 수입된 제품들인 경우가 많다. 그 이유는 해당 제품을 지속적으로 생산하는 것이 아니라 발주한 제품을 한 번만 제작한 후 특별한 경우가 없는 한 추가 생산을 하지 않기 때문이다. 이런 제품들이 최근에는 아주 흔하다.

그리고 국내에서 생산된 제품이라도 제조사에서 향후 추가 생산 계획이 없는 제품들이 은근히 많다. 이는 우리나라가 최신 유행에 민감하기 때문인데 '얼리어답터 국가'인 우리나라에선 한 제품이 일정 기간 동안 목표량에 미치지 못하면 매출이 상승할 때까지 기다리는 것이 아니라 또 다른 새로운 제품을 생산하고 기존 제품은 사장시키는 경우가 많기 때문이다.

이런 문제는 해외 온라인 시장에서 주문을 받아놓고도 제품을 배송 못 하는 경우를 발생시킨다. 해당 제품이 이미 우리나라에서는 단종된 제품이기 때문이다. 그러므로 판매 아이템의 향후 지속적인 공급 가능 여부는 매우 중요하다.

⑤ 지속적인 소비 가능 유무

이 부분은 아이템의 생명력과 매우 밀접한 관계를 갖고 있다. 1회성 구매이기에 향후 소비가 더 이상 발생하지 않는 제품과 옵션상품에서 지속적으로 재구매가 일어나는 제품은 접근방식부터 달리 해야 한다.

최근 잉크젯프린터를 제조해서 판매하는 회사들(삼성, EPSON, Canon 등)은 프린터 본체의 가격을 매우 저렴하게 출시하는 대신 지속적으로 갈아 끼워야 하는 잉크의 가격을 매우 높게 책정해서 판매하고 있다. 심한 경우에는 정품 잉크를 3번 구매하면 프린터 가격과 맞먹는다. 그들은 이제 프린터에서는 판매마진을 거의 남기지 않고, 잉크 판매로 프린터에서 손해 본 마진을 복구하고도 남을 이윤을 지속적으로 가져가고 있다.

이런 마케팅 방법은 해외 B2C 온라인 사업에서도 그대로 적용할 수 있다. 만약 판매하려는 아이템이 지속적인 소비가 발생할 수 있는 옵션을 포함하고 있다면, 이때는 '박리다매'의 전략으로 판매가격을 낮춰서 많은 수량을 판매하고 옵션상품에서 높은 마진을 확보하는 방법을 취하는 것이 타당하다.

※ 필자의 경우 이에 해당하는 아이템이 하나 있다. 이 아이템의 본품 매입가격은 ₩5,700이지만 옵션상품의 매입가격은 ₩750이다. 이 아이템의 본품은 무료배송에 $10.75로 판매하고 있어 판매마진이 높지는 않다. 하지만 옵션상품은 두 개를 묶어서 $7.85에 판매하고 있다. 이렇듯 옵션상품에서 판매마진을 높게 설정하여 결과적으로는 해당 상품군의 전체적인 판매마진율을 높게 유지하면서 판매하고 있다. 또한 본품의 판매는 1회성으로 끝나지만 옵션상품은 소모성이기에 지속적인 구매를 유도할 수 있으므로, 본품의 낮은 판매가격은 향후 옵션제품의 더 많은 판매로 이어져서 결과적으로 높은 수익률을 안겨준다.

⑥ 중국 셀러의 Copy 가능 유무

해외 B2C 온라인 사업을 하면서 가장 무서운 부분은 한국의 경쟁셀러이다. 이들은 언제라도 적으로 변할 수 있기 때문에 이렇게 책에서 필자가 알고 있는 정보를 공개하는 것이 잘하고 있는 일인지도 솔직히 모르겠다. 하지만 앞에서 말한 'It is not illegal. It's just wrong.'과 비슷한 개념으로, 필자에게는 독이 될 수도 있겠지만 새로이 출발하는 혹은 이미 이 사업을 하고 있는 이들이 정확한 정보를 갖고 사업을 제대로 할 수 있도록 도와주는 것이 옳은 일이라 생각하기에 이렇게 정보를 공개하고 있다.

그렇다면 두 번째로 무서운 것이 무엇일까. 바로 '중국 셀러'들이다. 이들은 '세계의 공장'이라는 중국에서 말도 안 되게 저렴한 금액으로 생산된 제품을 무기 삼아 세계의 온라인 시장을 초토화시키고 있다.

또한 이들은 디자인 카피를 서슴없이 자행한다. 비슷하게 만들 수 있는 제품이라면 낮은 가격으로 제조하여 디자인을 개발하여 판매하는 원 판매자의 숨통의 조이고 있다. 이렇게 디자인을 카피한 중국제품 중에는 어떤 것들이 있는지 살펴보도록 하자.

아래 사진은 아마존에서 판매되고 있는 머리핀이다. 이 제품에서 가장 놀라운 부분은 $2.89라는 판매가격이다.

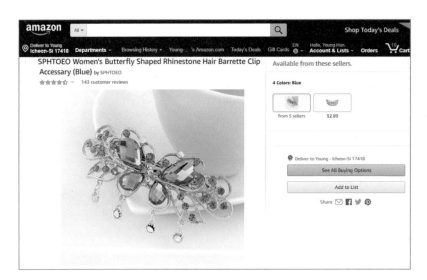

액세서리를 취급하는 사람은 알겠지만 $2.89라는 금액은 머리핀에 세팅된 장식용 비즈값도 되지 않는다. 그런데 위의 셀러는 저렇게 말도 안 되는 금액으로 판매하고 있다. 이런 제품은 아마존에서 수도 없이 발견할 수 있다.

※ 여기에서 한 가지 의문이 생긴다. 아마존 FBA를 이용해서 판매하려면 제품의 매입가를 제외하고도 최소한 $4.5는 되어야 마진이 남는다고 했다. 그럼 저 셀러는 손해를 보면서 판매하고 있는 것인가? 결론부터 말하면 이 셀러는 절대 손해를 보지 않고 있다.

해외 B2C 온라인 사업을 하면서 가장 안타까운 부분이 한국 셀러들은 대부분 다른 한국 셀러와 서로를 죽일 듯이 싸운다는 것이다. 본인과 가격경쟁이 붙은 셀러를 죽이기 위해 본인이 죽는 줄도 모르고 끝도 없는 가격경쟁을 벌인다. 그 결과 매입원가에도 한참 못 미치는 가격에 마이너스 마진을 보면서 판매하고 있다. 그러면 실질적으로 이익을 보는 사람은 해외의 구매자들뿐이고 경쟁을 시작한 셀러나 방어하는 셀러는 모두 공멸한다. 정말 부탁하건대 손해 보는 장사는 하지 않기를 바란다.

이와 반대로 중국의 셀러들은 절대로 손해 보는 장사를 하지 않는다. 중국 셀러들은 철저하게 원가를 분석하고 단 1원이라도 남아야 장사를 하는 것을 원칙으로 삼는다. 그래서 무한 가격경쟁이 일어나도 최종적으로는 1원이라도 남는 선에서 끝낸다.

그러면 위의 제품의 판매가격에 대해서 더 의문점이 생길 것이다. 위의 제품을 $2.89라는 금액으로 판매하고 있는데 정말로 마진이 남을까? 이에 대한 정답은 이 제품이 아마존 FBA 시스템이 아니라 FBM 방식으로 판매되고 있다는 점이다. 즉 이 제품은 FBA 수수료를 지불하지 않기 때문에 $4.5라는 금액을 계산할 필요가 없다. 덧붙여 중국에서 미국으로 개별 배송이 아니라 저렴한 해외배송비로 대량으로 발송한다. 그리고 미국에서도 '규모의 경제'에 의한 대량 물류라는 장점으로 낮은 가격으로 개별 배송을 하는 것이다. 그러면 위의 가격으로도 마진을 취할 수 있다. 이런 것은 한국에서는 불가능한 구조로, 오직 중국 셀러만 가능한 시스템이다.

위의 제품을 보면서 필자가 화가 나는 부분은 판매가격이 아니라 제품의 디자인이다.

옆의 포스터는 서울 남대문시장의 활성화를 위해 서울시에서 2016년부터 매년 개최하고 있는 행사이다. 남대문시장은 많은 내국인과 외국인이 즐겨 찾는 생필품 시장이다. 여기에는 국내 최대 규모의 액세서리 도소매점이 모여 있다. 이곳에서는 액세서리를 제조할 수 있는 각종 부자재도 판매하고 있고, 액세서리 디자인 전문가들이 독창적인 디자인의 상품성 높은 액세서리들을 많이 제조하여 판매하고 있다.

이런 제품을 중국 상인들은 샘플로 몇 개 구매해서 중국으로 가져간 뒤, 디자인을 카피하여 해외 온라인 시장에 저렴한 가격으로 엄청난 양을 판매하고 있다. 재주(상품 디자인)는 곰(한국 디자이너)이 부리고 돈은 중국인이 챙기는 이런 일이 현재진행형으로 일어나고 있으며, 위의 머리핀도 무단 디자인 카피로 이루어졌을 확률이 대단히 높다.

그러므로 앞에서 이야기한 것과 같이 브랜드 등록 및 의장(디자인) 등록과 같은 부분도 신경 써야 하며, 아이템을 찾을 때 중국에서 쉽게 디자인 카피가 가능한 제품들은 다시 한번 생각을 해볼 필요가 있다.

PL 상품에 대한 이해 **05**

최근 국내 아마존 셀러들의 많은 관심사항 중 하나가 바로 PL(Private Label) 상품이라는 개념이다. 이에 대한 '갑론을박'도 활발히 이뤄지고 있다.

1. PL의 정의와 의미

PL은 Private Label의 줄임말로서, 어떤 기업이 생산하거나 제공하는 제품에 다른 기업의 상표를 붙인 제품을 말한다. 줄여서 PL 상품, OL 상품(Own Label), 또는 PB 상품(Private Brand)이라고도 한다.

PL 상품이라는 개념은 국내에서 상당히 오래전부터 있어 왔다. 다만 일반인들이 PL이라는 개념을 잘 몰라서 생소하게 느낄 뿐이다. 우리나라에서 PL의 개념을 제대로 사용하는 분야는 백색가전을 주로 제조해서 판매하는 삼성, LG와 같은 가전업체이다.

국내 가전업체는 이전부터 동일한 제품을 여러 판매채널에서 개별적인 판매가격을 확보하기 위하여 판매채널별로 별도의 제품 Model-Number를 부여하여 왔다. 이는 시장에서 판매가격으로 인한 분쟁을 없애기 위한 것으로 지금도 이런 방식을 사용하고 있다.

동일한 제품에 총판 코드/온라인 코드/홈쇼핑 코드/해외형 코드 등으로 별도의 Model-Number를 부여하는 것이다. 즉 백화점에서는 ₩1,000,000에 판매되는 제품이 TV 홈쇼핑에서는 ₩700,000에 판매가 되어도 동일한 Model-Number가 아니기 때문에 판매가격으로 발생할 수 있는 분쟁을 사전에 예방하는 방식으로 사용하고 있는 것이 PL의 개념이다.

2. PL 상품의 필요성

최근 국내의 일부 아마존 셀러들은 어디에서 듣고 배워왔는지는 모르겠지만 아마존에서 판매하는 모든 상품을 PL화해야 된다고 이야기하고 있다.

필자 생각에 이는 정답이 아니다. 이것은 아마존의 판매방식을 제대로 인지하지 못하고, PL 상품에 대한 정확한 사용방법을 모르기 때문에 하는 소리이다. 아마존에서 판매하는 제품 중에는 PL 상품으로 변환해서 판매하는 것이 유리한 제품이 있고, PL을 전혀 생각하지 않아도 되는 제품이 있다.

① PL이 필요한 상품

PL이 필요한 상품은 일반적으로 대부분의 사람들이 쉽게 접근 가능한 상품들 중에서 판매자가 특화할 수 있는 제품이다.

▶ 시장 또는 제조공장에서 구매가 용이한 제품: 온·오프라인에서 쉽게 접할 수 있는 제품 중에서 판매자만의 고유 Identity를 포함시킬 수 있는 제품이라면 PL 상품화하는 것이 유리하다.

　• 하지만 판매자만의 고유 Identity를 다른 판매자가 카피하여 사용 가능할 경우 해당 상품의 PL은 무의미해질 수 있다.

▶ 판매율이 높은 제품 중 독자적으로 가공해서 판매하고 싶은 제품: 아마존에서 판매율이 높은 제품 중 가격경쟁력을 확보할 수 있으며 지속적인 공급도 가능한 제품이라면 PL 상품으로 변환하는 것을 고려할 수도 있다.

▶ 제조업체에서 독점권 확보가 힘든 제품: 제조업체에서 개인에게 독점 판매권을 위임하지 않고 누구나 판매할 수 있도록 판매권한을 오픈하는 제품들이 있다. 이런 제품 중에 판매자의 Identity를 포함시킬 수 있는 제품이 있다면 PL 상품으로 변환해도 괜찮다.

> ※ PL 상품에 판매자만의 고유 Identity를 포함하여 기존의 제품과 다르게 보여준다고 해도 아주 특별한 경우가 아니고는 대부분의 구매자가 동일한 제품임을 쉽게 인지한다. 이는 판매제품의 설명을 위해 등록한 사진 때문에 대부분의 PL 상품이 동일한 제품임을 쉽게 알 수 있기 때문이다. 소비자들은 점점 더 똑똑해지기 때문에 PL 상품으로 변환하는 것은 점점 더 어려워지고 있다. 그러므로 많은 사람들이 쉽게 구매할 수 있는 제품을 PL 상품으로 변환하려는 것은 추천하지 않는다. 필자는 제품을 PL 상품으로 변환하려는 것보다는 남들이 판매하지 않는 새로운 아이템을 찾는 것을 더 추천한다. 이렇게 찾은 제품은 PL 상품보다 높은 판매마진을 확보할 수도 있으며, 제품을 판매할 수 있는 기간도 훨씬 길게 유지되기 때문이다.

① PL이 필요 없는 상품

▶ 직접 제조한 제품: 직접 제조해서 판매하는 제품은 본인에게 모든 판매권한이 있기 때문에 PL 상품으로의 변환이 필요하지 않다.

▶ 제조사에서 독점권을 확보한 제품: 제조사에서 해당 사이트의 독점권을 확보하고 있다면 PL 상품으로의 변환은 필요 없게 된다.

▶ 국내에서 유일하게 본인만 판매하고 있는 제품: 제조사에서 독점권을 확보하지는 못했지만 암묵적인 승인 및 기타의 이유로 본인만 판매하는 제품이라면 굳이 PL 상품으로 변환할 필요는 없다.

> ※ 독립적인 판매권을 갖고 있다면 PL 상품으로의 변환은 전혀 필요 없다. 오히려 해당 브랜드를 홍보하는 것이 더욱 효과적인 마케팅 방법이다. 필자의 경우 아마존에서 필자만 유일하게 판매하는 아이템들이 몇 종류 있다. 이런 제품들은 PL 상품으로의 변환이 전혀 필요 없으며, 해당 제조사의 브랜드를 더 홍보하는 방법으로 아마존에서 마케팅을 하고 있다. 그리고 마케팅의 결과를 해당 제조사에 직접 알림으로써 거래관계를 더욱 돈독하게 이어가고 있다. 이런 방법을 이용하면 복잡한 판매계약서의 작성과 같은 요식행위는 필요 없게 되며, 신용을 바탕으로 거래처와의 관계는 더욱 좋아진다.

아마존
계정정지와 해결을 위한
POA 작성

이번 챕터에서는 아마존에서의 계정정지에 대한 정확한 개념과 계정정지에 접근할 때 한국적 사고방식으로 접근하면 안 되는 이유, 그리고 아마존에서 계정정지가 발생하면 요청하는 POA(Plan Of Action)에 대해서 알아보려 한다.

해외 B2C 온라인 사업을 하면서 계정정지라는 위험요소는 셀러가 아무리 운영을 잘한다고 해도 1~2회 정도는 찾아온다. 이는 필자도 예외가 아니어서 eBay와 Amazon에서 몇 번씩 계정정지를 당하기도 했다. 그러므로 아마존에서 사업을 하려면 계정정지는 필수사항이라 생각하고 대비를 꼭 해야 하며, 계정정지가 발생하면 신속하고 안전하게 벗어나야 한다.

"비온 뒤에 땅이 굳어진다"라는 말이 있듯이 계정정지라는 시련을 제대로 극복해야 더 큰 사업으로 도약할 수 있다. 아마존에서의 계정정지는 셀러의 잘못 또는 오해로 인해 셀러가 등록한 제품의 리스팅이 아마존에서 노출이 되지 않거나, 아마존에서 셀러에게 지급해야 하는 판매금액을 일시적으로 지급 보류하거나, 또는 더욱 심각한 문제로 인해 아마존에서 해당 셀러의 계정으로 로그인 자체가 불가능하도록 막는 일련의 조치를 말한다.

계정정지는 아마존에서 요구하는 자료를 제출함으로써 해결되는 일시적 계정정지와 아마존에서 영구적으로 퇴출되는 영구 계정정지로 구분된다.

1. 일시적 계정정지

아마존에서의 일시적 계정정지는 낮은 수준의 잘못 또는 오해로 인해 발생하며, 아마존에서 요구하는 시간에 자료를 제출함으로써 해결할 수 있는 정지이다. 아마존의 Seller Central에서 확인 가능한 셀러 Account Health 항목이 아마존에서 요구하는 범위 내에 지속적으로 들어와 있지 않아 셀러의 Account Health가 'At Risk' 상태가 지속되는 경우에 발생한다.

① Account Health 구성항목과 요구범위

▶ **Customer Service Performance:** 고객 서비스 실적을 말하며 60일 동안 'Negative feedback', 'A-to-z Guarantee claims', 'Chargeback claims'의 비율을 총합했을 때, 발생 비율이 1% 범위 내에 있어야 된다.

▶ 위의 세 가지의 총합 비율을 'Order Defect Rate(ODR)'이라고 부르며 아마존에서 판매자는 ODR의 비율을 1% 미만으로 유지해야 한다. 만일 ODR이 1%를 지속적으로 초과할 경우 일시적 계정정지(계정 비활성화)를 당할 수 있다.

▶ **Shipping Performance:** 이 부분은 아마존에서 FBM으로 판매할 때 배송에 관련된 문제를 비율화한 것으로서, 아래의 항목에 따라 아마존에서 요구하는 비율이 다르다.

- Late Shipment Rate: 주문 제품의 늦은 출하로 인해 발생하는 문제로서 4%의 범위 내에 있어야 한다.
- Pre-fulfillment Cancel Rate: 셀러가 보유한 재고부족으로 인해 구매자에게 주문취소를 요청하는 취소율을 말하며 2.5% 이내의 범위에 있어야 한다.
- Valid Tracking Rate: 배송한 제품에 관하여 유효한 트래킹 넘버를 구매자에게 제공하는 비율이다. 95% 이상의 범위 내에 있어야 한다.

※ 셀러의 Account Health를 구성하고 있는 항목들은 모두 개별적으로 관리되며, 여러 항목이 동시에 아마존의 요청 범위를 초과하면 가중된 제재를 받게 된다. Account Health 항목 중 셀러가 가장 억울한 부분이 'Chargeback claims'이다. 이는 구매자가 본인의 신용카드를 타인이 사용했다고 카드사에 '지불정지'를 요청하는 경우로서 다른 항목과 달리 셀러의 귀책사유가 없는데도 아마존은 해당 사건을 셀러의 계정 건전성에 포함시키고 있다.

② Account Health의 개별 구성항목이 아마존의 요구범위를 벗어나게 되면 셀러의 계정은 'At Risk'로 자동 변환된다. 발생한 문제를 원만하게 해결하지 못하고 시

간을 흘려보내면, 시간이 지날수록 개별 구성항목의 비율이 점점 높아지게 된다. 셀러의 계정이 At Risk 상태로 지속될 시, 아마존에서는 해당 셀러의 계정을 일시 정지시킨다.

▶ 셀러의 계정이 'At Risk'로 변환되면 해당 셀러가 아마존에서 판매하던 제품들이 동일한 조건이라고 할지라도 아마존의 검색순위에서 뒤로 밀리게 되어 판매량이 급격하게 줄어든다.

- Account Health의 개별 구성항목의 비율은 판매수량을 발생된 건수로 나눈 것이다. 그러므로 셀러의 계정이 'At Risk' 상태로 변환되면 판매량이 줄어들기 때문에 이를 탈출하는 것은 더욱 힘들어진다.

※ 아마존 Account Health의 비율은 국내 자동차면허증의 '운전자 벌점'과 같은 방식으로 운영된다. 특정 항목에서 문제가 발생한지 60일이 지나면 자동으로 계산에서 제외된다. 그러므로 '운전자 벌점'이 면허정지 범위에 가까워지면 안전운전을 하듯, 아마존의 Account Health를 구성하고 있는 항목들에 관심을 기울여 60일을 안전하게 넘기는 것이 가장 좋은 방법이다. 만약 이를 조기에 벗어나기 위해 무리수(판매가격 인하, 사은품 증정 등)를 쓰게 될 경우 상황을 더욱 악화시킬 수도 있다. 그렇기에 조바심을 갖지 말고 매우 조심스럽게 접근해야 한다. 다시 강조하지만 Account Health의 개별 구성항목의 비율은 판매수량을 발생된 건수로 나눈 값이므로, 적은 판매수량에서 문제가 발생했을 때 비율이 더 높게 측정된다는 것을 명심해야 한다.

2. 영구 계정정지

아마존에서 영구 계정정지는 경미한 잘못에 대해 아마존이 정한 특정 시간 내에 요구하는 자료를 제출하지 못해 발생하는 경우가 대부분이다. 즉 일시적 계정정지를 제대로 해결하지 못해 영구 계정정지로 악화되는 것이다.

① 아마존에서 영구 계정정지를 당하면 본인의 Account로는 아마존에서 판매도 구매도 불가능해진다.

▶ 또한 영구 계정정지를 당한 셀러가 사용했던 컴퓨터를 이용해 다른 사람이

접속하게 되면 그 계정도 '동일계정'으로 취급받아 영구 계정정지를 당한다.

- 아마존에서는 영구 계정정지를 당한 사람의 모든 정보를 수집하고 관리한다. 개중 영구 계정정지를 당한 사람이 사용하던 컴퓨터의 MAC-Address도 관리 대상에 포함한다. 그러므로 해당 컴퓨터를 이용해 접속한 모든 사람을 동일 인으로 보기에 모두 같이 영구 계정정지를 시킨다.

▶ 컴퓨터뿐만 아니라 영구 계정정지를 당한 사람이 사용했던 인터넷 회선의 IP-Address도 컴퓨터의 MAC-Address와 동일하게 관리하며 추적한다.

- 아마존은 영구 계정정지를 당한 사람이 사용했던 IP-Address, e-Mail Address, 전화번호, 주소, 여권번호 등 수집할 수 있는 모든 자료를 이용해 서 지속적으로 관리하기 때문에 다시는 아마존에서의 활동이 불가능해진다.

※ 아마존의 영구 계정정지에 관하여 주의해야 할 케이스가 있다. 아마존에서 영구 계정 정지를 당한 한국인 셀러가 본인의 배우자 이름으로 아마존 계정을 신규로 만들면서, 다른 것 은 모두 변경해서 입력했으나 주소는 바꿀 수가 없어서 동일한 주소를 입력하고 진행했다. 하 지만 추후 그 부분으로 인해 동일 계정으로 취급받아 새로 만든 계정 또한 영구 계정정지가 되었다. 아마존의 계정 추적 능력은 일반인들이 생각하는 수준을 훨씬 넘어선다. 이런 계정 추 적은 사람이 하는 것이 아니라 컴퓨터가 모든 데이터를 비교 분석하는 것이기 때문에 매우 빠 른 시간 내에 정확한 결괏값을 도출한다.

② 아마존이 일시적 계정정지를 당한 셀러에게 소명 자료를 요청하면 요청 시간까 지 반드시 제출해야 한다. 만약 요청 시간까지 자료를 제출하지 못하면 아마존은 셀러가 계정정지를 해결할 의지가 없다고 판단하여 영구 계정정지로 진행한다.

▶ 셀러가 답변을 철저히 하기 위해 자료를 준비하다 아마존이 요구하는 시간 을 넘기게 되는 경우가 발생해도 아마존은 이를 인정하지 않는다.

- 그러므로 아마존이 요구하는 자료는 빠르고 정확하게 제공해야 한다.

▶ 만약 셀러의 사정으로 인해 그것이 불가능하다면, 그 이유를 정확하게 설 명하고 시간을 확보해야 한다.

- 문제를 해결하려는 의지를 표현하는 것이 무엇보다 중요하다. 이런 행동이 없다면 아마존은 셀러가 문제를 해결할 의지가 없다고 판단하여 영구 계정 정지로 진행한다.

한국적 사고방식으로 접근하면 안 되는 이유

아마존은 미국에 있는 회사다. 그러므로 한국에서 통용되는 일반적인 사고 방식으로 행동하면 계정정지 문제를 절대 해결할 수 없다. "로마에서는 로마 법을 따라야 한다"는 말이 있듯이 아마존에서는 아마존의 규정을 따라야 한다.

여기서는 아마존의 계정정지를 한국적 사고방식으로 접근하면 안 되는 이유에 대해 하나씩 짚어보겠다.

내 것은 내 것 가족 것도 내 것?

외국은 가족도 모든 것이 개별적, 신용카드의 가족 사용을 이해 못한다

시간이 지나면 자연스레 해결?

행동하지 않으면 항상 그대로, 혹은 상황이 더 악화된다

우리도 영문을 번역해서 하는데 너희도 한글을 영어로 번역해라

우리는 '을', 저쪽은 'Super-갑' 목마른 사람이 우물을 파는 것이다

얼마를 많이 팔아 주는데, 나를 홀대해?

당신이 아니어도 셀러는 넘친다 '절이 싫으면 중이 떠나라'

옛날엔 아무 말도 없었는데, 왜 이제 와서?

예전 일은 관심없다, 현재 당신의 Action에 문제가 있는 것

다른 사람은 괜찮은데, 왜 나만?

그건 우리는 모르는 일이다. 단지 당신이 규정을 위반했을 뿐

우리가 남이가? 이번 한 번만 봐주면…

오로지 '규정'만 있을 뿐 그 이하 그 이상도 없다

영구 계정정지는 별 게 아니다?

Account 추적 능력을 쉽게 보지 마라 사람이 아니라 Computer가 추적한다

1. 가족이라는 관계

우리나라는 가족은 '자본공동체'라는 의미가 강하다. 필자도 와이프의 신용 카드를 사용하고 있고, 와이프도 필자의 신용카드를 별다른 문제없이 사용한 다. 그리고 국내에서 온라인 사업을 할 때도 본인 명의가 아니라 와이프의 명 의로 해도 약간의 불편함은 있겠지만 어렵지 않게 사업을 진행할 수 있다.

하지만 미국의 아마존은 '가족은 자본공동체'를 전혀 이해하지 못한다. 아무리 가족이라 해도 성인일 경우 개개의 구성원의 계정을 완벽하게 구분지어 관리하기 때문이다. 더 나아가 미국의 아마존은 신용카드를 가족이 사용하는 것도 인정하지 않는다. 법적인 문제가 발생할 수 있기에 아마존(미국)은 성인이면 가족 구성원을 타인으로 여긴다.

① 한국: 가족은 자본공동체라고 해도 무방하다.

▶ 내 어카운트도 내 것/와이프 어카운트도 내 것이라는 공식을 대입할 수 있다.

② 아마존: 가족이라도 구성원은 개별적이라 생각한다.

▶ 내 어카운트는 내 것/와이프 어카운트는 와이프 것이라고 완벽하게 구분짓는다.

> ※ 아마존이 가족 구성원의 모든 것을 개별적이라 판단하는 것이 나쁜 것은 아니다. 앞에서도 언급했듯이 아마존에서 영구 계정정지를 당하더라도 가족의 명의로 신규계정 생성이 가능한 것은 가족을 개별적인 존재로 인지하기 때문이다.

2. 시간이 지나면 자연스럽게 해결될 것이다

계정정지 해결을 위해 아마존에서 요청하는 자료를 제대로 준비하지 않고, 요청받은 시간 내에 제출하지 않으면 미래는 없다.

어떤 사람들은 문제가 생기면 시간이 해결해 줄 것이라 믿고 '잠수'를 타는 사람이 있다. 이런 행동은 아마존에서는 결코 통하지 않는다. 아마존에서는 행동하지 않으면 상황이 더욱 악화된다는 것을 명심해야 한다.

아마존에서 요청하는 자료는 반드시 요청일 전에 제출해야 하며, 그것이 불가능(질병으로 병원에 입원 등)하면 그 이유를 객관적으로 납득할 수 있는 자료(진료내역서 또는 입원내역서 등)을 제출해서 기간 연장을 승인받아야 한다.

이런 행동이 없다면 아마존은 셀러가 문제를 해결할 의지가 없다고 판단하여 영구 계정정지로 진행한다.

3. 너희들이 알아서 영문으로 번역하고 해석하라

미국 아마존이 셀러에게 제공하는 모든 서류는 영문으로 되어 있으며, 아마존이 요청하는 서류도 모두 영문으로 제출해야 한다.

셀러 중에는 가끔 한글로 작성된 서류를 미국 아마존에 제출해도 문제가 없지 않겠냐는 질문을 하는 사람도 있는데 이는 어리석은 생각이다.

아마존은 자선사업체가 아니다. 순수한 자본주의적 사고방식으로 운영되며 회사에 불리한 행동은 절대로 하지 않는다. 아마존에 입성해서 사업을 하려는 사람은 전 세계에 넘쳐흐른다. 그러므로 아마존의 입장에서 개개인의 셀러는 별것 아니다. 즉 아쉬운 것은 셀러지 아마존이 아니라는 이야기다.

"목마른 사람이 우물을 파는 것"이기 때문에 셀러는 아마존이 요구하는 서류를 아마존의 입맛에 맞게 영문으로 작성해서 제출해야 한다.

▶ 우리는 '을' 아마존은 'Super-갑'이라는 것을 절대 잊으면 안 된다.

▶ 아마존에 제출하는 중요 서류의 경우는 미국대사관에서 정확하게 번역됐다는 의미의 공증까지 받는 것이 좋다.

 • 우리는 당신이 원하는 것을 위해 이만큼 노력했다는 의미도 포함되기 때문에 아마존에서 긍정적으로 검토할 수 있다.

※ 필자의 지인 중에 미국 대사관에 가서 아마존에 제출할 서류를 공증받은 후 제출한 분이 있다. 서류에 들어가는 문장이 잘못된 번역으로 인해 내용이 완전히 바뀌는 경우가 있는데, 이런 문제를 미연에 방지하고자 미국 대사관까지 방문해서 검증을 받은 것이다. 아마존은 이 분의 성의를 인정했었는지 발생한 문제를 한 번에 해결해주었다. 이 경우는 모든 일에 있어 절차와 정확함도 중요하지만 사람을 감동시키는 성의까지 포함되면 그 결과는 더욱 좋아질 수밖에 없다는 것을 보여주는 좋은 케이스라 할 수 있다.

4. 내가 얼마나 많이 팔아주는데, 나를 홀대해?

한국에서는 매출이 어느 정도 발생하면 은근히 위세를 과시하는 사람들이 있다. 이것은 아마존에서는 '우물 안의 개구리'와 같은 행동이다. 매년 10월에 실시하는 '블랙 프라이데이' 시즌에 아마존에서만 발생하는 매출액만으로도 웬만한 중소 국가의 GDP(Gross Domestic Product: 국내총생산)를 추월하는 수준이다. 이렇게 큰 규모의 사업을 진행하는 회사에서 보았을 때 조그만 아시아 국가의 셀러가 발생시키는 매출은 크다고 해봤자 '반딧불' 수준도 되지 않는다. 그러므로 아마존에선 어느 정도의 매출로 위세를 과시하려는 생각은 꿈도 꾸지 않는 것이 좋다. 또한 아마존에는 전 세계에서 물건을 판매하려는 사람들로 넘쳐흐른다. 그런 이유로 거만하게 위세를 보이려 하는 셀러는 아마존에서 살아남을 수 없다.

▶ "절이 싫으면 중이 떠나라"라는 말처럼 아마존은 아마존의 규정에 반하는 행동을 하는 셀러에게 가차 없이 제재를 가한다. 이는 국가와 민족을 가리지 않으며 예외조항도 없다. 이로 인해 억울하게 아마존에서 영구 계정정지를 당한 수많은 사람들이 아마존의 불합리성을 성토하는 'Anti-Amazon Forum'을 만들어서 활동하고 있지만 아마존은 별로 신경 쓰지 않는다.

- Goggle에서 Anti-Amazon Forum을 검색해보면 다양한 국가의 수많은 사람들의 경험담을 확인할 수 있다.

5. 옛날에는 아무런 말이 없었는데, 왜 이제 와서?

아마존은 과거의 일에는 관심 없다. 그저 현재 당신의 Action에 문제가 있어 이의를 제기하는 것이다. 만약 과거에 문제 제기를 받지 못했다면 운이 좋아서 넘어갔을 뿐이라고 생각하기 때문에 셀러가 예전에 그냥 넘어간 일을 끄집어내어 어필하면 오히려 소급 적용받을 수도 있다. 그러므로 아마존을 상대하면서 이런 행동은 절대 하면 안 된다.

6. 다른 사람은 괜찮은데 왜 나만?

아마존에서 계정정지를 당한 셀러들을 보면 남들은 동일한 행동을 하고서도 문제가 없는데 왜 나만 계정정지를 당하느냐고 하소연하는 사람이 있다.

이는 아마존의 입장에서는 모르는 일이다. 아마존은 당신이 규정을 위반한 것에만 관심이 있고 이에 대한 해결방안을 제시하길 원한다.

또한 비슷한 문제가 발생하여 아마존에서 요청하는 서류를 비슷하게 보냈는데 어떤 셀러는 해결되고 어떤 셀러는 해결되지 않는다. 이에 대해 아마존은 '단지 당신이 제출한 서류가 미비할 뿐'이라는 매우 단순한 답변만 내놓을 뿐이다.

▶ 그래서 아마존에서 요구하는 서류는 정확하고 객관적으로 인정할 수 있게끔 작성된 것을 제출해야 한다.

- 다른 셀러가 당신과 비슷한 경우로 아마존에서 요청한 서류를 제출했고 그 서류가 아마존에서 승인을 받았다고 해도 절대로 그 서류가 당신에게 '모범답안'이라는 생각하면 안 된다.
- 아마존에서 요청하는 서류는 모두 'Case by Case'라는 생각을 갖고 있어야 한다.

7. 예전의 정도 있는데 어찌 한번 봐주면 안 되겠니?

우리나라 사람에게는 '정(情)'이라는 감정이 있다. 그래서 최악의 경우에는 '정'이라는 감정에 호소하고, 이렇게 호소한 부분이 어느 정도 사회에서도 먹힐 때가 있다. 이와 비슷하게 중국에는 '꽌시'라는 것이 있지만 우리나라의 '정'이라는 감정보다 약한 면이 있다.

하지만 아마존에서는 이런 '정'이나 '꽌시' 같은 감성적인 부분은 문제해결에 전혀 도움이 되지 않는다. 아마존엔 오로지 원칙과 규정만이 존재할 뿐 그 이상도 이하도 없다. 정에 호소하는 것은 불필요한 감성 낭비일 뿐이다.

8. 영구 계정정지 그거 별거 아니다?

아마존에서 셀러가 영구 계정정지를 당하면, 해당 셀러가 사용한 모든 정보들을 아마존은 끈질기게 추적한다.

▶ Bank-Account/Computer Modem(Lan Card) MAC-address/인터넷 회선(IP address)/상품 Description/전화번호/주소/여권번호 등 해당 셀러에 관련된 모든 자료를 취합해서 통합 관리한다.

▶ 또한 위의 정보와 단 한 가지라도 일치하는 자료로 단 한 번만 접속을 시도해도 아마존은 그 계정을 영구 정지당한 계정과 '동일계정'으로 인지하고 해당 계정도 영구 계정정지시킨다.

※ 이런 부분 때문에 영구 계정정지를 당한 사람들이 부당하다고 아마존에 계속 어필하고 있지만, 아마존은 단 한 번도 예외를 적용한 적이 없다. 아마존은 망할 때까지 영구 정지당한 계정을 관리한다. 아마존의 Account 추적은 '0'과 '1'의 개념밖에 없는 컴퓨터가 자동적으로 진행하는 것이므로 그렇다와 아니다 이 두 가지 결론밖에 없다.

때문에 아마존 셀러는 본인의 사무실이 아닌 다른 곳에서 아마존에 접속해선 안 된다. 만약 불가피하게 접속해야 한다면 반드시 본인의 랩톱 컴퓨터와 본인만 사용하는 인터넷 접속용 Egg를 이용해서 접속하도록 한다. 이는 혹시라도 모를 아마존에서 영구 계정정지된 셀러와의 연결을 원천적으로 차단하기 위한 방법이다.

Amazon POA의 정확한 이해 03

아마존의 POA(Plan Of Action)란 아마존에서 Account Health가 지속적으로 'At Risk' 상태이며 시간이 지나도 좋아지지 않고 오히려 더 상태가 나빠지는 경우, 해당 셀러의 제품 리스팅 또는 계정 전체가 Holding 당하는 경우에 아마존의 요구에 의해 셀러가 자체적인 원인 규명 및 재발 방지를 위한 계획을 작성한 뒤 이를 아마존에 피력하여 발생한 문제를 해결하려는 일련의 과정을 말한다.

1. 아마존 POA가 어려운 이유 - 1

아마존의 POA가 어려운 이유는 발생 원인이 셀러별, 판매 아이템별 Case By Case로 발생하기 때문에 예측이 어렵고, 해결방법에도 다양한 경우의 수가 있기 때문이다. 아마존이 셀러에게 POA 작성을 요구했던 다양한 케이스에 대해서 알아보자.

① 국내 모 화장품 회사가 미국 소재 법인회사에게 미국 판권을 넘겨 기존에 판매하던 셀러들이 판매 금지당하는 경우
② 해외 브랜드의 정품 제품이지만 국내에서 제조되어 포장지와 설명서가 한글로 되어 있어 가품으로 보이는 경우
③ 특정 국가에서만 판매되어야 하는 상품이 우회경로를 통해 반입되어 해외에서 재판매되는 경우
④ 상품 배송 중 부주의로 인한 부분 파손 및 흠집이 발생하여 이로 인해 중고품으

로 보이는 경우

⑤ 해외 유명브랜드에서 Design-Copy/Brand-Copy 등으로 이의를 제기하는 경우

⑥ 해외 브랜드 제품이 제조사를 변경하여 가품으로 보이는 경우

⑦ 포장 비닐에 질식 위험 등의 경고 문구를 미기재한 경우

⑧ 기타 아마존에서 판매하는 제품이 아마존의 규정에 위반되는 경우

여기에 기술된 이유 외에도 아마존에서 셀러에게 POA를 요구하는 경우는 훨씬 다양하고 범위도 광범위하다.

2. 아마존 POA가 어려운 이유 - 2

아마존 POA가 쉽지 않은 또 다른 이유는 여러 가지의 발생 원인에 따라서 해결방법도 모두 상이하기에 '모범답안'과 같은 정답이 없기 때문이다.

또한 발생 원인이 비슷해 보여서 타인이 기존에 사용한 것과 동일한 내용으로 아마존에 어필해도 전혀 다른 결과가 나올 수 있다. 그리고 해당 문제를 담당하는 아마존 담당자의 성향에 따라서 결과가 다르게 나오기도 한다.

▶ 아마존의 POA의 작성은 대학 입시를 위해 수험생이 제출하는 '자기소개서'와 매우 유사하다고 생각하면 된다.

- 수험생이 작성하는 자기소개서엔 모범답안 같은 정답이 없다.
- 또한 제출된 자기소개서들은 모든 대학에서 데이터로 저장하고 있기 때문에 수험생이 자기소개서를 작성하여 제출하면 우선적으로 기존 자료와의 유사성을 검토한다. 만약 일정 비율 이상의 유사성이 나타날 경우 아무리 잘 작성된 자기소개서라 할지라도 합격시키지 않는다.

▶ 아마존이 요구하는 POA도 현재 발생된 문제를 다른 셀러와는 차별된 방법으로, 합리적이며 효율적으로 처리하겠다는 의지가 담겨 있기를 원한다.

▶ 혹자들은 POA가 반성문이라고 하는데, 이는 POA의 정확한 의미를 모르고 하는 말이다.

- POA는 말 그대로 Plan of Action, 즉 셀러가 지금 아마존에서 제기된 문제를 향후 어떻게 행동해서 처리하겠다는 셀러의 '활동계획서'인 것이다.
- 활동계획서라는 의미에서의 POA는 누가 봐도 실행 가능성이 높고, 합리적이며, 행위 후의 결과가 명확하게 나타나야만 인정을 받을 수 있다.
- 그래서 POA를 작성하는 것에 '모범 답안'이 없는 것이다.

> ※ 동일한 문제라 하더라도 처리방법은 회사나 개인마다 다른 것처럼 POA에 모범답안은 없다. 또 POA를 요구하는 케이스는 너무도 광범위하기 때문에 POA는 정답이 있을 수 없으며, 오직 한 사람을 위해 재단하고 재봉해서 만드는 맞춤복과 같이 각각의 케이스별로 작성할 수밖에 없다.

3. POA 작성방법

아마존이 요구하는 POA를 작성할 때 가장 중점적으로 생각해야 할 점은 글이 '논리적'이어야 한다는 것이다. '논리적'이라는 말은 '인과응보'라는 말과 일맥상통한다. 이는 '원인이 있어야 결과가 있다'라는 말로 이야기할 수 있다. 아마존의 POA를 작성할 때에도 이렇게 원인에 대한 결과를 명확하게 설명하면 문제없이 작성할 수 있다.

① 원인 분석
▶ 아마존이 셀러에게 발송한 e-Mail를 통해 POA로 요구하는 본인의 문제가 무엇인지를 정확하게 파악해야 한다.
▶ 발생한 문제의 정확한 파악이 우선되어야 어떻게 POA를 작성해야 할지를 구상할 수 있기 때문이다.

POA(Plan Of Action)의 작성 요령: 무엇보다 논리적이어야 함(잉과응보: Causality)

① 원인 분석	② 문제의 발생 원인 파악	③ 문제가 발생된 제품의 지속적 판매 유무 결정	④ 지속 판매 가능 제품이면 아마존에서 요구하는 서류를 우선적으로 수집
• 아마존에서 발송된 이메일에서 문제가 무엇인지 정확하게 파악해야 함 • 문제의 정확한 파악이 우선되어야 어떻게 답변을 해야 할지 예측 가능	• 회사의 내부적인 문제인지 외부적인 문제인지 파악 [내부적 문제] – 포장 문제로 발생하는 경우 – 이메일 답변 지연으로 발생하는 경우 등 [외부적 문제] – 판매 제한으로 판매 금지되는 경우 – 가품으로 신고된 경우 – 제품의 안전성에 관한 경우 등	• 외부적 문제 중 본인의 노력으로도 해결 불가능이면(해외 판권 제한으로 인한 판매금지 건 등) 빠른 포기가 정답 – 포기 시 리스팅 삭제/FBA 입고 제품의 환수 등의 행동에 대한 설명 필요 – Action & Plan을 명확하게 설명해야 추후 발생할 수 있는 피해를 예방할 수 있음	• 한글화된 서류의 영문화 및 번역 공증화 작업 병행 • 일정 기간 필요시 먼저 준비 시간의 필요성을 구체적으로 설명하는 이메일 발송 – '요구사항을 홀딩하는 게 아니라 지금 준비 중이다'라는 표현 필요 – 상대방이 느낄 수 있는 감정을 생각하라

※ POA 작성 시 '① 원인 분석' 단계가 가장 중요하다. 아마존이 셀러에게 보낸 e-Mail을 아마존의 관점에서 정확하게 해석해야 정확한 문제 해결 방안을 강구할 수 있기 때문이다. 잘못 해석하여 아마존에서 요구하는 것은 'A'인데 'B'의 케이스에 최적화된 POA를 작성해 제출할 경우 말 그대로 '동문서답'이 되어 헛고생만 하게 될 수 있다.

② 문제의 발생 원인 파악

▶ 아마존이 셀러에게 POA를 요청한 원인을 정확하게 파악했다면 발생한 문제가 회사의 내부적인 문제인지 외부적인 문제인지를 파악해야 한다.

▶ 이는 해당 문제를 셀러가 자체적으로 해결할 수 있는지를 판단하는 기준이되기 때문에 다른 것보다 선행되어야 한다.

• 내부적 문제: ex) 포장 문제로 발생한 경우/e-Mail 답변 지연으로 발생한 경우/배송지연으로 발생한 경우 등

• 외부적 문제: ex) 해외 판권 제한으로 인한 판매금지된 경우/가품으로 신고된 경우/제품의 안정성에 관한 경우 등

③ 향후 문제가 발생한 제품의 지속적인 판매 유무 결정

▶ 문제의 발생 원인이 외부적인 문제이며 본인의 노력으로도 해결 불가능한 문제(해외 판권 제한으로 인한 판매금지 건 등)인 경우 해당 아이템을 신속하게 포기하는 것이 정답이다. 아마존에서 셀링을 하면서 불가능한 일에 힘을 쓸 필요는 절대 없다.

- 셀러가 해당 아이템을 포기했다고 해서 일이 없는 것이 아니다. 우선 올라가 있는 리스팅을 삭제해야 되며, FBA 창고에 재고가 있다면 이를 언제 어떻게 FBA 창고에서 빼낼 것인지에 대한 행동 등을 아마존에 설명해야 한다.
- 셀러가 우선적으로 진행할 수 있는 업무는 바로 실행하고 향후 시간이 필요한 업무는 아마존에 명확하게 설명해야 추후 발생할 수 있는 피해(계정 영구정지)를 예방할 수 있다.

④ 지속적인 판매가 가능한 제품이면 아마존에서 요구하는 서류들을 수집한다.

▶ 아마존에서 요구하는 서류를 수집하면서 한글로 작성된 서류를 영문으로 번역하고 이를 아마존에서 인정받을 수 있는 기관을 통해 공증화하는 작업도 병행해서 진행해야 한다.

- 공증 작업 시 미국 대사관의 공증이 가장 효율적이지만 불가능하다면 아마존에서 인정할 만한 영문번역 공증을 반드시 받는 것이 좋다.

▶ 아마존에서 요구하는 서류를 준비하는 데 걸리는 시간이 아마존에서 POA를 요청한 일자보다 더 걸릴 경우 아마존의 POA 담당자(e-Mail을 보면 확인할 수 있다)에게 준비 시간의 필요성을 구체적으로 설명하는 e-Mail을 우선적으로 발송해서 기간 연장을 승인받아야 한다.

- 앞에서도 설명했지만 아마존에서 요구하는 시간까지 셀러가 답변하지 않을 경우 아마존은 셀러가 계정정지를 해결할 의지가 없다고 판단하여 영구 계정정지로 진행한다.
- POA 담당자에게 기간 연장을 요청하는 e-Mail을 작성할 때에는 '아마존의 요구사항을 Holding하는 것이 아니라 지금 준비 중이지만 사정이 있어 기간 연장이 필요하다'라는 정확한 표현을 사용해야 한다.

※ 기간 연장을 요청하는 이메일을 작성할 때 주의사항은 POA 담당자가 이메일을 읽었을 때 어떤 감정을 느낄지를 생각해야 한다. '이 셀러는 문제를 해결하려는 진정한 의지가 있지만 시간이 더 필요하겠다'라는 생각이 들 수 있게끔 작성해야 한다. 이와 반대로 '이 셀러는 문제를 해결하려는 노력은 없으면서 시간만 질질 끌고 있다'라는 생각이 들게 되면 결과는 이미 정해진 것이나 마찬가지이다. 문제를 찾아내는 것은 컴퓨터가 하지만 서류를 심사하는 것은 사람이 한다는 걸 명심해야 한다.

POA(Plan Of Action)의 작성 요령: 무엇보다 논리적이어야 함(잉과응보: Causality)

⑤ 서류를 준비하면서 부가적인 Action을 하라.	⑥ 최종적으로①~④까지의 내용을 영문 TXT로 작성	⑦ 문제에 대한 재발 방지 방안의 구체적 설명	⑧ 무조건 1차에서 끝내야 된다고 생각하며 업무를 진행하라
• Listing 수정/포장지 수정/제품 안정성 추가 설명/진품임을 인정받을 수 있는 추가 방법 연구 등 – Action 내용을 사진화/문서화 하라.	• 이런 원인 때문에 문제가 발생했다는 정확한 설명이 우선되어야 함 • 단순하게 설명하는 것이 아니라 정확한 원인을 분석했다는 느낌이 와야 함 • 문장의 길이가 중요한 것이 아니다 – 길게 설명할 수도 짧게 설명할 수도 있다 – 구체적이면서 실질적인 내용을 논리적으로 영문으로 작성해야 한다	• 지금까지 행동한 내용의 정확한 설명 + 결과물 첨부 (Description 내용 수정 등) • 단순하고 모호한 내용이 아닌 구체적이고 실질적인 내용으로 작성	• 무조건 1차에서 막아라. – 1차가 막히면 2차는 더욱 힘들다

'QC 업무를 강화하겠다' ⇒ QC 업무를 강화하기 위해서 추가적으로 출고 전 사진촬영을 이렇게 하겠다
'포장을 바꾸겠다' ⇒ 표장을 이전에 이랬던 부분을 이렇게 바꿨다
'CS를 강화하겠다' ⇒ Q&A 강화를 위해서 요일별 담당자를 임명했다

⑤ 서류를 준비하면서 부가적인 행동을 취하라

▶ 아마존에서 셀러에게 POA를 요청한 원인이 셀러가 자체적으로 해결할 수 있는 내부 문제라면 해당 문제를 해결하기 위해 행동하라.

   • 리스팅 수정/포장지 수정/제품 안정성의 추가 설명/진품임을 인정받을 수 있는 추가 방법 연구 등

▶ 그리고 이런 행동들을 사진화/문서화해서 준비한다.

⑥ 최종적으로 ①~③까지의 내용을 영문 TXT로 작성

▶ 지금부터는 아마존의 POA 담당자에게 보낼 POA를 작성하는 단계이다. 이때 필요한 능력이 위에서 설명한 '논리성'이다.

▶ '이러한 원인' 때문에 '이러한 문제'가 발생했다는, 즉 인과관계에 입각한 정확한 설명을 해야 한다.

- 아마존은 셀러의 문제를 정확하게 인지하고 있기 때문에 POA를 요청하는 것이다. 그렇기 때문에 문장에서 문제를 회피하는 느낌이 있으면 절대 안 된다. 잘못한 부분을 확실히 인정하는 것이 더 효율적이다.

▶ 문제의 발생 원인을 단순하게 설명하는 것이 아니라 POA 담당자가 정확한 원인을 분석했다는 느낌을 받을 수 있게 작성하는 것이 포인트이다.

⑦ 문제에 대한 재발 방지 방안의 구체적 설명

▶ ⑥에서 문제의 발생 원인을 정확하게 인지했기 때문에 이제는 셀러가 발생한 문제를 어떻게 해결할 것인지에 대한 내용을 '논리적'으로 설명해야 한다.

▶ 이때 사용하는 내용들이 ⑤에서 준비한 사진과 문서이다.

- 지금까지 문제 해결을 위해 행동했던 것과 그 행동의 결과물을 첨부한다.
- 사진/Description 수정 내용/포장지 수정/제품 안정성의 추가 설명 등

▶ 재발 방지 방안을 설명할 때에는 단순하고 모호한 내용이 아니라 구체적이고 실질적인 내용으로 작성해야 한다.

- QC 업무를 강화하겠다. → QC 업무를 강화하기 위해서 추가적으로 출고 전 사진촬영을 이렇게 하겠다.
- 포장을 바꾸겠다. → 포장에서 이전에 이랬던 부분을 이렇게 바꿨다.
- Q&A를 강화하겠다. → Q&A 강화를 위해서 요일별 담당자를 임명했다.

▶ 문장의 길이가 중요한 것이 아니다.

- 문제의 발생 원인과 재발 방지 방안을 설명할 때에는 작성자의 성향에 따라 길게 설명할 수도 짧게 설명할 수도 있지만 문장의 길이는 중요하지 않다.
- 문장의 내용은 구체적이면서 실현 가능한 부분을 논리적으로 작성해야 한다.
- 실현 불가능한 재발 방지 방안을 이야기하면 오히려 마이너스 요인이 된다.

⑧ 무조건 1차에서 끝내야 된다 생각하고 업무를 진행하라

▶ 대부분의 아마존 검증 절차는 1차에서 통과하지 못하면 2차는 정밀심사의 개념이 적용되어 통과가 더욱 어려워진다. 이는 아마존의 POA도 마찬가지이다. 그러므로 2차는 없다는 가정하에 관련 자료를 완벽하게 준비해서 무조건 1차에 통과하는 것을 목표로 삼아야 한다.

⑨ 아마존에서도 계정정지 관련 문제가 발생하면 셀러가 이를 어필(Appeal)하는 것에 어려움이 많다는 것을 인지하고 있어서 2019년 3월 12일자로 이의를 제기할 수 있는 Appeal 페이지를 새롭게 개편하였다.

▶ Appeal 페이지에 첨부파일 추가 기능: 계정정지에 대한 Appeal 페이지에 각종 자료를 업로드할 수 있는 기능이 추가되었는데, Appeal 페이지에서 작성한 실행 계획(Plan of Action)에 인보이스, 영수증, 주문서, 이메일 등 증빙자료를 첨부하여 더욱 상세하게 계획을 뒷받침할 수 있게 되었다. 여기에는 이미지, 문서, 엑셀 스프레드시트, 이메일 등의 파일 형태가 지원된다.

▶ 그리고 계정정지가 셀러의 잘못이 아니라 어떠한 착오로 인한 것이라고 생각되는 경우, 계정정지의 부당함에 대해 문제를 제기할 수 있는 'Dispute' 페이지가 추가되었다.

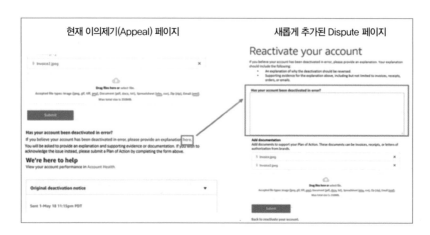

기존에는 계정정지 문제를 해결하려면 계정정지가 된 사유에 맞게 그것을 어떻게 해결했고, 앞으로 어떻게 예방할 것인지에 대한 계획 등이 담긴 실행계획(Plan of Action)을 제출해야 했지만, 셀러의 귀책사유가 아닌 어떠한 착오로 인해 계정이 정지되었다고 생각되는 경우, 위 그림과 같이 이의제기(Appeal) 페이지 하단에 있는 링크를 클릭하여 Dispute 페이지로 넘어갈 수 있게 변경되었다. Dispute 페이지에서는 왜 계정정지가 부당한지에 대한 설명을 적는 칸과 관련 증빙자료(인보이스, 영수증, 주문서, 이메일) 등을 추가할 수 있는 난이 있다.

위의 화면과 같이 계정이 부당하게 정지되었다고 생각되는 경우, 사진에 표시된 링크를 클릭하여 바로 설명과 증빙자료를 제출할 수 있다.

이렇게 새로이 개편된 이의제기(Appeal) 페이지로 더욱 빠르고 편리하게 계정정지 문제를 해결할 수 있을 것이다.

4. POA에 대한 설명을 마치며

필자가 POA에 대한 자료를 찾기 위해 아마존의 'Seller forums'와 Google에서 수많은 자료를 검색했음에도 불구하고 실제적으로 아마존의 POA를 통과한 원본 서류는 단 한 장도 찾지 못했다. 그리고 이런 결과가 나온 이유를 아마존의 'Seller forums'을 정밀하게 검색하면서 알게 됐다. 이는 필자의 검색 능력이 부족했다기보다는 아마존의 POA를 통과한 원본 서류에 금전적 가치가 있어 공개되지 않은 것이었다.

Seller forums에서 POA에 대한 자료를 검색하다 보면 잘못 작성한 POA에 대한 자료는 엄청 많다. 그리고 그곳에 달린 아마존 전문가들의 댓글들을 보면 어떻게 POA를 작성해야 하는지에 대한 분석은 가능하지만, 최종적으로는 'POA가 필요하면 내가 작성해줄게. 금액은 협의하자'라는 문장으로 끝난다. 즉 POA 작성은 해외에서도 어느 정도의 전문 영역인 것이다.

하지만 필자가 지금까지 설명한 POA의 작성방법을 정확히 숙지하고 작성한다면 큰 문제없이 POA 작성에 대한 걱정은 해결할 수 있을 것이다.

필자가 이렇게 말할 수 있는 이유는 아마존 Seller forums에서 해외의 POA 작성 전문가들이 조금씩 설명한 핵심들을 대부분 모아 분석한 내용이 위에 글이기 때문이다. 그리고 그들이 POA작성 시 강조하는 것도 필자가 위에서 설명한 인과관계였다. 인과관계에 입각하여 논리적으로 일목요연하게 작성한다면 충분히 POA를 작성할 수 있을 것이다.

에필로그 Epilogue

이 책은 필자가 오프라인에서 강의하며 정리해온 자료를 근간으로 하여, 살을 붙이고 최신 정보들을 추가 보완하면서 완성하였다.

이 책에서 필자는 아마존 셀링에 관한 정석을 이야기하고 싶었다. 시중에는 아마존에 관한 잘못된 정보가 넘쳐난다. 검증도 되지 않은 그런 정보를 초보셀러들이 멋모르고 따라 하다가는 시작도 하기 전에 계정정지를 당할 수 있다. 그래서 이 책에서는 셀러의 발목을 잡을 수 있는 각종 편법에 대한 설명은 배제하고, 계정정지 없이 정공법으로 아마존에서 롱런할 수 있는 방법들을 설명하였다.

일부 영악한 셀러들은 타인에게 피해가 가든 말든 꼼수를 부려가며 판매를 한다. 이런 셀러들 때문에 아마존이라는 황금시장이 혼탁해지고, 기존에 정직하게 활동하는 셀러들이 피해를 보고 있다.

이 책에서는 맑은 물을 혼탁하게 하는 미꾸라지에게 먹이를 줄 수도 있다는 생각 때문에 편법적인 부분은 최대한 자제하고 정석적인 방법만을 주로 다뤘다. 하지만 필자가 책에서 말한 정석적인 방법만으로도 꾸준하게 노력한다면 아마존은 분명 여러분에게 좋은 결실을 가져다 줄 것이다.

아마존이라는 시장만큼 많은 고기들이 모여 있는 양어장을 필자는 보지 못했으며, 앞으로도 나오지 않을 것으로 본다.

잔머리를 굴려도 되는 사업이 있고, 잔머리를 굴리면 한방에 떨어져 나가는 사업이 있는데, 아마존은 후자의 경우이다. 지금껏 그래왔듯 앞으로도 아마존은 얕은 꼼수를 쓰는 셀러들을 더욱 강력하게 통제할 것이다.

그러니 여유로운 마음으로 아마존에 대해서 자세히 공부하고 제대로 숙지하여 해외 온라인 사업에 진출하기를 진심으로 바란다. 그것이 아마존에서 더 많은 매출을 올리고 오랫동안 판매할 수 있는 성공의 지름길이다.

이 책이 발간되면 필자는 다시 오프라인으로 돌아가 동종에 종사하는 많은 사람들을 만날 것이다. 그런 분들과 이야기를 하면서 필자가 모르거나 잘못 알고 있는 부분, 변경되는 최신 정보들에 대해서 공부할 것이다.

아마존이라는 시장은 원래의 고유명사인 브라질의 밀림, 아마존과 같다. 밀림의 아마존은 순식간에 물결이 바뀌기에 어제는 강이었던 곳이 오늘은 평지로 변하는 변화무쌍한 곳이다. 그렇기에 아마존 셀러는 끊임없이 정보를 수집하고 분석하면서 공부하여야 한다.

마지막으로 책의 내용이 자신이 알고 있는 것과 상이하거나 반대되는 부분이 있다면 언제든지 필자의 이메일(jungyhhy@gmail.com)로 연락하기 바란다. 꼬투리를 잡기 위한 내용이 아닌 아마존 마켓에 대한 진정한 분석과 실리적인 토론이라면 언제든지 환영한다.

이 책에 쏟은 필자의 노력이 부디 아마존이라는 거대한 밀림에 입성하는 독자들에게 나침반과 같은 역할을 하기를 진심으로 바라면서 갈무리한다.

Special Thanks!

이 책이 출판되기까지 많은 분들의 도움이 있었다.

아마존의 각종 리포트와 최신 정보를 제공해주신 어이팔자-석재영 사장님, 해외배송에 대한 전문적인 지식을 알려주신 블브-정세훈 사장님, 아마존의 각종 이벤트와 Bar-Code에 대한 부분을 도와주신 실버링-이상희 사장님께 이 자리를 빌려 감사의 인사를 전한다.

그리고 미국 현지에서 아마존의 최신 정보와 물질적인 도움까지 주신 허공-강정화님과 부산에서 서울까지 올라오는 것을 마다하지 않고 필자를 물심양면으로 도와주신 아잉패드-김재훈님에게도 감사의 마음을 표한다.

또한 상표권에 대한 각종 정보와 내용의 감수까지 도와주신 '마크인포'의 조민국 이사님께도 감사의 인사를 드리며, 국내 온라인 시장의 트렌드와 해외 온라인 시장에서 활용 가능한 각종 Tool을 지원해주신 'PlayAuto'의 김상혁 대표님께도 감사의 마음을 전한다.

끝으로 이 책이 출판되기까지 가장 많은 노력과 정성을 쏟아준 '한여월'에게 특히 감사하며, 필자가 이 일을 원만하게 진행할 수 있게 몸과 마음의 안식을 제공한 소중한 가족들에게 진심어린 감사를 표한다.